工业企业现场管理

张雪斌　贾俊龙　张蒙雨　编著

北　京
冶　金　工　业　出　版　社
2020

内 容 提 要

本书介绍了工业企业管理的基础知识，概括叙述了现场管理的基本理念、核心、任务、理论基础和内容，论述了现场管理的推进要素，重点介绍了现场管理过程要求确定、过程设计、过程实施、过程测量与监控、过程改进与创新，简要介绍了现场管理及改进与创新的方法，描述了现场管理结果的各种指标。

本书可供工业企业管理人员参考，也可供现场管理方面的培训使用。

图书在版编目（CIP）数据

工业企业现场管理／张雪斌，贾俊龙，张蒙雨编著．—北京：冶金工业出版社，2020.7

ISBN 978-7-5024-8556-6

Ⅰ．①工…　Ⅱ．①张…　②贾…　③张…　Ⅲ．①工业企业管理　Ⅳ．①F406

中国版本图书馆 CIP 数据核字（2020）第 119706 号

出 版 人　陈玉千

地　　址　北京市东城区嵩祝院北巷 39 号　邮编　100009　电话　(010) 64027926

网　　址　www.cnmip.com.cn　电子信箱　yjcbs@cnmip.com.cn

责任编辑　于昕蕾　美术编辑　彭子赫　版式设计　吕欣童　孙跃红

责任校对　郑　娟　责任印制　李玉山

ISBN 978-7-5024-8556-6

冶金工业出版社出版发行；各地新华书店经销；三河市双峰印刷装订有限公司印刷

2020 年 7 月第 1 版，2020 年 7 月第 1 次印刷

169mm × 239mm；23.25 印张；404 千字；365 页

128.00 元

冶金工业出版社　投稿电话　(010) 64027932　投稿信箱　tougao@cnmip.com.cn

冶金工业出版社营销中心　电话　(010) 64044283　传真　(010) 64027893

冶金工业出版社天猫旗舰店　yjgycbs.tmall.com

前　言

现场管理是工业企业管理的重要组成部分，在很大程度上是满足顾客需求、确立企业核心竞争力、提高企业经济效益的关键所在。

现场管理水平取决于企业管理人员特别是基层管理人员的水平。在多数工业企业，特别是中小企业，很多基层管理人员没有进行过企业管理知识的系统性学习，有的甚至没有接受过相应的培训，对现场管理的方法一知半解，在实际管理中存在着很多盲目性，虽然做了很多工作，付出了很大的努力，但管理效果不佳，事倍功半。有些中小企业甚至以罚代管，制定了很多处罚措施，却很少使用激励政策，致使员工流失严重，影响了企业效益。

企业现场管理首先要树立正确的基本理念，与企业愿景、企业使命、核心价值观和企业战略保持一致，高层领导要紧密结合企业实际，推进现场管理的标准化、正规化，充分发挥员工在现场管理中的作用，开展群众性的合理化建议、QC小组等活动。管理人员特别是基层管理人员，要掌握现场管理的基本方法，锐意进取，不断改进、不断创新，提高发现问题、分析问题、解决问题的能力，使现场管理取得理想的效果。

作者结合企业管理的实践，以及在政府质量奖现场评审等各种活动中考察企业现场的体会和对工业企业现场管理的理解，编写了本书，作为工业企业现场管理的入门读物，供工业企业管理人员特别是基层管理人员参考，也可供现场管理培训使用。限于篇幅，部分内容只做简要介绍和描述。

本书第一章和第五章由张蒙雨编写，第二章由贾俊龙编写，第三章由张雪斌编写，第四章由张雪斌和贾俊龙共同编写，全书由张雪斌统稿。

在本书编写过程中，得到了河北省冶金行业协会、秦皇岛宏兴钢铁有限公司的大力支持，得到了很多朋友的协助和配合，在此谨致谢意。

由于水平所限，书中难免会有疏漏之处，恳请读者批评指正。

作　者
2020 年 5 月

目　录

第一章　现场管理基础知识

第一节　基本概念

一、工业

工业是采掘自然物质资源和对工业品原料及农产品原料进行加工的社会生产部门，在国民经济产业分类中属于第二产业。

工业主要是原料采集与产品加工制造的产业或工程，是社会分工发展的产物，经过手工业、机器大工业、现代工业几个发展阶段。

工业分为重工业和轻工业。

重工业是指为国民经济各部门提供物质技术基础的主要生产资料的工业，按其生产性质和产品用途，可以分为三类：一是采掘工业，指对自然资源的开采，包括石油开采、煤炭开采、金属矿开采、非金属矿开采和木材采伐等工业；二是原材料工业，指向国民经济各部门提供基本材料、动力和燃料的工业，包括金属冶炼及压延加工、化工原料生产、建筑材料生产及电力生产、石油和煤炭加工等；三是加工工业，指对工业原材料进行再加工制造的工业，包括装备国民经济各部门的机械设备制造、金属结构制造、水泥制品制造等，以及为农业提供的生产资料如化肥、农药等工业。

轻工业是指主要提供生活消费品和制作手工工具的工业。按其所使用的原料不同，可分为两类：一是以农产品为原料的轻工业，指直接或间接以农产品为基本原料的轻工业，包括食品制造、饮料制造、烟草加工、纺织、缝纫、皮革和毛皮制作、造纸等；二是以工业品为原料的轻工业，主要包括文教体育用品制造、化学药品制造、合成纤维制造、日用化学制品制造、日用玻璃制品制造、日用金属制品制造、手工工具制造、医疗器械制造、文化和办公用机械制造等。

二、企业

企业是共同承担一个明确任务、目的和目标，以提供产品或服务等输出的一个或多个组织。企业一般是指以营利为目的，运用各种生产要素（土地、劳动力、资本和技术等），向市场提供商品或服务，实行自主经营、自负盈亏、独立核算的具有法人资格的社会经济组织。

企业是按照一定的组织规律构成的经济实体，一般以营利为目的，以实现投资人、顾客、员工、社会大众的利益最大化为使命，通过提供产品或服务换取收入。

企业是社会发展的产物，因社会分工的发展而成长壮大。企业是市场经济活动的主要参与者；在社会主义经济体制下，各种企业并存共同构成社会主义市场经济的微观基础。企业存在三类基本组织形式，即独资企业、合伙企业和公司，公司制企业是现代企业中最主要的、最典型的组织形式。

企业是现代社会最常见、最基本的经济组织。

三、工业企业

工业企业是指直接从事工业性生产经营活动的营利性经济组织。

工业企业必须具备的条件，一是直接从事工业产品的生产经营活动，二是拥有从事工业生产经营活动的必要的物质资源和场所，三是在经济上自主经营、独立核算、自负盈亏，四是在法律上取得法人资格。

工业企业可按不同的方式分类，如按技术水平可划分为手工工业企业和现代工业企业；按规模可划分为大型工业企业、中型工业企业和小型工业企业，按组织结构可分为单厂企业和多厂企业，按组织形式可分为独资企业、合伙企业和公司，按投资人可分为国有企业、民营企业、外资企业等。

工业企业也可按企业所属行业分类，如钢铁企业、机械企业、化工企业、医药企业、建材企业、煤炭企业、食品企业等。

四、现场

现场这个词经常伴随着一些事件出现，如事故现场、犯罪现场、抛弃现场、救灾现场等。现场的基本解释，一是事件或行动发生的地点，二是需要行动的地点；详细的解释，一是发生案件或事故的场所及当时的状况，二是直接从事生产、工作、试验的场所。

现场管理中的现场，是进行生产或提供服务的场所。对于工业企业，则主要是指进行生产的场所，也就是工业企业直接从事生产、工作、试验的场所。

五、管理

管理的基本解释，一是主持或负责某项工作，二是经管、料理，三是约束、照管。

在工业企业中，管理是由计划、组织、指挥、协调、控制及改进等职能为要素组成的活动过程。

管理的三项责任，一是工业企业的业绩，二是使工作富有效率与让员工有所成就，三是管理企业的社会影响和社会责任。

六、现场管理

现场管理是对现场进行的计划、组织、指挥、协调、控制和改进的活动。

现场管理的对象是工业企业中直接从事生产、工作、试验的场所，但其不是一个封闭的体系，与外界环境、相关方有着或多或少、或紧密或松散的联系。

七、效率

效率有不同层次、不同角度的定义。

一是指单位时间里实际完成的工作量。所谓效率高，就是在单位时间里实际完成的工作量多，对个人而言，意味着节约了时间。

二是指有效能量（输出功）与输入能量（输入功）之比。如各种加热炉、锅炉等热工设备的热效率，电动机、水泵、风机等的机械效率，变压器等的转换效率等。

三是指对于有限资源（如原材料、人力等）的最佳分配方法。达到某些特定的标准时，就说达到了效率。

四是指达到的结果与使用的资源之间的关系。

五是指在特定时间内，企业的各种投入与产出之间的比率关系。效率与投入成反比，与产出成正比。这是从管理学角度定义的。

八、效果

效果是由某种动因或原因所产生的结果或后果，是指在给定的条件下由其动因或其他原因或多因子叠加等行为对特定事物所产生的系统性或单一性结果。

效果与动机有着辩证统一的关系。动机是行动的主观愿望，效果是实践的客观后果。任何行为都由一定动机引起，动机是效果的行动指导，效果是动机的行动体现和检验根据。动机和效果是统一的，但两者的统一是一个复杂而曲折的过程。有时客观效果并不能完全反映动机，好的动机不一定收到好的效果。因此，判断任何事情既要看动机，又要看效果。

九、效益

效益是效果与利益的综合。

效益是指劳动占用、劳动消耗与获得的劳动成果之间的比较。劳动成果的价值超过了劳动占用和劳动消耗的代价，其差额为正效益，即产出多于投入。反之，则为负效益。用同样多的劳动占有劳动消耗获得的劳动成果多，效益就高；反之，效益就低。效益的高低，可以反映企业的管理水平。效益高是企业兴旺、前景兴隆的标志。

效益体现在不同的方面，如经济效益、社会效益、环境效益等。企业在经营管理中，要保持经济效益与社会效益、环境效益的统一，不能只注重经济效益而忽略了环境效益和社会效益，同样也不能只注重社会效益而忽略了经济效益，否则企业也难以运营。

十、效能

效能是效力、功效、作用，是实现目标所显示的能力和所获得的效果及效益的综合反映。

效能的原意是指事物所蕴藏的有利的作用。

效率和效能两者不相同。相比较而言，效能是战略层面的，而效率则是战术层面的，亦即大处着眼、小处着手的关系。在现实生活中，不管是企业还是个人，人们关注的重点都在后者，即提高效率和正确地做事。如老板有了新的想法，就发动员工开动脑筋、鼓足干劲工作，同时提出各种提高工作效率的方式方法来指导大家，希望员工能尽快达成某个目标。但冷静下来思考，对此问题进行认真分析，也许就会发现这是并不值得做的事情，甚至是对公司业务不利的事情，如占用公司资源，而未将其投入到真正需要的地方。

企业或个人都不能片面地追求效率，效率高不代表目的就可以实现，有了正确的目标再辅以效率才是达到目的的方法。

十一、人员

人员通常是指受雇的人的整体，如在一个企业、一个办公室或一个其他组织机构内共同工作的人，也指担任某种职务或从事某种工作的人。人员常按照职业进行分类，如技术人员、管理人员、医务人员、服务人员等。

人员是由人组成的。

人能够使用语言进行交流，具有多种复杂的互助性社会组织，喜欢发展复杂的科技，有各种不同的信仰、传说、仪式、价值观、社会规范等。

人具有自主性和创造性，人不但会学习，而且会发问，会探索，会创新；人具有发展的本质，其实践本性决定了人可以通过有意识、有目的的自主创造性活动不断地进行自我否定、自我超越、自我实现；人具有历史性和现实性，人的自我本质是在不断发展的历史和现实生活中逐渐生成的，人总是生活在具体的历史与现实空间中，人的自我本质的生成与发展也要受到一定历史和现实条件的制约；人具有多样性和差异性，作为一种存在的可能性本身就蕴含着丰富性和多样性，个体生命也具有独特性、不可替代性及个体间的差异性。

人由于其特性不同，在管理中处于不同的地位。

十二、场所

场所是特定的人或事所占有的环境的特定部分，也指特定建筑物或公共空间活动处所。

场所的特点一是占有性，二是非空间性，三是随机性。

场所是有行为的场地，是场地与在场地上发生的行为之和。脱离了行为活动，则不能称之为场所。

第二节　管理要素

一、概述

管理要素是指构成管理系统的各种要素。

管理系统包括管理主体、管理对象、管理手段，其他各种要素均可归于这三者之中。

在管理理论发展的历史进程中，有过许多关于要素（职能）的阐述。如法约尔的“管理五要素”，即计划、组织、指挥、协调和控制；又如古利克的“管理七要素”，即计划、组织、人事、指挥、协调、报告和预算，这七个要素的英文缩写就是著名的 POSDCORB。有的管理学者把管理的要素解释为人员、资金、方法、机器设备、物料、市场和士气。

从现代管理的角度来看，管理的基本要素应包括人、财、物、信息、时间、机构、章法和管理形式等。

管理要素还有各种说法，都是从不同角度提出的，如目标（目标及其标准）、机制（任务系统、责权利系统、监督系统）、执行。

二、管理主体

管理主体指从事管理工作的人，也就是管理者 。管理者是管理行为过程的主体，管理者一般由拥有相应的权力和责任，具有一定管理能力从事现实管理活动的人或人群组成。按在企业中所处的地位划分，管理者可分为高层管理者、中层管理者和基层管理者。中层管理者和基层管理者具有双重身份，既是管理者又是被管理者（管理对象）。

（一）高层管理者

在公司制企业中，高层管理者是直接向董事会报告与负责、执行董事会决议、承担公司日常经营决策与运营管理职责的高级管理人员。在大型、多层次结构的公司中，通常指执行委员会成员。具体工作一般为监督与解释外部环境状况以及就影响整个公司的问题进行决策，负责制定和规划公司战略目标、制定实现既定目标的战略和路径，合理配置资源、组织和监控公司业务正常运营，确保公司经营总体的成功。

高层管理者位于层级组织的最高层，需要对企业负责。高层管理者需要负责确定企业目标，制定实现既定目标的战略和监督与解释外部环境状况以及就影响整个企业的问题进行决策。高层管理者需要面向更长期的未来考虑问题，需要关心一般环境的发展趋势和企业总体的成功。在高层管理者的所有职责中，对企业愿景、使命、价值观的沟通是最重要的。

（二）中层管理者

中层管理者处于企业组织架构中的中层位置，在企业的决策层与执行层中间具有桥梁作用，是企业中重要的中枢系统。中层管理者对企业健康持续发展有着重要作用。

保持持续发展和改革，达到更高的业绩，关键的因素不在于高级管理者，而在于一批具有改革才能的中层管理者和专业人才。可见中层管理人员在企业中起中流砥柱的作用，其素质高低，在很大程度上影响一般员工的职业行为，甚至关系企业发展的成败，因此对中层管理者的素质，要有更高层次的特殊的要求。

不同的企业在不同的发展阶段，中层管理者所需要的素质也有所不同，但有一些素质是每一位中层管理者所必需的，包括主动性、执行力、关注细节、影响力、培训团队成员的能力、带领团队的能力以及专业知识与技能等。

1. 主动性

主动性是员工个体为企业的目标行动，而不依赖外力推动的行为品质，由员工个人的需要、动机、理想、抱负和价值观等推动。

主动性是指管理者在工作中投入较多的精力，善于发现和创造新的机会，提前预测事情发生的可能性，并有计划地采取行动提高工作绩效、避免问题的发生或对即将发生的问题有解决的预案。

能不能积极主动地前进，敢不敢为人先，是对中层管理者是否合格的考验。如果中层管理者不能对企业的总体绩效产生积极的推动作用，就是其失职。中层管理者工作成效的重要标志，就是其根据企业目标是否主动采取行动。

主动性是指人在完成某项活动的过程中，来源于自身并驱动自己去行动的动力的强度。对于一个员工来说，重点在于采取行动，主动的意义是在无人明确要求的情况下，超乎工作预期和原有需要层级的努力，这些付出可以改善及增加效益，以及避免问题的发生，或创造一个新的机会。

2. 执行力

执行力是指贯彻战略意图，完成预定目标的操作能力。执行力是企业竞争力的核心，是把企业战略、规划转化成为效益、成果的关键。

执行力是在既定的战略和愿景的前提下，企业对内外部可利用的资源进行综合协调，制定出可行性的战略，并通过有效的执行措施从而最终实现企业目标、达成组织愿景的一种力量。

执行力既反映企业的整体素质，也反映管理者的角色定位。高层管理者侧重于制定策略和下达命令，中层管理者重要的是必须具备执行力。执行力的关键在于通过制度、体系、企业文化等规范及引导员工的行为。

中层管理者不仅要有个人执行力，更要使其所带领的团队具有强大的执行力。

个人执行力是指单个的人把上级的命令和想法变成行动，把行动变成结果，从而保质保量完成任务的能力。个人执行力是一个人获取结果的行动能力，中层管理者的个人执行力主要表现在工作指标的实现能力。个人执行力取决于其本人是否有良好的工作方式与习惯，是否熟练掌握管人与管事的相关管理工具，是否有正确的工作思路与方法，是否具有执行力的管理风格与性格特质等。

团队执行力是指一个团队把战略决策持续转化成结果的满意度、精确度、速度，是一项系统工程，表现出来的就是整个团队的战斗力、竞争力和凝聚力。团队执行力是将战略与决策转化为实施结果的能力。团队执行力是当上级下达指令或要求后，迅速做出反应，将其贯彻或者执行下去的能力。

3. 关注细节

细节是细小的环节或情节，是琐碎而不重要的小节。但细节的改变所产生的巨大影响力往往能够超乎人们的想象，甚至可以用最小的细节改变带来结果上很大的差异变化，因此有“细节决定成败”之说。

任何事情都有从量变到质变的漫长过程，中层管理者只有持之以恒、举轻若重，认真务实地做好每一个细节，才能在工作中真正做出成效。

4. 影响力

影响力是用一种为别人所乐于接受的方式，改变团队成员的思想和行动的能力。

如果说传统意义的管理者主要依靠权力，那么现代观点的管理者则更多是靠其内在的影响力。一个成功的管理者不是指身居何等高位，拥有各种权利而是指能够凭借其自身的威望、才智，把其他成员吸引到自己的周围，取得别人的信任，引导和影响别人来完成企业目标，并使所带领的团队群体取得良好绩效。管理者的影响力日渐成为衡量其是否成功的重要标志。

影响力有两种，一是权力性影响力，二是非权力性影响力。

权力性影响力属于强制性影响力，主要源于法律、职位、习惯和武力等，对人的影响带有强迫性、不可抗拒性，通过外力的方式发挥其作用。构成权力性影响力的因素主要有法律、职位、习惯、暴力等。

非权力性影响力属于非强制性影响力，主要来源于管理者个人的人格魅力，来源于管理者与其团队之间的相互感召和相互信赖。构成非权力性影响力的因素主要有品格因素、才能因素、知识因素和情感因素。

中层管理者应具备的是非权力性影响力。一个拥有充分的影响力的中层管理者，可以在其岗位上指挥自如、得心应手，带领队伍取得良好的成绩；而一个影响力很弱的中层领导者，只是依靠命令和权力，不可能在其所管理的团队中真正树立起威信并取得满意的成效。

5. 培训团队成员的能力

培训团队成员是指自发地、真诚地去帮助团队成员提高工作上的知识技能、工作方法和能力素质等。培训团队成员表明了一种帮助团队成员成功的倾向与愿望，有促成团队成员学习或发展的真实意愿。培训团队成员的关键在于培训团队成员的意愿和影响力，而不仅仅在于是否承担了培训者的身份或角色。

优秀的中层管理者要有培训团队成员的能力，更多地关注员工潜能的开发，鼓励和帮助下属取得成功。安排各种经历以提高其能力，帮助其成长。

培训团队成员，一是要表达正面期待，相信其想要学习也有能力学习；二是培训内容包含原理或理论，培训方式包含指导或示范等；三是给予负面反馈时只针对行为，并对未来绩效表达正面的期待；四是辨明培训与开发的需求，设计新的培训计划或准备好相关资料以满足需求；五是基于培训团队成员的能力而授予任务或责任。

中层管理者的指令如果太过详尽，就可能使团队养成不动脑筋的依赖心理。一个命令、一个动作地机械工作，不但谈不上提升效率，更谈不上培养人才。在训练人才方面，最重要的是引导被训练者反复思考、亲自制定计划策略并付诸实际行动。只有独立自主，才能独当一面。对中层管理者而言，最重要的工作就是启发所领导的团队成员的自主能力，使每一个人都能独立作业，而不是唯命是从，消极等待。

6. 带领团队的能力

管理不是一个人的事情，富有发展潜力的中层管理者表现出团队取向的工作风格，乐于协同作战，在实际管理工作中是灵魂人物。其善于营造一种团队协作、平等沟通的文化氛围，善于运用头脑风暴放大集体的智慧，以开放的心态欢迎批评、面对冲突，从来不放弃寻找最好的问题解决办法，与团队成员彼此欣赏，鼓舞士气，关注团队成员的共同发展。

对管理者而言，真正意义上的成功必然是团队的成功。脱离团队，去追求个人的成功，这样的成功即使得到了，往往也是变味的和苦涩的，长此以往是对企业有害的。因此，一个优秀的中层管理者绝不是个人的勇往直前、孤军深入，而是带领所领导的团队共同前进。

（三）基层管理者

基层管理者又称一线管理者，具体指企业中的班组长、小组长等。其主要职责是传达上级计划、指示，直接分配每一个成员的生产任务或工作任务，随时协调下属的活动，控制工作进度，解答下属提出的问题，反映下属的要求。其工作的成效，直接关系到企业战略能否落实，企业计划能否完成，企业目标能否实现。因此，基层管理者在企业中有着十分重要的作用。对基层管理者的技术操作能力及驭下能力要求较高，但并不要求其拥有统筹全局的能力。

工业企业现场管理中，大多数要依靠基层管理者落实、贯彻和执行。基层管理者既要迅速提高自己的业务能力，又要在日常工作中不断培养自己的工作技巧。

基层管理者的作用可以概括为分解、传递，其应具备的素质自然与中层管理者不同。基层管理者要具备过硬的业务能力、亲和力、团队建设能力、领导力和与上级相处的能力。

1. 过硬的业务能力

基层管理者不同于中层管理者，不需要对本部门的发展进行过多的规划，只需完成所负责的小部门工作职能。基层管理者同时又肩负着具体的工作和事务，个人过硬的业务能力和素质是在企业中让人心服口服的前提。企业的各种业务培训一般通过基层管理者进行，过硬的业务能力对基层管理人员来说非常关键。

2. 亲和力

基层管理者必须与其所管理的成员打成一片，不能因为自己是管理者而拒人于千里之外。基层管理者的亲和力表现在尊重、关心和体恤所管理的成员，亦即下属。

一是尊重。基层管理者必须尊重自己团队中的每个员工。己所不欲勿施于人，尊重是赢得真诚的前提。每个员工的身世背景、家庭可能各有不同，但以平等之心对待每个人，就可能换来一个融洽的氛围。

二是关心。基层管理者直接接触的就是一线员工，一线员工的现状、诉求，基层管理者最清楚。要关心自己团队中的每个员工，显示出自己的仁爱之心。

三是体恤。在员工出现个人问题时，体恤员工，及时帮助其解决问题，限于条件不能解决时及时向上级反映，寻求帮助。

3. 团队建设能力

基层管理者除了要有过硬的业务能力，还要有团队建设的能力。一个人的业绩可能非常优秀，但是只注重个人的业绩而忽视了团队，充其量只是一个业务精英。将团队发挥巨大的效能作用，是一个基层管理者的最大成就。

4. 领导力

领导力是指管理者在其管辖的范围内充分地利用人力和客观条件，以最小的成本完成工作任务，提高整个团体的办事效率。

领导力是一系列行为的组合，这些行为将会激励人们跟随领导去要去的地方，不是简单地服从，但服从也是必要的。

基层管理者也是管理人员，也要发挥自己的领导力。基层管理者一般是被任命的，其影响力来自职位所赋予的正式权力。当一些情况发生时，可以运用职权迫使人们去从事某项工作，依靠制度、管理工具达到目的。

5. 与上级相处的能力

授命于基层管理者的是其上级，因而保持与上级良好的沟通是做好基层工作的关键，也是基层管理者获得进一步提升的关键。

与上级的沟通，一是及时汇报，让上级了解基层的工作，获得上级的支持；二是征询上级的意见，得到上级对某些工作的指导。

三、管理对象

管理对象除作为被管理者的人之外，主要还有资产、物质、时间和信息。

（一）资产

1. 资产的定义

资产指资财、产业。

资产是企业、自然人、国家拥有或者控制的能以货币来计量收支的经济资源，包括各种收入、债权和其他权利。

企业资产是指由企业过去经营交易或各项事项形成的，由企业拥有或控制的，预期会给企业带来经济利益的资源。

中国的《企业会计准则——基本准则》将资产定义为企业拥有或控制的能以货币计量的经济资源，包括各种财产、债权和其他权利。

2. 资产的特征

资产是企业从事生产经营活动的物质基础，具有以下几方面特征。

（1）资产是一项由过去的交易或者事项所形成的资源。

资产必须是现实的资产，而不能是预期的资产；亦即只有过去的交易或事项才能形成资产，企业预期在未来发生的交易或者事项不形成资产。企业过去的交易或者事项包括购买、生产、建造行为或其他交易或者事项。

如企业有购买某项存货的意愿或者计划，但是购买行为尚未发生，其不符合资产的定义，某项存货就不能确认为企业的存货资产。

（2）资产必须由企业拥有或控制。

由企业拥有，即企业享有某项资产的所有权；由企业控制，指企业没有某项资产的所有权，但该资源能被企业所控制。如融资租入的固定资产，按照实质重于形式的要求，也应确认其为企业资产。

通常判断资产是否存在，企业是否拥有所有权是首要因素；有些情况下，虽然某些资产不为企业所拥有，即企业并没有其所有权，但企业可控制这些资产，说明企业能够从这些资产中获取经济利益。

（3）资产预期会给企业带来经济利益。

预期会给企业带来经济利益，是指直接或间接导致现金和现金等价物流入企业的潜力。资产必须具有交换价值和使用价值。没有交换价值和使用价值、不能给企业带来未来经济利益的资源不能成为企业的资产。

前期已经确认为资产的项目，如果不能再为企业带来经济利益，也不能继续将其确认为企业的资产。如待处理财产损失或已失效、已毁损的存货，已不能给企业带来未来经济利益，就不应该再作为资产出现在资产负债表中。

资产还应满足以下两个条件，一是与此资源有关的经济利益很可能流入企业，二是此资源的成本或者价值能够可靠地计量。

3. 资产的种类

资产以各种具体形态分布或占用在企业生产经营过程的不同方面，按其流动性通常可分为固定资产、流动资产、长期投资、无形资产和其他资产。

（1）固定资产。

固定资产是指企业为生产产品、提供劳务、出租或者经营管理而持有的、使用时间超过一年的，价值达到一定标准的非货币性资产，包括房屋、建筑物、机器、机械、运输工具以及其他与生产经营活动有关的设备、器具、工具等。固定资产是企业的劳动手段，也是企业赖以生产经营的主要资产。

固定资产的主要特点，一是其价值一般比较大，使用时间比较长，能长期地、重复地参加生产过程；二是其虽在生产过程中发生磨损，但并不改变其本身的实物形态，而是根据其磨损程度，逐步地将其价值转移到产品中去，其价值转移部分回收后形成折旧基金。

固定资金作为固定资产的货币表现，其特点有三。一是其循环期比较长，不取决于产品的生产周期，而取决于固定资产的使用年限；二是其价值补偿和实物更新是分别进行的，前者是随着固定资产折旧逐步完成的，后者是在固定资产不能使用或不宜使用时，用平时积累的折旧基金来实现的；三是在购置和建造固定资产时，需要支付相当数量的货币资金，这种投资是一次性的，但投资的回收是通过固定资产折旧分期进行的。

（2）流动资产。

流动资产是指企业可以在一年内或者超过一年的一个营业周期内变现或运用的资产，是企业资产中必不可少的组成部分。流动资产在周转过渡中，从货币形态开始，依次改变其形态，最后又回到货币形态，各种形态的资金与生产流通紧密相结合，周转速度快，变现能力强。

流动资产的内容包括货币资金、短期投资、应收票据、应收账款和存货等。

工业企业的流动资产可分为五种。一是储备资产，即从购买到投入生产为止，处于生产准备阶段的流动资产，包括原材料及主要材料、辅助材料、燃料、修理用备件、低值易耗品、包装物、外购半成品等；二是生产资产，即从投入到产成品制成入库为止，处于生产过程中的流动资产，包括在产品、自制半成品、待摊费等；三是成品资产，即从产品入库到产品销售为止，处于产品待销过程中的流动资产，包括产成品和准备销售的半成品和零部件等；四是结算资产，即指各种发出商品、应收账款、应收票据等；五是货币资产，指银行存款、库存现金等。

（3）长期投资。

长期投资是指不准备随时变现，持有时间超过 1 年的企业对外投资。长期投资区别于短期投资之处，一是投资期限长，二是不同的投资目的。

长期投资按其性质分为长期股票投资、长期债券投资和其他长期投资。

长期股票投资是购买并持有其他企业（一般为公司制企业）的普通股、优先股。

长期债权投资是指企业购买在一年内（不含一年）不能变现或不准备随时变现的债券和其他债权投资。债券投资的特征一是不仅可以回收投资的本金，还可以按期获得利息收益；二是收益与受资企业经营状况的好坏无关；三是投资企业无权参与企业的经营管理。债券投资风险小、获取的经济利益相对较小，同时一般不承担责任。

（4）无形资产。

无形资产是指不具有实物形态，但能带来经济利益的资产，是指企业拥有或者控制的没有实物形态的可辨认非货币性资产。无形资产包括土地使用权、商标权、专利权、非专利技术、著作权、品牌等。

（5）其他资产。

其他资产是指企业资产中不属于以上4种资产的资产。

（二）物质

物质是不依赖于、独立于人的主观意识而存在的客观实在，一般这种客观实在又能为人的意识所反映。物质有时也特指金钱、生活资料等。

物质的内涵是质量的空间分布，某一物件是某一有限质量在某一有限空间内的瞬时分布。物质世界是无限的，也是多样的。在自然界中，能够看到的东西，是数不完的，更是无法全部准确计量的；看不见的微观世界，更是复杂多样。

物质是运动的，是相互联系、相互作用的，物质有保持原有平衡状态的属性（即惯性），运动物质间的相互作用又时刻破坏着平衡；惯性维护平衡与作用造成变化成了物质最基本属性的矛盾，正是这一矛盾推动着物质从无机物到有机物到多分子体系的转化，推动着物质从多分子体系到原始生命的演化，推动着物质从原始生命到动植物到人类的进化。惯性维护平衡与作用造成变化这一矛盾是其他所有的有意义事物的存在条件，是一切意义的来源，人类活动与之相关联，并产生价值。

物质是不依赖于意识而又能为人的意识所反映的客观实在。运动是物质的根本属性，时间和空间则是运动着的物质的存在形式。自然界和社会的一切形象，都是运动着的物质的存在形式。物质是由同一种分子组成的物的最小单位，简而言之，就是组成各种形态、生命乃至宇宙的基本元素。

简单地说就是实物粒子和场统称物质或者有能量（质量）的统称物质。

（三）时间

时间是物理学中的七个基本物理量之一，一般以符号 t 表示。

时间是一个较为抽象的概念，是物质的运动、变化的持续性、顺序性的表现。时间概念包含时刻和时段两个概念。时间是人类用以描述物质运动过程或事件发生过程的一个参数，确定时间，是靠不受外界影响的物质周期变化的规律。

时间是地球上的所有其他物体（物质）三维运动（即位移）对人的感官影响形成的一种量，是一种客观存在。时间的概念是人类认识、归纳、描述自然的结果。

时间涵盖了运动过程的连续状态和瞬时状态，是人为了便于思维思考这个宇宙，而对物质运动进行的一种划分，是人定的规则，而并非自然规则。

（四）信息

信息，指音讯、消息、通讯系统传输和处理的对象，泛指人类社会传播的一切内容。人通过获得、识别自然界和社会的不同信息来区别不同事物，得以认识和改造世界。在一切通讯和控制系统中，信息是一种普遍联系的形式。

信息是指运动变化的客观事物所蕴含的内容，只是客观事物的一种属性。文字、图形、图像、声音、影视和动画等不是信息，而是信息的表现形式，其承载的内容才是信息。

世界是由物质组成的。物质是运动变化的。客观变化的事物不断地呈现出各种不同的信息。人们需要对获得的信息进行加工处理，并加以利用。

人通过五种感觉器官，时刻在感受着来自外界的信息。人感受到的各种各样的信息，按照参与获取信息的人来划分，可分为参与前的信息和参与后的信息。参与前的信息是指获取信息的人没有参与情况下的信息，由于没有人为因素的参与，这个信息是客观真实的，不存在真伪的问题，只存在着人的认知能力和认知水平问题；参与后的信息是指获取信息的人参与了信息活动而获得的信息，由于有获取信息的人的参与，获取的信息就会掺杂一些人为因素，不再是原来状态下的信息，或多或少地会失去一些客观真实的内容。

信息具有普遍性、客观性、依附性、共享性、时效性、传递性等基本特征。

（1）普遍性与客观性。无论在自然界还是在人类社会中，事物都在不断发展和变化。事物所表达出来的信息无时不在、无所不在，信息是普遍存在的。

事物的发展和变化，不以人的主观意识为转移，其形成的信息也是客观的。

（2）依附性。信息是客观事物的一种属性，并非具体事物，也不是某种物质。信息必须依附于某个客观事物（媒体）而存在。同一个信息可以借助不同的信息媒体表现出来，如文字、图形、图像、声音、影视和动画等。

（3）共享性。非实物的信息不同于材料、能源等实物。材料和能源在使用之后，会被消耗、被转化；信息在复制、传递、共享的过程中，可以不断地重复产生副本，本身并不会减少，也不会被消耗掉。

信息是一种资源，具有使用价值。信息传播的面积越广，使用信息的人越多，信息的价值和作用就越大。

（4）时效性。随着事物的发展与变化，信息的可利用价值也会相应地发生变化。信息随着时间的推移，可能会失去其使用价值，就称为是无效信息。信息必须及时获取、利用，才能体现其价值。

（5）传递性。信息通过媒体，可以实现信息在空间上的传递；通过存储媒体的保存，可以实现信息在时间上的传递。

四、管理手段的形式

管理手段有管理机构及章程、规章制度、会议、指令、沟通和检查等管理形式。

不同的手段可以为同一管理模式服务，如行政方法可运用计划、广播、程控机等手段；而同一手段也可为不同的方法服务，如记录卡既可用于行政检查也可用于经济处罚。需要指出的是，在现代社会，高科技的信息手段得到普及和推广，对于加强企业管理发挥了比较大的作用，值得广大管理者重视。但是一个好的管理者在管理某一事项时要因人而异，因地制宜。

（一）管理机构

1. 社会管理机构

社会管理机构是对人类社会经济活动进行管理的实施单位，根据生产力发展水平和一定社会生产关系的要求而设置，既是协调和组织生产力的机关，又是代表生产资料所有者行使所有权和管理权的机关。

社会管理机构的设置有两种基本类型，一是行政直线制，二是社会职能制。

行政直线制的社会管理机构，其设置与行政机构的设置相联系，按照行政系统从上到下划分为相应的层次，层层设置管理机构，上一级层次的机构对下一级施行直接指挥，所有管理权限最终集中到最高层。在行政直线制的社会管理机构设置中，基层单位权力很小，不能对自身的经济活动的后果负责。其理论依据是实现社会化大生产按比例发展，要求对全社会的经济活动进行统一的管理指挥，而建立在生产资料公有制基础之上的这种管理和指挥，体现了所有权和管理权的统一。

社会职能制的社会管理机构，经济管理的权限主要集中于企业即社会经济活动的基本单位，宏观上的各种社会管理机构一般不与行政系统相联系，而与一定的社会经济职能相联系，包括金融、财政、税务、工商行政管理、审计、物价、信息等管理机构以及经济法律的执行机构。这些机构一般不直接对企业进行指挥控制，而是通过一定的管理机制影响和协调企业的行为。企业是相对独立的经济实体，对自己的经济活动后果负责。其理论依据是，企业是社会经济活动的基本单位，应独立地对自己的经济后果负责，社会化大生产的按比例要求可以通过企业之间为获得一定物质利益的竞争而自发地实现，社会对经济活动的干预、调节，可以通过各种社会经济职能机构实现。

2. 企业管理机构

企业管理机构是指企业发展、完善到一定程度，在其内部形成的结构严密、相对独立，并彼此传递或转换能量、物质和信息的系统。其任务是协调各种关系，有效地运用企业员工的才智，充分发挥企业系统的力量，达成企业的目标。

企业管理机构设置要考虑管理幅度、管理层次、指挥管理、任务目标及职责等。

（1）管理幅度。

管理幅度是指一个人能直接高效地领导下属人数的限度，或称管理面的宽度。

管理幅度的意义在于如果没有这个限度，一个人不能直接和有效地领导指挥成百上千的人，那么所有的管理职能均集中于老板身上，但老板一个人受精力、体力、时间和知识的限制，被管理的人数太多，面太宽，既管不好，也管不了。

（2）管理层次。

管理层次是在职权等级链上所设置的管理职位的级数。

管理层次和管理幅度是两个相联系的概念。管理幅度大，则管理层次少；管理幅度小，则管理层次多。

一般而言，没有系统、管理成熟度低时，一个人只能管理 6~8 个人，即管理幅度只有 6~8 个人；随着管理成熟度的上升，管理的人数可随之增多。企业应结合纵向职能分工、运行效率的要求、不同部分的特点来确定管理幅度和管理层次。

（3）指挥管理、任务目标及职责。

企业上下级之间应有对应性，一个下级只对一个上级负责，不越级指挥和管理，命令和指挥才存在统一性。同时，既能够让下级充分理会上级的意图，也能够让上级了解下级的工作情况。

各岗位的职责与职权间应互相对应，即承担特定的责任，就应该赋予相应的权力。企业管理机构为了保证完成任务，实现企业的目标，集中员工的力量组成一个整体，使员工明确各自的任务，围绕企业目标运转。企业管理机构设计应以事为中心，因事设岗，因岗设人。

（4）适应性。

战略决定组织架构，企业管理机构需适应企业战略规划的变化，具有一定的弹性，能适应新情况的变化。

（二）章程

1. 章程基本特点

章程，是组织、团体经特定的程序制定的关于组织规程和办事规则的规范性文书，是一种根本性的规章制度。章程与规则的关系类似于宪法和法律。

章程的特点：一是稳定性，章程是组织或团体的基本纲领和行动准则，在一定时期内稳定地发挥其作用，如须更改或修订，应履行特定的程序与手续（一般为经组织全体成员或其代表审议通过，企业章程由股东审议通过），有关单位开展业务工作的章程，是基本的办事准则，也应保持相对稳定，不宜轻易变动；二是约束性，章程作用于组织内部，依靠全体成员共同实施，不由国家强制力予以推行，但要求其下属组织及成员信守，具有一定的规范作用和约束力。

2. 企业章程（公司章程）

现在的工业企业，大多数为公司制企业，企业注册登记时就要有公司章程，并在企业注册登记机构备案。

公司章程是指公司依法制定的、规定公司名称、住所、经营范围、经营管理制度等重大事项的基本文件，是公司必备的规定公司组织机构及活动基本规则的书面文件。公司章程是股东共同一致的意思表示，载明了公司组织和活动的基本准则，是公司的宪章。公司章程具有法定性、真实性、自治性和公开性的基本特征。公司章程与《公司法》一样，共同肩负调整公司活动的责任。作为公司组织与行为的基本准则，公司章程对公司的成立及运营具有十分重要的意义，既是公司成立的基础，也是公司赖以生存的灵魂。

公司章程的基本特征是法定性、真实性、自治性和公开性。

（1）法定性。

公司章程的法定性表现在法律地位、主要内容及修改程序、效力都由法律强制规定，任何人、任何公司都不能违反。公司章程是公司设立的必备条件之一，无论是设立有限责任公司还是设立股份有限公司，都要由全体股东或发起人订立公司章程，在公司设立登记时提交公司登记机关备案。

（2）真实性。

公司章程的真实性主要强调公司章程记载的内容必须是客观存在的、与实际相符的事实。

（3）自治性。

公司章程的自治性主要体现在三个方面，一是公司章程作为一种行为规范，由公司依法自行制订，是公司股东意思表示一致的结果；二是公司章程是一种法律以外的行为规范，由公司自我执行，不以国家强制力保证实施；三是公司章程作为公司内部规章，其效力仅及于公司和相关当事人，对公司外部不具有约束力。

（4）公开性。

公司章程的公开性主要对股份有限公司而言。公司章程的内容除对投资人公开外，还要对社会公众公开。

（三）规章制度

工业企业的规章制度是工业企业用于规范工业企业全体成员及工业企业所有经济活动的标准和规定，是工业企业内部经济责任制的具体化。工业企业规章制度对本企业具有普遍性和强制性，任何人、任何部门都必须遵守。工业企业规章制度大致可分为企业基本制度、企业工作制度和企业责任制度。工业企业规章制度的制定，应体现工业企业经济活动的特点和要求。

工业企业规章制度的作用主要体现在五个方面。一是依法制定的规章制度可以保障企业合法有序地运作，将纠纷降低到最低限度。二是好的企业规章制度可以保障企业的运作有序化、规范化，降低企业经营运作成本。三是规章制度可以防止管理的任意性，保护职工的合法权益；制定并实施合理的规章制度能满足职工公平感的需要。四是优秀的规章制度通过合理的设置权利、义务和责任，使职工能预测到自己的行为和努力的后果，激励员工为企业的目标和使命努力奋斗。五是良好的规则制度为企业节约大量的人力、物力，为企业的正常运行提供保障。

工业企业的规章制度涉及面很广，包括经营企业管理制度、组织机构管理制度、办公总务管理制度、财务管理制度、会计管理制度、人事管理制度、员工勤务管理制度、员工培训制度、员工福利管理制度、生产管理制度、设备管理制度、质量管理制度、能源管理制度、环境管理制度、安全健康管理制度、采购管理制度、仓储管理制度、销售管理制度、信息管理制度、各种事故预案、保密制度、会议制度等。

工业企业的规章制度，一要合法合理，符合《劳动合同法》等法律法规、政府规章的规定；二要具有可操作性，规章制度的条款需要可操作性强的表述，不具有可操作性的条款企业和员工都无法执行；三要完备，尽可能多地考虑生产经营、员工管理中可能发生的情况，避免发生情况后无章可循；四要具备逻辑性，特别是在奖惩制度中，对于大错不犯小错不断的员工，采用逻辑递进的惩罚模式，能够较好地达到“治病救人”的效果。

（四）会议

会议的基本解释，一是集合三人以上相与议事，并遵循一定的议程，所举行的一种集会；二是商讨并处理重要事务的常设机构或组织。引证解释为聚会论议和有组织、有领导地商议事情的集会。

会议是指人们怀着各自相同或不同的目的，围绕一个共同的主题，进行信息交流或聚会、商讨的活动。会议的利益主体主要有主办者、承办者和与会者、演讲人，其主要内容是与会者之间进行思想或信息的交流。

会议是指有组织、有领导、有目的的议事活动，是在限定的时间和地点，按照一定的程序进行的。会议一般包括议论、决定、行动 3 个要素。会议要会而有议、议而有决、决而有行，否则就是闲谈或议论，不能成为会议。会议是一种普遍的社会现象，几乎有组织的地方都会有会议，会议的主要功能包括决策、控制、协调和教育等功能。

会议形式包括室内会议和室外会议、正式会议和非正式会议等。

重要的会议一般都有会议纪要。会议纪要的特点是纪实性、概括性和条理性。

纪实性指会议纪要必须是会议宗旨、基本精神和所议定事项的概要纪实，不能随意增减和更改内容，任何不真实的材料都不得写进会议纪要。概括性指会议纪要必须精其髓，概其要，以极为简洁精炼的文字高度概括会议的内容和结论；既要反映与会者的一致意见，又可兼顾个别与会者有价值的看法；有的会议纪要，还要有一定的分析说理。条理性指会议纪要要对会议精神和议定事项分类别、分层次予以归纳、概括，使之眉目清晰、条理清楚。

（五）指令

指令即指示、命令，是下行公文的一种，用于对下级机关有所指示之时。

指示指以手指点表示、指引，是以前上级机关或领导对下级发布的指令性意见或文件，是领导机关对下级机关布置工作，阐明工作活动要点及要求、步骤和方法时所使用的一种具有指导原则的下行公文。指示具有较强的指导性、政策性，可以对某项重要事项、工作能顺利进行起着决定性作用。

命令是由具有正当权威或权利的人所下的特定或日常指示。

命令的特点，一是强制性，命令是行政公文中最具有强制性特征的文种，发布后受令者必须无条件地绝对服从，迅速坚决地执行；二是权威性，上级机关对下级机关有着法定的权威性；命令作为行政管理活动中最具有强制特征的指挥性下行公文，最集中且最充分地体现了发令机关的这种权威性；三是指挥性，指命令的内容具有指挥下级机关或有关人员行动的功能。

（六）沟通

沟通是人与人之间、人与群体之间思想与感情的传递和反馈的过程，以求思想达成一致和感情的通畅。

沟通是为了一个设定的目标，把信息、思想和情感在个人或群体之间传递，并且达成共同协议的过程。沟通有三大要素，一是要有一个明确的目标，二是达成共同的协议，三是沟通信息、思想和情感。

沟通就是信息发送、传递与接受的行为，发送者凭借一定的渠道，将信息传递给接收者，以求对方完全理解发送者的意图。

沟通既是人际的交流，也涉及组织之间的交流。

沟通的基本结构包括信息、反馈、通道三个方面，缺少任何一个方面都完不成沟通。沟通按具体结构划分可分为非正式沟通与正式沟通两种。

语言文字运用得是否恰当直接影响沟通的效果。使用语言文字时要简洁、明确，叙事说理要言之有据，条理清楚，富于逻辑性；措辞得当，通俗易懂，不要滥用辞藻，不要讲空话、套话。非专业性沟通时，少用专业性术语。可以借助手势语言和表情动作，以增强沟通的生动性和形象性，使对方容易接受。

（七）检查

检查指为了发现问题而用心查看，也指对产品设计、产品、服务、过程或者工厂的核查，并确定其相对于特定要求的符合性，或在专业判断的基础上，确定相对于通用要求的符合性。

检查的作用一是查找问题和缺陷，二是减少失误，三是提高正确率，四是保证质量和效果。

五、法约尔管理五要素

法国古典管理理论学家亨利·法约尔认为管理包含了五个要素：“管理就是实行计划、组织、指挥、协调和控制；计划就是探索未来、制定行动计划；组织就是建立企业的物质和社会的双重结构；指挥就是使其人员发挥作用；协调就是连接、联合、调和所有的活动及力量；控制就是注意是否一切都按已制定的规章和下达的命令进行。”

（一）计划

计划具有两重含义。一是计划工作，是指根据对企业外部环境与内部条件的分析，提出在未来一定时期内要达到的企业目标以及实现目标的方案途径；二是计划形式，是指用文字和指标等形式所表述的企业以及企业内的部门和员工，在未来一定时期内关于行动方向、内容和方式安排的管理事件。

法约尔强调管理应当预见未来，预见性至少是管理的一个基本部分。

计划按其重要性，可以分为战略计划和作业计划；按其时期界限分为长期计划、中期计划和短期计划，长期计划通常指 5 年以上的计划，短期计划一般指 1 年以内计划，中期计划则介于两者之间；按其内容的明确性分为具体性计划和指导性计划。

计划的特点是针对性、预见性、首位性、普遍性、目的性、明确性和效率性。

针对性指计划是根据党和国家的方针、政策和相关法律、法规，针对本企业、本部门的实际情况制定的，目的明确，具有指导意义。预见性指计划是在行动之前制定的，以实现今后的目标、完成下一步工作任务为目的。首位性指计划是进行其他管理工作的前提，计划在前，行动在后。普遍性指实际的计划工作涉及企业每一位管理者及员工，企业目标确定后，企业的各级管理人员为了实现这一目标，使得本部门、本单位的工作得以顺利进行，都需要制定计划。目的性指企业内任何部门或员工制定的各种目标都是为了促使企业目标的实现。明确性指计划应明确表达出企业及所属各部门、各单位的目标和任务，明确表达出实现目标所需的资源以及所采取的程序、方法和手段，明确表达出各级管理人员在执行计划过程中的权利和职责。效率性是指时间性和经济性两个方面。

计划是企业最重要、也是最困难的工作之一，涉及所有的部门和所有的活动，特别是管理活动。在制定计划时，要考虑到下级管理人员直至普通员工的意见，才能使所有的资源不致被遗漏，从而有利于企业的发展。法约尔的这种想法事实上是以后盛行的“参与管理”思想的萌芽。

法约尔认为，一个好计划应具有四个特点。一是统一性，不仅有总体计划还有具体的计划；二是连续性，不仅有长期计划还有中期计划和短期计划；三是灵活性，计划可以应付意外事件的发生；四是精确性，应尽量使计划具有客观性，不带主观的臆测。

计划是为实现企业目标服务的，计划是管理活动的桥梁，是组织、领导和控制等管理活动的基础。计划工作具有普遍性和秩序性，要追求效率。

（二）组织

组织的基本含义，一是按照一定的目的、任务和形式加以编制，安排事物使其有系统或构成整体；二是按一定宗旨和系统建立起来的集体。本书提到的组织是第一个含义。

组织是对企业计划执行的分工，为企业的经营提供所有必要的原料、设备、资本、人员。

组织大体可以分为物质组织和人员组织两部分。在配备了必要的物质资源以后，人员组织就可以进行企业所有的经营活动。

人员组织应完成的管理任务，一是注意行动计划是否经过认真准备并坚决地执行了；二是分析人员组织和物质组织与企业的目标、资源和需要的适应性；三是建立一元化的、有能力的坚强领导，做出清楚、明确、准确的决策；四是协调力量，配合行动；五是有效地配置人员，每一个部门都应该由一个胜任人来领导，人适其岗，人尽其才；六是明确规定部门和岗位职责；七是对员工所做的工作给以公平而合适的报酬；八是鼓励首创精神与责任感；九是对过失与错误施加惩罚；十是使大家遵守纪律，使个人利益服从集体利益；十一是特别注意统一指挥；十二是注意物品秩序与社会秩序；十三是进行全面控制；十四是避免规章过多、官僚主义、形式主义、文牍主义等弊端。

（三）指挥

指挥一是动词，以手或手持物挥动示意，指发令调度；二是名词，指发令调度的人。

现在的指挥概念已广泛应用于社会各界管理层面，意指上级对所属下级各种活动进行的组织领导活动。平时最多使用的是应急指挥、移动指挥、应急指挥系统等。

指挥是一种以某些公认品质和对管理一般原则的了解为基础的艺术。

法约尔要求指挥人员要做到以下几点。一是透彻了解下级，至少要了解其直接部下，明白对每个人可寄予什么期望，给予多大信任；二是淘汰没有工作能力的人；三是非常清楚约束企业和员工的协议或合同；四是做好榜样；五是定期检查企业的经营状况，并使用概括的图表来促进这项工作；六是召开会议，把主要的助手召集起来，参加酝酿统一领导和集中力量搞好工作的会议；七是不要在工作的细节上花费精力。

（四）协调

协调是和谐一致、配合得当，用作动词，是使之配合得适当。协调是正确处理企业内外各种关系，为企业正常运转创造良好的条件和环境，促进企业目标的实现，就是使企业的一切工作都要和谐地配合，以便于企业经营的顺利进行，并且有利于企业取得成功。

法约尔指出："协调是指企业的一切都要和谐地配合，其目的是使企业工作能够顺利进行，并利于企业获取成功。协调的另一种功能是使职能的组织机构和物质设备机构之间保持一定的比例。这个比例是每个机构高效、保质保量完成任务的保证……总之，协调的目的是为了事情和行为都有一个合适的比例。"

法约尔认为，判断企业需要进行协调工作的依据，一是各部门不了解而且也不想了解其他部门，各部门在进行工作时好像其本身就是工作的目的和理由，不关心整个企业，也不关心毗邻的部门；二是在一个部门内部，各部门、各科室之间，与各不同部门之间一样存在着一堵墙，互不通气，各自最关心的就是使自己的职责置于公文、命令和通告的保护之下；三是谁也不考虑企业整体利益，企业里没有勇于创新的精神和忘我的工作精神。

法约尔认为，解决这一问题的最好方法是部门领导每周的例会。召开例会的目的是根据企业工作进展情况讲明企业发展方向，明确各部门之间应有的协作，利用领导们出席会议的机会来解决共同关心的各种问题。通常，例会不涉及制定企业的行动计划，会议要有利于领导们根据事态发展情况来完成这个计划，每次会议只涉及一个短期内的活动，一般是一段时间，在这一周内，要保证各部门之间行动协调一致。

部门领导会议是协调工作不可或缺的方法，如果其不存在，那么任务完成得不好的可能性就大，有了它并不是正常工作的绝对保证，还需要领导懂得很好使用这一方法，能够使用各种工作方法是一种艺术，是管理人员应该具有的才能之一。

（五）控制

1. 控制的含义

控制的含义，一是掌握住不使任意活动或越出范围、操纵，二是使处于自己的占有、管理或影响之下。

企业管理中的控制是为了确保企业的目标以及为此而拟定的计划能够得以实现，各级主管人员根据事先确定的标准或因发展的需要而重新拟定的标准，对下级的工作进行衡量、测量和评价，并在出现偏差时进行纠正，以防止偏差继续发展或今后再度发生的过程。控制是根据企业内外环境的变化和企业的发展需要，在计划的执行过程中，对原计划进行修订或制订新的计划，并调整管理工作的活动过程。

控制是为使人们的行为遵循规范而采取的监督和矫正等管理行为，其目的是指出偏差，以便纠正错误，并防止重犯。

控制就是检查工作是否按既定的计划、标准和方法进行，发现偏差分析原因，进行纠正，以确保企业目标的实现。由此可见，控制职能几乎包括了管理人员为确保实际工作与企业计划相一致所进行的一切活动。

2. 控制的前提条件

控制的前提条件有三个：一是计划，二是组织结构，三是信息沟通网络。

计划前提是指要有一套科学的、切实可行的计划。控制的基本目的是防止工作出现偏差，需要将实际工作的进展与预先设定的标准进行比较，控制之前必须确定相应的评价标准，即计划。计划不仅为实际工作提供了行动路线，也为控制工作奠定了基础。在制定计划时不仅要考虑其实施问题，还要考虑后续控制工作的需要。计划越明确、全面、完整，控制越容易，控制效果越好。

组织结构前提是指要有专门行使控制职能的组织机构，即控制机构。在开展控制工作之前应明确界定负责评价和纠正偏差工作的机构、岗位和个人，不仅明确职责也明确相互之间的监督关系。

信息沟通网络前提是指应建立起相对完善的信息沟通网络。控制是一个信息交流的过程，控制者需要不断收集相关信息，以及时判断实际工作的进展。

3. 控制的种类

在企业实际管理过程中，按照不同的标志，可把控制分成多种类型。如按照业务范围可分为生产控制、质量控制、成本控制和资金控制等；按照控制对象的全面性可分为局部控制和全面控制；按照控制作用环节的不同可分为现场控制、反馈控制和前馈控制等。各种不同类型的控制都有其不同的特点、功能与适应性。

根据在控制过程中所处的位置，可分为事前控制、事中控制和事后控制。事前控制也称前馈控制，是在行动之前对可能发生的情况进行预测并提前做好准备；事中控制也称过程控制，是在执行计划的活动过程中对偏差实施的控制，是即时性行为；事后控制又称反馈控制，是在计划完成之后，经过与目标对照，查找偏差再实施矫正的控制行为。

4. 控制和计划的关系

控制和计划的关系相对密切。计划越是明确、全面和完整，控制的效果也就越好。控制的目的在于通过采取纠正的措施，使实际工作符合原来的计划目标。管理的计划工作是谋求一致、完整而又彼此衔接的计划方案，管理的控制工作是使一切管理活动都能按计划进行。

计划和控制是一个问题的两个方面。计划是基础，是用来评定行动及其效果是否符合需要的标准；控制的职能是使管理工作成为一个闭路系统，在多数情况下，控制工作既是一个管理过程的终结，又是一个新的管理过程的开始，使计划的执行结果与预定的计划相符合，并为计划提供信息。

第三节　经营和管理

一、经营

（一）企业经营

经营的含义一是筹划经管、组织计划，二是规划治理营利性事业的运营，苦心筹划，为一定目的而设法使机构或组织（包括企业）运转。经营含有筹划、谋划、计划、规划、组织、治理、管理等含义。

本书所说的经营，是指工业企业的经营，是根据工业企业的资源状况和所处的市场竞争环境对企业长期发展进行战略性规划和部署、制定企业的远景目标和方针的战略层次活动。其解决的是企业的发展方向、发展战略问题，具有全局性和长远性。

企业经营是企业或经营者有目的的经济活动，是经营者在法律、法规、规章的规范下，在国家和地方政策指导下，根据市场需求状况及企业自身的需要，从本身所处的内外环境条件出发，对企业的经济活动进行的筹划、设计与安排等活动。

生产经营是围绕企业产品的投入、产出、销售、分配乃至保持简单再生产或实现扩大再生产所开展的各种有组织的活动的总称，是企业各项工作的有机整体，是一个系统。

（二）经营要素

经营要素是企业经营的内部条件、相互关系和表现方式的统一体，包括经营者、经营对象、经营权和经营的载体。

经营者是指从事商品生产、经营或者提供服务的自然人、法人和其他组织，是以营利为目的从事生产经营活动并与消费者相对应的另一方当事人。

经营者是经营活动的主体，没有经营者就不可能有经营活动。物质资料的经营者可以是个人，也可以是人的集合，也可以是团体——企业董事会。

经营对象是经营的客体，是经营者把自己的经营活动加于其上的东西。如，企业的经营对象是物质资料，企业是经营的载体。

经营权是实现经营的手段，是指经营者对经营对象的占有、支配、使用和处理或强制、规范并承担经营责任的权力。物质资料的经营权称为经济权力，一般表现为企业经营权。

经营的载体是指经营活动得以进行的组织，如经营的载体一般是企业，也可以小到家庭。

（三）经营理念

1. 经营理念的含义

经营理念即经营者系统的、根本的管理思想。管理活动都要有一个根本的原则，一切的管理都需围绕一个根本的核心思想进行。经营理念决定企业的经营方向，与企业使命、企业愿景一样，是企业生存和发展的基础。

经营理念是管理者追求企业绩效的根据，是顾客、竞争者以及员工价值观与正确经营行为的确认，然后在此基础上形成企业基本设想与科技优势、发展方向、共同信念和企业追求的经营目标。

2. 经营理念的组成

经营理念包括三个部分：一是对企业环境的基本认识，包括社会及其结构、市场、顾客及科技情况的预见；二是对企业使命的基本认识；三是对完成企业使命的核心竞争力的基本认识。

经营理念形成是经过日积月累的思考、努力及实践才能形成和做到的。

3. 企业经营理念的基本要求

有效的企业经营理念，要符合三个基本要求。一是企业对大环境、使命与核心竞争力的基本认识要正确，绝不能与现实脱节；二是要让全体员工理解经营理念；三是经营理念必须经常在实践中修正丰富，企业经营理念一定要随着外部和内部的环境的变化而变化。

事实证明，有些经营理念功效宏大而持久，可以维持数十年不动摇。在实践中，经营理念的实施既是最重要的，也是难度最大的。

4. 经营理念的实施要点

经营理念的战略实施是战略性的，其要点一是对企业的经营理念要进行有效的宣传，二是确保经营理念反映在企业具体的规划及其实施中，三是高级管理者对管理理念身体力行，四是员工考评和奖励制度要反映理念的要求，五是困难时刻也要严肃地执行经营理念的要求。

二、经营与管理的区别

经营和管理相比，经营侧重指动态性谋划发展的内涵，而管理侧重指使其正常合理地运转。

管理是劳动社会化的产物，而经营则是商品经济的产物；管理适用于一切组织，而经营则只适用于企业；管理旨在提高作业效率，而经营则以提高经济效益为目标。管理关乎效率和成本，经营则关乎企业生存和盈亏。经营是选择对的事情做，管理是把事情做对；经营是涉及市场、顾客、行业、环境、投资的问题，而管理是涉及制度、人才、激励的问题。

经营与管理的区别：一是经营是主要是外功即市场功，受市场影响很大，管理是企业内功；二是具体内容不同，对象不同；经营对象是物质和资本，管理对象主要是人，管理指制度管理、机制管理、企业文化；三是搞好两者的关键和重点不同，经营以市场为纲，管理以人为本；四是两者的产生根源不同，经营是市场经济的产物，有上百年的历史；管理则是集体劳动的产物，从原始社会至今，有上千年的历史，计划经济时期也有；五是在学科上，管理包容经营，而在企业内，经营包括管理；六是经营以市场为导向，天天在变，而管理相对稳定，不能天天改变；七是经营是保密的，不能照搬，更趋向艺术，管理有模式，不保密，可以买得到，更趋向科学，而管理是公开的；八是经营是经济法人，企业家要考虑的，管理是一切组织共有的；九是经营解决方向、战略、市场、效益，管理解决次序、纪律、积极性、效率；十是经营研究市场，是为了创造利润，赚取利润，属于开源，而管理研究降低成本，属于节流；十一是两者对企业的重要性不同，在经营上，方向性错误绝对不能犯，在管理上，犯错是局部问题。

三、经营和管理的关系

管理，是企业经营的前提，是企业经营实现利润最大化提供一个良好的发展规划，能充分利用现有的资源，进行合理的安排；经营，是为了管理提供必要的物质基础和良好的规划平台。

管理和经营两者相辅相成，管理是对内的，经营是对外的，都是为了企业良好发展。

经营就是开展业务，管理就是理顺流程。因此，严格地讲，经营离不开管理，管理也涉及业务。管理是基础，管理始终贯穿于整个经营的过程，没有管理，就谈不上经营。管理的结果最终在经营上体现出来，经营结果代表管理水平。

管理思想有一个相对稳定的体系，但企业的经营方法却要随着市场供应和需求因时因地而变化，但它又是靠管理思想来束缚。反过来，管理思想又要跟着经营、环境、时代、市场而调整。经营是人与事的互动，管理则是企业内人与人的互动。

管理本质上是服务，服务的对象就是经营。

如果做的事情本身是错的，那么不管管理做得如何好，其实都是没有意义的。很多企业其实管理做得并不差，差的是在经营上没有太多的变化和创新，反而在管理上不断地寻求变化。这样就导致了其管理水平远高于经营水平，但却出现企业亏损的结局。

这并不是说管理不重要。在经营方向正确、经营理念新颖、经营战略得当的前提下，企业要高效运行，取得好的效益，那就只有依靠管理了。

第四节　企业愿景、使命、核心价值观及战略

一、企业愿景

（一）愿景的含义和层次

1.愿景的含义

愿景是对希望达到的未来目标及具体状态的描述。

企业愿景是企业对未来的愿望，是企业的整体发展方向和目的的理想状态，是企业战略家对企业前景和发展方向一个高度概括的描述。

企业愿景是企业长期的发展方向、目标、目的及企业自我设定的社会责任和义务，是企业所追求的未来状态，描述企业正在向何处去，希望未来成为什么或被视为什么。企业愿景明确界定企业在未来社会范围里是什么景象，其景象的描述主要是从企业对社会（也包括具体的经济领域）的影响力、贡献力及在市场或行业中的排位、与企业相关方（顾客、股东、员工、社会等）之间的经济关系来表述。企业愿景主要考虑对企业有投入和产出等经济利益关系的群体产生激励作用、导向作用和投入作用，让直接对企业有资金投资者（股东）、有员工智慧和生命投入的群体、有环境资源投入的机构等产生长期的期望和现实的行动，使其通过企业使命的履行和实现感受到实现社会价值的同时，自身利益也得到保证和实现。

一个完整的企业愿景应由核心信仰与未来景象共同组成。核心信仰包括核心价值和核心使命，用以规定企业的基本价值观和存在的原因，对于企业是长久不变的、永恒的；未来景象包括要用多年努力来实现的宏大远景目标及其具体描述，是企业希望实现并需要重大改变和进步才能得到的，其作用是激发变革与进步。

核心信仰规定了企业的耐久性；核心价值是企业最基本和持久的信念，具有内在性，被企业内的成员所看重，独立于环境、竞争要求或管理时尚，一般有 3 ~ 5 条；核心使命说明了企业存在的理由，是企业努力的方向，可以通过连续追问来理清。核心信仰必须为企业成员共享，是企业自我发现的一个过程，是企业员工重视的价值而非他人所迫。

2. 愿景的层次

企业愿景有 3 个层次。

企业愿景的上层是企业针对社会或世界的，亦即企业未来在社会所处的地位，在世界所处的地位，企业为社会、为世界要做出的贡献。

企业愿景的中层是企业的经营领域和目的，亦即企业经营领域的范围，在同行业所处的地位，所要达到的目的。

企业愿景的下层是员工的行动准则或实务指南，亦即对员工的希望，员工个人发展的前景。

（二）愿景目标

未来景象的作用在于激发变革与进步，愿景目标应是明确的、有力的，是企业员工努力奋斗的目的，是团队精神的催化剂，应具有明确的期限，并且容易理解。对企业整体来讲，愿景目标应是一个宏大的远景目标，需要 10 ~ 30 年的努力来完成。

愿景目标要超出企业的现有能力和目前环境，并且是需要管理者和员工共同参与的一个创造性的过程。愿景目标主要有四大类，一是目标式，二是共同敌人式，三是榜样式，四是内部转形式，四类目标分别适合于不同环境和情况下的企业。愿景需要用生动具体的语言如图画般地描述出来，其生动描述要展示出激情与坚定，可以激发员工的热情和动力。

（三）愿景驱动式管理

愿景驱动式管理要求建立一个符合员工要求的愿景，要求创造各种有形的、无形的机制，配合核心信仰的保持和激发实现未来景象的各种变革。这些机制包括强有力的企业文化氛围、适合企业特性的员工遴选与培训、企业内部成长的领导人选择机制，以及永不满足的自我改善或自我超越等，紧密围绕企业愿景，互相配合，保障愿景型企业持久具有活力。

愿景型企业中，愿景重于管控。基业长青的企业都有一个令人振奋的愿景，即企业对未来的展望，也是企业实现整体发展方向和目的的理想状态，也就是企业对自身长远发展和终极目标的规划和描述。没有愿景或愿景不明确的企业会在风险和挑战面前畏缩不前，不可能对其所从事的事业拥有坚定的、持久的信念，也不可能在复杂的情况下，从大局、从长远出发，果断决策，从容应对。依赖于自上而下的指挥、控制和监管的模式虽然可以在某些时候起到一定效果，但会极大地限制企业及其成员的创造力，容易使企业丧失前进的目标，使员工对企业未来的认同感大大降低。相比之下，为企业制定一个明确的、振奋人心的、可实现的愿景，对于一家企业的长远发展来说，其重要性更为显著。对处于成长和发展阶段的小企业，可能会将更多精力放在求生存、抓运营等方面，但管理者也不能轻视愿景对于凝聚人心和指引方向的重要性；对于已经发展壮大、取得一定程度成功的企业，是否拥有一个美好的愿景，就成为了该企业能否从优秀迈向卓越的关键。

二、企业使命

（一）企业使命的含义

使命指任务、责任。

企业使命是指企业自身发展所规定的任务和其所承担的社会责任，是企业对自身和社会发展所做出的承诺，是企业存在的理由和依据。明确企业使命，就是确定企业实现愿景目标必须承担的责任或义务。

企业使命是企业在社会进步和社会经济发展中所应担当的角色和责任，是企业的根本性质和存在的理由，说明企业的经营领域、经营思想，为企业目标的确立与战略的制定提供依据。企业在制定战略之前，必须先确定企业使命。

企业使命是企业形象的直接描述，是企业生产经营的哲学定位，是企业的经营观念。企业的使命为企业确立了一个经营的基本指导思想、原则、方向、经营哲学等，不是企业具体的战略目标，或者是抽象的存在，不一定表述为文字，但影响着经营者的决策和思维。企业使命之中包含了企业经营的哲学定位、企业的形象定位，凸现了企业的价值观，明示或隐含了企业经营的指导思想，包括企业如何看待和评价市场、顾客、员工、伙伴和对手。

在企业愿景的基础之上，企业使命具体定义了企业在全社会经济领域中所经营的活动范围和层次,具体表述了企业在社会经济活动中的身份或角色。

（二）企业使命的理解

企业使命通常指企业所服务的顾客或市场、所具有的独特能力或所应用的技术。

企业使命应做如下理解：

一是企业使命实际上就是企业存在的原因 / 理由，亦即企业生存的目的定位。企业存在的原因 / 理由无论是“提供某种产品或者服务”，还是“满足某种需要”或“承担某一责任”，都是应该有的。如果一个企业存在的原因 / 理由连其自身都不明确或非常牵强，甚至找不到其存在的原因 / 理由，企业存在的必要性就没有了。

二是企业使命是企业生产经营的形象定位。其反映了企业试图为自己树立的形象，如“一个愿意承担责任的企业”“我们是一个健康成长的企业”“一个在技术上卓有成就的企业”等，在明确的形象定位指导下，企业的经营活动就应始终向公众展示这一点，而非“朝三暮四”“东一榔头西一棒子”。

三是企业使命足以影响一个企业的成败。企业使命不仅问答企业做什么，更重要的是为什么做，是企业终极意义的目标。崇高、明确、富有感召力的使命为企业发展指明了方向，使企业的每一位成员明确了工作的真正意义，激发出内心深处的动机。

四是企业使命是在企业愿景的基础上形成的，要回答企业在社会经济领域经营活动的范围或层次，只具体表述企业在社会中的经济身份或角色，亦即社会经济的分工。企业使命主要考虑的是为目标领域、特定顾客或社会在某确定方面的供需关系的经济行为及行为效果。

五是把企业经营看作一个顾客满足的过程，而不是一个产品生产过程。在确定企业生存目的时，应说明企业要满足顾客的某种需求，而不是说明企业要生产某种产品。

（三）企业使命的意义

企业使命的意义：一是保持整个企业经营目的的统一性，二是为配置企业资源提供基础或标准，三是建立统一的企业氛围和环境，四是明确发展方向与核心业务，五是协调内外部各种矛盾，六是树立顾客导向的思想，七是表明企业的社会政策，八是为企业提供持续稳健向上的框架。

三、企业的价值观

（一）价值观

1. 价值观的含义

价值观是关于什么是价值、怎样评判价值、如何创造价值等问题的根本观点，其内容有两方面。一方面表现为价值取向、价值追求，凝结为一定的价值目标；另一方面表现为价值尺度和准则，成为判断事物有无价值及价值大小、是正面还是负面的评价标准。

价值观作为一种社会意识，集中反映一定社会的经济、政治、文化，代表了人们对现实的总体认识、基本理念和理想追求。实际生活中，社会的价值观念系统十分复杂，在经济社会深刻变革、思想观念深刻变化的条件下，往往会呈现出多元化、多样性、多层次的格局。

价值观是基于人的一定的思维感官之上而做出的认知、理解、判断或抉择，也就是人认定事物、辨定是非的一种思维或价值取向，从而体现出人、事、物一定的价值或作用。

2. 价值观的基本特点

价值观具有稳定性和持久性、历史性与选择性、主观性的特点。

（1）稳定性和持久性。

价值观具有相对的稳定性和持久性。在特定的时间、地点、条件下，人的价值观总是相对稳定和持久的。如对某种事物的好坏总有一个看法和评价，在条件不变的情况下这种看法不会改变。

（2）历史性与选择性。

在不同时代、不同社会生活环境中形成的价值观是不同的。一个人的价值观是从出生开始，在家庭和社会的影响下，逐步形成的。一个人所处的社会生产方式及其所处的经济地位，对其价值观的形成有决定性的影响；媒体的观点及家庭、学校和公众人物的观点与行为对一个人的价值观也有重要的影响。

（3）主观性。

指用以区分好与坏的标准，是根据个人内心的尺度进行衡量和评价的，这些标准都可以称为价值观。

3. 价值观的基本作用

（1）价值观对动机有导向的作用。人的行为动机受价值观的支配和制约，价值观对动机模式有重要影响，在同样的客观条件下，具有不同价值观的人，其动机模式不同，产生的行为也不相同，动机的目的方向受价值观的支配，只有那些经过价值判断被认为是可取的，才能转换为行为的动机，并以此为目标引导人的行为。

（2）价值观反映人们的认知和需求状况。价值观是人对客观世界及行为结果的评价和看法，从某个方面反映了人的人生观，反映了人的主观认知世界。

（二）企业价值观

1. 企业价值观的含义

企业价值观是指企业及其员工的价值取向，是指企业在追求经营成功过程中所推崇的基本信念和奉行的目标，是企业全体或多数员工一致赞同的关于企业意义的终极判断，是企业决策者对企业性质、目标、经营方式的取向所做出的选择，是为员工所接受的共同观念。

企业价值观是企业及其成员如何做事的指导原则和行为准则，反映并强化企业所崇尚的文化。企业价值观以适当的方式，支持并引导着企业每一位员工做决定，帮助企业实现其使命，达成其愿景。

2. 企业价值观的特点

企业价值观有四个特点：一是企业价值观是所有员工共同持有的，而不是一两个人所有的；二是企业价值观是支配员工精神的主要的价值观；三是企业价值观是长期积淀的产物，而不是突然产生的；四是企业价值观是有意识培育的结果，而不是自发产生的。

3. 企业价值观的地位

企业价值观是企业文化的核心。

企业价值观是把所有员工联系到一起的精神纽带，是企业生存、发展的内在动力，是企业行为规范制度的基础。

企业价值观是企业精神的灵魂，可使全体员工向统一目标前进。

4. 企业价值观的内容

企业价值观包含四个方面的内容：一是判断事物性质（如好坏）的标准；二是核心价值观是这个群体对事业和目标的认同，尤其是认同企业的追求和愿景；三是在认同的基础上形成对目标的追求；四是形成一种共同的境界。

5. 企业价值观提升的原则

企业价值观提升的原则，一是利益共同体共同参与，二是确保价值理念确实反映了企业的长远目标，三是价值理念激励人心，四是注重价值观的关键驱动因素，五是找出那些会引起企业价值观向理想方向转变的行为和惯例，六是在企业价值观中采用能为管理运用的概念和术语，七是确保使用简单易懂的语言，八是确保企业价值观的各要素能明白无误地转换成行为。

四、企业战略

（一）战略

战略，原意为作战的谋略，是指导战争全局的计划和策略。

“战略与战术乃两个全异之行动。战术是关于战斗诸种行动之指导法，战略乃联系配合各种战斗之谓。战略为作战之根源，即创意定计；战术乃实行战略所要求之手段。”

现在，战略的含义已扩大，指为实现某种目标（如政治、军事、经济或国家利益方面的目标）而制定的大规模、全方位的长期行动计划，也可以说是在一定历史时期指导全局的方略。

（二）企业战略

企业战略是指企业对有关全局性、长远性、纲领性目标的谋划和决策，即企业为适应未来环境的变化，对生产经营和持续、稳定发展中的全局性、长远性、纲领性目标的谋划和决策。战略是企业的灵魂，是企业的精神所在，在整个现代企业管理中居于核心地位，起着主导的、决定性的作用。

企业战略是表明企业如何达到目标、完成使命的整体谋划，是提出详细行动计划的起点，但又凌驾于任何特定计划的各种细节计划之上。战略反映了企业董事会对于行动、环境和业绩之间的理解，用以企业已确定的使命、愿景、价值观的实现，同时用以指导对所采取行动的决策。

企业战略的本质是企业竞争形势的一种定位，是企业商业模式的一种创新，是企业最高层领导的一种价值观念，是企业管理的一种创新，是企业的一种行动计划。

企业战略具有全局性、长远性、方向性、指导性、竞争性、预见性、风险性、竞争性等特点，对于明确企业的发展方向、发展目标、资源配置、竞争能力和抗风险能力具有重要意义。

根据企业目标层次，企业战略分为总体战略、业务战略和职能战略。职能战略是业务战略的补充和支持，业务战略是企业总体战略的支持。

战略是设计用来开发核心竞争力、获取竞争优势的一系列综合的、协调的约定和行动。如果选择了一种战略，企业即在不同的竞争方式中做出了选择。从这个意义上来说，战略选择表明了一个企业打算做什么，以及不做什么。

一个企业实施的战略，竞争对手不能复制或因成本太高而无法模仿时，就获得了竞争优势。只有当竞争对手模仿其战略的努力停止或失败后，这个企业才能确信其战略产生了一个或多个有用的竞争优势。此外，企业也必须了解，没有任何竞争优势是永恒的。竞争对手获得用于复制这个企业价值创造战略的技能的速度，决定了这个竞争优势能够持续多久。

（三）企业战略的层次

企业战略分为整体战略、发展战略、业务战略和职能战略，有些观点认为，业务战略和职能战略是发展战略的组成部分。

1. 企业整体战略

企业整体战略是指企业整体意义上的发展大方向。一般会根据希望达到的目标，制订 3~5 年、5~10 年或 10~20 年的阶段计划，企业的所有“活动”会围绕整体发展方向、总目标、阶段目标来开展。

整体战略一般可分为防御型战略、稳定型战略、紧缩型战略、混合型战略、进攻型战略和增长型战略。钢铁企业战略管理中存在着许多可供选择的战略类型，其原因不仅在于企业决策者的视角不同，还在于企业具有不同的层面、不同的内在特质和外部环境，会在不同的条件下选择不同的战略。

整体战略是研究企业要去哪儿和企业应该经营哪些事业以使企业长期获利等，是企业的战略总纲领，是企业最高管理层指导和控制企业的一切行为的最高行动纲领。

工业企业整体战略需要回答企业应该经营哪些事业以使企业的长期利益达到最大化。整体战略注重把握企业内外部环境的变化，同时努力将企业内部各个部门间的资源进行有效的战略配置，并以企业的整体为对象。整体战略强调“做一件正确的事情”，以价值为取向，并以抽象的原则为基础，忽略具体性原则。整体战略注重深远性和未来性，代表了企业的发展方向。在整体战略思考中，企业需要考虑一体化战略、多角化战略、战略联盟和收购战略。必要时将考虑企业重组以增强企业的整体效率。整体战略具有整体性与长期性的特点，主要由企业高层的管理人员来执行，与企业的组织形态关系密切。

2. 企业发展战略

工业企业发展战略是关于企业如何发展的理论体系。发展战略是一定时期内对企业发展方向、发展速度与质量、发展点及发展能力的重大选择、规划及策略。工业企业发展战略可以帮助企业指引长远发展方向，明确发展目标，指明发展点，并确定工业企业需要的发展能力，战略的真正目的就是要解决企业的发展问题，实现企业快速、健康、持续发展。

工业企业发展战略摆脱工业企业面临的价格战等陷阱，解决工业企业长期成长缓慢或停滞不前甚至走向衰退等问题。工业企业应该从发展方向、发展速度与质量、发展点和发展能力四个方面入手，来系统地解决企业发展问题，而这四个方面又构成了发展战略的四个重要组成部分。发展战略理论使企业竞争的焦点由竞争转向发展，企业可以通过竞争来实现发展，还可以通过合作来实现发展，也可以避开竞争，选择更具前景的领域来发展。发展战略理论是对传统竞争战略理论的一种颠覆，摆脱了价格战等的困扰，使企业更加良性地参与竞争，把主要精力投入到企业的发展问题的解决上，发展方向、发展速度与质量、发展点和发展能力的规划与实施上，最终实现工业企业的快速、健康、持续发展。

工业企业要实现发展，就需要思考四个问题。一是工业企业发展方向，也就是未来要发展成为什么样子；二是发展速度与质量，也就是工业企业未来以什么样的速度与质量来实现发展；三是发展点，即工业企业未来从哪些方面来保证这种速度与质量；四是发展能力，就是工业企业未来需要哪些发展能力支撑。这四个问题是以工业企业发展为导向，关于这四个问题的回答就能系统解决工业企业的发展问题。如果这四个问题都能有效解决，那么工业企业的发展问题就能得到系统的、有效的解决。

3. 业务战略

业务战略与企业相对于竞争对手而言在行业中所处的位置相关。那些在行业内定位准确的企业通常能更好地应付五种竞争力量。

主要种类有企业业务发展策略方案、企业多元化经营方案、企业业务调整方案、企业业务整合方案等。

要找准定位，企业必须决定其准备采取的行动能否使其以不同于竞争对手的方式开展活动或开展完全不同于竞争对手的活动。企业通常在四种广义的业务层战略中进行选择，已在某一特定竞争领域形成并利用成本领先、差异化、集中成本领先和集中差异化中的某种竞争优势或其整合。

业务战略强调了各单位在各自产业领域中的生存、竞争与发展之道。如何整合资源、创造价值，以满足顾客，是业务战略关心的重点。在进行业务战略制定时，可以分别从以下六方面来构思企业的业务战略：产品线广度与特色、目标市场的细分方式与选择、垂直整合的程度，取决于相对规模、经济规模、地理涵盖范围和竞争优势。

业务战略包括六个方面。一是工业产品品种与特色产品，二是目标市场，三是垂直整合程度，四是相对规模与规模经济，五是地理涵盖范围，六是竞争优势。

4. 职能战略

职能战略是按照整体战略和发展战略、业务战略对企业内各方面职能活动进行的谋划。职能战略是为企业战略和发展战略、业务战略服务的，所以必须与企业战略和业务战略、业务战略相配合。

职能战略描述了在执行企业战略和经营单位战略的过程中，企业中的每一职能部门所采用的方法和手段。职能战略在几个方面不同于企业战略和经营单位战略。首先，职能战略的时间跨度要比企业战略短得多；其次，职能战略要比企业战略更具体和专门化，且具有行动导向性，企业战略只是给出公司发展的一般方向，而职能战略必须指明比较具体的方向；最后，职能战略的制定需要较低层管理人员的积极参与。

职能战略一般可分为生产运营型职能战略、资源保障型职能战略和战略支持型职能战略。

生产运营型职能战略是企业或业务单元的基础性职能战略，从企业或业务运营的基本职能上为总体战略或业务战略提供支持，包括研发战略、采购战略、生产战略、质量战略、营销战略、物流战略等。

资源保障型职能战略是为总体战略或业务战略提供资源保障和支持的职能战略，包括财务战略、人力资源战略、信息化战略、知识管理战略、技术战略等。

战略支持型职能战略是从企业全局上为总体战略和业务战略提供支持的战略，包括组织结构战略、企业文化战略、公共关系战略等。

（四）战略目标、战略规划与战略部署

1. 战略目标

（1）战略目标的含义。

企业战略目标是企业使命和宗旨的具体化和定量化，是企业的奋斗纲领，是衡量企业一切工作是否实现其企业使命的标准，是企业经营战略的核心。

狭义上，企业战略目标不包含在企业战略构成之中，既是企业战略选择的出发点和依据，又是企业战略实施要达的结果。广义上，企业战略目标是企业战略构成的基本内容，战略目标是对企业战略经营活动预期取得的主要成果的期望值。

企业战略目标是指企业在实现其使命过程中所追求的长期结果，是在一些最重要的领域对企业使命的进一步具体化。它反映了企业在一定时期内经营活动的方向和所要达到的水平，既可以是定性的，也可以是定量的，比如竞争地位、业绩水平、发展速度等。与企业使命不同的是，战略目标要有具体的数量特征和时间界限，一般为 3~5 年或更长。而战略则是为达到其战略目标而采取的行为。

（2）战略目标的特点。

战略目标的设定是企业使命的展开和具体化，是企业使命中确认的企业经营目的、社会使命的进一步阐明和界定，也是企业在既定的战略经营领域展开战略经营活动所要达到的水平的具体规定。

企业战略目标与其他目标相比，具有宏观性、长期性、相对稳定性、全面性、可分性、可接受性、可检验性（可测量性）、可挑战性、具体性等特点。

（3）战略目标的内容。

战略目标的内容一般有 9 个方面，但一个具体的工业企业并不一定在这 9 个方面都规定目标，战略目标也并不局限于这 9 个方面。

这 9 个方面，一是盈利能力，可用利润、投资收益率、每股平均受益、销售利润等指标表示；二是市场，可用市场占有率、销售额或销售量等指标表示；三是生产率，可用投入产出比或单位产品成本表示；四是产品，可用产品的销售额和盈利能力、新产品开发的数量和周期等表示；五是资金，可用资本构成、现金流量、流动资本、回收期表示；六是生产，可用产量、消耗、原料加工量等指标表示；七是研究与开发，可用投入的资金、完成的项目等表示；八是人力资源，可用人员构成、人员流动率、培训人数等指标表示；九是社会责任，可用社会活动的类型、服务天数、捐助数额等表示。

2. 战略规划

（1）规划。

规划，规者，有法度也；划者，戈也，分开之意。“规”是法则、章程、标准、谋划，即战略层面；“划”是合算、刻画，即战术层面；两部分中，“规”是起，“划”是落。

规划是进行比较全面的长远的发展计划，是对未来整体性、长期性、基本性问题的思考、考量和设计未来整套行动的方案。

规划具有综合性、系统性、时间性、强制性等特点。

（2）战略规划的含义。

战略规划是确定战略目标之后，考虑使用什么手段、什么措施、什么方法来达到这个目标。

（3）战略规划的特点。

战略规划的有效性包括两个方面，一是战略正确与否，正确的企业战略应当做到企业资源和环境的良好匹配；二是战略是否适合于企业的管理过程，也就是和企业活动是否匹配。

有效的企业战略应有以下四个特点：

一是目标明确。战略规划的目标应当是明确的，不应有歧义，其内容应当使人得到振奋和鼓舞；目标要先进，但经过努力可以达到，其描述的语言应当是坚定和简练的。

二是可执行性良好。企业战略的说明应当通俗、明确和可执行，应当是各下级的向导，使各部门、各所属机构能确切地了解、执行。

三是组织人事落实。企业战略规划得到有效的落实才能实现，而落实战略规划需要高效、有力的组织系统。

四是足够的灵活性。企业战略目标一般不会随时间而变，但其活动范围和组织计划的形式可能随着时间和情势而改变。战略规划要进行周期性的校核和评审，灵活性强使之容易适应变革的需要。

3. 战略部署

战略部署是关于战争全局方面对武装力量使用的区分和配置。

企业战略部署是全局方面的安排、布置。

4. 企业战略、战略目标、战略规划与战略部署的关系

企业战略是企业的方向，即企业向何方走。

战略目标是企业走多远，走到何处，即目的地；战略目标分为长期目标、中期目标、短期目标，即这三个时期或者说三个阶段分别要到达的目的地。

战略规划是路线及方式。

战略部署是资源配置和次序安排。

第五节　管理循环

循环的基本解释是以环形、回路或轨道运行；沿曲折的路线运行，特指运行一周而回到原处，然后再转；或者说反复地连续做某事。详细解释就是往复回旋，指事物周而复始地运动或变化。

企业管理中也存在着不同方式的循环。主要有PDCA循环即计划—实施—检查—处理循环、SDCA循环即标准—实施—检查—总结循环、ADLI循环即方法—展开—学习—整合循环、LTCI循环即水平—趋势—对比—整合循环、DTPS循环即数据—技术—业务流程—组织结构四要素之间的循环和方案循环即策划—支持、实施与运行—评测—改进循环。

在企业现场管理中，应用最多的是PDCA循环和SDCA循环。ADLI循环是企业整个管理系统的循环,PDCA循环和SDCA循环是针对单一过程的循环，而其他循环多只是针对某一个环节。

一、PDCA循环

PDCA循环即计划—实施—检查—处置循环，计划、实施、检查、处理是一个管理过程的四个阶段。这四个阶段的循环往复，构成了PDCA循环。

PDCA循环又称戴明环，是美国质量管理专家休哈特博士提出来的，由戴明采纳后进行宣传、普及，是全面质量管理的思想基础和方法依据。

PDCA循环的含义是将管理分为四个阶段，即计划阶段、执行阶段、检查阶段、处理阶段。在质量管理活动中，要求把各项工作按照做出计划、计划实施、检查实施效果的顺序进行，然后将其中成功的措施纳入标准，不成功的措施则留待下一循环去解决。

PDCA循环分为四个阶段八个步骤，首先是分析现状，发现存在的问题，分析问题中各种影响因素，找出产生这个问题的主要原因，针对主要原因，提出解决的措施并执行，然后检查执行结果是否达到了预定的目标，最后把成功的经验总结出来，制定相应的标准，并把没有解决的问题和出现的新问题转入下一个PDCA循环去解决。

（一）P阶段

P阶段即计划阶段，要根据顾客（包括外部顾客和内部顾客）的要求、企业的目标和方针，分析企业的现状，找出存在的问题，分析问题产生的原因，确定改进的目标，提出各种方案并确定最佳方案，制定出对策、计划。

1. 分析现状，找出问题

在对企业现状进行认真、深入分析的基础上，发现生产、管理、技术等各方面存在的问题。发现问题是解决问题的第一步，是分析问题的条件。

2. 分析原因，确定目标

对于存在的问题，全面认真地分析问题产生的原因，要追根溯源，从表面现象开始，逐步深入，直到找出问题的根本原因。问题解决到什么程度，需要确定一个可以接受的标准，也就是确定一个目标。

目标可以是定性的，也可以是定量的，还可以是定性 + 定量的。目标能够用量化指标的要使用量化指标，不能用数量来表示的指标也要明确。目标是之后用来检验结果的，其设定要有依据，要符合国家、行业、地方的法律、法规、规章和标准，也要符合企业的实际。

3. 提出各种方案并确定最佳方案

计划的关键内容是解决问题的方案。可以根据问题产生的原因，包括主要原因和非主要原因，提出解决问题、实现目标的各种方案，并对其进行技术、经济、环境等方面的分析，确定最佳方案。

筛选最佳方案时，统计分析工具能够发挥较好的作用。

4．制定对策、计划

确定了的方案，要将其具体化，包括目标、时间、地点、人员、方法等。计划要明确为什么制定该措施、达到什么目标、什么时间开始、什么时间完成、在什么地方执行、由谁负责完成、如何完成、完成后如何检验、按什么标准检验等。

（二）D 阶段

D 阶段即实施阶段，是按照预定的计划、标准，进行具体操作，努力实现预期目标的过程。

实施过程中要设计出具体的行动方法、方案，进行布局，采取有效的行动；通过对企业内外部信息的利用和处理，做出设计和决策。

在实施中必须要对过程进行测量，确保工作能够按计划进度、计划要求实施。同时进行数据采集，收集过程的原始记录和数据等原始资料。

（三）C 阶段

C 阶段即检查阶段，要检查、验证、评估效果，目的是确认实施阶段是否达到了计划的目标。

方案是否有效、目标是否完成，需要进行效果检查后才能得出结论。确认采取的对策进行后，汇总分析采集到的证据，对比完成情况和目标设定值，确定是否达到了预定的目标。

如果没有达到预定的目标，没有出现预期的结构，应该检查是否严格按照计划实施，如果严格实施了计划，说明计划不周，存在着问题，需要重新确定最佳方案，重新制订计划。

（四）A 阶段

A 阶段即处理阶段，对计划实施的成果进行总结、巩固，对遗留的问题进入下一循环解决。

1. 固定成绩

对已被证明的有成效的措施，要进行标准化，制定成工作标准，以便以后的执行和推广。工作标准可以是管理制度、操作规程、企业标准等。

2. 问题总结

所有问题不可能在一个 PDCA 循环中全部解决，总会有遗留问题，也会出现一些新问题。这些问题要自动转入下一轮 PDCA 循环，做到周而复始，螺旋式上升。

处理阶段是解决存在问题、总结经验和吸取教训的阶段，是 PDCA 循环的关键节点。

（五）PDCA 循环的特点

PDCA 循环可以使人的思想方法和工作步骤更加条理化、系统化、图像化和科学化，具有如下特点：

（1）大循环套小循环，小循环保证、推动大循环。PDCA 循环作为管理方法，适应于整个企业和企业内的职能部门、二级生产厂、车间、工段、班组以至个人。企业及企业内部各机构根据企业的方针目标，都有自己的 PDCA 循环，层层循环，形成大循环套小循环，小循环里面又套更小的循环。大循环是小循环的母体和依据，小循环是大循环的分解和保证。各机构的小循环都围绕着企业的总目标朝着同一方向转动。通过循环把企业上下的各项工作有机地联系起来，彼此协同，互相促进。

（2）不断循环，不断提高。一个 PDCA 循环运转结束，相应的指标就会改进一次，然后进入下一个 PDCA 循环，再运转、再改进，不断前进，不断改进。

（3）螺旋式上升。PDCA 循环不是在同一水平上循环，每循环一次，就解决一部分问题，取得一部分成果，工作水平、管理水平或技术水平就提高一次。进行一次 PDCA 循环，就要都总结提高一次，提出新目标，再进行下一次 PDCA 循环，使工作水平、管理水平或技术水平不断提高，不断上升。

（六）PDCA 循环的缺点

随着 PDCA 的广泛应用，也发现了 PDCA 循环的一些缺陷。PDCA 中不含有创造性的内容，只是完善现有工作，导致了惯性思维的产生，使人很容易按流程工作，缺乏创造性。

（七）PDCA 循环的简化

我国一些企业结合其自身管理实践，把 PDCA 循环简化为四到位管理模式，让这一经典理论得到了新的发展。

四到位即计划到位、责任到位、检查到位、激励到位。

计划到位指做好计划，完善计划，好的结果来自充分的事前准备和有效的协同配合；责任到位指明确责任，细化责任，计划的完成需要行动的支撑，责任到人才会有真正的行动；检查到位指检查要及时、准确，人只会做好被监督和检查的；激励到位指激励措施及时、有效，做得好就会得到激励，有反馈必有激励。

结果决定着企业的有效产出，四到位强调结果导向。

二、SDCA 循环（即标准化—实施—检查—总结循环）

（一）SDCA 循环的含义

SDCA 循环是标准化维持，即“标准化—执行检查—总结（调整）循环”模式，包括所有和改进过程相关的流程的更新（标准化），并使其平衡运行，检查过程以确保精确性，最后做出合理分析和调整使得过程能够满足愿望和要求。SDCA 循环的目的，就是将现有流程标准化和稳定维持。

S 是标准化，即企业的各管理体系的文件；D 是执行，即执行管理体系文件；C 是检查，即各管理体系的内容审核和各种检查；A 是总结，即通过对各管理体系的评审，做出相应处置。

（二）标准、标准化和标准化文件

1. 标准

标准是通过标准化活动，按照规定的程序经协商一致制定，为各种活动

或其结果提供规则、指南或特性，供共同使用和重复使用的文件。

标准一般以科学、技术和经验的综合成果为基础。

规定的程序指制定标准的机构颁布的标准制定程序。

2. 标准化

标准化是为了在既定范围内获得最佳秩序，促进共同效益，对现实问题或潜在问题确立共同使用和重复使用的条款以及编制、发布和应用文件的活动。

标准化活动确立的条款，可形成标准化文件，包括标准和其他标准化文件；标准化的主要效益在于为了产品、过程或服务的预期目的改进其适用性，促进贸易、交流以及技术合作。

标准化不仅是制定标准化文件，而更重要的是依标准化文件付诸行动并不断完善标准化文件。

3. 标准化文件

标准化文件是通过标准化活动制定的文件。

标准化文件是诸如标准、技术规范、可公开获得规范、技术报告等文件的通称。

（三）标准化的目的

标准化的目的，一是技术储备，标准化是保存技巧和专业技术的最好方法，否则企业就难以形成技术、技巧和经验的积累，技术、技巧和经验随人转移；二是提高效率，标准化文件的便利性和兼容性，可以减少变化、降低成本；三是防止问题再发生，标准化是防止问题发生及变异最小化的方法，不以人的变化而变化；四是利于教育培训。

（四）标准化与改善

改善是标准化的基础，标准化是改善的巩固。没有改善，就没有更新的标准化；没有标准化，所有的改善只是周而复始的重复，不能积累，不能传承，形成突破。

改善分为事前改善和事后改善两种。事前改善即问题发生前就进行了改善，避免了损失或把损失降到了最低限度；事后改善是问题发生后再去做改进工作。

企业的日常管理就是遵守标准，就是SDCA，而改善就是寻找更好的方法，并做成能够保证预期效果的标准来实施。

（五）SDCA 循环程序

SDCA 循环程序可以分解为七步。一是寻找与标准有差距的问题，要召集有关员工把需要改善的问题找出来；二是研究现在所用的方法，收集现用方法的数据，并做整理；三是找出各种原因，找出每一个可能发生问题的原因；四是制定解决方法，依据问题，找出解决方法，安排流程后，立即实行；五是检查效果，收集、分析、检查其解决方法是否达到预期效果；六是把有效方法制度化，当方法证明有效后，将其纳入标准化文件中，各员工必须遵守；七是检讨成效并发展新目标，当问题解决后，总结其成效，并制定解决其他问题的方案。

（六）PDCA 与 SDCA 的区别

任何一个新的工作流程，初期都呈不稳定状态。稳定现有流程就需要执行 SDCA 循环。不稳定的工作流程经过 SDCA 循环而趋于稳定，SDCA 循环对应于维持、保持活动。

PDCA 对应于改善活动，改善活动需要遵循的就是 PDCA 循环。通过 PDCA 循环，管理水平和技术水平得到了提高。PDCA 循环之后，需要 SDCA 来巩固其效果。

由于 SDCA 和 PDCA 的应用时机和领域不同，分别对应于开发的维持与改善两个方面，相辅相成，缺一不可。没有 SDCA 循环改善成果就得不到有效巩固，没有 PDCA 循环就只能坚持现有水平，不能取得突破和提高。

三、ADLI 循环

ADLI 循环即适用于企业管理平台改进的方法—展开—学习—整合循环，方法、展开、学习、整合四个循环要素都有不同的要求，可以达到不同的层次。

（一）方法

方法是一个汉语词汇，其含义较广泛，一般是指为获得某种东西或达到某种目的而采取的手段与行为方式。

1. 方法的定义

在人们有目的的行动中，通过一连串有特定逻辑关系的动作来完成特定的任务。这些有特定逻辑关系的动作所形成的集合整体就称之为人们做事的一种方法。

按照这种定义，人们每一次有目的行动过程都形成一种方法。不过，人们实际语言中的方法一词大多数都经过了抽象的过程，也就是说，每一种被确认的方法都是对若干做事过程集合中的动作组合逻辑的某些共同特征的概括，具有一些共同逻辑特征的行动过程就形成了一种方法。这种概括，突出了过程中的一些特征，忽略了另外一些特征。

通俗地讲，所谓方法，就是人们做事过程中一连串动作的关联方式。一种方法就是对这种关联方式特殊性方面的一个概括。

一项复杂活动又包含许多部分和许多环节，在每个部分和每个环节又有各自的方法。如企业管理中有质量管理方法、营销方法、信息传递方法、决策方法、人事管理方法等；国家管理中有经济计划方法、财政预算方法、法律制定方法、行政方法等；在人类生活中有处世方法、学习方法、交友方法、消费方法等。因此，对人类活动中各种方法的研究是各门技术科学的基本任务和核心任务。系统评价作为人类管理活动的一个领域，就形成了各种各样的方法体系，如建立指标体系的方法、制定权重的方法、指标合成方法、制定标准的方法、调查测验的方法、有效性分析的方法等。

在方法研究中，通常是针对人们做事的一个领域。如管理中的方法称为管理方法，预测中的方法称为预测方法，物理学研究中的方法或使用物质的物理性质的方法称为物理方法，质量管理中使用的方法称为质量管理方法，农业生产中灌溉田地的方法称为灌溉方法。

方法的一个同义词是技术，给人的感觉，方法通俗一些，技术高雅一些。现在人们越来越喜欢使用技术一词，如把预测方法叫做预测技术，管理方法叫做管理技术，实验方法叫做实验技术。

方法虽然也被人们称之为活动的手段，但它不是物化了的手段，是人类认识客观世界和改造客观世界应遵循的某种方式、途径和程序的总和。方法也就是工具，是主观方面的某个手段，主观方面通过这个手段和客体发生关系。如果也要把方法视为一种工具或手段的话，那只能看成是人的大脑扩开的一种工具或手段，即现在所说的软件，如指挥计算机进行计算、判断、处理信息的程序系统。

2. 方法应具备的特性

方法应具有适宜性、有效性、系统性的特点。

方法的适宜性是指方法对解决问题的要求和对企业实际的适宜程度；方法的有效性，是指方法能导致好的结果；方法的系统性，包括可重复性以及基于可靠数据和信息的程度。

3. 循环在方法步骤的内容

完成一项工作，解决一个问题，首先要有相应的方法。循环的第一步，就是要确定所采用的方法。

方法可以从现有的方法中选择，也可以根据工作、问题的性质和企业实际来创造。

从是否有方法到有完善的方法，有不同的层次。一是没有系统的方法，信息是零散、孤立的；二是开始有系统的方法，可以应对工作的基本要求；三是有系统、有效的方法，有所进步但仍属于应对工作的基本要求；四是有系统、有效的方法，应对工作的总体要求；五是有系统、有效的方法，应对工作的详细要求；六是有系统、有效的方法，全面应对工作的详细要求。

第一轮循环，可能就属于第一层次，方法零乱，没有系统的方法，只有一些零散、孤立的信息；从第二轮开始，系统的、有效的方法会逐渐丰富、成熟，最终可以全面应对工作的详细要求。

（二）展开

1. 方法的展开

展开是持续应用某一方法，并在所有适用的部门应用同一方法。

持续是无间隔、连续不断，持续应用就是连续不断地应用。持续应用要求，不能随意应用其他的方法，要长期不懈地坚持使用同一种方法。

适用是符合客观条件的要求、适合应用。企业一经确定应用某一方法，各部门确认这种方法是否适用于本部门，如果适用，就要应用这一方法。

2. 展开的层次

方法的展开也有六个层次。一是方法没有展开或略有展开；二是方法在大多数方面或部门处于展开的早期阶段，阻碍了基本要求的实现；三是方法已得到展开，尽管某些方面或部门的展开尚属早期阶段；四是方法得到很好的展开，尽管某些方面或部门的展开有所不同；五是方法得到很好的展开，无明显的差距；六是方法得到完全的展开，在任何方面或部门均无明显的弱点或差距。

很明显，第六层次是需要经过多次循环才能达到的理想境界。

（三）学习

1. 学习的定义

学习是指通过阅读、听讲、思考、研究、实践等途径获得知识或技能的过程，可分为狭义与广义两种含义。

狭义的学习是通过阅读、听讲、研究、观察、理解、探索、实验、实践等手段获得知识或技能的过程，是一种使个体可以得到持续变化（知识和技能，方法与过程，情感与价值的改善和升华）的行为方式。例如通过学校教育获得知识的过程。

广义的学习是人在生活过程中，通过获得经验而产生的行为或行为潜能的相对持久的行为方式。

2. 学习阶段的内容

学习阶段的内容是通过循环评价和改进，对方法进行不断完善；鼓励通过创新对方法进行突破性的变革；在各相关部门、过程中分享方法的改进和创新。

3. 学习的层次

学习的层次同样分为 6 层。一是没有改进导向，已有的改进仅是“对问题的被动反应”；二是处于从“对问题的被动反应”到“改进导向”转变的早期阶段；三是开始系统地评价和改进关键工作、关键过程；四是进行了基于事实且系统的评价、改进和一些创新，以提高关键工作、关键过程的有效性和效率；五是基于事实且系统的评价、改进和创新已成为关键的管理工具，并存在清楚的证据，证实通过企业级的分析和分享，方法得到不断完善；六是基于事实且系统的评价、改进和创新已成为全组织的关键管理工具；有证据表明通过分析和分享，在整个企业中方法得到不断完善和创新。

学习的目标是达到第六层次的境界。

（四）整合

1. 整合的定义

整合是指通过整顿、协调重新组合。

整合是把一些零散的东西通过某种方式而彼此衔接，从而实现信息系统的资源共享和协同工作，主要精髓在于将零散的要素组合在一起，并最终形成有价值、有效率的一个整体。

不管是普遍意义上好的、坏的事物都有其存在的价值，将其价值有机地结合在一起，使本来无意义的事物变得有意义起来，让这些单一看来无意义或意义不大的事物获得超值的效果。

2. 整合的要求

方法要与企业的需要协调一致；各过程、部门的方法协调一致、融合互补，支持企业使命、愿景和战略目标的实现。

3. 整合的层次

整合的6个层次：一是缺乏协调一致，各个方面或部门各行其是；二是主要靠联合解决问题来使方法与其他方面或部门达成协调一致；三是方法与具体工作和具体过程确定的企业基本需要初步协调一致；四是方法与具体工作和具体过程所确定的企业需要协调一致；五是方法与具体工作和具体过程所确定的企业需要实现整合；六是方法与具体工作和具体过程所确定的企业需要实现很好的整合。

ADLI循环需要经过多轮、多次循环，4个要素才能都达到理想的境界。

ADLI循环与PDCA循环、SDCA循环的主要区别在于应用的层面不同。ADLI循环不是针对单一过程的循环，是企业整个管理系统的循环，是在企业管理平台上进行的循环；而PDCA循环、SDCA循环都是针对某一具体过程的循环。

四、LTCI循环

LTCI循环即适用于企业运行绩效的水平—趋势—对比—整合循环。水平、趋势、对比、整合这四个循环要素都有不同的要求，可以达到不同的层次。

（一）水平

1. 水平的含义

水平的含义较多，这里指在某一方面所达到的高度。

在循环中，水平指企业绩效的当前水平。

2. 水平的层次

水平也可以用层次来定性，但这种定性是在定量基础上的定性。第一层次是企业对结果不清楚，或者结果很差；第二层次是结果很少，在少数方面有一些早期的良好绩效水平；第三层次是在一些重要的方面或一些重要的过程，有良好的绩效水平；第四层次是大多数主要方面或重要过程，有良好的绩效水平；第五层次是大多数主要方面或重要过程，有良好到卓越的绩效水平；第六层次是大多数主要方面或重要过程，有卓越的绩效水平。

如果达到第六层次，那就是行业的领跑者、行业的领军企业。

（二）趋势

1. 趋势的含义

趋势是事物或局势发展的动向，表示一种尚不明确的或只是模糊地制定的遥远的目标持续发展的总的运动。

趋势在这里一是指企业绩效改进的速度，即趋势数据曲线的斜率；二是指企业绩效改进的广度，即展开的程度。

2. 趋势的层次

趋势的6个层次，一是没有数据显示趋势，或显示出来大多为不良的趋势；二是有一些数据显示趋势，其中部分呈不良的趋势；三是有一些数据显示趋势，其中多半呈有利的趋势；四是在对达成企业使命、愿景和战略目标重要的方面，呈有利的趋势；五是在对达成企业使命、愿景和战略目标重要的大多数方面，呈可持续的有利趋势；六是在对达成企业使命、愿景和战略目标重要的所有方面，呈可持续的有利趋势。

（三）对比

1. 对比的含义

对比是相对比较。这里的对比，一是指与适宜的竞争对手或同行业类似企业对比绩效，二是与标杆或行业领先者的对比绩效。

2. 对比的层次

对比也有6个层次。一是没有对比性信息，即不知道适宜的竞争对手、同行业类似企业、标杆及行业领先者的信息，更无法获得其绩效数据；二是只有极少的对比性信息；三是处于获得对比性信息的早期阶段；四是与有关竞争对手和/或标杆进行对比评价，部分指标具有良好的相对绩效水平；五是与有关竞争对手和/或标杆进行对比评价，多数乃至大多数指标具有非常好的相对绩效水平；六是在多数方面都表明处于行业领导地位和标杆水准。

（四）整合

整合要求企业结果的测量指标与各过程确定的关键绩效要求及指标相呼应。

这一循环中，整合也有6个层次。一是在对于达成企业使命、愿景和战略目标重要的任何方面，均没有任何结果；二是在重要的少数方面有结果；

三是在重要的多数方面有结果；四是结果对应了大多数关键的顾客、市场和过程要求；五是结果对应了大多数关键的顾客、市场、过程和战略实施计划要求；六是结果完全对应了关键的顾客、市场、过程和战略实施计划要求。

五、DTPS 循环

DTPS 循环即适用于企业业务流程和组织结构改进和相互适应的数据—技术—业务流程—组织结构循环。

（一）数据

数据是关于客体的事实，客体是可感知或可想象到的任何事物，如产品、服务、过程、人员、组织、体系、资源等。

客体可能是物质的，如一台烧结机、一座高炉、一架轧机、一台计算机、一套网络等，也可以是非物质的或想象的，如转换率、效率、未来的状态等。

数据是事实或观察的结果，是对客观事物的逻辑归纳，是用于表示客观事物的未经加工的原始素材。

数据是信息的表现形式和载体，可以是符号、文字、数字、语音、图像、视频等。数据和信息是不可分离的，数据是信息的表达，信息是数据的内涵。数据本身没有意义，数据只有对实体行为产生影响时才成为信息。

数据可以是连续的值，比如声音、图像，称为模拟数据。也可以是离散的，如符号、文字，称为数字数据。数字数据在某个区间内是离散的值。

在计算机系统中，数据以二进制信息单元 0、1 的形式表示。在计算机系统中，各种字母、数字符号的组合、语音、图形、图像等统称为数据，数据经过加工后就成为信息。

在计算机科学中，数据是指所有能输入到计算机并被计算机程序处理的符号的介质的总称，是用于输入电子计算机进行处理，具有一定意义的数字、字母、符号和模拟量等的通称。

数据按性质分为定位的（如各种坐标数据）、定性的（如表示事物属性的数据，居民地、河流、道路等）、定量的（反映事物数量特征的数据，如长度、面积、体积等几何量或速度、加速度等物理量）、定时的（反映事物时间特性的数据，如年、月、日、时、分、秒等）；按表现形式分为数字数据（如各种统计或量测数据）、模拟数据（由连续函数组成，是指在某个区间连续变化的物理量，又可以分为图形数据，如点、线、面）、符号数据、文字数据和图像数据（如声音的大小和温度的变化等），按记录方式分为地图、表格、影像、磁带、纸带，按数字化方式分为矢量数据、格网数据等。

（二）技术

1. 技术的定义

技术是为实现某一目的所需的技能、方法、手段、工具、知识或规则的组合。如信息通信技术、管理技术、服务技术、能源技术、应用领域技术等。

技术是制造一种产品的系统知识，所采用的一种工艺或提供的一项服务，不论这种知识是否反映在一项发明、一项外形设计、一项实用新型或者一种植物新品种，或者反映在技术情报或技能中，或者反映在专家为设计、安装、开办或维修一个工厂或为管理一个企业或其活动而提供的服务或协助等方面。这是至今为止国际上给技术所下的最为全面和完整的定义。知识产权组织把世界上所有能带来经济效益的科学知识都定义为技术。

一项技术是关于某一领域有效的科学（理论和研究方法）的全部，以及在这个领域为实现公共或个体目标而解决设计问题的规则的全部。

广义地讲，技术是人类为实现社会需要而创造和发展起来的手段、方法和技能的总和。作为社会生产力的社会总体技术力量，包括工艺技巧、劳动经验、信息知识和实体工具装备，也就是整个社会的技术人才、技术设备和技术资料。

2. 技术的特性

技术的使用在现代社会无所不在，一套共同的特性可以用在现代技术上。

（1）复杂度。

复杂度是指大多现在的工具都很难以了解的特性，需要一连串对制造或使用的事先训练。一些使用相对简单，但去理解其来源和制造方法却相对困难，如餐刀、棒球及高加工食品等；另外也有很难使用且很难理解的，如柴油机、电视、计算机等。

（2）依赖性。

依赖性是指现在的很多工具依赖于其他的现代工具，而其他的现代工具又依赖于另外的其他现代工具的事实，不论是在制造还是使用上面。如有一复杂的制造及维护体系，而使用也需要有输入扫描仪、打印机、绘图机、网络系统设备、音响等设备。

（3）多样性。

多样性是指相同工具的不同类型和变异，如计算机有不同的配置、不同的类型，有超级计算机、大型计算机、小型计算机、微型计算机，有台式计算机、便携式计算机，有办公室用计算机、工业控制计算机等。

（4）普及性。

普及性指现代技术的普及。简单地说，技术似乎在每一个角落，支配了现代的生活。另外，规模亦指许多现代技术计划的范围，如手机网络、因特网、飞机航行、通信卫星及其对地球上人们的影响。

（三）业务流程

1. 业务流程的含义和理解

业务流程是工业企业实现业务目标和策略的一系列相互连接的过程集合，是企业或其一部分在追求给定目标过程中，为了实现某一期望的结果，所执行的企业活动的部分有序集。

业务流程是为达到特定的价值目标而由不同的人分别共同完成的一系列活动。活动之间不仅有严格的先后顺序限定，而且活动的内容、方式、责任等也都必须有明确的安排和界定，以使不同活动在不同岗位角色之间进行转手交接成为可能。活动与活动之间在时间和空间上的转移可以有较大的跨度。而狭义的业务流程，则仅仅是与顾客价值的满足相联系的一系列活动。

业务流程是企业中一系列创造价值的活动的组合，是一系列结构化的可测量的活动集合，并为特定的市场或特定的顾客产生特定的输出，是在特定时间产生特定输出的一系列顾客、供应商关系。

业务流程是把输入转化为输出的一系列过程的结合，是一组将输入转化为输出的相互关联或相互作用的活动，增加输入的价值并创造出对接受者更为有效的输出。

2. 业务流程的意义

业务流程对于工业企业的意义不仅仅在于对工业企业关键业务的一种描述，更在于对工业企业的业务运营有着指导意义，这种意义体现在对资源的优化、对工业企业组织机构的优化以及对工业企业管理制度的一系列改变。

这种优化的目的实际也是工业企业所追求的目标，即降低企业的运营成本，提高对市场需求的响应速度，争取企业利润的最大化。

3. 业务流程的特征

（1）层次性。

业务流程是有层次性的，这种层次体现在由上至下、由整体到部分、由宏观到微观、由抽象到具体的逻辑关系。

这样一个层次关系符合人们的思维习惯，有利于工业企业业务模型的建立。一般来说，可以先建立主要业务流程的总体运行过程，其中包括了整个企业的大的战略，然后对其中的每项活动进行细化，落实到各个部门的业务过程，建立相对独立的子业务流程以及为其服务的辅助业务流程。

业务流程之间的层次关系一定程度上也反映了企业部门之间的层次关系，不同层级的部门有着对业务流程不同的分级管理权限。决策层、管理者、使用者可以清晰地查看到下属和下属部门的业务流程。

为使所建立的业务流程能够更顺畅地运行，工业企业业务流程的改进与工业企业组织结构的优化是一个相互制约、相互促进的过程。

（2）以人为本。

工业企业中最重要的部分是人员的工作方式以及构成其每日操作的工作流程。

人是业务流程的驱动者，工业企业中的每一个人都会在业务流程中充当一个角色。通过良好的业务流程，每一个人都会有自己清晰的职责，要求具有良好的沟通协作意识和团队意识，明确自己在一个个业务流程中所担当的角色。

同时对于参与其中的业务流程，每个人员都要有自己的反馈。

首先，每个人员都能查看到这些业务流程并充分理解这些业务流程、流程包含的业务的意义和目的，这些业务流程通过符合流程中的人员理解能力的方式，如图形、说明文字、相应的制度、规范、标准等得以展现。

其次，对于业务流程运行中存在的问题，每个人员都要积极反馈（提出修改的建议或在其权限范围内直接修改）以促进业务流程的持续改进，业务流程的管理和变动不仅仅是业务分析人员或管理人员的职责，每一个员工都要参与其中，否则只有失败。管理人员和决策层更重要的职责是制定出业务流程的规则和约束，在这个规则和约束范围内，员工可以根据变化的商业环境对业务流程做出迅速修改，这样不必等到领导了解情况后再做出决策从而失去机会。

（3）运行效益。

从企业投资者的角度来讲，好的业务流程设计必然是能够为企业带来最高利润的设计。因此，对业务流程的效益分析是评价业务流程的一个重要方面。财务数据是最关键的数据，但这种分析不一定完全是由数据支撑的，有些是不能量化的，如人员效率等。

4. 业务流程的优化

业务流程的优化亦即业务流程重组，是对工业企业的业务流程进行改变并全部进行再设计，从而获得在成本、质量、服务和速度等方面的重大改善。

业务流程优化过程实质上是管理再造或优化的实施过程，工业企业战略定位的变化和战略思路的改进最终都要在业务流程中体现，反过来说，可以利用流程优化的手段来规范和提升管理体系。

基于以上思想，首先要对当前工业企业的管理体系进行规范和提升。其基本核心思想是学习国内外先进企业经验，对企业的经营和管理模式的定位进行研究，找出其存在的问题和差距，结合企业的业务特点和企业战略，对企业经营和管理模式进行重新定位，其核心是形成新的管理理念。

所谓新的管理理念是指适应于工业企业特性的、受到过其他企业检验证明成功的理念，其内容极为丰富，不拘一格。目前，信息化建设过程中常见的新管理理念是：实现从传统的事后管理（静态管理）向实时管理（动态管理）转变，部门管理（职能管理）向岗位管理（流程管理）转变，定性管理（主观管理）向定量管理（客观管理）转变，分散管理向集中管理转变等。

以职能管理向流程管理转变为例，传统的企业管理是职能管理，也就是说每一项工作只指定了由哪个部门来负责，具体工作中由该部门的领导来分配工作。而信息化工程要求管理模式由这些传统的职能管理向“流程管理”改进，其目的是缩短信息交互时间，提高反应速度。

5. 业务流程职责

业务流程职责是业务流程的工作目标、范围和任务，以及在业务流程各环节相关任职者完成这些任务所需承担的相应责任。相关任职者包括工业企业所有职能与层次中与该业务流程相关的人员。

工业企业流程重组及处理和传输信息资源是信息技术的两大功能，分别可以通过“过程化”模型和“数据化”模型解释。过程化模型强调识别和分析工业企业的各种活动、工作流程、环境及其关系，将这些活动、过程、环境及其关系解构为可管理和可理解的部分，然后予以模型化，其目的是实现钢铁企业业务流程和管理活动自动化；而“数据化”模型是强调数据结构和数据组成的元素，强调构成信息系统主体的数据和信息的理解、分析和文献化，其目标是识别数据元素，分析数据之间的关系。

（四）组织结构

组织结构是对人员的职责、权限和相互关系的安排。

组织结构是指对于工作任务如何进行分工、分组和协调合作。组织结构是表明组织各部分排列顺序、空间位置、聚散状态、联系方式以及各要素之间相互关系的一种模式，是整个管理系统的“框架”。

组织结构是工业企业的全体员工为实现企业目标，在管理工作中进行分工协作，在职务范围、责任、权利方面所形成的结构体系。组织结构是工业企业在职、责、权方面的动态结构体系，其本质是为实现企业战略目标而采取的一种分工协作体系，组织结构必须随着企业组织的重大战略调整而调整。

工业企业的组织架构就是一种决策权的划分体系以及各部门的分工协作体系。组织架构需要根据企业总目标，把企业管理要素配置在一定的方位上，确定其活动条件，规定其活动范围，形成相对稳定的科学的管理体系。

（五）DTPS 循环的运行

首先要采集企业运行过程的各种数据并对其进行分析，找出其内在规律；随后确定数据与所采用的技术之间的关系，提出技术改进或技术革新的要求并实施；而与原有技术相适应的业务流程也需要优化，根据新技术进行流程再造；最后以调整组织结构固化新的业务流程。

六、方案循环

方案循环即适用于各种方案的策划—支持、实施与运行—评测—改进循环。

（一）策划

策划是一种策略、筹划、谋划或者计划、打算，是个人、企业等为了达到一定的目的，充分调查市场环境及相关联的环境的基础之上，遵循一定的方法或者规则，对未来即将发生的事情进行系统、周密、科学的预测并制订科学的可行性的方案。在现代生活中，常用于形容做一件事的计划。

策划是通过实践活动获取更佳效果的智慧，是一种智慧创造行为，是一种程序，是一种对未来采取的行为做决定的准备过程，是一种构思或理性思维程序，在本质上是一种运用脑力的理性行为。

策划是一个宏观概念，通常指为达到目的，根据相关数据、资料并依靠经验或客观规律对目标的未来整体性、长期性、基本性问题的规划及规划达成中所需要的具体执行步骤的计划过程，是为达到目标执行步骤操作前所有的规划、计划思考行为的总称。

策划介于规划与计划之间，相对于计划，策划更富有预见性，多用于“无”到“有”的理念创造过程中。相对于规划，策划更注重可执行性，是将宏观布局到细节执行的一个由大到小的完善过程。

企业应确定策划各种实施方案的规则，包括确定策划的方法与过程、责任人和参与人的职责和权限等。

策划各种实施方案的规则，包括确定策划的方法与过程、责任人和参与人的职责和权限等。

（二）支持、实施与运行

支持在这里是支撑、撑住的意思，实施是实际施行，运行是周而复始地运转。

任何过程、任何体系、任何方案都需要各种资源的支持。方案策划中应提出所需要的资源，策划完成之后即应落实资源，包括物质资源、财务资源、人力资源、信息资源、知识资源等，并确保各种资源都有足够的数量，符合策划的要求；在各种条件具备后，即可按照策划的方案实施，并实际运行。

（三）评测

评测是对方案运行的评估和测试。评估是评价、估量、测算，测试是对方案的实施效果、运行效果进行测量。

按照方案策划过程中确定的评测工具、评测方法对方案运行的各种参数进行评测，计算方案运行的系统性的各项技术经济指标，并对技术经济指标进行评价，确认对所需资源的可获得性，确认是否达到了策划的效果，找出方案策划、实施、运行中存在的问题。

（四）改进

改进是改变原有状况，使之得到提高；是提高价值或质量使之更有利可图、更优良、更受人欢迎。

根据评测结果，对方案进行改进。

第二章　现场管理概述

现场管理就是指用科学的标准和方法对生产现场各个生产要素，包括人（工人和管理人员）、机（设备、工具、工位器具）、料（原材料、辅助材料、燃料）、法（加工、检测方法）、环（环境）、信（信息）等进行合理有效的计划、组织、协调、控制和检测，使其处于良好的结合状态，达到优质、高效、低耗、均衡、安全、文明生产的目的。现场管理是生产第一线的综合管理，是生产管理的重要内容，也是生产系统合理布置的补充和深入。

现场是企业为顾客设计、生产、销售产品和服务以及与顾客交流的地方，为企业创造附加值，是企业活动最活跃的地方。在工业企业中，研发部门开发产品，生产部门制造产品，销售部门将产品销售给顾客；工业企业的每一个部门都与顾客的需求有着密切的联系。从产品开发、设计到生产、销售的整个过程都是现场，也就都有现场管理，现场管理的中心环节是产品的生产制造现场，但现场管理的原则对其他部门的现场管理也都是适用的。

第一节　现场管理的任务、基本内容和意义

一、现场管理的任务

任务，通常指交派的工作，担负的责任。

现场管理的任务就是最大限度地激活人、机、物、料的作用，在每道工序保证完美质量的前提下追求高效率化。

（一）完成生产任务

工业企业的生产任务一般以生产计划的形式下达。

生产计划是工业企业对生产任务做出统筹安排，具体拟定生产产品的品

种、数量、质量和进度，是企业经营计划的重要组成部分，是企业进行生产管理的重要依据。生产计划是实现企业经营目标的重要手段，是组织和指导企业生产活动的依据。

生产计划一要满足顾客要求的交货期、质量、数量，二要使企业获得适当利益。生产计划的编制，要考虑生产组织及其形式，对生产所必需的材料、人员、机器设备要有确切的准备、分配。

企业的生产计划一经下达，就对生产车间形成了约束。现场管理最重要的任务，就是完成企业的生产计划，在计划规定的时间内，以顾客要求的质量标准，生产出相应数量的产品，而且应确保生产成本在规定的限额之内。

（二）改善生产秩序，提高生产效率

1.改善生产秩序

秩序的基本解释是次序，秩侧重于有条理、不混乱，序侧重于有先后、不颠倒；秩序就是整齐而有条理的状况。

秩序的原意是指有条理、不混乱的情况，是“无序”的相对面。《辞海》对秩序的解释，“秩，常也；秩序，常度也，指人或事物所在的位置，含有整齐守规则之意。”从法理学角度来看，秩序意指在自然进程和社会进程中都存在着某种程序的一致性、连续性和确定性。

生产秩序是工业企业生产作业时应遵守的规则和规定，是工业企业有条理、有组织地安排各构成部分以求达到正常的生产经营状态。

生产秩序是规则、规定，规则、规定就有改善的空间。“改”是“改变”“修正”，“善”是“良好”“更好”“令人满意”。改善，意思是为了更快、更好、更加简洁地达成工作目标而通过“手段选择”或“方法变更”，把事情或动作向更好的方向修正或调整的过程，简单来说就是改变原有情况使好一些；在企业管理中主要指小的、细微的、持续的优化。

“改善”不等同于“改正”错误。未按规范要求完成任务、没有达到目标的行为表现和结果成效都叫“错误”，都要“改正”，只是回归正常，没有超出标准要求，也就谈不上“改善”。

“改善”不等同于“创新”。“改善”需要一定程度的“创新”，“创新”一定存在“改善”，“创新”是“改善”的终极要求。“改善”对人员的要求较低，几乎没有门槛，人人都可以做，人人都要做；而“创新”对人员的要求较高，需要具备专业背景的人士才能做。“改善”的幅度小、投入较少，不需要太多专业的知识、技术；“创新”幅度大，短期能够发生剧烈变化，

甚至能够带来产业革命，需要比较专业的知识和技术、比较大的资源投入。改善与创新的区别就在这里，在完成岗位工作要求的情况下往好的方面做相应的改变是“改善”，而专业化的突破是“创新”。

改善生产秩序，是对生产规则、规定的修正以使其更为完善，更为合理地组织生产。这是工业企业现场管理的重要任务。

2. 提高生产效率

生产效率是指固定投入量下，工业企业的生产工艺或生产流程的实际产出与最大产出之比，可反映出达到最大产出、预定目标的程度，也可衡量工业企业在产量、成本等目标下的绩效。

生产效率是快慢、是速度，是实际产出与标准产出的比率。工业企业现场管理的任务之一，是合理使用资源，充分挖掘、利用所有的现有潜力，实现生产率最大，生产成本最小，从而提高经济效益。

（三）培养人才，提高士气

1. 培养人才

人才是指具有一定的专业知识或专门技能，进行创造性劳动，并对社会做出贡献的人，是人力资源中能力和素质较高的劳动者。具体到企业中，人才指具有一定的专业知识或专门技能，能够胜任岗位能力要求，进行创造性劳动并对企业发展做出贡献的人，是人力资源中能力和素质较高的员工。

工业企业生产过程需要的主要是技术人才和技能人才。技术人才一般指具有中级及以上专业技术资格或本科及以上学历的人员；技能人才是在生产技能岗位工作，具有高级工及以上技能等级或具有专业技术资格的人员。

技术人才和技能人才是工业企业进行正常生产、高效率生产、高质量生产的主要保障。现场管理要保持生产能够持续、稳定、高效率地进行，就要注意培养人才，培养其技术专长与创新能力、组织能力、学习能力、交流能力等，使其能够尽快适应，使其尽快发挥出相应的作用。

2. 提高士气

士气是维持意志行为的具有积极主动性的动机。士气的内在表现是自觉性、凝聚力和自我实现心理。自觉性是指个体自觉自愿地执行或追求整体长远目标任务的程度；凝聚力是指群体成员之间为实现群体职责目标任务而实施团结协作的程度；自我实现心理是指个体或集体所具有的，意欲卓越完成工作职责任务乃至自我人生目标的心理状态，也称为成就动机。士气的外在表现分为勇气、忍性与操心三种。勇气是个体意志过程中的果断性和具有积极主动性的心理特征相结合而产生的士气状态，行动勇气是一种进取型的士气种类，将士气所具有的唤发人们潜在能量的作用主要发挥于具有危险性、冒险性的群体行动中；忍性意思是坚忍其性、使其性坚忍，克制性情，也称耐性，是群体行动中个人意志过程中的坚持性、自制力与积极的态度、信心这些具有积极主性的个性心理特征相结合而产生的士气状态，将士气所具有的激发人们潜在能量的作用发挥于需要进行忍耐的群体生活和行动之中，往往能使个人在艰难困苦面前具有坚忍不拔和自觉自制的精神，从而使个人在群体行动中表现出一种难以震撼的力量；操心是群体行动中个人意志过程中的敏感度、觉察力与积极的态度、信心这些具有积极主动性的心理特征相结合而产生的士气状态，表现在个人对完成整体长远目标相关事物的警觉和注意力上；行动操心是一种理智型的士气种类，将士气所具有的激发潜在能量的基本作用发挥于需要准确稳妥地做出理智反应的群体行动之中，往往能充分挖掘出个人的工作技能和领导才干,从而使群体行动具有机智灵活的性质。

士气的根基在于自我觉悟而形成的信念，影响士气的因素在于其信念产生的态度和信心。态度有利己心理、归属心理、荣誉心理三个层次。利己心理是指个体在自我生理需求、习性、嗜好、喜好基础上，对相应的自我利益的追求及其趋利避害的意识；归属心理是指人们在社会交往过程中对某一群体的认同程度；荣誉心理是指个体在职责任务执行与实现个体人生目标中，为保有或追求他人对自己自发的尊重，以及为保有或追求自己对自己的自发的尊重，所具有的态度。信心有自我效能感、集体效能感、业绩经验感三个层次，自我效能感是指个体对自己的行为能力及行为能否产生预期结果所抱的信念；集体效能感是指个体在认同群体内自我角色的基础上，对群体实施整体协同配合后的效率和能力的自信；业绩经验感是指个体通过人生生活经历、学习、工作与执行群体任务，所获得的成功与失败的知识与经验。

利己心理与自我效能感在职责任务目标上的对立统一会形成士气内在表现的自觉性，归属心理与集体效能感在职责任务目标上的对立统一会形成士气内在表现的凝聚力，荣誉心理与业绩经验感在职责任务目标上的对立统一会形成士气内在表现中的自我实现心理。自觉性在行为作用程度上属于最低层次的士气状态，凝聚力在行为作用程度上是中等层次的士气状态，自我实现心理在行为作用程度上是最高层次的士气状态。

士气的作用在于激发个体精力、体力、能力等潜在能量去履行一定的职责、完成一定的任务。

员工士气是指企业员工愿意努力工作的愿望强度和工作积极负责、创新和团结合作的态度。高昂的士气是工业企业正常运转的基本前提，也是发挥员工工作创造性的基本环境。

提高员工士气，是工业企业现场管理的任务。

二、现场管理的基本内容

工业企业现场管理的基本内容有七个方面，一是“流”管理，二是工艺管理，三是生产现场组织体系的管理，四是文件管理，五是管理保障体系，六是安全和职业健康管理，七是班组建设和民主管理，

（一）“流”管理

流指水流，指流动，现在也指连续不断的数量众多的移动。

工业企业中，存在着很多有形无形的“流”，如人员流、物质流、能量流、信息流、污染流等。“流”管理，就是使人员流、物质流、能量流、信息流畅通有序，使得现场环境整洁，做到文明生产。

1. 人员流

人员流是指生产人员、技术人员及相关人员在生产现场的移动。在生产过程中，有些人员的岗位是固定的，有些人员的岗位则是移动的；有时还有外来非岗位人员，如检查工作的领导，外部来企业参考考察人员等。人员在生产现场的移动要有序进行，包括流动的路线、流动的时间等。

企业划设的安全通道，就是人员流的一种路线。在安全通道内移动，就不会影响生产岗位的操作，也远离危险源，在某种程度上处于“安全”状态。

2. 物质流

物质的内涵是质量的空间分布，其基本属性是质量与空间；物质的外延是指所有物件，亦即某一有限质量在某一有限空间内的分布。

物质是构成宇宙间一切物体的实物和场，如空气、水、食物、棉布、煤炭、石油、钢、铁、铜、铝以及人工合成的各种纤维、塑料等。

物质流就是物质的移动形成的一种“流”，是物质的“流动”。在生产现场，物质从企业外部进入原料场（或原料仓库）再流向生产线，在一道工序变为中间产品后又作为下道工序的原料进入另一道工序，直到成为成品进入成品库，最后输出企业，构成了企业完整的物质流。

3. 能量流

能量是对一切宏观微观物质运动的描述，是物质运动的量化转换。相应于不同形式的运动，能量分为机械能、分子内能、电能、化学能、原子能、

内能等，亦简称能。

能量以多种不同的形式存在，不同形式的能量之间可以通过物理效应或化学反应而相互转化；各种场也具有能量。

能量流是指能量在生态系统中的流动过程。太阳辐射的能量转变为植物的化学能，然后通过食物链，使能量在各级消费者之间流动，构成能量流。

工业企业生产中离不开能量。企业中的能量流是指能量在企业中的流动。

企业中的能量随着其载体流动形成能量流。能量的载体主要是能源包括有形的物质和无形的场，如化学能载于煤炭、天然气、石油、煤气等燃料等之上，电能载于输配电线路形成的电磁场之上，热能载于高温物质之上，光能载于发光体之上等。能量流表现为能量载体的流动，输入生产工艺流程中进行加工、转换、传输、利用，有些能量还可以回收，并再次利用或输出企业。

能量与能源不同，能源是可以转换为能量的物质，是能量的载体。

企业的生产过程总伴随着能量的流动，也就是能量流始终贯穿于企业生产之中。

4. 信息流

信息是音信消息，现代科学指事物发出的消息、指令、数据、符号等所包含的内容，泛指人类社会传播的一切内容。通过获得、识别自然界和社会的信息，人可以区别不同的事物，得以认识和改造世界。在一切通讯和控制系统中，信息是一种普遍联系的形式。

信息流分广义和狭义两种含义。广义的信息流指在空间和时间上向同一方向运动过程中的一组信息，其有共同的信息源和信息的接收者，即由一个信息源向另一个单位传递的全部信息的集合；是指人们采用各种方式来实现信息交流，从面对面的直接交谈直到采用各种现代化的传递媒介，包括信息的收集、传递、处理、储存、检索、分析等渠道和过程。狭义的信息流指信息的传递运动，这种传递运动是在现代信息技术研究、发展、应用的条件中，信息按照一定要求通过一定渠道进行的；从现代信息技术研究、发展、应用的角度看，指的是信息处理过程中信息在计算机系统和通信网络中的流动。

信息流的运动过程包括信息收集、信息处理和信息传递。信息收集是信息流运行的起点，是分散的信息向收集者集中的过程；信息处理是对信息进行甄别、归纳，提高信息的使用价值的过程；信息传递是信息从信息源发出，通过一定的媒介和信息渠道传输给接收者的过程。

信息传递形成了信息流，既有单向传递，也有双向和多向传递，有纵向传递和横向传递，其中的反馈传递是信息传递非常重要的内容和特点。信息传递到接收者之后，接收者就成为信息的使用者，对信息加以利用，实现信息的使用价值。信息的使用价值是信息的知识性、效用性对工艺企业特定需要的满足。

企业生产中涉及的信息多种多样，既有生产过程实时变化的信息，也有生产计划、工艺要求等相对固定的信息；既有产品质量信息，也有物质、能量等消耗信息；还有很多其他信息。这些信息的流动，即这些信息产生的信息流，是生产正常进行的重要保障。

5. 污染流

工业企业生产过程中，不可避免地产生一些环境污染物，这些污染物的产生、治理和排放，就形成了污染流。减少工业企业对环境的污染流，是现场管理的重要内容。

（二）工艺管理

工艺管理就是优化工艺路线和工艺布局，提高工艺水平，严格按工艺要求组织生产，使生产处于受控状态，保证产品质量。

1. 工艺

工艺是指劳动者利用各类生产工具对各种原材料、半成品进行加工或处理，最终使之成为成品的方法与过程。

工艺是由设备等构成的平台设施要素、原理贯穿的过程要素、智能化的软硬件要素、标准化的执行要素、流程的操作要素等构成的用于生产产品的方法与过程的系统。

工艺设计的主要内容包括产品方案，原料、燃料、动力的用量与来源，工艺流程，主要设备的选型与配置，对建筑物、构筑物的要求，外部各项协作条件，生产组织与劳动定员，主要技术经济指标等。

由于不同的企业设备生产能力、精度以及工人熟练程度等因素的不同，不同的企业生产同一种产品制定、使用的工艺可能不同；同一企业在不同时期使用的工艺也可能不同。就某一产品而言，工艺并不是唯一的，没有好坏之分，但有先进与落后之别。

2. 工艺路线

工艺路线是描述物料加工、零部件装配的操作步骤和顺序的技术文件，是多个工序的序列。工序是生产作业人员或机器设备为了完成指定的任务而做的一个动作或一连串动作，是加工物料、装配产品的最基本的加工作业方式，是与工作中心、外协供应商等位置信息直接关联的数据，是组成工艺路线的基本单位。如一条流水线就是一条工艺路线，其中包含了许多的工序。

工艺路线主要用来指导企业进行合理生产安排、管理。

工艺路线包含有执行每个工序的工作中心的信息和工序中的标准工时定额情况，以及关于生产所需要的工具和资源的信息。

工艺路线是对过程如何在车间中予以执行的一种表述，一般由一系列操作组成。工艺路线可能包含其他步骤，如“报废”，也可以包含其他工艺路线。

生产工艺流程，是指在生产过程中，劳动者利用生产工具将各种原材料、半成品通过一定的设备、按照一定的顺序连续进行加工，最终使之成为成品的方法与过程。生产工艺流程包括了工艺路线。

随着技术水平、设备水平、操作水平的提高，工艺路线可以不断优化，可以简化或增加步骤。生产工艺流程并不是稳定不变的，随着技术的不断变化，人员的能动性能相应给工艺的改进提出更合理的建议，每一个细节的变更都可能对整个工艺流程的优化产生良好的效果。

3. 工艺布局

工艺布局是指按照产品生产的工艺流程/工艺路线，将机器设备、生产功能设置在某一位置的布局方式。

工艺布局要符合企业生产流程/工艺路线，按照其顺序流程依次对设备进行适当的定位，只有这样才能保证生产各工序运行的顺利进展，有效衔接，防止工作流程中的交叉错位，影响工作效率。

工艺布局时，要考虑生产的方便、安全。机器设备的布局，应该考虑方便清扫和维修，考虑安全通道，机器设备之间应该留有适当的空隙，主要机器设备之间留有通道，并应该不小于一定的宽度。

4. 工艺水平

工艺水平指工艺的先进程度。

工艺没有好坏，但却分先进与落后。随着技术进步、技术创新和设备的大型化、自动化、智能化，工艺也随之进步，工艺水平随之提高，工艺路线也相应优化，工艺布局也需要适应新的情况。

5. 工艺要求

工艺要求指生产工艺对原料状态、物理性质、化学成分、设备能力、过程参数等的具体要求，这些要求大多都是数字化的，是一个范围。产品质量的要求不同，工艺要求的范围也可相应不同。

6. 受控状态

受控是指受到控制。

受控状态是指对影响生产过程质量的所有因素包括工艺参数、人员、设备、材料、加工和测试手段、环境均加以控制时生产所处于的状态。以预防为主、防检结合、重在提高，即生产全过程的每个过程都在严密监控之下，处在这种“完全控制”状态下的生产，就是生产的受控状态。

7. 产品与质量

（1）产品。

产品是指能够供给市场，被人们使用和消费，并能满足人们某种需求的任何东西，包括有形的物品、无形的服务、组织、观念或其组合。产品一般有五个层次，一是核心产品，指整体产品提供给购买者的直接利益和效用；二是基本产品，是核心产品的宏观化；三是期望产品，是指顾客在购买产品时，一般会期望得到的一组特性或条件；四是附件产品，指超过顾客期望的产品；五是潜在产品，指产品或开发物在未来可能产生的改进和变革。

产品是“一组将输入转化为输出的相互关联或相互作用的活动”的结果，即“过程”的结果。对于工业企业，产品也可理解为企业制造的任何制品或制品的组合，为“有形”的产品。

在现代汉语词典中，产品的解释为“生产出来的物品”。为了满足市场需要，而创建的用于运营的功能及服务就是产品。

国家标准对产品的定义比较书面化，产品是“在组织和顾客之间未发生任何交易的情况下，组织能够产生的输出”。

（2）质量。

质量是客体的一组固有特性满足要求的程度；客体是可感知或想象的任何事物，包括产品；特性是可区分的特征，可以是固有的，也可以是赋予的；要求是明示的、通常隐含的或必须履行的需求或期望。在合同环境中，需要是规定的、明示的；在其他环境中，隐含的需要则应加以识别和确定。

（3）产品质量。

产品质量是指产品满足规定需要和潜在需要的特征和特性的总和。生产制造任何产品都是为满足顾客的使用需要的。无论是简单产品还是复杂产品，都应当用产品质量特性或特征去描述产品质量。产品质量特性根据不同产品的特点而不同，表现的参数和指标也多种多样，反映顾客使用需要的质量特性归纳起来一般有 6 个方面，即性能、寿命、可靠性与维修性、安全性、适应性、经济性。

产品质量即产品的适用性，就是产品在使用时能成功地满足用户需要的程度。用户对产品的基本要求就是适用，质量的内涵就是适用性。

通俗地讲，产品质量就是产品的优劣程度，保证产品质量就是保证产品的某些固有特性满足顾客的要求。

（三）生产现场组织体系

生产现场组织体系的管理，是以其合理化、高效化为目的，不断优化生产劳动组织，提高劳动效率。

1. 组织与劳动组织

组织是在一定的环境中，为实现某种共同的目标，按照一定的结构形式、活动规律结合起来的，具有特定功能的开放系统。组织是两个以上的人、目标和特定的人际关系构成的群体。

组织是按照一定的目的、任务和系统加以结合，也指所结合的集体。

劳动组织是在集体劳动中合理安排使用劳动力，提高劳动者的劳动（工作）效率的形式、方法和措施的统称。

企业劳动组织指在劳动过程中，按照生产工艺流程科学地组织劳动者的分工与协作，使之成为协调的统一整体，合理地进行劳动；正确处理劳动者之间以及劳动者与劳动工具、劳动对象之间的关系，不断调整和改善劳动组织的形式，创造良好的劳动条件与环境，以发挥劳动者的技能与积极性，充分应用新的科学技术成就和先进经验，不断提高劳动效率。

2. 体系

体系也称系统，是相互关联或相互作用的一组要素，是指若干有关事物或某些意识相互联系的系统而构成的一个有特定功能的有机整体。

3. 组织体系

组织体系包含了组织构架、组织变革、流程再造与组织再造等子体系，是一个较为复杂的有机系统，是企业本身成长的需要。

对一个企业，组织体系建设就是健全组织结构、合理分解机构职能等。

4. 合理化

合理是合乎道理或事理；是合乎个体与整体发展规律，寻求整体与个体同时提高，当个体与整体不和谐时，提供整体与个体进行思想碰撞的舞台，坚持融合，相互学习的观念。

合理化是设法调整改进，使更合理。

5. 高效化

高效是效能高、效率高，指在相同或更短的时间里完成比其他人更多的任务，而且质量与其他人一样或者更好。

管理组织高效化是指达到组织目标的能力和有效程度，即“精简、统一、效能、节约和反对官僚主义”，达到完成任务“时效强、速度快、效果好”的目的。

6. 劳动效率

劳动指创造物质财富和精神财富的活动，效率是单位时间完成的工作量。

劳动效率是单位劳动投入的产出水平，反映一定量劳动投入所得的有效成果。

（四）文件管理

文件是信息及其载体，包括记录、规范、程序文件、图样、报告、标准等，文件管理包括规章制度、技术标准、管理标准、工作标准、劳动及消耗定额、统计台账等的管理。

1. 规章制度

规章制度是指工业企业制定的组织劳动过程和进行劳动管理的规则和制度的总和，也称为内部劳动规则。规章制度是企业内部的“法律”，内容广泛，包括了企业经营管理的各个方面。

用人单位制定规章制度，要严格执行国家法律、法规的规定，保障劳动者的劳动权利，督促劳动者履行劳动义务。制定规章制度应当体现权利与义务一致、奖励与惩罚结合，不得违反法律、法规的规定。

2. 标准

标准是通过标准化活动，按照规定的程序经协商一致制定，为各种活动或其结果提供规则、指南或特性，供共同使用和重复使用的一种文件。

标准是一种规范性文件。

从内容上，标准分为技术标准、管理标准、工作标准等。

（1）技术标准。

技术标准是对标准化领域中需要协调统一的技术事项所制订的标准，是根据不同时期的科学技术水平和实践经验，针对具有普遍性和 / 或重复出现的技术问题，提出的最佳解决方案。其对象既可以是物质的，如产品、材料、工具等，也可以是非物质的，如术语、程序、方法、符号等。

技术标准分为基础标准、产品标准、方法标准和安全、卫生、环境保护标准等，是从事科研、设计、工艺、检验等技术工作以及商品流通中共同遵守的技术依据，也是目前大量存在的、具有重要意义和广泛影响的标准。

（2）管理标准。

管理标准是指对标准化领域中需要协调统一的管理事项所制定的标准，包括管理方法标准、管理工作标准、生产管理标准、生产过程管理标准等。

管理方法标准是以管理方法为对象所制定的标准。管理方法包括决策方法、计划方法、组织方法、行政管理方法、经济管理方法、法律管理方法等。

管理工作标准是以管理工作为对象所制定的标准，主要内容一是工作范围、内容和要求，二是与相关工作的关系，三是工作条件，四是工作人员的职权与必备条件，五是工作人员的考核、评价及奖惩办法等。

生产管理标准是以生产管理事项为对象而制定的标准，其内容涉及与产品加工、制造和装配等活动直接相关的生产组织和劳动管理等方面；从广义上讲，还涉及生产管理过程中的各个环节和各个方面，如生产经营计划管理、产品设计管理、生产工艺管理、生产组织与劳动管理、定额管理、质量管理、设备管理、物资管理、能源管理和销售管理等。

生产过程管理标准是对生产过程中的管理事项所做的统一规定，一般包括生产计划、工作程序和方法的规程，生产组织方法和程序的规程，生产管理控制方法规程等。

（3）工作标准。

工作标准，是指对需要协调统一的工作事项所制定的标准，是对工作的范围、责任、权利、程序、要求、效果、检查方法等所做的规定，是按工作岗位制定的有关工作质量的标准。

工作标准包括管理业务工作标准和作业标准。

3. 劳动和消耗定额

（1）定额。

定额是规定数额。

在生产过程中，为了完成某一单位合格产品，就要消耗一定的人工、材料、机具设备和资金。这些消耗受技术水平、组织管理水平及其他客观条件的影响，其消耗水平是不相同的。为了统一考核其消耗水平，便于经营管理和经济核算，就需要有一个统一的平均消耗标准，于是便产生了定额。

定额有多种形式，一是以时间表示的工时定额，即规定生产单位合格产品或完成某项工作所必需消耗的时间；二是以产量表示的产量定额，即在单位时间内应完成合格产品的数量；三是以看管机器设备的数量表示的看管定额，即一个工人或一组工人同时看管机器设备的台数；四是以服务量表示的服务定额，即规定在单位时间内应完成服务项目的数量。

为适应生产需要，定额可以根据不同的生产特点和条件，采用不同的形式。

（2）劳动定额。

劳动定额是指在一定的生产技术和组织条件下，为劳动者生产一定量的合格品或完成一定量的工作所预先规定的劳动消耗量的标准。

劳动定额有两种基本表现形式，一是时间定额，是生产单位产品或完成一项工作所必须消耗的工时；二是产量定额，是单位时间内必须完成的产品数量或工作量。时间定额和产量定额互为倒数，成反比例。除以上两种形式外，劳动定额还可以采用看管定额的形式，即一个人或一个组织同时应看管的机器设备的数量。

（3）消耗定额。

消耗定额是指在生产企业现有的正常生产条件下，在企业内部平均设备状况和平均劳动熟练程度下，在一段时间内生产某单位产品所耗用原材料的平均值。

（五）保障体系管理

保障体系管理，是有效控制投入产出、提高现场管理的运行效能。

1. 保障和保障体系

保障是指确保、保证做到，是指作为企业成员之间的某种意义上的交互动态的有限支撑和支持。

保障体系是指用保护、保证等手段与起保护作用的事物构成的可持续发展支撑体系。

2. 有效控制

有效控制是以较少的人力、财力和物力，较少的精力、时间使企业的各项活动处于受控状态。当企业的某项活动出现偏差时，能够及时纠正偏差，使偏差所导致的损失降低到最低限度。

有效控制的原则：一是反映计划要求，二是直接控制，三是控制关键点，四是关注例外，五是控制趋势。

3. 投入

投入指投到某种环境中，工业企业的投入指的是生产物品的过程中所使用的物品和劳务。

投入的另一个名称叫生产要素，一般分为三类，即自然要素、人类劳动资源和资本。自然资源和劳动资源是大自然给人类的馈赠，而资本则是人类生产出来的产品。

4. 产出

产出是指企业生产过程中创造的各种有用的物质或劳务，可用于消费或进一步生产；是生产者向社会提供有形的物资产品和无形的服务产品。

5. 运行

运行是周而复始地运转，指工业企业正常生产。

6. 运行效能

运行效能是指企业运行达成预期结果的程度，指企业向顾客提供产品的能力和企业的盈利能力，包括数量、质量、效果、影响、能力、顾客满意度等多方面的要求。与运行效率相比，运行效能是指目标的达成程度，着重质量层面，更强调效果，重视质量，注重质量保证能力。

运行效能是衡量企业运行结果的尺度，运行效率、运行效果、运行效益是衡量运行效能的依据。

（六）安全和职业健康管理

安全和职业健康管理是保证人身安全、设备安全，保证员工避免作业场所环境对人的身体机能的损害。

1. 安全

安全是没有受到威胁，没有危险、危害、损失；是免除了不可接受的损害风险的状态。

在工业企业中，安全是将企业生产的运行状态对人的生命、财产、环境可能产生的损害控制在能接受水平以下的状态。

2. 职业健康

职业健康是职工不因工作环境及接触有害因素引起人体生理机能的变化。

职业健康管理应以促进并维持各行业职工的生理、心理及社交处在最好状态为目的，防止职工的身体健康受工作环境影响，保护职工不受健康危害因素伤害，并将职工安排在适合其生理和心理的工作环境中。

3. 人身安全

人身安全是作为自然人的身体本身的安全。

4. 设备安全

设备安全是预防设备故障或设备事故造成财产损失，是保证设备完好、能正常运行。

5. 身体机能

身体机能是指人的整体及其组成的各器官、系统所表现的生命活动。

（七）班组建设，民主管理

班组建设，民主管理，目的是充分调动职工的积极性和创造性。

1. 班组

班组是在劳动分工的基础上，把生产过程中相互协同的同工种工人、相近工种或不同工种工人组织在一起，从事生产活动的一种组织。

班组是工业企业中基本的作业单位，是工业企业内部最基层的劳动组织和管理组织，在现代企业中多按照“最小行政单元”来进行划分。

2. 班组建设

班组建设是通过导入方法、模式和工具，提升员工素质、打好企业管理基础、提高企业管理水平基础的一个持续改善过程。通过这个过程使班组成为规范的、高效的作业单元，为企业带来质量、成本、安全、效率的改善或提升。

企业班组建设，是指通过充分使用现场的管理工具等有效的手段和方法，在班组内部进行班组文化建设、学习制度及工作制度等的建设，把班组打造成规范化的最小组织单位，最大限度地调动班组成员生产的积极性、创造性，提高班组成员的生产工作技能与综合素质的活动过程。

3. 民主管理

民主管理相对于绝对服从权威的管理而言，即管理者在“民主、公平、公开”的原则下，科学地将管理思想进行传播，协调各组织各种行为达到管理目的的一种管理方法。民主管理既符合人的心理要求或“以人为本”管理思想，也是管理者所追求的是一种管理艺术，即一种被管理者意识不到的正在接受的管理，而其却正在事实上接受管理的积极性，唤醒人的主体意识，弘扬人的主体精神，发挥人的主体能力。

民主管理又是一种群众参与下的多数人管理多数人的管理，非常适用于工业企业的班组建设。

4. 积极性

积极性是进取向上、努力工作的思想和表现。

积极性又称积极主动性，从来源上讲指个体意愿与整体长远目标任务相统一的动机。

积极主动性是士气的表现，士气是积极主动性的实质。

5. 创造性

创造性也称为创造力，是指个体产生新奇独特的、有社会价值的产品的能力或特性。新奇独特意味着能别出心裁地做出前人未曾做过的事，有社会价值意味着创造的结果或产品具有实用价值或学术价值、道德价值、审美价值等。

创造性有两种表现形式。一是发明，即制造新事物；二是发现，即找出本来就存在但尚未被人们了解的事物和规律。

创造性由创造性意识、创造性思维过程和创造性活动三部分组成。在创造性的组成部分中，创造性思维是其核心。创造性思维又包含聚合思维和发散思维，发散思维是创造性思维的核心，与创造性思维关系最为密切。发散性思维表现在行为上，即代表个人的创造性。

三、现场管理的意义

实施有效和持续的现场管理，进而建立优质、高效、安全、规范的现场管理系统，提高企业在产品和服务的质量、成本、交付能力等各方面的绩效水平，从而更好地满足顾客和相关方需求，增强企业的核心竞争力。

（一）提高绩效水平

1. 绩效的含义

绩效是指企业、团队或个人，在一定的资源、条件和环境下，完成任务的出色程度，是对目标实现程度及达成效率的衡量与反馈。

绩效是绩与效的组合词。

绩是业绩，体现企业的利润目标，包括目标管理和职责要求。企业有企业的目标，个人有个人的目标要求，目标管理能保证企业向着希望的方向前进，实现目标或者超额完成目标可以给予奖励，如奖金、提成、效益工资等；职责要求就是对员工日常工作的要求。

效是效率、效果、态度、品行、行为、方法、方式。效是一种行为，体现的是企业的管理成熟度目标。效又包括纪律和品行两方面，纪律指企业的规章制度、规范等，品行指个人的行为。

绩效是成绩与成效的综合，是一定时期内的工作行为、方式、结果及其产生的客观影响。在企业中，员工的绩效具体表现为完成工作的数量、质量、成本费用以及为企业做出的其他贡献等。

2. 个人绩效

个人绩效是在特定时间范围内，在特定工作职能、活动或行为上生产出的结果记录，也是个人所能控制的与企业目标相关的行为。

个人绩效的影响因素有能力因素、性格因素、动机因素、价值观因素、态度因素、压力因素及工作条件和工作环境。

3. 企业绩效

企业绩效是指一定经营期间的企业经营效益和经营者业绩。企业经营效益主要表现在盈利能力、资产运营水平、偿债能力和后续发展能力等方面；经营者业绩主要体现在经营者经营管理企业的过程中对企业经营、成长、发展所取得的成果和所做出的贡献。

企业绩效的主要影响因素有员工技能、外部环境、内部条件以及激励效应。员工技能是指员工具备的核心能力，是内在的因素，经过培训和开发是可以提高的；外部环境是指企业和员工面临的不为企业所左右的客观因素，是企业完全不能控制的；内部条件是指企业和员工开展工作所需的各种资源，也是客观因素，在一定程度上企业可以改变内部条件的制约；激励效应是指企业和员工为达成目标而工作的主动性、积极性，是主观因素。

在影响企业绩效的四个因素中，激励效应是具有主动性、能动性的因素，人的主动性积极性提高了，企业和员工会尽力争取内部资源的支持，员工技能水平将会逐渐得到提高。

4. 企业绩效与个人绩效的关系

绩效是企业期望的结果，是企业为实现其目标而展现在不同层面上的有效输出，包括员工个人绩效和企业绩效两个方面。企业绩效实现应在个人绩效实现的基础上，但是个人绩效的实现并不一定保证企业绩效的实现。当企业绩效按一定的逻辑关系被层层分解到每一个工作岗位以及每一个人且每一个人都达到了企业的要求时，企业绩效就实现了。

5. 企业绩效评价

企业绩效评价是指运用数理统计和运筹学原理及特定指标体系，对照统一的标准，按照一定的程序，通过定量定性对比分析，对企业一定经营期间的经营效益和经营者业绩做出客观、公正和准确的综合评判。

（二）满足顾客和相关方需求

1. 需求

需求是索取、求索，是需要、要求。

需求是需要的东西，也是购买商品或劳务的愿望和能力。

需求在经济学中是一定时期在一既定的价格水平下，消费者愿意并且能够购买的商品数量。

2. 需求层次

人的需求分为 5 个层次。

第一层次是生理需求，是级别最低、最具优势的需求，如食物、水、空气、性欲、健康。如果这些需要（除性欲以外）任何一项得不到满足，人的生理机能就无法正常运转，人类的生命就会受到威胁。

第二层次是安全需求，同样属于低级别的需求，包括对人身安全、生活稳定以及免遭痛苦、威胁或疾病等。整个有机体是一个追求安全的机制，人的感受器官、效应器官、智能和其他能量主要是寻求安全的工具，甚至可以把科学和人生观都看成是满足安全需要的一部分。

第三层次是社交需求，是情感和归属的需求，属于较高层次的需要，如对友谊、爱情以及隶属关系的需求。人都希望得到关心和照顾，感情上的需要比生理上的需要更细致，与人的生理特性、经历、教育、宗教信仰都有关系。

第四层次是尊重需求，属于较高层次的需求，既包括对成就或自我价值的个人感觉，也包括他人对自己的认可与尊重，如成就、名声、地位和晋升机会等。人都希望自己有稳定的社会地位，要求其能力和成就得到社会的承认。尊重的需要又可分为内部尊重和外部尊重，内部尊重是指人希望在各种不同情境中有实力、能胜任、充满信心、能独立自主，是人的自尊；外部尊重是指人希望有地位、有威信，受到别人的尊重、信赖和高度评价。

第五层次是自我实现需求，是最高层次的需求，包括获得至高人生境界的需求，因此前面四项需求都能满足，最高层次的需求方能相继产生，是一种衍生性需求，如自我实现、发挥潜能等。自我实现的需要是最高层次的需要，是指实现其理想、抱负，发挥其能力到最大程度，达到自我实现境界的人，接受自己也接受他人，解决问题能力增强，自觉性提高，善于独立处事，要求不受打扰地独处，完成与其能力相适应的一切事情的需要，亦即人必须干称职的工作，才会感到最大的快乐。

3. 顾客

“顾”是拜访、光顾的意思，“客”是指来宾、客人，还有以客礼相待的意思。

“顾客”一词是指商店或服务行业前来购买东西的人或要求服务的对象，包括单位和个人。凡是已经来购买和可能来购买产品或服务的单位和个人都可以算是顾客。所谓顾客是指所有享受服务的人或机构。

现在，顾客已从指购买物品商品的人，扩展解释为消费者。顾客是商业服务或产品的采购者，可能是最终的消费者、代理人或供应链内的中间人。在相关的国家标准中，顾客的定义为接受产品的组织或个人。

按接受产品的所有者情况分为内部顾客和外部顾客两类。外部顾客是指企业外部接受产品的组织和个人，如消费者、委托人、零售商和最终使用者、收益者或采购方；内部顾客指企业内部的依次接受产品的部门和人员，可以是产品生产流水线上的下道工序的操作者，也可以是产品形成过程中下游过程的部门，或者是帮助顾客使用产品或服务的代理人，包括股东、经营者、员工；在生产线中，接收上一道工序的产品的下一道工序可理解为上一道工序的顾客。

4. 相关方

相关方指与企业业绩或成就有利益关系的个人或团体，如顾客、所有者、员工、供方、银行、工会、合作伙伴或社会。

相关方指的是与该企业有利益或利害关系的一组群体，该群体中任一组织或个人的利益都与企业的业绩有关。

相关方可以是企业内部的，如企业内的各部门及其各级员工，也可以是企业外部的，如银行、社会、合作伙伴。

5. 顾客需求

顾客需求指顾客的目标、需要、愿望以及期望。

顾客需求分为必备需求、单向需求和吸引需求。

必备需求是顾客对企业提供的产品因素的基本要求，是企业为顾客提供的承诺性利益。单向需求是指顾客的满意状况与需求的满足程度成比例关系的需求，是企业为顾客提供的变动性利益，如价格折扣。吸引需求是指既不会被顾客明确表达出来，也不会被顾客过分期望的需求，是企业为顾客提供的非承诺性利益。但吸引需求对顾客满意状况具有很强的正面影响。

根据顾客的 5 个需求层次，可以划分出 5 个顾客市场。一是生理需求市场，即满足顾客最低需求层次的市场，顾客只要求产品具有一般功能即可；二是安全需求市场，即满足对“安全”有要求的市场，顾客关注产品对身体的影响；三是社交需求市场，即满足对“交际”有要求的市场，顾客关注产品是否有助提高自己的交际形象；四是尊重需求市场，即满足对产品有与众不同要求的市场，顾客关注产品的象征意义；五是自我实现需求市场，即满足对产品有自己判断标准的市场，顾客拥有自己固定的品牌。

6. 相关方需求

顾客以外的相关方需求包括员工需求、股东需求、供应方需求和社会需求。

员工典型的需求是工作满意，其主要内容一是工作业绩得到承认；二是对工作感到满意；三是职业发展取得进展，获得晋升。股东需求是赢利，是良好的财务状况。供应方需求主要是继续经营的机会。社会需求一是企业守法，二是企业负起卫生和安全责任，三是企业减少对自然环境的影响，四是企业对人文环境有正向影响。

（三）增强竞争力

1. 竞争力的含义

竞争力是参与者双方或多方的一种角逐或比较而体现出来的综合能力，是一种相对指标，必须通过竞争才能表现出来，笼统地说竞争力有大有小或强或弱。但真正要准确测度出来又是比较难的，尤其是企业竞争力。

竞争力是对象以外的在竞争中显示的下工夫能力，是一种随着竞争变化着的通过竞争而体现的能力。竞争力包含在对象的现在，是对象未来可以展示的能力。

要测定竞争力需要确定一个测定目标时间。

要评价竞争力，需要确定一个比较竞争力的群体，根据目标时间在竞争群体中的表现评价它。测定和评价竞争力可以采用未来研究方法，但竞争力测定的是对象“现在”中包含的“未来”。

2. 企业竞争力

企业竞争力是指在竞争性市场条件下，通过培育自身资源和能力，企业获取外部可寻资源，并综合加以利用，在为顾客创造价值的基础上，实现自身价值的综合性能力；在竞争性的市场中，一个企业所具有的，能够比其他企业更有效地向市场提供产品和服务，并获得赢利和声望。

企业的竞争力分为 3 个层面。一是产品层，包括企业产品生产及质量控制能力、企业的服务、成本控制、营销、研发能力；二是制度层，包括各经营管理要素组成的结构平台、企业内外部环境、资源关系、企业运行机制、企业规模、品牌、企业产权制度；三是核心层，包括以企业理念、企业价值观为核心的企业文化、内外一致的企业形象、企业创新能力、差异化个性化的企业特色、稳健的财务、拥有卓越的远见和长远的全球化发展目标。

第一层面是表层的竞争力，第二层面是支持平台的竞争力，第三层面是最核心的竞争力。

3. 核心竞争力

核心竞争力又称核心（竞争）能力、核心竞争优势，是指企业具备的应对变革与激烈的外部竞争，并且取胜于竞争对手的能力的集合。

核心竞争力是指企业赖以生存和发展的关键要素，包括“软”“硬”两方面，也可能是无形的，不可测度的。

核心竞争力是企业相较于竞争对手而言所具备的竞争优势与核心能力差异。

核心竞争力是一个企业能够长期获得竞争优势的能力。是企业所特有的、能够经得起时间考验的、具有延展性，并且是竞争对手难以模仿的技术或能力。

核心竞争力是指能够为企业带来比较竞争优势的资源，以及资源的配置与整合方式。随着企业资源的变化以及配置与整合效率的提高，企业的核心竞争力也会随之发生变化。凭借着核心竞争力产生的动力，一个企业就有可能在激烈的市场竞争中脱颖而出，使产品和服务的价值在一定时期内得到提升。

核心竞争力是企业竞争力中那些最基本的能使整个企业保持长期稳定的竞争优势、获得稳定超额利润的竞争力，是将技能资产和运作机制有机融合的企业自身组织能力，是企业推行内部管理性战略和外部交易性战略的结果。现代企业的核心竞争力是一个以知识、创新为基本内核的企业某种关键资源或关键能力的组合，是能够使企业、行业和国家在一定时期内保持现实或潜在竞争优势的动态平衡系统。

核心竞争力并非每个企业都拥有。

企业核心竞争力的识别标准有 4 个。一是价值性。这种能力首先能很好地实现顾客所看重的价值，如能显著地降低成本，提高产品质量，提高服务效率，增加顾客的效用，从而给企业带来竞争优势。二是稀缺性。这种能力必须是稀缺的，只有少数的企业拥有它。三是不可替代性。竞争对手无法通过其他能力来替代它，它在为顾客创造价值的过程中具有不可替代的作用。四是难以模仿性。核心竞争力还必须是企业所特有的，并且是竞争对手难以模仿的，也就是说它不像材料、机器设备那样能在市场上购买到，而是难以转移或复制。这种难以模仿的能力能为企业带来超过平均水平的利润。

第二节　现场管理理论基础

工业企业现场管理的理论基础是全面质量管理理论、科学管理原理和生产运转管理理论。

一、全面质量管理

全面质量管理思想和方法提供了工业企业现场管理的基本理念和框架基础。

全面质量管理，是对工业企业以产品质量为核心、以全员参与为基础，以让顾客满意和企业股东及社会等相关方受益为目的，建立起一套科学严密高效的质量体系，提供满足顾客需要的产品和服务的全部活动，从而达到长期成功的管理模式。

全面质量管理是改善企业运营效率的一种重要方法，强调从以事后检验为主的管理转变为以预防为主的管理。

全面质量管理是一种体系，充分考虑顾客需求，充分进行市场调研、产品设计与制造、售后跟踪服务，充分结合企业内部各部门研制、维持和提高质量的活动，把行政、技术和统计结合起来的一整套工作体系。

（一）全面管理的含义

所谓全面管理，就是进行全过程的管理、全方位的管理和全员的管理。

1. 全过程的管理

全面质量管理是对产品生产过程进行全面管理控制，管理的范围全面，纵向到底。

产品质量只是企业生产的最终体现，通过每一个过程而实现。全过程的质量管理必须在市场调研、研究开发、设计、原料采购、生产制造、检测检验、储运、销售、安装、使用和维修等各个环节中都把好质量关；产品的设计过程是全面质量管理的起点，原料采购、生产制造、检测检验过程是实现产品质量的重要过程；而产品的质量最终是在市场销售、售后服务的过程中得到评判与认可。

2．全方位管理

全方位管理是强调质量管理工作不局限于质量管理部门，要求企业所属各单位、各部门都要参与质量管理工作，共同对产品质量负责；管理的对象全面，横向到边。质量管理的职能分布在各管理阶层、各职能部门，企业各管理阶层、各职能部门担负起本阶层、本部门的质量管理责任。

全方位的方法包括科学的管理方法、数理统计的方法、现代电子技术、通信技术，全方位的质量包括产品质量、工作质量、工程质量和服务质量。

3．全员管理

全员管理是把质量控制工作落实到每一名员工，让每一名员工都关心产品质量。

全员参加的质量管理即要求全部员工——无论高层管理者还是普通职员或一线工人，人人都要参与质量改进活动。

（二）全面质量管理的基本观点

全面质量管理的基本观点是为顾客服务的观点、预防为主的观点、用数据说话的观点和以工作质量为重点的观点。

1. 为顾客服务的观点

在工业企业内部，下一道工序使用上一道工序的产品作为原料，下道工序是上道工序的顾客。“为顾客服务”和“下道工序就是顾客”是全面质量管理的一个基本观点。通过每道工序的质量控制，达到提高最终产品质量的目的。

2. 预防为主的观点

预防为主是对产品质量进行事前控制，把事故消灭在发生之前，使每一道工序都处于受控状态。

3. 用数据说话的观点

用数据说话就是定量分析，只有定量化才能获得质量控制的最佳效果。质量管理必须依据正确的数据，对各种数据和资料进行加工、分析和处理，找出相关的规律，结合专业技术和企业实际情况，对存在的问题做出正确判断并采取相应的措施。

4. 以工作质量为重点的观点

产品质量取决于工作质量。

工作质量是指与质量有关的各项工作，对产品质量的保证程度。对工业企业，是企业的管理工作、技术工作对提高产品质量和提高企业经济效益的保证程度。工作质量涉及各个部门、各个岗位工作的有效性，决定着产品质量。

工作质量涉及企业各个层次、各个部门、各个岗位工作的有效性，取决于企业员工的个人素质，包括员工的质量意识、责任心、技术水平等。又取决于人的素质，包括工作人员的品质意识、责任心、业务水平。

产品质量与工作质量既不相同又密切联系。产品质量取决于工作质量，工作质量是保证产品质量的前提条件。产品质量是企业各部门、各环节工作质量的综合反映，实施质量管理，既要确保产品质量，又要提高工作质量，把重点放在工作质量上，通过保证和提高工作质量来保证产品质量。

（三）全面质量管理的原理

全面质量管理的基本原理的独特之处，就在于强调为了取得真正的经济效益，管理必须始于识别顾客的质量要求，终于顾客对产品感到满意。全面质量管理就是为了实现这一目标而指导人、机器、信息的协调活动。

全面质量管理的原理包括 16 条。

（1）“质量控制”的“质量”并不具有绝对意义上的“最好”，是指“最适合于一定顾客的要求”。这些要求一是产品的实际用途，二是产品的售价。

（2）“质量控制”的“控制”表示一种四个步骤的管理手段。这些步骤一是制定质量标准，二是评价标准的执行情况，三是偏离标准时采取纠正措施，四是安排改善标准的计划。

（3）影响产品质量的因素可以划分为两类：一类是技术和设备的，即机器、材料和工艺；另一类是人员和操作的，即操作者、班组长和企业其他人员。在这两类因素中，人员和操作的因素更重要。

（4）全面质量管理是提供优质产品所永远需要的优良的产品设计、加工方法和严格认真的产品维修服务等活动的一种重要手段。

（5）质量管理的基本原理适用于任何生产制造过程。对于不同的行业企业、不同的企业规模，只是在方法的使用上略有不同，但基本原理仍然相同。概括地说，方法上的差别在控制重点，即在大量生产中控制重点在产品，在单件小批生产中控制重点在工序。

（6）质量管理贯穿在工业生产过程的所有阶段。首先是向顾客发送产品，之后进行安装和现场维修服务。

（7）要有效地控制影响产品质量的因素，就必须在生产过程的所有主要阶段加以控制。这些控制就是质量管理，按其性质可分为四类，一是新设计的控制，二是原材料的控制，三是产品的控制，四是专题研究。

（8）建立质量管理体系是开展质量管理工作的一种最有效的方法与手段。

（9）质量成本是衡量和优化全面质量管理活动的一种手段。

（10）全面质量管理是企业上层管理部门的工具，用来确定产品质量方面的职权和职责，既可使上层管理部门从琐碎事务中解脱出来，又可保留其确保质量成果满意的手段。

（11）企业总经理或首席执行官应成为企业质量管理工作的"总设计师"，并和企业其他主要职能部门共同促进企业在效率、现代化、质量控制等方面的提高。

（12）质量管理组织包括两个方面的作用：一是为全体员工和各部门提供产品的质量信息和沟通渠道，二是为员工和各部门参与整个质量管理工作提供手段。

（13）质量管理工作必须有上层管理部门的全力支持。如果上层管理部门的支持不够，向企业内其他人员宣传得再多也不可能取得真正的效果。

（14）在全面质量管理工作中，什么时间、什么地方都会用到数理统计方法，但数理统计方法只是全面质量管理中的一个内容，不是全面质量管理的全部内容。

（15）要认真地在企业的范围内逐步开展全面质量管理活动，首先选择一两个质量课题加以解决并取得成功，然后按同样的方式一步一步地实施质量管理计划。

（16）全面质量管理工作的一个重要特征是从根源处控制质量。

（四）全面质量管理的内容

全面质量管理注重顾客需要，强调参与团队工作，并力争形成一种文化，以促进所有的员工设法、持续改进工业企业所提供产品和服务的质量、工作过程和顾客反应时间等，由结构、技术、人员和变革推动者四个要素组成，只有这四个方面全部齐备，才会有全面质量管理这场变革。

结构要素包括分权化、低纵向变异、低劳动分工、宽管理幅度、跨职能小组等，技术要素包括柔性流程、工人技术教育与培训等，人员要素包括教育培训、支持性的绩效评估与奖励制度等，变革推动者要素主要是高层的有效领导。

（五）全面质量管理的意义

全面质量管理对工业企业有重要的意义，一是提高产品质量，二是改善产品设计，三是加速生产流程，四是鼓舞员工的士气和增强质量意识，五是改进产品售后服务，六是提高市场的接受程度，七是降低经营质量成本，八是减少经营亏损，九是降低现场维修成本，十是减少责任事故。

工业企业要充分运用全面质量管理理论，并不断与时俱进，有所创新。实行全面质量管理要做到全企业、全过程、全员性的管理过程，在执行过程中，加强企业员工教育培训，制定全员参与的质量标准，做好各项工作计量工作，进行各项质量信息统计，建立质量管理责任制，将质量管理深入到每一位员工心中。

二、科学管理原理

科学管理是过去就存在的各种要素的“集成”，即把原来的知识收集起来，加以分析、组合并归类成规律和规则，从而形成一门科学。科学管理就是以科学化、标准化管理代替经验管理。

科学管理是建立在劳资双方利益一致的基础之上的。企业的每一个成员要充分发挥最高的效率，争取最高的产量，实现最大的利益，是科学管理的真正内涵。

（一）科学管理的原则

科学管理的原则，一是要开发一门新的科学，以专门研究工人工作的每一个组成部分，并依次取代昔日粗糙的经验法则；二是科学地挑选工人，并进行培训和教育，使之成长；三是与工人们诚心诚意地合作，以保证一切工作都按已发展起来的科学原则去办；四是管理人员和工人之间在工作和职责上几乎是均分的，管理人员把自己比工人更胜任的那部分工作承揽下来。

（二）科学管理的内容

科学管理有两部分内容：一是作业管理，二是组织管理。

1. 作业管理

作业管理主要分为以下四项。

（1）为作业挑选“第一流的工人”。每一个人都具有不同的天赋和才能，只要工作适合，就都能成为第一流的工人。人与人之间的主要差别不是在智能，而是在意志。有些人适合做这项工作，而另外一些人则不适合。第一流的工人是适合于其作业而又努力工作的人，在各行业中的工人都应是最适合该项工作的人，即“专业分工”。

（2）实行工作定额制。必须采取科学的方法来确定工人一天的工作量，即选择合适而熟练的工人，对其进行工时和动作研究，以此确定工作定额。

（3）制定科学的工作方法。采用科学的方法能够对工人的操作方法、使用的工具、劳动和休息的时间进行合理的搭配，同时对机器布置和作业环境等进行改进，消除各种不合理因素，把最好的因素结合起来，形成一种标准作业条件，实行工具标准化、操作标准化、劳动动作标准化等标准化管理。只有实行标准化，才能使工人使用更有效的工具，采用更有效的工作方法，从而达到最大的劳动生产率。

（4）实行激励性的工资制度。一是通过工时研究进行观察和分析，以确定“工资率”，即工资标准；二是实行差别计件工资制，即按照工人是否完成定额而采用不同的工资率，如果工人达到或超过定额，就按高的工资率付给报酬，以表示鼓励；如果工人的生产没有达到定额，就将全部工作量按低的工资率付给，并发给一张黄色的工票以示警告，如不改进就将被解雇；三是及时发放酬金，即酬金必须及时地在工作完成后立即发放，调动工人的生产积极性，克服工人消极怠工的现象。

2．组织管理

科学管理原则既重视作业管理，也重视组织管理。

（1）把计划职能与执行职能分开，用科学的工作方法取代传统的凭经验工作的方法。劳动生产率不仅受工人的劳动态度、工作定额、作业方法和工资制度等因素的影响，还受管理人员组织、指挥的影响，应明确划分计划职能和执行职能。计划工作必须由管理人员依据科学规律来制定，需要一种事先做出工作计划的人员，设立专门的计划部门。其主要任务一是进行调查研究，以便为制定定额和操作方法提供依据；二是制定有科学依据的定额和标准化的操作方法、工具。工作现场的工人和工长负责执行，按照计划部门制定的操作方法和指示，使用标准工具，从事实际的操作。

（2）职能工长制。根据工人的具体操作过程，进一步对分工进行细化而形成。设立多名工长来取代旧式的单个工长。为了使工长能有效地履行自己的职责，必须把管理的工作再加以细化，使每一个工长只承担一种管理职能，以便教导和监督工人更好地完成工作，达到高的生产效率。

三、生产运作管理理论

生产运作管理理论是对生产活动和服务活动进行研究的理论，生产运作管理是现代生产加工企业运用的必不可少的管理方式。

（一）生产运作管理的概念

工业企业通过多种形式变换使一定社会资源增值并回馈给社会的过程可以称之为生产运作活动。通过生产运作活动可以为社会提供更多有用产品，从而使工业企业在市场竞争中占据有利位置。

（二）生产运作管理的发展阶段

18 世纪末至今，生产运作管理经历了三个发展阶段。

第一个发展阶段从 18 世纪末期至 19 世纪末期，是生产运作管理萌芽阶段。在这一阶段，亚当·斯密《国富论》中的“劳动价值论”与“劳动分工”理论为后期生产运作管理理论提供了理论基础。

20 世纪初期，泰勒的科学管理改变了传统管理方法，是生产运作管理发展的第二个阶段。之前企业没有统一标准，主要是靠经验进行生产运作管理。泰勒的科学管理方法改变了传统经验管理法，使生产运作管理走上了新的轨道。随后，狭义的生产管理学诞生，其主要关注点是系统内部的计划和控制，主要包括库存管理方式、作业方法、质量控制方法等。到第二次世界大战以后，各种定量分析方法如网络分析技术、排队论、库存论、规划分析等被引入到生产管理活动中，大工业生产方式标志着生产运作管理进入了现代生产管理新阶段。随着社会经济发展，企业规模越来越大，随之而来的是生产环节分工越来越细，生产管理逐渐被分为计划、设备、质量、库存、人事分工等管理项目。在科学技术进步的推动下，企业机械化与自动化水平在逐渐提高，对生产系统选择、调整与升级及对人员技术水平的要求随之提高，扩大了生产运作管理范围。

从 20 世纪 80 年代开始，世界经济进入了全球化阶段，市场需求呈现开放、多元化的状态，管理活动从分工走向融合，由原来不同部分之间的独立活动转向生产经营的系统性活动，更强调生产运作管理的系统性与继承性，生产运作管理发展到第三阶段，其明显标志是生产运作管理与计算机技术迅猛结合。计算机时代到来使企业从根本上改变了运营方式，提高了工作效率。

（三）生产运作管理的职能

随着社会的发展，工业企业生产管理与服务业运作管理的共性越来越多，两者界限也越来越模糊。生产管理、运作管理、生产运作管理在工业企业中基本为同一概念，把生产运作过程中计划、组织、控制、协调、策略等一系列管理称之为生产运作管理。生产运作管理主要是对工业企业生产资源的管理，而这一管理活动是企业生存的关键。工业企业生产运作管理主要包括对生产成本、产品质量、产品流通、交货速度、新产品开发、售后服务、市场竞争力、产品需求分析与对策等管理。

（四）生产运作管理的特点

生产运作管理对工业企业生存发展起到至关重要的作用，其特点主要有6个：

一是工业企业运作战略是企业总体战略的重要组成部分。在企业总体战略指导下，根据所选择的目标市场与产品定位来进行决策、规划和设计所需要的运作系统、生产技术、工艺流程、服务程序等；而独特的运作战略是工业企业竞争力的体现，是整合企业内部资源、外部资源进行长期竞争所必需的。

二是生产运作管理活动具有重要意义。随着市场需求的不断扩大，对产品多元化的需求不断加剧，产品开发严重影响到工业企业在市场中的竞争力，新产品开发有利于企业扩大市场占有率，满足多元市场需求，开拓更广阔的经营领域。工艺选择决定了所开发的新产品在生产制造过程中的质量、成本、效率等。制造技术、流程、设备等选择是制造业企业生产工艺选择的关键，也是所开发新产品取得成功的关键，在产品开发与工艺选择等一系列流程中，生产运作管理活动起到至关重要的作用。

三是生产运作管理中最重要环节之一是生产单元的布置。生产单元布置关系到生产系统的有效运转，每个生产单元都要根据各自生产要素完成其特定功能，如果某一环节布置不合理，就会导致整个生产系统运行不畅，会增加生产运作成本。目前，制造业企业中最常用的生产单元布置有两种：一种是把工艺相同或相似的作业布置成一个生产单位，另一种是按加工对象种类来组织生产单元。前者有利于操作管理，但产品或设备运输情况会比较复杂；后者有利于节省运输时间与成本，有利于简化核算工作量，但不利于操作管理。

四是生产过程组织和工作设计关系到生产单元布置是否能够顺利进行。生产全过程是指从产品设计与技术准备到成品交付使用为止的全过程，是企业整个业务流程中的重要组成部分。

五是生产运作管理中实施环节是指生产控制环节。工业企业在生产系统中将资源转化加工，利用人力、设备、技术与工艺流程等手段获得市场所需要的产品。若生产系统中计划产品与实际产出产品存在偏差，那就需要纠偏，调整生产计划，保留有利偏差，改进不利偏差。而纠偏主要是通过生产控制来实现的，对计划、成本、进度、质量、库存等方面实施控制。

六是供应链信息流、物质流和资金流的管理是生产运作管理的重要环节。将供应商、生产商、批发商、零售商、消费者等单位进行脉络管理，从整体上把握各单位之间的联系，有助于企业生产运作管理效果的实现。

生产运作管理是一项系统的管理工作。生产运作管理好坏关系到企业在市场中的竞争力，关系到企业可持续发展。优化生产运作管理各环节，努力提高管理水平，运用先进生产运作管理理论更好地指导管理实践，才能促进工业企业整个业务流程的发展进步。

（五）生产运作管理的层次

生产运作管理有 3 个层次，即生产运作战略、生产运作系统的设计和生产运作系统的运行管理。

1. 生产运作战略

生产运作战略是指在企业经营战略的总体框架下，决定通过运作活动怎样达到企业的整体经营目标。生产运作战略根据对企业各种资源要素和内、外部环境的分析，对与运作管理以及运作系统有关的基本问题进行分析与判断，确定总的指导思想以及一系列决策原则。

生产运作活动是企业最基本的活动之一，为了达到企业的经营目的，必须将其所拥有的资源要素合理地组织起来，并保证有一个合理、高效的运作系统来进行一系列的变换过程，以便在一定的投入下，使产出达到最大。生产运作活动应该保证能在需要的时候、以适宜的价格向顾客提供满足他们质量要求的产品。为此，生产运作管理首先需要考虑选择哪些产品、为生产这些产品需要什么资源、如何组织资源、竞争重点应该放在何处等，必须根据企业的整体经营目标、经营战略有一个基本的指导思想。

企业生产运作管理的总体战略主要有五种：一是自制或购买，是企业决定生产某种产品时需要建造相应的设施，采购所用的设备、原材料，配备相应的管理人员、研究人员、工人等；二是低成本和大批量，选择标准化的产品，需要高的投资来购买高效设备，用于需求量很大的产品，采用低成本和高产量的战略战胜竞争对手，取得成功，尤其是在消费水平还不高的地区；三是多品种和小批量，个性化的产品只能采取多品种小批量生产战略，由于消费多样化、个性化，只有采取这种战略才能立于不败之地，但是由于生产效率难以提高，对大众化的产品不应该采取这种战略；四是高质量，达不到一定的质量标准，就谈不上满足人们的需求，使顾客满意才是最终的质量标准；五是混合策略，将上述几种策略综合运用，实现多品种、低成本、高质量，“大规模定制生产”，既可以满足多用户多种多样的需求，又具有大量生产的高效率，是一种新的生产方式。

2. 生产运作系统的设计

生产运作系统的设计是企业战略决策的一个重要内容，也是实施企业战略的重要步骤，对生产运作系统的运行有先天性的影响。生产运作系统的设计有 4 个方面的策略，即设施选址、设施布置、岗位设计、工作考核和报酬。

生产运作系统的设计是运用科学的方法和手段对生产系统的选址、组成企业的各基本单位、各种生产设施及劳动的状态与过程进行合理的配置，使之形成一个协调、高效、经济的生产运作系统。

生产运作系统设计是对厂址选择（包括工厂、配送中心、门店等的选址）、能力规划、生产部门布置、产品和服务计划、设备布置等的决策过程。生产运作系统设计一般在新建或改建、扩建生产单位或营业场所时进行。生产运作系统是有效实现由输入到输出转化的依托和物质基础。因此，生产系统的转化效率对实现企业目标有直接影响。生产 / 服务设备与设施的布置也直接影响产品成本和生产周期。

3. 生产运作系统的运行管理

生产运作系统的运行管理，是以生产运作系统中的生产运作过程为中心对象的管理，是对生产运行过程的管理。狭义的生产运作管理只包括生产运作系统的运行管理。

（六）生产运作管理相关理论

生产运作管理理论主要包括项目管理理论、精益生产理论、约束理论、供应链管理理论等。

1．项目管理理论

项目管理主要管理对象是企业为创造某种独特产品与服务所做的一次性项目，采用科学、系统的管理方法，通过临时、专业的团队，实现项目全过程、多角度的动态管理，最终实现目标。项目管理工作的核心任务是将整个工作分解为细小模块，并逐步实现各模块目标。而这些细小模块划分是以可控和可交付为原则的，模块进度、成本、质量等目标是可以实现的。

在项目管理理论中，一般把企业组织结构模式分为三种，即职能组织结构模式、线性组织结构模式和矩阵组织结构模式。我国的职能组织结构模式的典型代表有学校、医院等，线性组织结构模式体现在军队中，而矩阵组织结构模式体现在以项目管理为主要管理方式的企业中。职能型组织结构模式有一定缺点，指令源往往有多个，导致下级在执行上层指令时会产生矛盾与冲突；而线性组织结构模式的指令源只有一个，即下级只执行直接上级的指令，但其指令路径过长，往往影响指令执行的效率；矩阵组织结构模式避免了以上两种模式的缺点，大多数以项目管理方式来管理生产的企业都会采用这种模式，以项目为导向，各部门起支持与配合作用。在这种结构模式下，企业各部门之间互相配合，强化沟通与交流，最终实现项目目标。

企业实现项目管理各目标需要采用科学方法，项目管理中进度管理通常会采用横道图法和网络计划法。横道图法管理项目进度操作简单、一目了然，但其不够灵活，修改的工作量比较大，不适用于大规模生产进度管理。网络计划法则借助计算机科学绘制网络计划，并根据实际情况及时、准确地做出调整，工作量较小。而网络计划要比横道图对执行要求更高，在执行网络计划之前必须仔细核实网络计划的完整性、合理性和可行性，仔细检查各时间节点的可操作性，以及每一时间段对资源的需求计划等。在执行网络计划之前，要做好网络计划交底工作，项目经理必须充分发挥指挥组织协调作用；在之前网络计划过程中，要做好检测，实时检查出现的偏差并采取纠正措施，对材料、设备、资源供应、人力、计划进展等情形进行检查与调度；执行过程中还要加强项目组成员的沟通，有效沟通是网络计划管理成功的关键因素之一，通过各种方式发布信息，使项目部成员及时了解成本、进度、质量等目标实现情况。

2. 精益生产理论

精益生产方式起源于日本丰田汽车公司，在需要的时间，按照需要的方式，生产一定量需要的产品。这种生产方式的核心是减少库存量，减少企业投入，提高市场反应速度，最大限度地满足顾客需求。精益生产方式的精髓就在于使产品开发、设计、管理和服务等一系列不产生直接价值的活动尽量降低成本，最终实现企业与顾客价值增值。

精益生产中的“浪费”概念内涵很大。凡是超出最少使用设备、材料、零件和有效工作时间的部分都可以定义为精益生产中的浪费，如生产一件产品需要一工作日和一单位材料，超出一工作日和一单位材料就被认为是浪费；任何不增加价值的活动都被定义为浪费，增加了价值但是超出了所需要的“绝对最少”也是浪费。在工业企业中，最常见的浪费形式有很多，如质量不合格产品返修与作废产生的浪费、加工过程中边角料浪费、现场作业活动中不适当动作产生的浪费、运输与搬运浪费、不合理库存产生的浪费、制作周期过长或过短产生的浪费、因计划执行不当而等待产生的浪费等。这些浪费行为在精益生产理论中都是不被允许的，要采取措施减少浪费行为是精益生产方式所追求的目标。

从某种程度上看，精益生产方式是追求完美的生产方式，要达到以下目标：加工工序品种切换过程中浪费情况要无限接近于零，而要达到这个目标可以采用流水线生产、均衡化生产等多种方式；将流水线作业生产的产品与订单同步，不产生任何库存；减少搬运、等待等一系列过程中的浪费现象，实现组织流程化；消除生产源头中不良精益生产情况，从根源上检测与追究，实现标准化作业；减少因机械设备故障产生停滞导致的浪费，实时检测与维护；全面检查厂房、设备、产品、材料、员工等，确保各方面安全。

3. 约束理论

约束理论是以色列物理学家、企业管理顾问戈德拉特博士在他开创的优化生产技术基础上发展起来的管理理论，提出了在工业企业经营生产活动中定义和消除制约因素的一些规范化方法，以支持连续改进。同时约束理论也是对物资需求计划和准时制生产方式在观念和方法上的发展。约束理论认为，任何企业都存在约束目标实现的限制性因素，这些限制性因素阻碍企业发展。约束来自企业内部或外部，有可能是影响效率提高、影响库存量、增加运行费用等薄弱环节的约束。找出影响目标实现的约束，充分利用或者改进约束可以帮助企业更好地实现目标。

企业要想充分利用和改进约束来实现利润最大化，需要思考在生产过程中要改进之处、改进的目标、改进的途径和方法，并进行约束处理；企业要明确生产制造过程中的约束因素；充分挖掘约束中的可利用因素，使约束利用率达到最大；充分调动系统中其他部分来支持约束利用；如果不能充分利用约束潜能，就要打破约束，使其减少对目标实现的阻碍。完成后要审视以上程序是否将约束变为对生产制造系统有效的资源或者打破约束，如果生产系统中产生了新约束或解除约束没有达到预期效果，则需要重新确认生产制造过程的约束因素并重复上述内容。

4. 供应链管理理论

供应链管理主要是对在整个产品生产与流通中由物料供销、加工、销售、售后服务等过程中涉及的物质流、能量流、信息流、资金流、合作关系等进行管理和控制的过程。在供应链管理中，产品生产和流通要涉及很多企业和部门，包括材料供应商、生产商、批发零售商、消费者等，涉及的企业和部门组成了供需网络，协调供需网络中各部门关系，改善网络设计与规划，能够有效地降低成本，挖掘潜在顾客，提高企业竞争能力。

供应链管理对于工业企业发掘潜在顾客、提高市场占有率、提升企业竞争能力发挥着巨大作用。供应链管理过程中要特别注意信息化建设和企业资源计划系统改善。只有加强信息化建设，利用信息化手段来进行企业供应链管理，才能更有效地协调供需网络中各部门关系，使供应链上各环节有序衔接，协调发展。

随着现代信息技术的迅猛发展与逐渐普及，企业信息化建设刻不容缓。工业企业生存和发展面临着巨大挑战，知识经济、全球化经济、市场经济要求企业必须进行信息化建设与管理。对信息资源深度开发和广泛利用，可以充分挖掘市场潜力，对市场需求做出迅速反应，促进工业企业开发适应市场需求的新产品，不断满足顾客需求。在生产运作管理过程中，企业要对产品设计、经营管理、售后服务、顾客满意度、市场反映情况、决策等实行信息化管理，这些要素在信息化数据平台中有所体现，对数据收集与深度挖掘，帮助企业寻找潜在顾客，制定下一步生产经营战略。

第三节　现场管理的核心

企业现场管理的核心是用全面质量管理的思想和方法提升现场管理活动

的整体运行质量，实现以顾客为中心，提升效率和效能，优化节拍，节约时间、节约资源，减少污染物排放，预防事故。

一、以顾客为中心

（一）顾客

顾客是接受产品或服务的组织或个人。

按接受产品的所有者情况分为内部顾客和外部顾客两类；按接受产品的顺序情况分为过去顾客、目标顾客和潜在顾客三类。过去顾客是指已接受过企业产品的顾客，目标顾客是指正在接受企业产品的顾客，潜在顾客是指可能接受企业产品的顾客。

（二）以顾客为中心

以顾客为中心是以顾客的要求为中心，目的是从顾客的满足之中获取利润，是一种“以顾客为导向”或称“市场导向”的经营观念。

“市场导向”是企业以产品适销对路为轴心的整体市场营销活动，企业首先考虑的是“消费者（顾客）需要什么”。

（三）缘由

企业组织依存于其顾客。企业应理解顾客当前的和未来的需求，满足顾客要求并争取超越顾客期望。

工业企业提供满足顾客要求和期望的产品。如果没有顾客，企业将无法生存。企业应始终关注顾客，理解顾客的需求，满足顾客的需求，并以此安排所有的活动。

（四）如何以顾客为中心

以顾客为中心，企业应进行调查、识别并理解顾客的需求和期望，确保企业目标与顾客的需求和期望相结合，确保在整个企业内沟通顾客的需求和期望，测量顾客满意度，系统地管理好与顾客的关系。

1. 调查、识别并理解顾客的需求和期望

顾客的需求和期望主要表现在对产品的特性方面，如产品的符合性、可信性、可用性、交付能力、价格和寿命周期内的费用、购买产品后的服务等。有些要求也表现在过程方面，如产品的工艺要求。企业应该辨识其顾客，判断顾客的需求。

2. 确保企业目标与顾客的需求和期望相结合

工业企业确定顾客现在和未来的需求和期望后，要以实现顾客满意为目标，确保顾客的需求和期望转化为对企业的要求，并满足这种要求。

3. 确保在整个企业内沟通顾客的需求和期望

工业企业的全部活动均应以满足顾客要求为目标，加强内部沟通，确保企业全体员工能够理解顾客的需求和期望，知道如何为实现这种需求和期望而行动。

4. 测量顾客满意度

顾客满意度是指顾客对某一事项满足其要求的期望和程度的意见。顾客满意度测量的目的是为了评价预期的目标是否达到，为进一步的改进提供依据。顾客满意度的测量或评价可以有多种方法。测量和评价的结果将给出需要实施的活动或进一步的改进措施。

5. 系统地管理好与顾客的关系

企业与顾客的关系是通过企业为顾客提供产品而产生的。良好的顾客关系有助于保持顾客的忠诚，改进顾客满意的程度。系统地管理好与顾客的关系涉及许多方面，包括与顾客沟通、爱护顾客财产、提供合格产品并实施防护、顾客满意的信息与数据的分析等，形成一个系统的活动。

二、提升效率和效能

（一）提升效率

效率的含义较多，在工业企业中效率涉及各个方面，涉及其不同的含义，包括工作效率、技术效率（资源利用效率、能源利用效率等）、配置效率等。

提高效率，就是不浪费时间，积极地做事，不要消极怠工；把时间用来干正确的事情，保证自己所做的事情确实能够帮助自己完成目标。

从管理学的角度而言，提高效率的途径在于资源的有序分配。设立标准流程、操作规程、分工协作等规范化体系，实现管理系统的良性运作。

提升效率，要兼顾各种不同的效率定义。

一是提高单位时间里实际完成的工作量；二是提高输出能量与输入能量之比；三是在使用相同资源的情况下，提高结果；四是在结果相同的情况下，减少资源使用量；五是降低产品生产的平均成本；六是以更少的人力和资源提供的产品仍能满足利害关系人的不同偏好。

（二）提升效能

效能是人在有目的、有组织的活动中所表现出来的效率和效果，反映了所开展活动目标选择的正确性及其实现的程度。效能是衡量工作成果的尺度，效率、效果、效益是衡量效能的依据。

提升效能，就是提高效率、增强效果、提高效益。

提升效能，一是达到系统目标的程度更高，二是提高办事的效率，三是提高工作的能力，四是效率、效果、效益更好，五是实现目标所显示的能力更高。

三、优化节拍

（一）节拍

节拍是衡量节奏的单位，也比喻有规律的进程。

节拍即在一个工作站上完成相邻两个产品的实际时间。

（二）生产节拍

生产节拍是顺序生产两件相同制品之间的时间间隔，表明流水线生产率的高低，是流水线最重要的工作参数。

根据顾客需求量与工厂可供时间所得的生产节拍，是可满足顾客需求的生产节拍。生产节拍又称顾客需求周期、产距时间，是指在一定时间长度内，总有效生产时间与顾客需求数量的比值，是顾客需求一件产品的市场必要时间。

（三）生产节拍计算

生产节拍是可用工作时间与顾客需求量之比。

（四）生产节拍与生产周期的区别

生产节拍与生产周期不同，生产节拍实际是一种目标时间，是随需求数量和需求期的有效工作时间变化而变化的，是人为制定的。节拍反映的是需求对生产的调节，如果需求比较稳定，则所要求的节拍也是比较稳定的，当需求发生变化时节拍也会随之发生变化，如需求减少时节拍就会变长，反之则变短。

生产周期则是生产效率的指标，比较稳定，是由一定时期的设备加工能力、劳动力配置情况、工艺方法等因素影响决定的，只能通过管理和技术改进才能缩短。

（五）节拍作用

生产节拍有 3 个作用。

一是生产节拍对生产的调节控制作用。通过生产节拍和生产周期的比较分析，在市场稳定的情况下，可以明确需要改进的环节，从而采取针对性的措施进行调整。如生产节拍小于生产周期，生产能力相应过剩；按照实际生产能力安排生产就会造成生产过剩，导致大量中间产品积压，引起库存成本上升、场地使用紧张等问题；按照生产节拍安排生产，就会导致设备闲置、劳动力等工等现象，造成生产能力浪费。生产节拍大于生产周期，生产能力不能满足生产需要，则会出现加班、提前安排生产、分段储存加大等问题。生产周期大于或小于生产节拍都会对生产造成不良影响。生产管理改进的目的就是要尽可能地缩小生产周期和生产节拍的差距，通过两者的对比分析安排生产经营活动。

二是能够有效防止生产过剩造成的浪费和生产过迟造成的分段供应不连续问题，并确定工序间的中间产品数量。成本和产量间存在一种函数关系，当产量过剩时，成本就会增加，当产量不足时单位产品的成本同样处于较高水平；从成本的角度出发，生产过剩和不足都是一种浪费，应用生产节拍就是解决这个问题。应用生产节拍就要改变生产越多越好的观念，建立起适量生产的观念。为保证生产中分段连续供应，必要的、合理的分段储备在实际生产中也是必需的，在平衡生产节奏的同时，通过工序能力的分析可以建立起各工序间必要的中间产品数量，避免分段库存过多造成的严重浪费。

三是生产节拍的使用会使生产现场的作业规律化，达到生产活动的稳定，实现定置管理，并作为现场生产效率改善的依据。

（六）优化节拍

优化节拍的目的是提高生产效率，实现高效生产。

建立标准生产周期就是要通过不断改进使生产周期与市场需要的生产节拍相适应，从而保证均衡有序地生产。如果市场需求能够稳定在年产量为一固定值，那么节拍就比较稳定，这种节拍就可以作为提高生产周期的一个标杆，据此对企业相关资源进行改进。

四、节约时间

（一）时间

时间是物理学中的七个基本物理量之一。

时间是一个较为抽象的概念，是物质的运动、变化的持续性、顺序性的表现。时间概念包含时刻和时段两个概念。时间是人类用以描述物质运动过程或事件发生过程的一个参数，确定时间，是靠不受外界影响的物质周期变化的规律。

时间是一种客观存在。时间的概念是人类认识、归纳、描述自然的结果。

时间的概念涵盖了一切有形与无形的运动，涵盖了运动过程的连续状态和瞬时状态。

时间是地球上的所有物质三维运动对人的感官影响形成的一种量。

（二）节约时间的含义

节约时间是指节约劳动时间，节约工作时间，即节约物化劳动时间和活劳动时间的占用和消耗，其根本要求是在尽量少的工作时间里创造出尽量丰富的物质财富。

（三）节约时间的意义

重视节约是一切经济活动的共同原则，而一切节约的根源都是劳动时间的节约。

节约时间，能够减轻劳动者的劳动和改善劳动条件，有利于整个社会经济文化的发展，为提高全体劳动者的物质和文化生活水平创造越来越充分的物质基础。

五、节约资源

（一）资源

资源是指一定地区内或一个企业拥有的物力、财力、人力等各种物质要素的总称。

资源指的是一切可被人类开发和利用的物质、能量和信息的总称，广泛地存在于自然界和人类社会中，是一种自然存在物或能够给人类带来财富的财富。

资源是指自然界和人类社会中一种可以用以创造物质财富和精神财富的具有一定量的积累的客观存在形态，如土地资源、矿产资源、森林资源、海洋资源、石油资源、人力资源、信息资源等。

（二）资源的分类

资源系统可从性质、用途等不同角度进行不同的分类。

1. 按资源性质分类

按资源性质可以分为自然资源和社会资源。

自然资源一般是指一切物质资源和自然产生过程，通常是指在一定技术经济环境条件下对人类有益的资源。

社会资源是直接或间接对生产发生作用的社会因素。人口、劳动力是社会经济发展的主要条件；技术是自然科学知识在生产过程中的应用，是直接的生产力，是改造客观世界的方法、手段，技术对社会经济发展最直接的表现就是生产工具的改进，不同时代生产力的标尺是不同的生产工具，主要是由科学技术来决定的。

2. 自然资源的分类

自然资源可从不同的角度进行分类。

从资源的再生性角度可划分为再生资源和非再生资源。再生资源是在人类参与下可以重新产生的资源，有两部分：一是可以循环利用的资源，二是生物资源。非再生资源也称耗竭性资源，是不能再生的资源，其储量、体积可以测算出来，其质量也可以通过化学成分的百分比来反映，如矿产资源。

再生资源和非再生资源的区分是相对的，如石油、煤炭是非再生资源，是古生物（古代动、植物）遗骸在地层中物理、化学的长期作用下变化的结果，说明两者之间可以转化，是物质不灭及能量守恒与转化定律的表现。

按资源恢复更新的能力，还可分为不可恢复的资源和可恢复的取之不尽的资源。

从资源利用的可控性程度，可划分为专有资源和共享资源。专有资源如国家控制、管辖内的资源，共享资源如公海、太空、信息资源等。

3. 按资源状况分类

按资源状况可分为现实资源、潜在资源和废物资源。

现实资源是已经被认识和开发的资源；潜在资源是尚未被认识，或虽已认识却因技术等条件不具备还不能被开发利用的资源；废物资源是传统被认为是废物，而由于科学技术的发展又使其转化为可被开发利用的资源。

（三）资源层次

资源是相对于人类认识和利用的水平来区分层次的，材料、能源、信息是现实世界三项可供利用的宝贵资源。

人类社会的发展是由生产力和生产关系的矛盾运动发展决定的。起初，人最先利用材料来加工制作简单的生产工具，提高劳动生产力，但仅用材料来制作的工具要靠人力来驱动和操作，形成了农业、手工业时代生产力；后来人进一步利用能量资源，把材料和能量结合在一起制造新型生产工具，由人来驾驭和操纵，劳动生产力的提高仍受到人的身体因素的限制，形成了工业时代的社会生产力；到了现代，人逐渐开发和利用信息资源，并把材料、能量和信息有机地结合，创造了有动力驱动并智能控制的先进工具系统，为社会生产力的发展开辟了无限广阔的前景形成了信息时代生产力。

人从学会利用材料资源、利用能量资源再到利用信息资源，推动了人类社会从农业时代向工业时代再向信息时代的发展，材料、能源、信息“三位一体”成为现代社会不可或缺的宝贵资源。

（四）节约资源的含义

节约是节省、俭约的意思。但节约资源不是简单地少用资源，不是简单地节省资源，而是合理、高效地利用资源。

对于工业企业，节约资源主要包括节约原料（包括辅助材料）、节约能源和节约水资源。

1. 节约原料

原料是指经过加工制造就可以成为产品的材料，是用于进一步加工的材料。原料可以是自然界生长或自然形成的产物，也可以是其他加工过程的产物。

节约原料，一是少用，即用更少的原料生产出相同的产品；二是提高原料利用率，即用同样的原料生产出更多的产品或更高质量的产品。

2. 节约能源

能源是可产生各种能量（如热量、电能、光能和机械能等）或可做功的物质的统称，是指能够直接取得或者通过加工、转换而取得有用能的各种资源。

能源是一种呈多种形式且可以相互转换的能量的源泉，能源是自然界中能为人类提供某种形式能量的物质资源。

能源是国民经济的重要物质基础。

节约能源简称节能，是尽可能地减少能源消耗量，生产出与原来同样数量、同样质量的产品；或者是以原来同样数量的能源消耗量，生产出比原来数量更多或数量相等质量更好的产品。

节能是应用技术上现实可靠、经济上可行合理、环境和社会都可以接受的方法，有效地利用能源，提高用能设备或工艺的能量利用效率。

节能是指加强用能管理，采用技术上可行、经济上合理、环境和社会可以承受的措施，减少从能源生产到消费各个环节中的损失和浪费，更加有效、合理地利用能源。其中，技术上可行是指在现有技术基础上可以实现；经济上合理就是要有一个合适的投入产出比；环境可以接受是指节能还要减少对环境的污染，其指标要达到环保要求；社会可以接受是指不影响正常的生产与生活水平的提高；有效就是要降低能源的损失与浪费。

3. 节约水资源

水资源是指地球上具有一定数量和可用质量、能从自然界获得补充并可以利用的水。

水资源是指可以利用或有可能被利用的水源，这个水源应具有足够的数量和合适的质量，并满足某一地方在一段时间内具体利用的需求。

节约水资源，就是节约用水，简称节水，是指通过行政、技术、经济等管理手段加强用水管理，调整用水结构，改进用水方式，科学、合理、有计划、有重点地用水，提高水的利用率，避免水资源的浪费。

节水是尽可能地减少从地下水、地表水水源的取水，用更少的新水生产出与原来同样数量、同样质量的产品；或以原来同样数量的水资源消耗量，生产出比原来数量更多或数量相等质量更好的产品。

节约水资源的另一个途径是开源，即将原来排放到水环境的生活污水、工业废水处理后用于工业生产，代替从地下水、地表水水源的取水。

（五）节约资源的理念

资源缺乏、环境恶化的现实，对节约资源提出了新的要求，将节约提到了一种新的境界——社会节约，就是以多数人甚至所有人的人生幸福为目标，追求社会整体效益、追求可持续发展，既不影响当代人利益又不影响子孙后代利益，力避各种浪费的社会运动。

工业企业节约资源，要树立新的理念，要树立节约优先、集约利用、循环经济、创新引领等理念。

节约资源，首先要树立节约优先的理念。节约优先就是要时时处处把节约放在优先位置，培育节约意识，养成行为自觉。要在生产中实施节约，构建覆盖全面、科学规范、管理严格的节约资源制度。这是实现全面节约和高效利用资源的基本前提。

节约资源，要树立集约利用的理念。要坚持注重内涵的资源利用模式，摒弃外延扩张的粗放利用模式。在全面节约基础上，更加注重产出效率，更加注重集约效益，努力减少工业企业单位产品的能源、水、土地、矿产等消耗，切实提高资源利用的综合效益。这是实现全面节约和高效利用资源的内在要求。

节约资源，要树立循环经济的理念。要按照减量化、再利用、资源化的要求，从源头上减少工业企业生产各环节能源资源消耗和废弃物产生，改变“大量生产、大量消费、大量废弃”的传统发展模式和资源利用方式，构建循环型工业，推动资源再生利用产业化，提高资源利用效率，促进资源可持续利用。这是实现全面节约和高效利用资源的重要途径。

节约资源，要树立创新引领的理念。要全面落实创新驱动发展战略，把全面节约和高效利用资源融入工业企业的研发、采购、生产、营销等活动，用科技创新成果引领资源利用方向和未来。这是实现全面节约和高效利用资源的重要支撑。

六、减少污染物排放

（一）环境

环境是指人类生存的空间及其中可以直接或间接影响人类生活和发展的各种自然因素。

自然环境是指未经过人的加工改造而天然存在的环境，是客观存在的各种自然因素的总和。自然环境也称地理环境，是指环绕于人类周围的自然界，包括大气、水、土壤、生物和各种矿物资源等，是人类赖以生存和发展的物质基础。

在自然地理学上，通常把这些构成自然环境总体的因素，分别划分为大气圈、水圈、生物圈、土圈和岩石圈等五个自然圈。

（二）环境污染

污染是指自然环境中混入了对人类或其他生物有害的物质，其数量或程度达到或超出环境承载力，从而改变环境正常状态的现象。具体包括水污染、大气污染、噪声污染、放射性污染、重金属污染等。

环境污染是指人类活动使环境要素或其状态发生变化，环境质量恶化，扰乱和破坏了生态系统的稳定性及人类的正常生活条件的现象，是环境因受人类活动影响而改变了原有性质或状态的现象。

环境污染是指自然的或人为的破坏，向环境中添加某种物质而超过环境的自净能力而产生危害的行为。由于人为的因素，环境受到有害物质的污染，使生物的生长繁殖和人类的正常生活受到有害影响。

环境污染的实质是人类活动中将大量的污染物排入环境，影响其自净能力，降低生态系统的功能，给生态系统造成直接的破坏和影响。

（三）污染物

污染物是指进入环境后能够直接或者间接危害人类健康和生存的物质；是进入环境后使环境的正常组成发生变化，直接或者间接损害于生物生长、发育和繁殖，有害于生物和人类的物质。

污染物的作用对象是包括人在内的所有生物。

污染物有多种分类方法。按其来源可分为自然来源的污染物和人为来源的污染物，有些污染物如二氧化硫既有自然来源的又有人为来源的；按受其影响的环境要素可分为大气污染物、水体污染物、土壤污染物等；按其形态可分为气体污染物、液体污染物和固体废物；按其性质可分为化学污染物、物理污染物和生物污染物；按其在环境中物理、化学性状的变化可分为一次污染物和二次污染物。

污染物往往是生产中的有用物质，有些甚至是人和生物必需的营养元素。这些物质由于利用不充分而大量排放，或不加以回收和重复利用，就会成为环境中的污染物。一种物质成为污染物，必须在特定的环境中达到一定的数量或浓度，并且持续一定的时间。数量或浓度低于环境标准容许值、不超过环境自净能力或只短暂地存在，不会造成环境污染。

（四）工业污染物

工业污染物指工业生产过程中所排放的废气、废水、废渣、粉尘、恶臭气味等，通常含有多种有害物质。

工业污染是指工业企业在生产过程中，对包括人在内的生物赖以生存和繁衍的自然环境的侵害。

主要工业污染物有颗粒物、二氧化硫、氮氧化物、挥发性有机化合物等大气污染物，悬浮物、化学耗氧量、石油类、氨氮等水污染物以及固体废弃物，噪声等。

（五）减少工业污染物排放

减少工业污染物排放，是指通过清洁生产、末端治理和加强管理等降低工业企业在生产过程中产生的污染物浓度或强度,减少向环境排放的污染物总量。

七、预防事故

（一）事故的含义

事故是发生于预期之外的造成人身伤害或财产或经济损失的事件，是发生在人们的生产、生活活动中的意外事件。

事故是人在为实现某种意图而进行的活动过程中，突然发生的、违反人的意志的、迫使活动暂时或永久停止，或迫使之前存续的状态发生暂时或永久性改变的事件。

工业企业事故的含义有4个方面。

（1）事故是一种发生在企业生产活动中的特殊事件，企业生产活动过程中有可能发生事故。

（2）事故是一种突然发生的、出人意料的意外事件。由于导致事故发生的原因包括许多偶然因素，事故的发生具有随机性质，在事故发生之前，无法准确地预测什么时候、什么地方、发生什么样的事故。

（3)事故是一种迫使企业正在进行的生产活动暂时或永久停止的事件，是一种违背人的意志的事件，是人不希望发生的事件。

（4）事故是一种动态事件，开始于危险的激化，并以一系列原因使事件按一定的逻辑顺序流经系统而造成的损失，即事故是指造成人员伤害、死亡、职业病、设备设施等财产损失、环境损害和其他损失的意外事件。

（二）事故的种类

事故有安全事故、质量事故、设备事故、环境事故等。

1. 安全事故

安全事故是指工业企业在生产活动包括与生产有关的活动中突然发生的伤害人身安全和健康、损坏设备设施或造成经济损失的，导致原生产活动包括与生产活动有关的活动暂时中止或永远终止的意外事件。

根据生产安全事故造成的人员伤亡或者直接经济损失，事故一般分为特别重大事故、重大事故、较大事故和一般事故。

2. 质量事故

质量事故是产品达不到质量要求，不能满足使用要求和使用程度，甚至造成经济损失、人员伤亡或其他损失的意外情况。

3. 设备事故

设备事故是指工业企业设备（包括各类生产设备、管道、厂房、建筑物、构筑物、仪器、电信、动力、运输等设备或设施）因非正常损坏造成停产或效能降低，直接经济损失超过规定限额的行为或事件。

设备事故分为重大设备事故、普通设备事故、微小事故三类。

4. 环境事故

环境污染事故是指由于违反环境保护法规的经济、社会活动与行为，以及意外因素的影响或不可抗拒的自然灾害等原因使环境受到污染，国家重点保护的野生动植物、自然保护区受到破坏，人体健康受到危害，社会经济与人民财产受到损失，造成不良社会影响的突发性事件。

（三）预防事故的原则

预防事故发生的基本原则主要有四项。

一是事故可以预防。分析事故发生的原因和过程，研究防止事故发生的理论及方法。

二是防患于未然。事故隐患与后果存着偶然性关系，积极有效的预防办法是防患于未然；只有避免了事故隐患，才能避免事故的发生，避免事故造成的损失。

三是根除可能的事故原因。事故与引发的原因是必然的关系，任何事故的出现都有其原因，事故与原因之间存在着必然性的因果关系。有效的事故预防措施，来源于深入的原因分析。

四是全面治理的原则。在引起事故的各种原因之中，技术原因、教育原因以及管理原因是三种最重要的原因，必须全面考虑、缺一不可。预防这三种原因的相应对策分别是技术对策、教育对策及管理对策，是事故预防的三根支柱，发挥其作用，事故预防就可以取得满意的效果。

（四）避免事故的方法

小的事故也可能造成巨大的损失，应该设法避免发生任何事故。从事故发生的原因上分析，每一个事故的发生往往需要很多条件同时被满足，才可能导致事故的发生，只要使许多条件中的一个条件不满足，就可以避免事故的发生。每一个事故都是可控制、可预防的。

通过加强管理的同时，提高员工的技术水平、加强员工的事故预防意识等措施来避免事故的发生。只要消除事故发生的条件，事故在很大程度是可以预防和避免的，事故带来的损失可以尽量避免或减少。

事故的发生往往具有很强的偶然性，要得到绝对的“安全”是不可能的，但通过各种措施，消除作业环境中的不安全因素和人的不安全行为，加强管理，事故及由事故带来的损失在很大程度上是可以控制的。现场管理的核心目标之一是以合理投入，避免事故，避免或减少损失，创造最多的价值。

第四节　现场管理的基本理念

现场管理理念是一种企业的经营理念，用以持续不断地改进工作方法和人员的效率。简单地说即是持续不断地改进。

现场管理的基本理念为顾客导向、系统协调、员工素质提高、效率提升、持续改善和现场和谐。

一、理念

（一）理念的含义

理念，一是看法、思想，是思维活动的结果；二是观念，通常指思想，有时亦指表象或客观事物在人脑里留下的概括的形象。

理念是人类以自己的语言形式来诠释现象——事与物时，所归纳或总结的思想、观念、概念与法则。

理念事实上是把人从个别事物中抽象而得的普遍概念加以绝对化，并将其说成是事物的原型。这种永恒不变的理念的总和构成理念世界。

理念就是理性化的想法，是理性化的思维活动模式或者说理性化的看法和见解，是客观事实的本质性反映，是事物内性的外在表征。

理念没有正确与错误之分。事物是不断变化的，理念也不是一成不变的，也没有固定不变的理念，不管什么理念，都要经过实践不断完善，要不断地融合实际情况，融合周围的物质环境，不断地磨砺和完善，才能不断地进步与成熟，从而在更高层次上把理念进化，同时也会延伸理念的范围和深化理念的内涵。

（二）理念的特性

理念具有区域性、概括性、客观性、间接性、逻辑性、深刻性、灵活性等特性。

1. 区域性

任何的理念都有自己的局限，每一理念都存在着自己固有的适应范围。

2. 概括性

理念的形成，是人对现象的规律已经有了一定的认知，这种认知具有概括的广度和深度；概括性越高，认知的信息内容就彰显越丰富。

3. 客观性

如果要对客观现象的本质或特征有整体性的诠释，就得有其相对应的客观程度。

4. 间接性

理念是人凭借其语言形式来对客观现象进行的诠释，是在感觉格式化后的基础上建立的。

5. 逻辑性

诠释现象的信息内容，反映出理念是一种抽象的理论认识，表明理念中陈述的现象遵循一定的规律、有一定的形式，并按一定的方法在进行。

6. 深刻性

理念是经过人的思考活动，进行信息内容的加工——去粗取精、去伪存真，由此及彼、由表及里；在人的情感中，形成了一种认知过程的突变，产生了观念、概念或法则——抓住了现象的本质，以及整体与内外的联系。

7. 灵活性

理念的灵活性是指对语法、概念或语言格式的用法的灵活程度。

（三）企业理念

企业理念是一种企业整体的价值观和经营思想，是指经营观念和经营战略的统一，其目的就是告诉员工和社会企业是谁、企业存在的理由、企业要做什么、企业要怎么做。

企业理念一般主要包括4个基本内容，即企业使命、企业精神、企业价值观和企业目标；其具体的表现形式为口号、标语、守则、歌曲、警语、座右铭等。

企业理念是企业在经营和发展过程中，发扬优良传统，适应时代要求，由企业家主动倡导、全体员工自觉实践而形成的代表企业信念、激发企业活力、推动企业生产经营的精神和行为规范。

二、经营理念

（一）经营理念的含义

经营理念是系统的、根本的管理思想。

管理活动都要有一个根本的原则，一切的管理都需围绕一个根本的核心思想进行。经营理念决定企业的经营方向，和使命、愿景同是企业发展的基石。

经营理念是顾客、竞争者以及职工价值观与正确经营行为的确认，然后在此基础上形成企业基本设想与科技优势、发展方向、共同信念和企业追求的经营目标。

经营理念是管理者追求企业绩效的根据。

（二）经营理念的组成

经营理念形成是经过日积月累的思考、努力及实践才能形成和做到的。一套经营理念包括3个部分：一是对企业环境的基本认识，包括社会及其结构、市场、顾客及科技情况的预见；二是对企业特殊使命的基本认识；三是对完成企业使命的核心竞争力的基本认识。

（三）经营理念的基本要求

经营理念的实施既是最重要的，也是难度最大的。有效的企业经营理念有3个基本要求。

一是企业对大环境、使命与核心竞争力的基本认识要正确，绝不能与现实脱节。

二是要让全体员工理解经营理念。创建初期，企业员工对经营理念比较重视，也很理解；等到企业发展了，员工便把经营理念视为理所当然，而逐渐淡忘，组织松懈、停止思考。虽然经营理念本质上就是训练，但经营理念不能取代训练。

三是经营理念必须经常在检验中修改丰富。经营理念不是永久不变的，事物是发展变化和运动的，企业经营理念一定要随着外部和内部环境的变化而变化。

三、管理理念

（一）管理理念的含义

理念是理性的观念或想法。管理理念即理性的管理观念或想法，是管理在理性方面的概念。管理理念的提升是对管理的进一步认识，是对管理的重新定义。

企业管理理念是指导企业管理活动的指导思想。

（二）企业管理理念的要素

企业管理理念中应至少包括5项内容。

1. 高水平的道德标准

企业在处理内、外部关系过程中始终保持高水平的道德标准，是实现最大成功的关键。与道德标准水平较低的竞争者相比，道德标准高尚的企业有三大优势：一是更能激发员工的干劲；二是更容易吸引到高水平的人才，建立基本的竞争优势和获利保障；三是可以与顾客、竞争对手和公众建立起更好的关系，更有利于企业追求利润。

2. 在事实基础上决策

决策以事实为依据，以事实为根基的工作方法一旦得以充分发展并贯彻到企业之中，就会成为强有力的管理武器。

在事实基础上决策，一是使决策质量更高，二是决策灵活性更高，三是使士气更高。

3. 环境作用力

企业的业务经营要根据企业所处环境的各种作用因素不断进行调整。

4. 按业绩评判个人

评价员工应以业绩出发，不以性格特征、教育程度、个人特点和技能高低考核；在评判评价员工时以其行为和成就为依据，而不是其个人素质与技能。业绩评估是企业管理理念中影响巨大的要素，有据可依，与以事实为根基的工作方式密不可分。

5. 对竞争的紧迫感

企业经营中应保持对竞争的紧迫感。一是有竞争紧迫感的企业会抓住机会，利用机会，会更愿意建立优势而不会在不足的地方投入、支撑；二是有竞争紧迫感的企业会寻找问题、直面问题、解决问题；三是有竞争紧迫感的企业不会在困难的人员安排问题上退却；四是有竞争紧迫感的企业会致力于在保持赢利的前提下扩大市场份额，采取所有行动都从长远着眼，建立更为强大的竞争地位。

（三）管理理念的发展趋势

企业管理理念处于发展之中，其发展趋势有两个方向。一是管理理念从以物为本走向以人为本。企业管理理念是指导企业管理活动的指导思想，企业管理理念逐步从工业经济时代的以物为本向新环境下的以人为本转化。工业经济时代，土地、劳动、资本是最基本的生产要素，企业管理思想是以物为中心的。行为科学的产生与发展，给管理学新的研究视角，以人为本的管理理念逐步代替以物为本的管理思想。

二是管理观念走向以知识为本。在新的环境中，知识及具有相关知识的人员在生产和服务中越来越重要,企业管理要求围绕企业的人员及知识展开。以知识为本的管理思想表明了企业知识资源是创新的源泉，企业为充分开发和有效利用其知识资源，进行以创新为目的的知识生产，需要建立学习型企业，并有计划、有组织地进行各种培训、教育，并与外部知识资源相结合，最终将企业的知识资源融入产品或服务及其生产过程和管理过程。

（四）管理理念提升的意义

企业管理理念的提升，最终目的是提高企业的经济效益，具体表现在6个方面：一是提高企业的运行效率，二是企业有明确的发展方向，三是使每个员工都充分发挥其潜能，四是使企业财务清晰、资本结构合理、投融资恰当，五是向顾客提供满意的产品和服务，六是树立更好的企业形象。

四、顾客导向

企业要以顾客为中心，充分识别顾客的需求和期望，关注顾客需求和期望的变化，提升现场满足顾客需求和期望的能力。

（一）顾客导向的概念

导向是使事情向某个方面发展，也指所引导的方向。

顾客导向是指企业以满足顾客需求、增加顾客价值为其经营出发点，在经营过程中，特别注意顾客的消费能力、消费偏好以及消费行为的调查分析，重视新产品开发和营销手段的创新，动态适应顾客需求。

顾客需求是企业整个活动的中心和出发点，企业的最终目的是促使顾客购买、满足顾客某种需求。顾客导向是在充分满足需求的情况下，将这一观念贯穿于企业的整个过程，从而达到提高顾客满意度的目的。

顾客导向强调要避免脱离顾客实际需求的产品生产或对市场的主观臆断。

（二）顾客导向的作用

顾客导向的积极作用有7个方面：一是可促使企业对顾客真正负起应有的责任；二是使企业高层在决策时，能减少政治因素的不当干预；三是可激发出企业员工更多的创新行为；四是可对民众提供更广泛的选择；五是产出比较符合大众的需求，不容易形成浪费；六是能培养顾客的选择能力，并协助其了解本身应有的地位和权益；七是可创造出更多公平的机会。

（三）顾客导向的要求

要做到顾客导向，企业必须重视以下4个方面：一是了解、研究、分析消费者的需要和欲求，而不是先考虑企业生产什么产品；二是了解消费者满足需要和欲求愿意付出的成本，而不是先给产品定价即向消费者要多少钱；三是考虑顾客购物等交易过程中如何给顾客方便，而不是先考虑销售渠道的选择和策略；四是以消费者为中心，通过互动沟通等方式，将企业内外营销不断进行整合，把顾客和企业双方的利益无形地整合在一起。

（四）顾客导向与竞争者导向

竞争者导向是企业以竞争者为中心，根据竞争者的行动和反应来采取行动。

顾客导向是企业一切活动的基础，在此基础上盯住对手，最终目的是向顾客提供满意的产品，脱离了顾客导向，企业及其生产就失去了方向；竞争者导向是为了提高企业的竞争力，从而更好地满足顾客，在竞争中时刻注意竞争对手的行动，从而采取相应的措施。

竞争者导向不能偏离顾客需求，顾客需求是基础。顾客导向是基础性的，企业如不遵循就会丧失在激烈的竞争环境中立于不败之地的资格和机会。

顾客导向并不否认市场竞争，以有效地满足顾客的实际需要作为市场竞争的基本手段；竞争者导向也不否定顾客需要的重要性，将顾客视为企业通过竞争得到的结果。这两种导向都十分重视赢得顾客，也都强调竞争。

五、系统协调

企业领导要促进现场实现系统化的管理，确保现场管理过程与企业整体战略运行协调一致。

（一）系统

系统是相互联系、相互作用、相互依赖的要素结合成的具有一定的结构和功能并处在一定环境下的有机整体，是相互联系相互作用的诸元素的综合体。

系统是运动着的若干部分，在相互联系、相互作用之中形成的具有某种确定功能的整体。

系统是指将零散的东西进行有序的整理、编排形成的具有整体性的整体。

系统是自成体系的组织，是同类事物按一定秩序和内部联系组合成的整体。系统具有始终一贯的条理、有条不紊的顺序。

系统的概念可从3个方面理解。

（1）系统是由要素组成的。这些要素可能是一些个体、元件、零件，其本身也可能是一个系统（称之为子系统）。

（2）系统有一定的结构。一个系统是其构成要素的集合，这些要素相互联系、相互制约。系统内部各要素之间相对稳定的联系方式、组织秩序及失控关系的内在表现形式，就是系统的结构。

（3）系统有一定的功能，或者说系统要有一定的目的性，即其表现出来的性质、能力和功能。

（二）协调

协调是搭配得适当，配合得适当；是和谐一致，配合得当。

协调是对工作及人员的活动进行调节，使之同步，互为依托。

企业中的协调，是正确处理企业内外各种关系，为企业正常运转创造良好的条件和环境，促进企业目标的实现。

（三）系统化管理

系统化管理是指对现场进行全方位、全过程管理。

在企业中，系统化管理是全面科学地对行政、人事、生产、营销、财务等部门进行细化、明确其职能和岗位职责。

（四）管理过程

管理过程是有关企业战略、指导方针以及经营计划与控制的过程。

生产过程是直接与满足外部消费者需求有关的过程。

现场管理过程是指用科学的标准和方法对生产现场各生产要素，包括人、机、料、法、环、信等进行合理有效的计划、组织、协调、控制和检测，使其处于良好的结合状态的过程。

（五）企业整体战略运行

企业整体战略是指为实现企业总体目标，对企业未来发展方向做出的长期性和总体性战略，是统筹各项分战略的全局性指导纲领，是企业最高管理层指导和控制企业的一切行为的最高行动纲领。

运行是周而复始地运转。

企业整体战略运行是为实现企业战略目标而对战略规划的执行，是明晰了企业战略目标后将其落实转化为实际的行为，是确保企业战略目标实现的连续活动。

六、员工素质

企业要增强员工意识，提高员工现场管理技能和创新能力，激发员工参与现场管理热情。

（一）素质

素质有几个含义。一是心理学上指人的某些先天的特点，二是事物本来的性质以及其品质、质量等；三是素养；四是人与生俱来的以及通过后天培养、塑造、锻炼而获得的身体上和人格上的性质特点。

素质是指人的体质、品质和素养，是指个人的才智、能力和内在涵养，即才干和道德力量。

素质是人在社会生活中思想与行为的具体表现。在社会上，人的素质体现在文化水平的高低，体现在身体的健康程度，体现在家族遗传于自己的惯性思维能力和对事物的洞察能力、管理能力和智商、情商层次高低以及与职业技能所达的级别。

素质是指一个人在政治、思想、作风、道德品质和知识、技能等方面，经过长期锻炼、学习所达到的一定水平；是人的一种较为稳定的属性，能对人的各种行为起到长期的、持续的影响甚至决定作用。

素质是指在人的先天生理的基础之上，经过后天的教育和社会环境的影响，由知识内化而形成的相对稳定的心理品质及其素养、修养和能力的综合。

（二）员工素质的含义

员工素质是员工从事某项事情（行为）所需具备的知识、技巧、品质以及工作的能力。

员工素质是驱动员工产生优秀工作绩效的各种个性特征的集合，反映通过不同方式表现出来的员工的知识、技能、个性与驱动力等。

员工素质是判断员工个体能否胜任某项工作的起点，是决定并区别绩效差异的个体特征。

（三）基本素质

人的基本素质主要包括德、智、体、美、劳五个方面，即道德素质、智力素质、身体素质、审美素质和劳动素质。

道德素质是人的道德认识和道德行为水平的综合反映，包含人的道德修养和道德情操，体现着一个人的道德水平和道德风貌；智力素质是人的智力水平，与人的先天生理基础、知识、技能有关，在学习和认识事物过程中形成和发展；身体素质是人的体质状况；审美素质是人所具备的审美经验、审美情趣、审美能力、审美理想等各种因素的总和，既体现为对美的接收和欣赏的能力，又转化为对审美文化的鉴别能力和审美文化的创造能力；劳动素质是人的劳动观念和劳动技能。

（四）专业素质

专业素质是一个人为了顺利从事某种具体的实践性活动所必须具备的特殊品质。

专业素质是指人从事社会职业活动所必备的专门知识、技能，主要包括扎实的理论基础、熟练的专业技能、全面的业务能力等三个方面，理论基础包括系统的知识结构、扎实的理论根底、精深的专业知识，并不断注意知识的更新。

专业素质指人在具体的职业操作中表现出来的素质、熟练程度的总体水平。专业素质高的人能解决工作中的具体问题。

员工的专业素质体现在员工意识、管理技能和创新能力三个方面。

七、效率提升

现场管理要采用科学适宜方法，对现场管理过程进行有效控制，减少流程中的浪费，提升现场管理效率。

（一）方法

方法在哲学、科学及生活中有着不同的解释与定义。

1. 技术定义

在人们有目的的行动中，通过一连串有特定逻辑关系的动作来完成特定的任务。这些有特定逻辑关系的动作所形成的集合整体就称之为人们做事的一种方法。

按照这种定义，人们每一次有目的行动过程都形成一种方法。不过，人们实际语言中的方法一词大多数都经过了抽象的过程，也就是说，每一种被确认的方法都是对若干做事过程集合中的动作组合逻辑的某些共同特征的概括，具有一些共同逻辑特征的行动过程就形成了一种方法。这种概括，突出了过程中的一些特征，忽略了另外一些特征。

通俗地讲，所谓方法，就是人们做事过程中一连串动作的关联方式。一种方法就是对这种关联方式特殊性方面的一个概括。

一项复杂活动又包含许多部分和许多环节，在每个部分和每个环节又有各自的方法。如企业管理中有质量管理方法、营销方法、信息传递方法、决策方法、人事管理方法等；国家管理中有经济计划方法、财政预算方法、法律制定方法、行政方法等；在人类生活中有处世方法、学习方法、交友方法、消费方法等。因此，对人类活动中各种方法的研究是各门技术科学的基本任务和核心任务。系统评价作为人类管理活动的一个领域，就形成了各种各样的方法体系，如建立指标体系的方法、制定权重的方法、指标合成的方法、制定标准的方法、调查测验的方法、有效性分析的方法等。

在方法研究中，通常是针对人们做事的一个领域。如管理中的方法称为管理方法，预测中的方法称预测方法，物理学研究中的方法或使用物质的物理性质的方法称为物理方法，质量管理中使用的方法称质量管理方法，农业生产中灌溉田地的方法称为灌溉方法。

方法的一个同义词是技术，给人的感觉，方法通俗一些，技术高雅一些。现在人们越来越喜欢使用技术一词。如把预测方法叫做预测技术，管理方法叫做管理技术，实验方法叫做实验技术。

2. 哲学方法

哲学中的方法有一般方法、具体方法之分，各门科学都有自己的具体方法。哲学中的方法范畴不同于具体科学的具体方法，也区别于不同领域的一般方法，是关于自然、社会、思维的最一般的方法。方法论中的方法即此含义。

3. 模型学定义

从广义上讲，方法是解决问题的条件，解决问题就是使问题发生改变，使其达到所需标准。方法的本质是一个据有性质的框架，此框架的性质决定需要解决的问题怎样随着需要解决问题方面的能量（这里指广义上的能量）改变而改变。

不同方法相对于解决的问题的框架不同，所以不同方法解决问题的效率不同。

4. 方法与手段

方法和手段是人们成功办事，或管理者实现管理目的的不可缺少的中介要素。由于两者在办事过程中所起的作用基本相同，因而人们常常将两者混为一谈，彼此取代。事实上，两者所表现的形式是截然不同的，一个科学管理者应该把它们加以区分。

（1）手段。

从马克思对劳动手段的分析，可知手段最大特征是以实体形态存在的，是“一物或诸物的复合体”，是通过自身所具有的机械属性、物理属性和化学属性作用于客观对象的。人类最早是把加工后的石头作为自己活动的物质手段，因而手段也称为工具，即人体器官延伸的工具；现在也称之为硬件或硬设备，如各种机器设备，构成计算机的各个元件、部件和装置等。

（2）方法。

方法虽然也被人们称之为活动的手段，但它不是物化了的手段，是人类认识客观世界和改造客观世界应遵循的某种方式、途径和程序的总和。方法也就是工具，是主观方面的某个手段，主观方面通过这个手段和客体发生关系。如果也要把方法视为一种工具或手段的话，那只能看成是人的大脑扩开的一种工具或手段，即现在所说的软件，如指挥计算机进行计算、判断、处理信息的程序系统。

5. 方法论

方法论是关于人们认识世界、改造世界的方法的理论。

方法论是人们用什么样的方式、方法来观察事物和处理问题。概括地说，世界观主要解决世界“是什么”的问题，方法论主要解决“怎么办”的问题。

方法论是一种以解决问题为目标的理论体系或系统，通常涉及对问题阶段、任务、工具、方法技巧的论述。方法论会对一系列具体的方法进行分析研究、系统总结并最终提出较为一般性的原则。

方法论也是一个哲学概念。人们关于“世界是什么、怎么样”的根本观点是世界观。用这种观点作指导去认识世界和改造世界，就成了方法论。方法论是普遍适用于各门具体社会科学并起指导作用的范畴、原则、理论、方法和手段的总和。

方法论在不同层次上有哲学方法论、一般科学方法论、具体科学方法论之分。科学方法论，包括培根阐述的实验方法与归纳逻辑、笛卡儿论述的数学方法与演绎逻辑，以及贝塔郎菲的一般系统论方法与中国曾邦哲的系统逻辑《结构论》。关于认识世界、改造世界、探索实现主观世界与客观世界相一致的最一般的方法理论是哲学方法论；研究各门具体学科，带有一定普遍意义，适用于许多有关领域的方法理论是一般科学方法论；研究某一具体学科，涉及某一具体领域的方法理论是具体科学方法论。三者之间的关系是互相依存、互相影响、互相补充的对立统一关系。哲学方法论是各门科学方法论的概括和总结，是最一般的方法论，在一定意义上说带有决定性作用，对一般科学方法论、具体科学方法论有着指导意义。

方法要科学、要适宜，才能发挥其提升效率的作用。

（二）有效控制

1. 有效控制的概念

有效控制是以较少的人力、财力、物力、精力和时间使企业现场的各项活动处于控制状态；一旦企业现场的某项活动出现偏差，则能及时纠正偏差，且能使偏差所导致的损失降低到最低限度。

2. 有效控制的原则

有效控制的原则，一是反映计划要求，二是直接控制，三是控制关键点，四是关注例外，五是控制趋势。

3. 有效控制的技巧

有效控制的技巧一是采用积极而有效的控制艺术，二是不带偏见的控制态度与做法，三是在控制过程中客观公平，四是利用人际关系实施控制，四是鼓励成员参与制定目标，五是运用“事实控制”。

（三）流程

1. 流程的含义

流程是工业品生产中从原料到制成品各项工序安排的程序；是指一个或一系列连续有规律的行动，这些行动以确定的方式发生或执行，促使特定结果的实现；是一组将输入转化为输出的相互关联或相互作用的活动。

2. 流程的要素

流程有资源、过程、过程中的相互作用（即结构）、结果、对象和价值等六要素。

3. 流程的主要特点

（1）目标性。

每个流程都有明确的输出（目标或任务），可以是一次满意的顾客服务，也可以是一次及时的产品送达等。

（2）内在性。

流程包含于任何事物或行为。所有事物与行为描述为：“输入了什么资源，输出了什么结果，中间的一系列活动是怎样完成的，为谁创造了什么样的价值”。

（3）整体性。

流程至少有两个活动组成，至少有两个活动才能建立结构或者关系，才能进行流转。

（4）动态性。

流程按照一定的时序关系徐徐展开，从一个活动到另一个活动，不是一个静止的状态。

（5）层次性。

组成流程的活动本身也可以是一个流程，即流程是一个嵌套的概念，其中的某些活动也可以看做是“子流程”，并继续分解。

（6）结构性。

流程的结构可以有多种表现形式，如串联、并联、反馈等。不同的表现形式，可能给流程的输出效果带来很大的影响。

（四）浪费

浪费是不充分利用、不珍惜、不必要地废弃，引申解释为对财物、人力、时间、生命等用得不恰当或无节制。

浪费是使用不应该使用的资源，是指资源的非预期使用、使用和控制不当、没有节制（控制）及这些情况的组合。

非预期使用一是指改变或降低资源预期用途，如误用了材料或工具，将生产一级品的材料用于生产二级品，用高精密设备加工普通零件；二是指没有达到预期的效果，如投入了设计成本，但没有设计成功等。使用不当是指未按规范或制度使用，造成材料、工具和设备的损坏或降低了质量特性，如材料利用率降低、设备磨损严重等。控制不当是指缺乏受控条件，使资源在失控或控制不充分的状态下使用，如不合格品增多、材料和工具丢失等。没有节制是指丧失或缺少约束机制，导致资源的随意使用或占用，如材料积压、消耗无定额，费用无预算，成本无标准等。

浪费是一个广义的概念，是在过程中产生的提高成本的重要条件，属于提高成本的重要因素。浪费一定在过程中产生，如设计、采购、生产、安装、销售、服务、后勤、管理等过程。对组织而言所有的过程都有可能产生浪费，因此浪费体现在组织的所有方面和过程。

浪费与系统状态相关，如设备的新旧等。没有数量基准时，识别和确定浪费与人的认识程度相关，如员工缺乏成本意识所带来的浪费，是没有数量基础的，识别和确定这种浪费取决于管理者的认识程度。

（五）管理效率

管理效率是运用投入产出分析工具研究管理状况的一种科学方法。

管理效率具有量和质两方面的含义。

从量上来看，管理效率是指资源的投入与产出的比率，是指输入与输出的关系，是指管理活动本身所耗费的成本（主要指管理费用）与所带来的收益的比例关系。对于给定的输入，能获得更多的输出就提高了效率；对于较少的输入，能获得同样的输出也提高了效率。

从质上看，管理效率是指资源的合理配置。

不同的管理方式、管理手段产生的管理效率不同；同一种管理方式在不同的社会历史条件下所产生的管理效率也不尽相同。为了取得较高的管理效率，就需要选择适当的管理方式、管理方法、管理模式。

管理效率是科学管理的重要内容和基本原则，是选择管理模式的根本标准，是管理制度兴衰的重要标志，是制约管理绩效和企业效益的重要原因。

现场管理效率的提升，是现场管理水平提高的重要标志。

八、持续改善

现场管理要对现场进行分析评价，不断优化流程，实现顾客满意。

（一）现场分析评价

现场分析评价是对现场及其管理状况的分析和评价。

1. 分析

分析是将事物、现象、概念分门别类，离析出其本质及内在联系；是将研究对象的整体分为不同的部分、方面、因素和层次，并分别加以考察的认识活动；把一件事情、一种现象、一个概念分成较简单的组成部分，找出这些部分的本质属性和彼此之间的关系。

分析的意义在于细致地寻找能够解决问题的主线，并以此解决问题。

按分析内容，分析分为定性分析、定量分析、因果分析、可逆分析、系统分析等；按分析对象，分析法可以分为概念分析法、文献分析法、调查分析法等。

分析是评价的重要前提和方法。

2. 评价

评价是指对一件事或人物进行判断、分析后的结论，是通过计算、观察和咨询等方法对某个对象进行一系列的复合分析研究和评估，从而确定对象的意义、价值或者状态。

评价是指通过评价者对评价对象的各个方面，根据评价标准进行量化和非量化的测量过程，最终得出一个可靠的并且逻辑的结论。

评价是一个过程，是运用标准对事物的准确性、实效性、经济性以及满意度等方面进行评估的过程。

评价的程序是确立评价标准、决定评价情境、设计评价手段、开展评价和利用评价结果。

（二）优化流程

优化是采取一定措施使对象变得优异，是为了更加优秀而“去其糟粕，取其精华”，是为了在某一方面更加出色而去其糟粕，是为了在某方面更优秀而放弃其他不太重要的方面。

优化也指是使某人或某物变得更优秀的方法、技术等。

优化流程是对现有工作流程梳理、完善和改进的过程。

（三）顾客满意

1. 顾客满意的含义

顾客满意是顾客对其要求已被满足的程度的感受。

顾客满意以购买者知觉到的产品实际状况和购买者的预期相比较来决定。产品的实际状况达不到顾客预期时，购买者感到不满意；实际状况恰如预期时，购买者感到满意；实际状况超过预期时，则购买者感到非常满意。顾客预期由其购买经验、朋友的意见及营销人员和竞争者的信息和承诺来决定。

顾客抱怨是其满意程度低的一种最常见的表达方式，但没有抱怨并不一定表明顾客很满意；即使符合顾客的愿望并得到满足，也不一定确保顾客很满意。

2. 顾客满意的特性

顾客满意具有四方面的特性，一是主观性，二是层次性，三是相对性，四是阶段性。

3. 顾客满意的层次

顾客满意包括产品满意、服务满意和社会满意三个层次。

（1）产品满意。

产品满意是指企业产品带给顾客的满足状态，包括产品的内在质量、价格、设计、包装、时效等方面的满意；构成顾客满意的基础因素是产品的质量满意。

（2）服务满意。

服务满意是指产品售前、售中、售后以及产品生命周期的不同阶段采取的服务措施令顾客满意，主要是服务过程的每一个环节设身处地地为顾客着想、方便顾客。

（3）社会满意。

社会满意是指顾客在对企业产品和服务的消费过程中所体验到的对社会

利益的维护，主要指顾客整体社会满意，要求企业的经营活动要有利于社会文明。

4. 顾客满意和顾客信任的区别

顾客满意和顾客信任是两个层面的问题。

顾客满意是一种价值判断，顾客信任则是顾客满意的行为化。

顾客满意只是迈上了顾客信任的第一个台阶，不断强化的顾客满意才是顾客信任的基础。顾客满意并不一定可以发展到顾客信任，在从顾客满意到顾客信任的过程中，企业还要做许许多多的事情。

九、现场和谐

现场管理要营造诚信和谐、相互协作、安全健康、资源节约和环境保护的现场氛围，促进企业的可持续发展。

（一）诚信和谐

诚即诚实诚恳，主要指主体真诚的内在道德品质；信即信用信任，主要指主体内诚的外化。诚更多地指内诚于心，信则侧重于外信于人；诚信的基本含义是指诚实无欺，讲求信用。

和谐的含义一是和睦协调，二是指使和睦协调，三是配合得匀称、适当、协调。

和谐是在一定的条件下对立事物之间具体、动态、相对、辩证的统一，是不同事物之间相同相成、相辅相成、相反相成、互助合作、互利互惠、互促互补、共同发展的关系。

（二）协作

1. 协作的含义

协作是一起工作，而不是单独去完成某项任务。

协作是为实现共同目标，充分利用企业资源，依靠团队共同的力量共同完成某一件任务。

劳动协作是许多人在同一生产过程或不同的但互相联系的生产过程中，有计划地协同劳动。在工业企业中，协作是指为实现预期的目标而协调员工之间、工作之间以及员工与工作之间关系的一种手段。协作能实现协同效应，可以充分有效地利用企业资源，扩大企业经营空间范围，缩短产品的生产时间，便于集中力量在短时间内完成个人难以完成的任务。

2. 协作的内容

协作除劳动协作外，可以指资源协作、技术协作、配合协作、信息协作等。

（1）资源协作。

实现各种目标都需要一定的资源，包括人力资源、财力资源、物质资源等。在实现目标的过程中，某一部门可能会资源不足，需要其他部门从全局出发，互通有无、互相帮助，为实现共同目标开展协作。

（2）技术协作。

技术协作包括技术部门为相关部门提供为实现目标所必需的技术资料、技术知识、工艺方法等，还包括部门与部门之间、个人与个人之间进行的技术交流等。

（3）配合协作。

一个部门目标的实现，总是与相关部门有一定的联系。为实现目标，就需要互相配合。如生产车间需要供应部门及时提供足量的原材料，需要动力部门提供足够的动力。

（4）信息协作。

信息协作实质是实现目标过程中，部门与部门之间、个人与个人之间及时的信息交流、知识传递。

3. 协作的必要性

搞好协作是工业企业完成总体目标的必要条件。其必要性表现如下。

（1）严密性。

工业企业各层次之间、各部门之间、各岗位之间都有严谨的结构和密切的联系，互相制约、互相影响。企业的正常运行要求各层次之间、各部门之间及各岗位之间必须有良好的协作和紧密的配合。

（2）完整性。

企业总目标与各二级单位分目标之间、分目标与各岗位具体指标之间都有相关关系，形成网络体系。其中任何一个环节出了问题，都会影响整个网络，影响总目标的实现。

（3）复杂性。

由于现代科学技术的发展，专业化、综合化程度越来越高，实现一项目标需要多个部门、多个岗位的共同努力、互相支援，一个人不靠外界的帮助不能实现，要求各部门之间、各岗位之间必须协作配合。

4. 协作的限定条件

协作受到一定的条件限制，主要有明确性、排除性和目标性。

（1）明确性。

协作者的范围、协作的内容、协作的程序以及协作应遵循的规范和规则等，都只有是明确的才有利于协作的顺利开展。

（2）排除性。

协作者是否具有协作共事的能力，有无遵守契约以及其他协作规则的诚信记录等，都是协作实质性开展之前进行选择和排除的主要因素。

（3）目标性。

协作可以把某种利益的获取作为协作的目标，也可以把更大范围内增强竞争力作为协作的目标。协作的目的不是为了协作，为了协作而协作是没有意义的。

5. 协作与合作的区别

协作与合作有以下 6 个方面的区别。

（1）协作的目的是明确的，具有单一性的；合作是过程导向的社会性行动，是有着明确方向的连续性过程，会达成某种一连串的结果，而不同于协作的具体性结果导向。

（2）协作的过程是一个“交换”过程；合作并不根据对自己和相对人的责任、义务进行计算而选择自己的行为，合作者更多地根据自己对地位平等的知觉而选择与相对人开展合作的行为，其在合作中考虑的是合作行动的总体收益而不是自己通过合作过程所达到的收益。

（3）协作是各种各样可以满足协作需求条件的共同行动；合作是人与人之间的共同行动，合作的任何一方都首先是作为独立的具有个体性的人而存在的。

（4）协作是服务于自私的需要；合作的过程来自社会网络结构的客观要求，是合作关系在个人行为中的实现过程。

（5）协作关系从属于法律的规定，接受法律的调控而不受道德的制约；合作则首先满足道德审查和判断，只是在道德判断中存在争议的时候，才会诉诸法律。

（6）协作在根本性质上是被动的；合作行为是自主性的体现，这种自主性是不被管理的、非标准化的。

（三）安全健康

1. 安全

安全是指没有受到威胁、没有危险、危害、损失，是免除了不可接受的损害风险的状态。安全是在人类生产过程中，将系统的运行状态对人类的生命、财产、环境可能产生的损害控制在人类能接受水平以下的状态。

2. 健康

健康是指一个人在身体、精神和社会等方面都处于良好的状态。

健康包括两个方面的内容。一是主要脏器无疾病，身体形态发育良好，体形均匀，人体各系统具有良好的生理功能，有较强的身体活动能力和劳动能力，这是对健康最基本的要求；二是对疾病的抵抗能力较强，能够适应环境变化、各种生理刺激以及致病因素对身体的作用。

健康不仅是躯体没有疾病，还要心理健康、社会适应良好和有道德。

（四）资源节约

资源节约是指资源的有效配置和高效利用。

（五）环境保护

环境保护是指人类为解决现实或潜在的环境问题，协调人类与环境的关系，保护人类的生存环境、保障经济社会的可持续发展而采取的各种行动的总称。其方法和手段有工程技术的、行政管理的，也有经济的、宣传教育的等。

（六）可持续发展

1. 可持续发展的含义

可持续发展是指既满足当代人的需要，又不损害后代人满足需要的能力的发展。

从不同的角度来说，可持续发展的含义各有侧重。

可持续发展是寻求一种最佳的生态系统以支持生态的完整性和人类愿望的实现，使人类的生存环境得以持续。

可持续发展是在保持自然资源的质量和其所提供服务的前提下，使经济发展的净利益增加到最大限度。

可持续发展是现在的资源使用不应减少未来的实际收入。

2. 可持续发展定义的基本要素

可持续发展定义包含两个基本要素或两个关键组成部分，即“需要”和对需要的“限制”。满足需要，首先是要满足人的基本需要；对需要的限制主要是指对未来环境需要的能力构成危害的限制，这种能力一旦被突破，必将危及支持地球生命的自然系统包括大气、水体、土壤和生物等。

3. 可持续发展的内涵

可持续发展有以下几个方面的丰富内涵。

（1）共同发展。

可持续发展追求的是整体发展和协调发展，即共同发展。

（2）协调发展。

协调发展包括经济、社会、环境的整体协调，包括世界、国家和地区的协调，包括某一国家或地区内经济与人口、资源、环境、社会以及各个阶层的协调。

（3）公平发展。

公平发展，一是时间上的公平，当代人的发展不能以损害后人的发展能力为代价；二是空间上的公平，一个国家或地区的发展不能以损害其他国家或地区的发展能力为代价。

（4）高效发展。

可持续发展的效率既包括经济意义上的效率，也包含着自然资源和环境的损益的成分。可持续发展的高效发展是指经济、社会、资源、环境、人口等协调下的高效率发展。

（5）多维发展。

可持续发展包含了多样性、多模式的多维度选择的内涵。

4. 可持续发展的基本思想

可持续发展的基本思想，一是可持续发展并不否定经济增长；二是可持续发展以自然资源为基础，同环境承载能力相协调；三是可持续发展以提高生活质量为目标，同社会进步相适应；四是可持续发展承认自然环境的价值；五是可持续发展是培育新的经济增长点的有利因素。

5. 可持续发展的标志

可持续发展的标志是资源的可持续利用和良好的生态环境。

6. 可持续发展与环境保护的关系

可持续发展与环境保护既有联系，又不等同。

可持续发展的核心是发展，但要求在严格控制人口、提高人口素质和保护环境、资源可持续利用的前提下进行经济和社会的发展。

环境保护是可持续发展的重要方面。

第五节　质量管理模式间的关系

一、模式和管理模式

（一）模式

模式是某种事物的标准性形式或固定格式，是指某种事物的结构特征与存在形式。

（二）管理模式

1. 管理模式的含义

管理模式指管理所采用的基本思想和方式，是指一种成形的、能供人们直接参考运用的完整的管理体系，通过这套体系来发现和解决管理过程中的问题，规范管理手段，完善管理机制，实现既定目标。

管理模式是从特定的管理理念出发，在管理过程中固化下来的一套操作系统，即管理模式为管理理念、系统结构、操作方法的组合，管理模式的组成元素为理念、系统和方法。管理模式在结构上是管理方法思路性的、框架性的高度概括，往往抽象为几个字，从管理模式上无法看出管理者的具体管理方法、思想。

真正的、现代意义上的管理，都要通过管理模式来进行。管理模式是在管理理念指导下建构起来，由管理方法、管理模型、管理制度、管理工具、管理程序组成的管理行为体系结构。

2. 管理模式的判定

管理模式的判定有 3 个判据。一是管理对象是组织，即针对整个组织的管理，若管理对象只是某一项目或某一具体的事情、过程，都不是管理模式；二是要形成一个体系；三是要具备管理理念、管理原则、管理方法。三个判据都成立，才是一种管理模式。

（三）管理机制

管理机制侧重于管理对象间的内在牵制和约束，通过这种机制可以使管理制度、方法、方案等得到很好的执行，管理机制也可称为管理系统的运行机理。

（四）企业管理模式

企业管理模式是指企业为实现其经营目标组织资源、经营生产活动的基本框架和方式。

管理模式是使企业在运行过程中自觉加以遵守的管理规则。

企业管理模式是在较长的实践过程中，企业逐步形成并在一定时期内基本固定下来的一系列管理制度、规章、程序、结构和方法。为适应经济和社会及企业的发展，企业的管理模式也不断调整和改变。

二、质量管理模式

（一）质量管理

质量管理是指为了实现质量目标而进行的所有管理性质的活动。

质量管理是为在最经济的水平上充分满足顾客要求而进行市场研究、设计、制造和售后服务，把企业内各部门的研发质量、生产质量、维持质量和提高质量的活动构成为一体的一种有效的体系。

企业质量管理已不仅限于产品质量的管理，而是发展到过程质量、企业管理质量和企业运营质量的管理。

（二）现有质量管理模式

现有的质量管理模式有 3 种，即全面质量管理模式、体系管理模式、卓越绩效模式。

1. 全面质量管理

全面质量管理就是企业全体人员及各个部门同心协力，把经营管理、专业技术、数量统计方法和思想教育结合起来，建立起产品的研究与开发、设计、生产作业、服务等全过程的质量体系，从而有效地利用人力、物力、财力、信息等资源，提供符合规定要求和用户期望的产品和服务。

全面质量管理的基本原理与其他概念的基本差别在于，它强调为了取得真正的经济效益，管理必须始于识别顾客的质量要求，终于顾客对他手中的产品感到满意。全面质量管理就是为了实现这一目标而指导人、机器、信息的协调活动。

2. 体系管理模式

体系管理模式是以质量管理体系标准建立质量管理体系进行管理的模式，是处于发展中的一种模式。体系标准从2000年版开始全面吸收了全面质量管理的思想和理念，建立了一个组织以过程为基础的完整的质量管理体系。

体系管理模式的目的是证实企业具有稳定地提供满足顾客要求和适用的法律法规要求的产品的能力，但未涉及满足员工、供方和社会的要求。

3. 卓越绩效模式

卓越绩效是指企业通过综合的绩效管理方法，为顾客和其他相关方不断创造价值，提高企业整体绩效和能力，促进企业得到持续发展和成功。

卓越绩效模式以过程为基础，吸收了全面质量管理的理念，包括领导、战略、顾客与市场、资源及测量、分析与改进等方面，包括各方面的结果，更加完善和科学。

三、现场管理与不同质量管理模式的关系

（一）相同点

现场管理和全面质量管理模式、体系管理模式、卓越绩效模式具有相同的指导思想和基础循环。

1. 指导思想相同

现场管理和全面质量管理模式、体系管理模式、卓越绩效模式的指导思想均为全面质量管理思想。

2. 基础循环相同

现场管理和全面质量管理模式、体系管理模式、卓越绩效模式均以PDCA循环为开展管理活动的基础。

（二）不同点

现场管理和体系管理模式、卓越绩效模式处于全面质量管理的不同层次、不同阶段。

（1）体系管理模式强调符合性。体系管理模式强调符合性，质量管理

体系标准强调企业怎样保证产品质量持续稳定合格，不涉及成本、效率、安全等因素。

（2）现场管理强调改善。现场管理强调的是如何应用各种方法、提高工作效率、降低成本、保证安全生产等，从而提高公司的效率和竞争力。

（3）卓越绩效模式强调企业经营质量。卓越绩效强调企业如何系统地提高经营质量，保持和提高企业的竞争地位。

（三）现场管理与卓越绩效模式的关系

现场管理与卓越绩效标准中的领导作用、战略、资源、过程管理和结果有关联。

现场管理主要对应卓越绩效标准中的过程管理条款。

（四）现场管理在质量管理模式中的位置

现场管理处于体系管理模式和卓越绩效模式之间，而全面质量管理模式处于更高的层次、更高的阶段。

第三章　现场管理的推进要素

第一节　高层领导

高层领导要在提高企业的现场管理水平中发挥首要作用。

高层领导要为企业的现场管理配置所需资源，对于现场减少浪费、提高效率、降低消耗和成本、减轻污染等目标提出要求，并承诺在现场管理中遵循以顾客为中心，提升效率和效能，节省时间、节约资源和优化节拍（“一心”“二效”“三节”），为企业营造良好的开展现场管理工作的环境。

高层领导在现场管理中的主要职责是明确目标、配置资源和营造氛围。

一、明确目标

高层领导根据企业的经营方针和战略规划，明确现场管理的目标，这些目标包括提升质量、减少浪费、提高效率、降低成本等方面的内容；针对确立的现场管理目标，制定明确、具体的现场管理要求并承诺实现。

（一）目标和企业目标

1. 目标的含义

目标是指射击、攻击或寻求的对象，也指想要达到的境地或标准。

目标是个人、部门、整个组织或某项活动所期望的成果，是期望的成就和结果，也是其行为的导向。

企业目标是企业使命的具体化，是企业在一定的时间内努力争取达到的、所希望的未来状况；是指根据企业的使命而提出的企业在一定时期内所要达到的预期成果。

2. 目标的特征

目标的特征有主观性、方向性、现实性、社会性和实践性。

一是主观性。目标是预期结果的主观设想，是在头脑中形成的一种主观意识形态，是以主观意识反映客观现实的程度，可分为必然目标、或然目标和不可能目标。

二是方向性。目标是活动的预期目的，为活动指明方向。

三是现实性。目标的价值性、可操作性构成了目标的现实性；从目标满足期望的程度，可分为理想目标、满意目标、勉强目标和不得已目标。

四是社会性。目标受到社会政治、经济制度和文化传统、意识形态的制约。

五是实践性。目标具有为实践活动指明方向的作用，只有通过实践活动才能实现目标。

3. 企业目标的分类

企业目标可按企业目标的主要内容、时间的长短方式等分类。

一是按企业目标的主要内容，可分为财经目标、环境目标、参与者目标和生存目标等。财经目标是涉及企业的资金费用及其他财经方面的目标，包括利润水平、投资报酬率、生产率水平及销售收入等；环境目标主要是企业和外部环境关系的目标，包括对环境变化的适应性、增长、社会责任和市场占有率等；人力资源目标包括职工稳定率、全勤率及一些不可定量因素（如职工的满意程度、人员的培训与发展和工作生活质量等）目标；生存目标是企业的基本目标，企业必须有实力、活力和竞争力，才能生存和发展。

二是按目标的时间跨度，可分为短期目标、中期目标和长期目标。短期目标是指期望在 1 年内达到的目标，通常全面又具体；中期目标是指期望在 2 ~ 5 年内达到的一些目标；长期目标是指期望在 5 ~ 10 年或更长的时间内达到的一些目标。

4. 目标的作用

目标的作用具体体现在四个方面。

一是指明方向。目标的订立为管理者提供了协调集体行动的方向，从而有助于引导企业员工形成统一的行动。

二是激励作用。目标是一种激励企业的力量源泉；企业员工明确了目标，才能发挥主观能动性，创造最佳成绩；员工达到了目标，会产生成就感和满足感。

三是凝聚作用。企业目标充分体现员工的共同利益，并与企业员工的个人目标保持和谐一致时，能够极大地激发企业员工的工作热情、献身精神和创造性。

四是决策标准和考核依据。目标不仅是管理人员决策的出发点，而且是考核管理决策和执行工作的依据。有了明确的目标，相关人员的思考和行动才有客观依据，而不是根据主观意志做决定，根据主观印象进行考核。

5. 制定目标的原则

制定目标的原则，一是目标从全局出发，各分目标是总目标的分解，之间要协调一致；二是目标层次清楚，企业的各种目标并不是同等重要，要突出企业经营的关键目标，在总目标下再分层次列出相应的分目标；三是目标可行，经过努力可以达到，有充分的客观依据；四是目标具体，便于衡量，尽量数字化；五是目标保持相对稳定，并根据内外环境变化及时调整，实现滚动。

（二）管理目标

管理目标是管理活动所要达到的预期结果，是指管理活动用合理科学的管理措施所要达到的预期结果。

管理目标与一般目标在含义上有所不同。一般目标只是预期结果，不涉及如何达到这个结果；而管理目标则不仅包括预期结果，还要包括如何达到预期结果。管理目标的概念包括双重内容：一是预期结果，二是达到预期结果要采取的管理措施。

（三）现场管理的目标

现场管理的目标是质量、成本、交货期、士气、安全、技能等方面的目标。产品的质量、成本、交货期是顾客真正关心的焦点，也是企业在竞争力的核心表现。

产品是在现场制造出来的，质量、成本、交货期是现场管理确定的目标；产品是人生产的，产品的质量、成本、交货期是人保证的，现场人员的士气、安全、技能也是现场管理的目标。

二、配置资源

现场管理需要具有管理知识的管理人员，需要开展管理活动的物质，如计算机、打印机等，需要开展现场管理活动的资金。为保证现场管理工作有效开展，高层领导要为现场管理活动提供必要的人力、物资以及资金等各种资源的支持，配置现场管理所需的各种必要资源。

配置即配给、设置。

配给就是调配给予，设置指设立、布置、放置、装置。

资源是指现场管理所需要的资源，主要是人力资源、物质资源和财务资源。

配置资源就是为现场调配相应资源并把这些资源为现场管理布置好。

三、营造氛围

高层领导在营造现场管理氛围中发挥着主要作用。

高层领导可通过学习、会议、网络、刊物、看板等多种形式向员工传达现场管理的重要性；通过企业文化建设和绩效激励机制，鼓励员工积极参与现场管理活动；通过主动深入现场，针对现场管理的问题，与员工共同提出改进建议。

（一）工作氛围

氛围是指周围的气氛和情调，指围绕或归属于特定根源的有特色的高度个体化的气氛。

工作氛围是指在单位中逐步形成、具有一定特色并可以被单位成员感知和认同的气氛或环境，包括人际关系、领导方式、作用和心理相融程度等方面，属于团体内的小环境、软环境。工作氛围分两种，一是环境氛围，是指由办公空间的设计、装饰等营造出来的感受；二是人文氛围，是指周围团队成员言行举止的传播影响。

营造工作氛围是内部环境建设中最能体现关心人、尊重人、影响人的一项管理工作；良好的环境氛围有助于成员之间建立融洽的人际关系，提高群体内的心理相融程度，从而产生巨大的心理效应，激发员工积极工作的动机，提高工作效率。

（二）企业文化及其建设

1. 文化

文化是相对于经济、政治而言的人类全部精神活动及其产品。

文化包括世界观、人生观、价值观等意识形态，也包括自然科学、技术、语言和文字等非意识形态内容；是人类社会特有的现象，由人所创造、为人所特有。

文化是一种社会现象，是由人类长期创造形成的产物；文化是一种历史现象，是人类社会与历史的积淀物。

文化是凝结在物质之中又游离于物质之外的，能够被传承的国家或民族的历史、地理、风土人情、传统习俗、生活方式、文学艺术、行为规范、思维方式、价值观念等，是人类相互之间进行交流的普遍认可的一种能够传承的意识形态，是对客观世界感性上的知识与经验的升华。

2. 企业文化

（1）企业文化的含义。

企业文化是企业全体成员普遍接受的价值观念、行为准则、团队意识、思维方式、工作作风、心理预期和团体归属感等群体意识的总称。

企业文化是在一定的条件下，企业生产经营和管理活动中所创造的具有其特色的精神财富和物质形态，包括文化观念、价值观念、企业精神、道德规范、行为准则、历史传统、企业制度、文化环境、企业产品等，其中价值观是企业文化的核心。

企业文化是企业在经营活动中形成的经营理念、经营目的、经营方针、价值观念、经营行为、社会责任、经营形象等的总和，是企业个性化的根本体现，是企业生存、竞争和发展的灵魂。

企业文化是企业在长期生产、经营、建设、发展过程中所形成的管理思想、管理方式、管理理论、群体意识以及与之相适应的思维方式和行为规范的总和，是企业领导提倡、企业员工共同遵守的文化传统和不断革新的行为方式，体现为企业价值观、经营理念和行为规范，渗透于企业的各领域、各方面。

（2）企业文化的层次。

企业文化由3个层次构成。

一是表面层的物质文化，即物质层，也称为企业的“硬文化”，包括厂容、厂貌、机械设备，产品造型、外观、质量等；二是中间层的制度文化，即制度层，包括领导体制、人际关系以及各项规章制度和纪律等；三是核心层的精神文化，即理念层，亦称为企业的“软文化”，包括各种行为规范、价值观念、企业的群体意识、职工素质和优良传统等，是企业文化的核心，称为企业精神。

（3）企业文化的意义。

企业文化的意义体现在5个方面。一是激发员工的使命感，二是凝聚员工的归属感，三是加强员工的责任感，四是赋予员工的荣誉感，五是实现员工的成就感。

（4）特征。

企业文化的特征是独特性、继承性、相融性、人本性、整体性和创新性。

（5）企业文化的作用。

企业文化有导向作用、凝聚作用、规范作用、激励作用和社会影响作用。

3. 企业文化建设

企业文化建设是指企业文化相关的理念的形成、塑造、传播等过程。

企业文化建设的原则，一是以人为本，二是表里一致，三是注重个性，四是重视经济性，五是继承传统。

4. 绩效激励机制

（1）绩效。

绩效是成绩与成效的综合，是员工或企业从事一种活动所获取的成绩和效果，是一定时期内的工作行为、方式、结果及其产生的客观影响。绩效可分为员工绩效和企业绩效。

员工绩效是指员工的工作结果，是对企业的目标达成具有效益、具有贡献的部分，具体表现为完成工作的数量、质量、成本费用以及为企业做出的其他贡献等。

企业绩效是企业为实现其目标而开展的活动在不同层面上的有效输出。

（2）员工绩效的特点。

员工绩效具有 3 个特点。一是多因性，指员工绩效的优劣取决于多个因素的影响，包括智商、情商、技能、知识结构和外部环境、机遇及企业的激励因素等；二是多维性，指员工绩效应从多方面、多角度分析，才能得到客观、合理的结果；三是动态性，即员工绩效随时间、职位情况的变化而变化。

（3）影响绩效的关键因素。

影响绩效的关键因素主要有 5 个。一是员工的态度、工作技能、掌握的知识、情商、智商等；二是工作目标、计划、资源需求、过程控制等；三是工作方法，包括流程、协调等；四是工作环境，包括文化氛围、自然环境、工作条件等；五是管理机制，包括计划、组织、指挥、监督、控制、激励、反馈等。

（4）激励。

激励是企业通过设计适当的外部奖酬形式和工作环境，以一定的行为规范和惩罚性措施，借助信息沟通，来激发、引导、保持和规范员工的行为，以有效地实现企业目标的过程。

激励是满足企业员工的各种需要，即通过系统地设计适当的外部奖酬形式和工作环境，来满足企业员工的外在性需要和内在性需要。

有效激励能激发员工的激情，使其工作更加主动，产生超越自我和他人的欲望，将其潜力释放出来，为企业的远景目标奉献自己，同时实现个人目标。

激励包括精神激励、薪酬激励、荣誉激励、工作激励。

激励需要奖励和惩罚并举，既要对员工表现出来的符合企业期望的行为进行奖励，又要对不符合员工期望的行为进行惩罚。

激励贯穿于企业员工工作的全过程，包括对员工个人需要的了解、个性的把握、行为过程的控制和行为结果的评价等。

激励工作始终贯穿着信息沟通，激励制度的宣传、企业对员工的了解、对员工行为过程的控制和对员工行为结果的评价等都依赖于一定的信息沟通。

激励的最终目的是实现企业目标的同时，实现员工个人目标，达到企业目标和员工个人目标的统一。

（5）绩效激励。

绩效激励是指为实现企业发展战略和目标，企业通过对员工个人或群体的行为表现、劳动态度和工作业绩以及综合素质采用科学的方法全面检测考核、分析和评价，充分调动员工的积极性、主动性和创造性的活动过程，是企业运用某种管理方式来激励员工努力实现企业目标。

（6）机制。

机制原指机器的构造和工作原理。在社会学中，机制的内涵是协调事物各部分之间关系以更好地发挥其作用的具体运行方式。

事物各部分的存在，需要协调其关系；协调各部分之间的关系一定是一种具体的运行方式；机制以一定的运作方式把事物的各部分联系起来，使其协调运行而发挥作用。

按机制的功能，可分为激励机制、制约机制和保障机制。

激励机制是调动活动主体积极性的一种机制，制约机制是一种保证管理活动有序化、规范化的一种机制，保障机制是为管理活动提供物质和精神条件的机制。

（7）激励机制。

激励机制是指从制度上对人的激励行为予以规范，通过程序化、信息化、制度化、规范化的操作，挖掘人的一切内在潜力，激发人的活力。

激励机制是在激励中起关键性作用的一些因素，由时机、频率、程度、方向等因素组成，其功能集中表现在对激励的效果有直接和显著的影响。

激励机制是通过特定方法和管理体系，把员工对企业及工作的承诺最大化的过程；是在企业组织系统中，企业高层领导运用多种激励手段并使之规范化和相对固定化，与员工相互作用、相互制约的结构、方式、关系及演变规律的总和。

激励机制是企业将远大理想转化为具体事实的连接手段。

激励机制是对员工绩效的奖惩，也称绩效激励机制。

第二节 战略秉承

企业现场管理的目标、规划和要求要与企业使命、愿景、发展战略及价值观相协调，并保持一致性。

现场管理要系统地采用目标管理、平衡计分卡等方法，将战略目标逐层分解到相关业务流程中并确定现场关键绩效指标，确保其涵盖质量、成本、交货期、安全、生态环境等现场管理的各个方面。

一、目标管理

（一）目标管理的含义

目标管理是以目标为导向，以人为中心，以成果为标准，而使企业和员工取得最佳业绩的现代管理方法；是指在企业员工的积极参与下，自上而下地确定工作目标，并在工作中实行“自我控制”，自下而上地保证目标实现的一种管理办法。

企业的使命和任务，必须转化为目标才能完成。如果某一方面没有目标，这一方面的工作自然会被忽视，企业管理者要通过目标对下级进行管理。企业目标一经确定，要进行有效分解，转变成各部门、各二级生产单位及各岗位的具体目标，管理者根据具体目标的实现情况对下属进行考核、评价和奖惩。

（二）目标管理的中心思想

目标管理的中心思想是以企业目标为企业每个层次、每个部门、每个员工的行为方向和激励手段，以分解后的目标为评价企业每个层次、每个部门、每个员工工作绩效的标准，使企业有效运行。

（三）目标管理的内容

1. 目标导向

目标导向是以实现目标为指导方向。

目标导向行为是为了实现目标所表现的行为，是寻求实现目标的过程。

目标导向指企业领导者排除走向目标的障碍，使员工顺利实现目标，在此过程中，给予职工满足多种多样需要的机会。

人的行为既是人的有机体对于刺激的反应，又是通过一连串的动作实现预定目标的过程。通常任何行为都有其动机和目标。动机是激发和维持个体进行活动，并导致该活动朝向某一目标的心理倾向或动力。

2. 目标分解

（1）目标分解的含义。

目标分解是将企业的总目标在纵向、横向或时序上分解到各层次、各部门、各岗位，形成目标体系的过程。

目标分解是把整体目标分解成其各组成部分，是综合 – 分析 – 综合的科学思维方法在目标管理中的具体运用。目标分解是明确目标责任的前提，是实现企业总目标的基础；目标分解不是目的，而是实现企业总目标的手段。

目标分解是建立目标系统的过程，把企业总目标经过科学分解，形成一个空间关系、时间关系、权责关系都非常明确的协调的有机整体。

（2）目标分解的原则。

目标分解要遵循 5 项原则。一是整分合原则，即把企业总目标分解为不同层次、不同部门的分目标，各个分目标的综合又能体现企业总目标，全部实现了分目标，企业总目标自然就实现了；二是一致性原则，分目标要保持与企业总目标方向一致，内容上下贯通，分目标要能追溯到企业总目标；三是限制性原则，目标分解时要关注实现各分目标所需要的条件及其限制因素，如人力、物力、财力和协作条件、技术保障等；四是协调性原则，各分目标之间在内容上要互相协调、互相平衡，在时间上要同步；五是简明性原则，各分目标的表达要简明、扼要、明确、具体，有目标值和完成时限要求。

（3）目标分解的方式。

目标可以按空间和时间分解，按空间分解又可以按管理层次和职能分解。在实际运行中，经常综合运用这三种分解方式。

按管理层次分解，属于纵向分解，是把目标逐级分解到每一个管理层次，有些目标还可以一直分解到个人；按职能部门分解，属于横向分解，是把目标按其性质分解到有关职能部门。

按时间分解，是按时序分解，即定出实现目标的实施进度，便于实施中的检查和控制。企业总目标有明确的期限，要一步一步地实现目标，目标与时间是紧密联系在一起的。为实施有效的控制，掌握目标进度，需要把企业总目标按实现的时间顺序，分解成为不同阶段、不同时间的目标，如长期目标、中期目标、短期目标，将年度目标又可分解成季度目标、月度目标甚至日目标。

目标按空间分解的方式构成了目标的空间体系，按时间分解的方式构成了目标的时间体系。

企业目标综合运用这三种方式分解，形成有机的、立体的目标系统，可以使各级管理人员和每个员工清晰地了解企业总目标，也可以明确各部门、各岗位甚至各员工的目标在目标体系中所处的地位，有利于发挥员工的主动性、创造性，有利于调动员工工作的积极性。

（4）目标分解的方法。

目标分解可采用系统图法。

系统图法又叫树图法，是目的和手段相互联系起来逐级展开的图形方法，其具体做法是将把要达到的目的所需要的手段逐级深入。

为达到目的，需选择手段，上一个目的又与下一个手段相联系。利用系统图法可系统分析问题的原因并确定解决问题的方法。

企业目标的实现通常是多途径的，如何从多种途径中选出一条达到目标的最佳路径呢？系统图法就是系统地分析、探求以达到目的的最理想的方法。

将一级目标即企业总目标分解，就是把实现一级目标的手段作为二级目标。以此类推，一级一级地分解下去，直到分解到员工个人，形成"目标—手段"链条，构成了目标体系。目标自上而下形成了逐级保证的过程，各级目标的实现也落到实处。

（5）指令式分解和协商式分解。

指令式分解在分解前不与下级商量，由领导者确定分解方案，以指令或指示、计划的形式下达。这种分解方法容易使目标构成一个完整的体系，但容易造成某些目标难以落实的现象，也不利于下级主动性、创造性的发挥，有时会影响下级和员工的积极性。

协商式分解是使领导和下属对总目标的分解和层次目标的落实进行充分的协商，取得一致意见。这种分解方法容易使目标落实，有利于调动下级积极性，发挥其主动性、创造性。

3. 目标考核与目标评价

（1）目标考核。

考核的意思是考试，是考定核查。

目标考核是按一定的指标或标准来衡量员工完成既定目标和执行工作标

准的情况，根据衡量结果给予相应的奖励；是在企业实行目标管理的情况下，对员工进行的考核。

目标考核的主要内容是确定工作目标被实现的程度，包括数量、质量、时限等内容；把员工的绩效同预先设定的工作目标相比较，得出员工绩效超过目标要求、达到、有距离、差距很大等结论。当工作目标的内容较多时，在各项内容与目标相比较有了结论以后，要把各项内容综合起来得到一个结论；综合的方法可以是较主观的定性的方式，也可以是各项得分加权平均的定量性质的方法。

（2）目标评价。

评价是对人或事物所评定的价值，是指对一件事或人物进行判断、分析后的结论。

评价是通过计算、观察和咨询等方法对某个对象进行一系列的复合分析研究和评估，从而确定对象的意义、价值或者状态。

评价是一个运用标准对事物的准确性、实效性、经济性以及满意度等方面进行评估的过程。评价是评价者通过对评价对象的各个方面，根据评价标准进行量化和非量化的测量过程，最终得出一个可靠的并且逻辑的结论。

评价的过程是一个对评价对象的判断过程，是一个综合计算、观察和咨询等方法的一个复合分析过程。

评价是一个非常复杂的过程，本质上是一个判断的处理过程，是对一定的想法、方法和材料等做出的价值判断的过程。

评价的程序，一是确立评价标准，二是决定评价情境，三是设计评价手段，四是利用评价结果。

评价的作用和功能，是诊断、导向、激励、鉴定和引导。

目标评价是对目标实现相关情况的评价，主要内容有目标实现程度评价、实现过程评价和执行者评价。

目标实现程度评价指绩效的高低、满意程度、偏差程度等。目标实现程度是进行目标评价关注的焦点，即目标的实现情况。目标是一个多维向量，不仅有质和量的要求，还有时间的要求，即目标有定性指标、定量指标和时间指标。目标实现程度评价包括三方面的内容，一是目标的达成率，指企业各部门的年度目标值与实际完成数值的比值，通常以百分比来表示；二是执行绩效，是指企业各部门在目标管理的目标设定、目标执行、目标评价三阶段，规定的执行情况，执行绩效的评分情况；三是结果满意度，是一个综合指标，即企业目标的实际执行结果与期望值的一致性，管理者是否通过目标管理实现了既定的目标，目标执行者是否提高了作业水平等。

实现过程评价是对过程的顺利程度、与进度计划的一致性、意外情况的处理等进行评价。

目标执行人评价是对目标执行人工作能力、工作热情、协作态度、应变能力、处事方法、能力提高程度等方面的评价。

4. 目标奖惩

奖惩即奖励或惩罚。

奖励是给予荣誉或财物进行鼓励，是对人的某种行为给予肯定与表扬，使人保持这种行为。奖励是一种激励手段，是焕发员工的荣誉感和进取心的措施，是一种调动员工的积极性，最大限度地挖掘其潜在能力的管理方法。

惩罚是惩戒、责罚，是处罚；古时指施加鞭毡或体罚使之服帖、受辱或以苦行赎罪。心理学中的惩罚是通过呈现一个厌恶刺激（积极惩罚）或消除一个愉快的刺激（负惩罚）而使行为减少。实施惩罚可能的原因是威慑、改造、补偿、教育和谴责。

目标奖惩是对实现目标结果的奖励或惩罚，目标考核和目标评价是目标奖惩的基础。

二、平衡计分卡

平衡计分卡是根据企业的战略要求而精心设计的指标体系，是一种绩效管理的工具。

平衡计分卡把企业战略目标逐层分解转化为各种具体的相互平衡的绩效考核指标体系，并对这些指标的实现状况进行不同时段的考核，为企业战略目标的完成打下可靠的执行基础。

平衡计分卡在财务指标的基础上加入了未来驱动因素，即顾客因素、业务流程和员工的学习成长，在企业战略规划与执行管理方面发挥非常重要的作用。

平衡计分卡主要是通过图、卡、表来实现战略的规划。

（一）平衡计分卡的基本理论

传统的财务会计模式只能衡量过去发生的事情，即落后的结果因素，但无法评估企业前瞻性的投资，即领先的驱动因素。在信息社会，传统的业绩管理方法不全面，企业需要通过在顾客、供应商、员工、组织流程、技术和革新等方面的投资，获得持续发展的动力。

基于这种认识，平衡计分卡方法认为，企业应从四个角度审视自身业绩：一是学习与成长，二是业务流程，三是顾客，四是财务。

（二）平衡计分卡的基本内容

平衡计分卡中的目标和评估指标来源于企业战略，把企业使命和战略转化为有形的目标和衡量指标。

1. 学习和成长方面

平衡计分卡中的学习和成长方面确认了企业为实现长期绩效而需要进行的对未来的投资，包括对雇员的能力、企业的信息系统等方面的衡量。

2. 业务流程方面

平衡计分卡中的业务流程方面，为吸引和留住目标市场上的顾客，满足股东对财务回报的要求，管理者需关注对顾客满意度和实现企业财务目标影响最大的那些内部过程，并为此设立衡量指标。在这一方面，平衡计分卡重视的不是单纯的现有经营过程的改善，而是以确认顾客和股东的要求为起点、满足顾客和股东要求为终点的全新的内部经营过程。

3. 顾客方面

平衡计分卡中的顾客方面，管理者们确认了企业将要参与竞争的顾客和市场，并将目标转换成一组指标，如市场份额、顾客留住率、顾客获得率、顾客满意度、顾客获利水平等。

4. 财务方面

企业在学习和成长、业务流程、顾客等方面的成功需要转化为财务上的成功。产品质量、交货期、生产率、新产品开发和顾客满意度方面的改进只有转化为销售额的增加、经营费用的减少和资产周转率的提高，才能为企业带来利益。因此，平衡计分卡的财务方面列示了企业的财务目标，并衡量战略的实施和执行是否在为最终的经营成果的改善做出贡献。平衡计分卡中的目标和衡量指标是相互联系的，这种联系不仅包括因果关系，而且包括结果的衡量和引起结果的过程的衡量相结合，最终反映企业战略。

（三）平衡计分卡的考核方法

平衡计分卡所评价的内容与管理业绩评价有很多相似之处，运用平衡计分卡可以看到管理的相关绩效。

1．从财务指标看企业盈利能力

企业经营的目的是追求利润，财务数据是管理绩效评价不可或缺的重要组成部分。企业管理者的管理绩效，通过财务数据就能得到一个比较直观的认识。通常情况下，企业财务指标是和企业的盈利能力紧密联系，包括营业收入、销售增速、年现金流量、投资报酬率等。财务模块在管理绩效评价体系中的权重，一般随企业类型及发展阶段的不同而有所区别。

2．从业务流程看企业综合提升力

传统的绩效评价体系对企业业务流程所确定的目标通常是控制和改善现有职能部门的作用，主要根据财务指标评价这些部门的经营绩效，包括评价产品品质、投资报酬率和生产周期等指标，这些指标是单个部门的绩效，而不是企业的整体经营绩效。

平衡计分卡强调评价指标多样化，包括财务指标和非财务指标，能综合地反映企业内部管理绩效水平，其指标可以包括企业推出新产品的平均时间、产品合格率、新顾客收入占总收入的比例、生产销售主导时间、售后服务主导时间等。

3．从顾客模块看企业竞争能力

竞争优势归根到底来源于企业为顾客创造的超过其成本的价值。价值是顾客愿意支付的价钱，而超额价值产生于以低于对手的价格提供同等效益或者所提供的独特效益弥补高价后的盈余，满足顾客的需要是企业成功发展的必要条件。在平衡计分卡的顾客子模块中，企业管理者要确定企业所要争得的竞争性顾客和市场份额，并计算在这个目标范围内的业绩情况。对于企业顾客管理业绩水平的评价，其核心指标应包括顾客满意程度、顾客保持程度、新顾客的获得、顾客赢利能力，即在目标范围内的市场份额和会计份额。假如这些指标数据所反映出来的情况良好，则表示企业的顾客管理是卓有成效的，企业也由此取得了一种重要的核心竞争力。在整个管理业绩评价体系中，可根据不同类型企业设置顾客管理指标的不同权重。

4. 从学习创新设计看企业的持续启动

企业实现目标、取得成功的重要保证是顾客管理和内部经营过程，而企业现有生产能力与业绩目标所要求的实际生产能力之间往往存在着巨大差距。为了缩小这些差距，保证这上述两方面目标的实现，企业必须在平衡计分卡中确定学习与创新的目标和评价指标，这是企业实现长期目标的力量源泉。一个企业要创新，管理者的推动作用不可轻视，管理者要推动企业学习与创新的发展，必须学会学习与创新。同时，相关的其他主要指标还包括：为员工提供各种培训、提高信息技术、改善信息系统、营造良好的企业文化氛围等。在具体评价时，可用其措施落实的数量和质量来衡量。

（四）平衡计分卡的特点

平衡计分卡反映了财务和非财务衡量方法之间的平衡，长期目标与短期目标之间的平衡，外部和内部的平衡，结果和过程的平衡，管理业绩和经营业绩的平衡等多个方面的平衡。平衡计分卡反映企业综合经营状况，使业绩评价趋于平衡和完善，有利于企业长期发展。

平衡计分卡方法突破了财务作为唯一指标的衡量工具，做到了多个方面的平衡。与传统评价体系比较，平衡计分卡具有支持企业战略管理、提高企业整体管理效率、防止管理机能失调、提高企业激励作用和降低企业信息负担等5个特点。

1. 支持企业战略管理

企业战略管理对企业可持续发展非常重要，平衡计分卡的评价内容、相关指标和企业战略目标紧密相关，企业战略的实施可以通过对平衡计分卡的全面管理来完成。

2. 提高企业整体管理效率

平衡计分卡的四项内容，是企业发展的关键要素，通过平衡计分卡所提供的管理报告，把这些要素有机地结合在一起，可以提高企业管理的整体效率，为未来发展奠定基础。

3. 防止企业管理机能失调

团队精神是企业文化的集中表现，平衡计分卡通过对企业各要素的组合，使企业管理者可以同时考虑企业各职能部门的不同作用和功能，认识到某一领域的工作改进可能以其他领域的退步为代价，促使企业管理部门考虑决策时要从企业实际出发，慎重选择可行方案。

4. 提高企业激励作用

传统的绩效评价方法强调管理者希望或要求下级采取行动，再评价下级行动及其结果，整个控制系统强调对行为结果的控制与考核；平衡计分卡则强调目标管理，鼓励下级创造性地完成任务、实现目标，强调激励动力。

5. 降低企业信息负担

信息时代，随着全员管理的引进，当企业员工向企业提出建议时，新的信息指标总是不断增加，导致企业高层领导处理信息的负担大大加重。平衡计分卡可以使企业管理者仅仅关注少数而又非常关键的相关指标，在满足企业管理需要的前提下，尽量减少信息负担成本。

（五）平衡计分卡的本质

平衡计分卡的本质表现在以下四方面。

（1）平衡计分卡是根据系统理论建立起来的管理系统，是系统性的战略管理体系；是核心的战略管理与执行的工具；是在对企业总体发展战略达成共识的基础上设计实施，把四个方面的目标和初始行动方案有效结合在一起的战略管理与实施体系。其主要目的是把企业战略转化为具体行动，以创造企业的竞争优势。

（2）平衡计分卡是一种先进的绩效衡量工具，把企业战略分成4个不同方面的目标，并按其分别设计绩效衡量指标。平衡计分卡为企业提供了有效运营所必需的各种信息，消除了信息的庞杂性和不对称性干扰，指标量化、可测量、可评估，有利于企业进行全面系统的监控，促进企业战略与远景目标的实现。

（3）平衡计分卡是一种沟通工具。明确而有效的绩效指标，清晰地描述战略与愿景。

（4）平衡计分卡注重绩效指标之间的因果关系，是其与其他绩效管理系统的根本差别。

（六）平衡计分卡的优点

平衡计分卡体现了一种管理思想，只有量化的指标才是可以考核的，必须把考核指标量化；企业愿景的实现要考核多方面的指标，包括财务指标和学习与成长指标、业务流程指标、顾客指标。

平衡计分卡的主要优点，一是克服财务评估方法的短期行为；二是使企业行动一致，服务于企业战略目标；三是能有效地将企业战略转化为企业各层次的绩效指标和行动；四是有助于员工对企业总目标和战略的理解；五是能培养企业和员工的学习成长和核心能力；六是实现企业的长远发展；七是提高企业整体管理水平。

（七）平衡计分卡的缺点

平衡计分卡的缺点，一是较难实现自动化，平衡计分卡中有一些条目难以解释清楚或衡量，财务指标容易实现，非财务指标则难以实现；二是管理者虽然明白顾客满意度、员工满意度与财务表现之间的联系，平衡计分卡不能指导管理者提高绩效，达到预期的战略目标；三是企业战略或企业组织结构变更时，平衡计分卡也要随之调整；四是很难执行，总的开发时间过长。

（八）平衡计分卡的意义

平衡计分卡是一种绩效管理的新思路，其意义一是适用于对部门的团队考核；二是使得绩效管理从考核和评估工具转变成为战略实施工具；三是使企业领导拥有全面的统筹战略、人员、流程和执行4个关键因素的管理工具；四是使企业领导平衡长期和短期、内部和外部，确保持续发展的管理工具。

（九）实施平衡计分卡的难点

平衡计分卡强调长期目标和短期目标的平衡、外部因素和内部因素的平衡，强调结果的驱动因素，是一个十分复杂的系统，实施的难点主要有三点，一是指标的创建和量化，二是结果与驱动因素间的关系，三是实施的成本。

1. 指标的创建和量化

财务指标建立与量化比较容易，另外三方面的指标需要企业管理层根据企业战略及运营的主要业务、外部环境认真分析。一般列出的指标有些不易收集，需要企业在不断探索中总结；有些重要指标难以量化，需要收集大量信息、经过充分加工才有实用价值，如员工受激励程度方面的指标，对企业信息传递和反馈系统提出了很高的要求。

2. 结果与驱动因素间的关系

大多数情况下，结果与驱动因素间的关系并不明显或并不容易量化，企业要花很大的力量去寻找、明确业绩结果与驱动因素间的关系。

3. 实施的成本

平衡计分卡要求企业从财务、顾客、业务流程、学习和成长四方面考虑战略目标的实施，并为各方面制定详细而明确的目标和指标，需要全员参加，使每个部门、每个员工都有自己的平衡计分卡，代价较大。

（十）平衡计分卡的原理流程

平衡计分卡是一套从四个方面对企业战略管理的绩效进行财务与非财务综合评价的评分卡片，能有效克服传统的财务评估方法的滞后性、偏重短期利益和内部利益以及忽视无形资产收益等诸多缺陷，是一个科学地把企业战略管理控制与战略管理的绩效评估结合在一起的管理系统，其基本原理和流程如下所述。

首先，以企业愿景和企业战略为内核，运用综合平衡的哲学思想，根据企业的组织结构，把企业愿景和企业战略转化为下属各责任部门（如各事业部、各生产厂）在财务、顾客、内部流程、学习与成长等4个方面的系列具体目标，围绕企业愿景和战略设置相应的4张计分卡，财务计分卡是向股东展示的内容，顾客计分卡是向顾客展示的内容，学习与成长计分卡是适用变革和发展要取得的进步，流程记分卡是满足股东和顾客要求要处于领先地位的业务。

其次，根据各责任部门分别在财务、顾客、内部流程、学习与成长等4种可计量可具体操作的目标，设置一一对应的绩效评价指标体系，这些指标不仅与企业战略目标高度相关，而且是以先行与滞后两种形式，同时兼顾和平衡企业长期和短期目标、内部与外部利益，综合反映战略管理绩效的财务与非财务信息。

第三，由各主管部门与责任部门共同商定各项指标的具体评分规则。一般是将各项指标的预算值与实际值进行比较，对应不同范围的差异率，设定不同的评分值。以综合评分的形式，定期考核各责任部门在财务、顾客、内部流程、学习与成长等4个方面的目标执行情况，及时反馈，适时调整战略偏差，或修正原定目标和评价指标，确保企业战略得以顺利与正确地实行。

（十一）平衡计分卡的实施原则

一个结构严谨的平衡计分卡，应包含一连串连接的目标和量度，这些量度和目标前后连贯、互相强化。

平衡计分卡实施要遵守三个原则：一是因果关系；二是成果量度与绩效驱动因素；三是与财务连接。

这三个原则连接平衡计分卡与企业战略，其因果关系链代表目前的流程和决策，会对未来的核心成果造成影响。

（十二）平衡计分卡的设计和实施步骤

在实际应用过程中，企业需要综合考虑所处的行业环境、自身的优势与劣势以及所处的发展阶段、自身的规模与实力等。总结成功实施平衡计分卡企业的经验，一般包括建立企业愿景和企业战略、设计与建立绩效指标体系、加强企业内部沟通与教育、确定指标值和完善绩效指标体系等5个步骤。

首先，建立企业愿景和企业战略。使每一部门可以采用一些绩效评价指标去完成企业愿景与企业战略；另外，也可以考虑建立部门级战略。同时，成立平衡计分卡小组或委员会去解释企业愿景和企业战略，并建立财务、顾客、内部流程、学习与成长 4 个方面的具体目标。

其次，设计与建立绩效指标体系。主要任务是根据企业的战略目标，结合企业长短期发展的需要，为 4 类具体的指标找出其最具有意义的绩效评价指标，并对其进行自上而下、从内部到外部的交流，征询各方面、各层次的意见，吸收其建议。沟通和协调后，使所设计的指标体系达到平衡，从而能全面反映和代表企业的战略目标。

第三，加强企业内部沟通与教育。利用各种不同沟通渠道如企业网站、微信群、QQ 群、定期或不定期的刊物、信件、公告栏、标语、会议等让各层管理人员了解企业愿景、企业战略、目标与绩效评价指标。

第四，确定指标值。确定每年、每季、每月的绩效评价指标值，并与企业计划和预算相结合，并注意各类指标间的因果关系、驱动关系与连接关系。

第五，完善绩效指标体系。一是对于平衡计分卡在该阶段应重点考察指标体系设计得是否科学，是否能真正反映本企业的实际；二是关注采用平衡计分卡后，对于绩效的评价中的不全面之处，以便补充新的测评指标，从而使平衡计分卡不断完善；三是关注指标中的不合理成分，对其改进甚至取消。

（十三）平衡计分卡与相关概念和方法的关系

平衡计分卡是绩效管理中的一种新思路，适用于对部门的团队考核，其核心思想就是通过财务、顾客、业务流程及学习与发展 4 方面指标间相互驱动的因果关系展现企业的战略轨迹，是实现绩效考核—绩效改进以及战略实施—战略修正的战略目标过程，把绩效考核的地位上升到企业的战略层面，使之成为企业战略的实施工具。与关键结果领域、关键绩效指标既有联系也有区别。

1. 关键结果领域

（1）关键结果领域的含义。

关键结果领域是为实现企业整体目标不可或缺的、必须取得满意结果的领域，是企业关键成功要素的聚集地。

关键结果领域可以理解为以下几方面。一是工作的主要领域，即为了取得尽可能好的结果要在这些领域做出良好的成绩；二是工作成功的关键；三是目标管理的主要课题；四是管理人员必须取得成功结果的那些领域；五是在工作中不是完全成功就是彻底失败的那些领域；六是要取得目标阶段成功，应最优先考虑的课题所在的领域。

（2）关键结果领域的管理原则。

关键结果领域管理应遵守 10 个原则：一是关键性原则，即选择的指标反映企业的关键性结果，在众多指标中举足轻重；二是经济性原则，即指标的选择和制定围绕整个企业的经营目标，反映管理的要求，为管理和决策提供依据，具有经济价值，取得的数据必须及时真实准确，取得数据的成本经济合理；三是分组分类原则，即根据各个指标的性质、内容等分级分类编号，按类别管理，既有序，又突出重点，方便查询；四是明确责任原则，即每个指标都有明确的数据输入人或输入方式（信息系统自动输入等）、数据确认人和责任领导，并明确各自的职责；五是持续改进原则，即对于达不到要求的指标，采取持续改进的方法，不断改进提高；六是公开原则，即运用合适的方式，将指标的各种信息向全企业公开；七是激励原则，即通过明确指标的各类责任人，公开指标信息，并实施持续改进对管理者形成压力和动力，从而起到激励的作用；八是关联协调原则，即各指标之间存在相互影响的关系，某一个指标的变化可能会引起其他指标的变化，需要建立指标间的相关联系，形成一个完整指标体系；九是动态开放原则，即指标动态变化，可增加、修改和减少，形成开放的体系，并不断运用经济性原则评判每个指标的价值，做出相应的调整；十是进程控制原则，即利用企业信息系统控制关键结果领域管理的进程，保障其正常运行。

2. 关键过程领域

关键过程领域指出了企业需要集中力量改进和解决问题的过程，同时指明了为达到该能力成熟度等级所需要解决的具体问题。每个关键过程领域都明确地列出一个或多个的目标，并且指明了一组相关联的关键实践。实施这些关键实践就能实现这个关键过程域的目标，达到增加过程能力的效果。

3. 关键绩效指标

（1）关键绩效指标的含义。

关键绩效指标是用于衡量工作人员工作绩效表现的量化指标，是绩效计划的重要组成部分。

关键绩效指标是通过对企业业务流程输入、输出的关键参数进行设置、取样、计算、分析，衡量过程绩效的一种目标式量化管理指标，是对企业运营过程中关键成功要素的提炼和归纳。每个关键结果领域都涵盖了几个关键绩效指标。关键结果领域和关键绩效指标是把企业的战略目标分解为可操作的工作目标的工具，是企业绩效管理的基础；建立明确的、切实可行的关键绩效指标体系是做好绩效管理的关键。

（2）关键绩效指标的理解。

关键绩效指标应从三方面理解：一是作为衡量职位工作绩效的指标，

关键绩效指标所体现的衡量内容最终取决于企业战略目标；二是关键绩效指标是对企业战略目标的进一步细化和发展，企业战略目标是长期的、指导性的、概括性的，而各职位的关键绩效指标内容丰富，针对职位而设置，着眼于考核当年的工作绩效，具有可衡量性，是企业战略目标的具体落实，是企业战略对每个职位工作绩效要求的具体体现；三是关键绩效指标随企业战略目标的发展而调整，企业战略重点转移时，关键绩效指标必须随之修正。

（3）关键绩效指标的类别。

关键绩效指标指明各项工作内容要产生的结果或要达到的标准。

按关键绩效指标的性质，最常见的有 3 种。一是效益类指标，如资产盈利效率、盈利水平等；二是营运类指标，如部门管理费用、市场份额等；三是组织类指标，如满意度水平、服务效率等。

按关键绩效指标反映的内容，可以分为 4 类。

一是发展性指标，即基于企业战略发展的关键绩效指标。根据企业战略，分析支撑企业战略的关键成功因素或关键结果领域，据之设计发展性的关键绩效指标。发展性指标的作用是以清晰和量化的标准，阐述企业战略，指明企业经营方向与重点；发展性指标与企业战略密切相关，其评价标准在于指标是否紧跟企业战略的变化，能否有效支撑企业战略的实现。

二是改善性指标，即基于企业经营改善的关键绩效指标。企业运营管理中有很大的改善空间，虽与企业战略无直接关系，但会制约企业战略的实现。企业需要针对自身不足，阶段性地重点加以改善。从指标的波动性程度、与外部标杆企业数据的对照分析，可以确定改善性指标。

三是监控性指标，即基于企业经营保障的关键绩效指标。

四是保持性指标，即只能保持不能恶化的指标，如安全、质量指标等。

从系统的角度，将平衡计分卡、关键过程领域、关键结果领域、关键绩效指标联系起来看， 关键过程领域是指标量化执行阶段，关键绩效指标是指标量化考核阶段，关键结果领域是指标必要完成的结构性目标管理阶段，平衡计分卡是指标的战略管理阶段，这四个名词是绩效量化管理不断升级的关键词，也是企业实施绩效量化管理发展的四个阶段。

（十四）平衡计分卡与战略管理的关系

平衡计分卡贯穿于战略管理的 3 个阶段。企业战略转化为目标和衡量指标时，高层领导一般需要重新审视和修改战略，平衡计分卡为高层领导提供了就企业战略的具体含义和执行方法进行交流的机会。战略制订和战略实施是一个交互式的过程，在运用平衡计分卡评价企业绩效后，高层领导了解了战略执行情况，可对战略进行检验和调整。在战略实施阶段，平衡计分卡主要是一个战略实施机制，把企业战略和衡量指标体系相联系，弥补了战略制订和战略实施之间的差距。

平衡计分卡与战略的关系，表现在4个方面。

1. 解释战略

平衡计分卡与战略挂钩，可用其解释战略。平衡计分卡通过一系列因果关系来展示企业战略，其中的每一个衡量指标都是因果关系中的一环。平衡计分卡的评估手段既包括绩效评估手段，反映某项战略的最终目标及近期的工作成果；也包括推动绩效的评估手段，反映实现绩效所做的工作。两种手段相辅相成，缺一不可。

2. 宣传战略

实施战略的前提和重点是全体员工、高层领导、董事会成员都了解企业战略。通过宣传平衡计分卡可以使员工加深对战略的了解，提高其实现战略目标的自觉性。通过定期、不间断地将平衡计分卡的评估结果告诉员工，可以使其了解平衡计分卡给企业带来的改变。董事会为监督高层领导及企业的绩效，也需要了解平衡计分卡，使其监督的重点由短期财务指标转到企业战略的实施。

3．把战略与团队、个人目标联系

通过分解平衡计分卡的目标和衡量指标，可以把战略与团队、个人目标联系起来。平衡计分卡是由一整套具有因果关系的目标、衡量指标组成的体系，对于分解非财务指标有着独特的优势。

4．把战略转化为行动

把平衡计分卡用于执行战略和计划的过程，将战略转化为行动。平衡计分卡首先为战略性的衡量指标制定长期目标，其次制订能够实现这一目标的战略性计划，然后为战略计划确定短期计划及阶段性的短期目标，并把短期目标转化为4方面的目标和衡量指标。

三、战略目标

（一）战略目标的含义

战略目标是对企业战略经营活动预期取得的主要成果的期望值。其设定同时也是企业宗旨的展开和具体化，是企业宗旨中确认的企业经营目的、社会使命的进一步阐明和界定，也是企业在既定的战略经营领域展开战略经营活动所要达到的水平的具体规定。

（二）战略目标的内容

战略目标是企业使命的具体化，有关企业生存的各个部门都需要有目标，目标取决于企业战略。企业的战略目标是多元化的，既包括经济目标，又包括非经济目标；既包括定性目标，又包括定量目标。

不同的企业需要制定目标的领域是相同的，各种企业的生存都取决于同样的一些因素。

企业的战略目标一般包括以下内容。

（1）盈利能力目标。盈利能力目标是经济目标，可用利润、投资收益率、每股平均受益、销售利润等指标表示。

（2）市场目标。市场目标用市场占有率、销售额或销售量等指标表示。

（3）生产率目标。生产率目标是指有效衡量原材料的利用、最大限度提高产品的数量和质量的目标，可用投入产出比率、单位产品成本等指标表示。

（4）产品目标。产品目标是产品生产与新产品研发的目标，可用产品的销售额和盈利能力、开发新产品的完成期等表示。

（5）资金目标。资金目标是投资目标，可用资本构成、现金流量、流动资本、回收期等指标表示。

（6）生产指标。生产指标是指生产情况的指标，可用工作面积、固定费用、产量等指标表示。

（7）研究与开发目标。创新作为企业的战略目标之一，是使企业获得生存和发展的生机和活力的目标。研究与开发目标属于创新目标，即对研究和开发新产品、新工艺、新技术的目标，可用提高生产线产品的产量、成品率，开发新产品的数量和周期，研发投入等表示。

（8）人力资源目标。人力资源目标指人力资源的获得、培训和发展目标，包括技术人员、管理人员的培养及其个人才能的发挥等，可用缺勤率、迟到率、人员流动率、培训人数或将实施的培训计划数表示。

（9）社会责任目标。社会责任目标即企业对社会产生的影响的目标，包括减少资源消耗、降低污染物排放、捐赠等，可用单位产品消耗、污染物排放浓度或单位产品污染物排放量、企业开展的社会活动类型、服务天数或财政资助来表示。

企业不一定在以上领域都规定目标，并且战略目标也并不局限于以上方面。

从横向上来说，企业的战略目标大致可以分成两类。

第一类是用来满足企业生存和发展所需要的目标，这些目标又可以分解成绩效目标和能力目标。绩效目标主要包括收益性、成长性和安全性指标等定量指标，能力目标主要包括企业综合能力、研究开发能力指标、生产制造能力指标、市场营销能力指标、人事组织能力指标和财务管理能力指标等一些定性和定量指标。第二类是用来满足相关方所要求的目标，相关方包括顾客、员工、股东、供应方、政府、所在社区及其他社会群体。

在实际中，由于企业性质的不同，企业发展阶段的不同，战略目标体系中的重点目标也大相径庭。

（三）战略目标的特点

企业战略目标与其他目标相比，具有宏观性、长期性、相对稳定性、全面性、可分性、可接受性、可检验性、可接受性等特点。

1．宏观性

战略目标是一种宏观目标，是对企业全局的一种总体设想，着眼点是企业整体而不是局部。战略目标是从宏观角度对企业的未来的一种较为理想的设定，所提出的是企业整体发展的总任务和总要求，所规定的是整体发展的根本方向，总是高度概括的。

2．长期性

战略目标是一种长期目标，着眼点是未来和长远，是关于未来的设想，所设定的是企业员工通过长期努力达到的对现实的一种根本性的改造，所规定的是长期的发展方向，所提出的是一种长期的任务，要经过企业员工相当长时间的努力才能够实现。

3．相对稳定性

战略目标在其所规定的时间内是相对稳定的，是相对不变的。战略目标的稳定性并不排斥根据客观需要和情况的发展而对其进行必要的修正。

4．全面性

战略目标是一种整体性要求，着眼于未来又立足于现在，着眼于全局又不排斥局部，是对现实利益与长远利益、局部利益与整体利益的综合反映。科学的战略目标虽然是概括的，但对人们行动的要求，却又是全面的，甚至是相当具体的。

5. 可分性

战略目标作为一种总目标、总任务和总要求，可以分解成具体目标、具体任务和具体要求；既可以在空间上把总目标分解成各方面的具体目标和具体任务，又可以在时间上把长期目标分解成各阶段的具体目标和具体任务。只有把战略目标分解，才能使其具有可操作性。

6. 可接受性

企业战略的实施和评价主要是通过企业员工和相关方实现，必须被其理解并符合其利益。容易被企业员工理解的目标也容易被接受。

7. 可检验性

战略目标是具体的和可以检验的，必须明确，具体说明何时达到何种结果。目标的量化是使目标具有可检验性的最有效的方法。但由于许多目标难以量化，时间跨度越长、战略层次越高的目标越具有模糊性，应当用定性化的术语来表达其达到的程度，明确战略目标实现的时间。

8. 可挑战性

企业目标充分体现了企业成员的共同利益，本身是一种激励力量。企业战略目标和员工个人目标很好地结合，能极大地激发员工的工作热情和奉献精神，实现和突破目标。

第三节　组织保证

企业要建立系统的管理机制，确保组织职能和现场管理需求相匹配，实现作业现场与企业整体组织结构协调一致。

企业为确保其职能和现场管理需求相匹配，实现作业现场与企业整体的运行协调一致，要建立系统的管理机制并确保其有效运行。系统的现场管理机制内容包括：设立现场管理组织机构，构建现场管理运行机制，建立现场管理授权和激励机制。

一、设立现场管理组织机构

企业要根据整体组织结构，考虑适宜的管理幅度、管理层次及现场作业特点，设立现场管理组织结构，如职能型、项目型、矩阵型、复合型等，并赋予现场管理相应的职权、目标和任务，明确组织机构中各岗位人员的职责，确保组织职能与现场管理需求相匹配。

（一）管理幅度

1. 管理幅度的含义

管理幅度又称管理宽度，是指企业中一名领导者直接领导的下属人员的数量，间接领导的人员不属于管理幅度的范畴。

受精力、知识、经济等条件所限，任何领导者能够有效领导的下属人数是有限度的，超过这个限度，就不能有效地领导，管理的效率就会随之降低。

2. 影响管理幅度的因素

影响管理幅度的主要因素有 7 个。一是管理工作的性质，包括上下级管理工作的复杂性、变化性和下级工作人员工作的相似性；二是人员素质状况；三是授权合理性；四是计划和控制的明确性及其难易程度；五是信息沟通的效率和效果；六是组织变革的速度；七是企业组织形式和经营方式，包括工作对象的复杂性、下属人员的空间分布等。

3. 管理幅度的检验

管理幅度是否合理，一般可用运行状态检验。

（1）上下级之间和同事相互之间经常有误解，并且管理制度规范本身没有矛盾，管理幅度可能在某些环节过大，因管理沟通不充分导致理解协调问题。

（2）管理人员需要在工作时间之外进行开会、谈话等大量的沟通，而又与他本人的沟通能力不相关，这个管理岗位管理幅度可能过大。

（3）管理人员经常承担下属都处理的问题，并且与任职者个人工作能力特强无关，管理幅度过小。

（4）管理人员不仅自己岗位工作做得很出色，而且经常考虑其上司应考虑的问题，并且与任职者个人工作能力特强无关，管理幅度过小。

（5）管理人员经常无事可做，并且与任职者个人工作能力特强无关，管理幅度过小。

（二）管理层次

1. 管理层次及其产生原因

管理层次是在职权等级链上所设置的管理职位的级数。

企业规模相当有限时，一个管理者可以直接管理每一位作业人员的活动，企业就只存在一个管理层次；规模的扩大导致管理工作量超出了一个人所能承担的范围时，为了保证企业的正常运营，管理者就需要委托另外的人来分担自己的部分管理工作，使管理层次增加到两个层次；随着生产的发展、科技的进步和经济的增长，企业的规模越来越大，受托者又不得不再委托其他的人来分担其工作。依此类推，形成了企业的层次性管理结构。

2. 管理层次的副作用

管理层次是一种不得不设置的层级，其本身有一定的副作用。一是层次增加，管理费用也会相应增加，层次的增加必然要配备更多的管理者，管理者又需要一定的设施和设备，同时又加大了协调和控制的工作量，所有这些都使管理费用不断增加；二是随着管理层次的增加，沟通的难度和复杂性也将加大，指令在经由层次自上而下传达时，不可避免地会产生曲解、遗漏和失真，从下向上的信息传递也存在扭曲和速度慢等问题；三是众多的部门和层次使计划和控制活动更为复杂，一个在高层显得清晰完整的计划方案会因为逐层分解而变得模糊不清失去协调；四是随着层次和管理者人数的增多，控制活动会更加困难。

3. 管理层次的划分

企业管理层次的多少，要根据企业的任务量与企业规模而定。

一般企业管理层次分为上、中、下三个层次，每个层次都有明确的分工。

上层是最高经营管理层或战略决策层，主要职能是从企业整体利益出发，对企业实行统一指挥和综合管理，并制定企业目标和大政方针。

中层是经营管理层，主要职能是为达到企业总目标，为各部门制定具体管理目标，拟定计划的实施方案、步骤和程序，评价生产经营成果和采取纠正偏离目标的措施等。

下层是执行管理层或操作层，主要职能是按照计划和规定的程序，协调基层各项工作和实施计划。

企业管理层次是自上而下地逐级实施指挥与监督的权力。较低层次的管理人员处理问题的权限由较高一级的主管人员给予规定，必须对上级的决策做出反应，并向上级汇报工作；上层管理者在一般情况向更高一级的委派者负责。

（三）管理幅度和管理层次的关系

管理层次受到企业规模和管理幅度的影响，与企业规模成正比，企业规模越大，员工越多，管理层次越多；在一定的企业规模下，管理层次与管理幅度成反比，管理者直接控制的下属越多，管理层次越少，管理幅度减小，则管理层次增加。

管理层次与管理幅度的反比关系决定了两种基本的管理组织结构形态，即扁平结构和锥型结构（或称高耸型结构）。

（四）管理组织结构形式

组织机构是企业运行的基础，是支持企业业务运作的基石。

管理组织结构形式主要有职能型、项目型、矩阵型、复合型和其他形式。

1. 职能型组织结构

（1）职能型组织结构的含义。

职能型组织结构又称为U形组织，亦称“法约尔模型”，是按职能来组织部门分工，即从企业高层到基层，均把承担相同职能的管理业务及其人员组合在一起，设置相应的管理部门和管理职务。

职能型组织结构是以工作方法和技能作为部门划分的依据。现代企业中许多业务活动都需要有专门的知识和能力，通过将专业技能紧密联系的业务活动归类组合到一个单位内部，可以更有效地开发和使用技能，提高工作效率。

（2）职能型组织结构的主要特点。

一是各级管理机构和人员实行高度的专业化分工，各自履行一定的管理职能，每一个职能部门所开展的业务活动将为整个组织服务；二是整个管理系统划分为两大类机构和人员，一类是直线指挥机构和人员，可以对其直属下级下达指令；另一类是参谋机构和人员，其职责是为同级直线指挥人员出谋划策，不能对下级单位发号施令，而是起业务上的指导、监督和服务的作用；三是企业管理权力高度集中，各个职能部门和人员都只负责某一个方面的职能工作，只有最高领导层纵观企业全局，企业生产经营的决策权集中于最高领导层。

（3）职能型组织结构的缺点。

职能型组织结构的缺点：一是没有直接负责的强有力的权力中心或个人；二是不是以目标为导向的；三是没有顾客问题处理中心，对问题的解决反应迟钝；四是协调十分困难。

（4）职能型组织结构的优势。

职能型组织结构的优势：一是使用人员灵活性较大；二是有利于知识和经验的交流，有助于技术问题获得创造性的解决；三是专业人员可以从本职部门获得一条顺畅的晋升途径；四是有利于技术连续性的保持。

（5）职能型组织结构的劣势。

职能型组织结构的劣势：一是职能部门的工作方式往往是面对本部门的；二是活动及其所关心的焦点不是顾客；三是责任不明确。

2. 项目型组织结构

（1）项目型组织结构的含义。

项目型组织结构是指一切工作都围绕项目进行、通过项目创造价值并达成自身战略目标的企业组织结构。

项目型组织结构适用于同时进行多个项目，但不生产标准产品的企业。常见于一些涉及大型项目的公司，如建筑业、航空航天业等。

（2）项目型组织结构的优点。

项目型组织结构的优点：一是结构单一、责权分明，每个成员始终都了解团队的工作并为之负责，利于统一指挥；二是目标明确单一；三是沟通简洁、方便，运行效率高；四是决策快。

（3）项目型组织结构的缺点。

项目型组织结构的缺点：一是管理成本过高，经济性也差；二是项目环境封闭，不利于与外界沟通、技术共享等；三是员工缺乏事业上的连续性和保障等。

（4）项目型组织结构的管理要点。

项目型组织结构的管理要点：一是分类明晰化，二是过程标准化，三是内容知识化。

3. 矩阵型组织结构

（1）矩阵型组织结构的含义。

矩阵型组织结构是职能型组织结构与项目型组织结构的混合体。

矩阵式组织结构即在职能型组织结构形态下，为某种特别任务而另外成立专门小组负责，此小组与职能部门配合，在形态上有行列交叉，即为矩阵式组织结构。

矩阵型组织结构是职能部门和按产品（项目）划分的小组结合起来组成一个矩阵，一名管理人员既同原职能部门保持组织与业务上的联系，又参加项目小组的工作。职能部门是固定的组织，项目小组是临时性组织，完成任务以后就自动解散，其成员回原部门工作。

（2）矩阵型组织结构的特点。

矩阵型组织结构是为了改进职能型组织结构横向联系差、缺乏弹性的缺点而形成的一种组织形式，其特点表现在围绕某项专门任务成立跨职能部门的专门机构，由相关部门派人参加，条块结合，以协调有关部门，保证任务的完成。

矩阵型这种组织结构形式是固定的，人员却是变动的，需要谁，谁就来，任务完成后就可以离开。项目小组和负责人也是临时组织和委任的。任务完成后就解散，有关人员回原单位工作。因此，这种组织结构非常适用于横向协作和攻关项目。

矩阵型组织结构里的项目团队成员有两个汇报关系：一是有关项目的情况向项目负责人汇报，二是在行政管理方面向职能部门负责人汇报。在矩阵型项目组织结构中，职能部门的人员可以在几个同时进行的项目中工作，几个项目可以共享员工的工作时间，能有效地利用资源，使企业及每个项目的全面成本降至最低。矩阵型组织结构的基础、核心技术资源可供所有项目使用，提高企业整体技术资源利用能力。矩阵型组织结构适用于同时承担多个项目，而且各个项目的资源具有共享性的企业。

（3）矩阵型组织结构的优点。

矩阵型组织结构是一种混合体，是职能型组织结构和项目型组织结构的混合，既有项目型组织结构注重项目和顾客的特点，也保留了职能型组织结构的职能特点；将职能与任务很好地结合在一起，既可满足对专业技术的要求，又可满足对每一项目任务快速反应的要求。

矩阵型组织结构的优点：一是把企业的横向与纵向关系相结合，有利于协作生产；二是针对特定的任务进行人员配置有利于发挥个体优势，提高项目完成的质量，提高劳动生产率；三是各部门人员的不定期的组合有利于信息交流，增加互相学习机会，提高专业管理水平；四是有明确的项目目标；五是项目可获得职能部门更多的支持；六是可最大限度地利用企业的稀缺资源。

（4）矩阵型组织结构的缺点。

矩阵型组织结构的缺点：一是项目负责人的责任大于权力，对成员管理困难，没有足够的激励手段与惩治手段；二是要求项目负责人具有较高的协调能力和丰富的经验；三是双重领导，权力难以保持平衡；四是资源分配与项目优先的问题产生冲突。

（5）弱矩阵组织结构。

弱矩阵组织结构基本保留职能组织结构的大部分主要特征，在组织系统中为更好地实施项目，建立相应明确的项目组。项目组由各职能部门下属的职能人员或职能组所组成，这样针对某一项目就有对项目总体负责的项目组织，但并未明确对项目目标负责的项目经理，即使有项目负责人，其角色只是项目协调者或项目监督者，而不是管理者。

（6）平衡矩阵组织结构。

平衡矩阵组织结构是对弱矩阵组织结构的改进，为强化对项目的管理，在项目组内，从职能部门参与本项目活动的成员中任命一名项目负责人，并赋予其一定的权力，对项目整体与项目目标负责。

（7）强矩阵组织结构。

强矩阵组织结构具有项目的线性组织结构的主要特征。强矩阵组织结构在系统原有的职能组织结构的基础上，由企业的最高领导任命对项目全权负责的项目负责人，项目负责人直接向最高领导负责。

强矩阵组织结构具有项目型组织结构的许多特点，拥有专职的、具有较大权限的项目负责人以及专职的项目管理人员。

4. 复合型组织结构

复合型组织结构是企业内在运作项目时，或多或少地同时包含职能型、项目型、矩阵型三种组织结构形式，构成复合型组织结构，组织结构中拥有来自不同职能部门的专职人员，可以制定自己的运作过程，并且可以脱离标准的正式报告机制进行运作。

二、构建现场管理运行机制

在确定的现场管理组织机构中，通过建立系统的现场管理制度，明确组织机构的功能以及各岗位的相互关系，以及规定现场管理中与人、财、物相关各项活动的基本准则和运行方式。同时，确定现场管理过程的范围、权责、顺序和相互作用。

（一）管理机制

1. 管理机制的含义

管理机制是指管理系统的内在联系、功能及运行原理，是决定管理功效的核心问题，以客观规律为依据，以企业的组织结构为基础和载体，由若干子机制有机组合而成，是加强科学管理的依据。

2. 管理机制的特点

管理机制具有内在性、系统性、客观性、自动性、可调性的特点。

（1）内在性。

管理机制是管理系统的内在结构与机理，其形成与作用完全由其自身决定。

（2）系统性。

管理机制是一个有机的完整系统，具有保证其功能实现的结构与作用系统。

（3）客观性。

企业内部组织结构、功能确定后，必然要产生与之相应的管理机制，其类型、功能客观存在，不以人的意志为转移。

（4）自动性。

管理机制形成后，就会按其规律、秩序，自发地、能动地诱导和决定企业行为。

（5）可调性。

管理机制是由企业的基本结构决定，只要改变企业的基本构成方式或组织结构，就会相应改变管理机制的类型和作用效果。

（二）运行机制

运行机制是引导和制约决策人、财、物相关的各项活动的基本准则及相应制度，是决定行为的内外因素及相互关系的总称。

运行机制是指企业基本职能的活动方式、系统功能和运行原理，具有普遍性。

运行机制是指影响企业运营的各因素的结构、功能及其相互关系，以及这些因素产生影响、发挥功能的作用过程和作用原理及其运行方式，是企业经营过程中的主体机制。

（三）现场管理运行机制

现场管理运行机制是企业现场管理组织系统的功能和运行原理，包括系统的现场管理制度、组织机构的功能、各岗位的相互关系，还有规定现场管理中与人、财、物相关各项活动的基本准则、运行方式和现场管理过程的范围、权责、顺序和相互作用。

1. 管理制度

（1）制度。

制度指以规则或运行模式，规范个体行动的一种社会结构。

对于社会，制度是在一定条件下形成的政治、经济、文化等方面的体系；对于企业，制度是指企业制定的要求全体员工共同遵守的办事规程或行动准则。

制度的特点：一是指导性和约束性，二是鞭策性和激励性，三是规范性和程序性。

（2）现场管理制度。

现场管理制度是现场管理的规则，是要求现场工作的员工共同遵守的办事规程或行动准则。

2. 功能

功能指事物或方法所发挥的有利作用，指效能。

组织机构的功能是企业组织机构能发挥的有利作用。

构建企业现场管理运行机制，要明确现场管理组织机构的功能，明确其职责。

3. 各岗位的相互关系

（1）岗位。

岗位原指军警守卫的处所，现泛指职位。岗位是企业为完成某项任务设置，由工种、职务、职称和等级等性质所组成，必须归属于一个人。

岗位跟职位也是有明显的不同。

职位是企业重要的构成部分，泛指一个阶层或一类，随企业的组织结构而定，一般是将某些任务、职责和责任组为一体；岗位是具体的，因事而设，是企业要求员工个体完成的一项或多项责任以及为此赋予员工个体的权力的总和，通常只能由一个人担任。

职位是一个或若干个岗位的共性体现，是按规定担任的工作或为实现某一目的而从事的明确的工作行为，由一组主要职责相似的岗位所组成；而岗位则是指由一个人所从事的工作。岗位与人对应就是职位，职位可以由一个或多个岗位组成。

（2）关系。

关系是指事物之间相互作用、相互影响的状态，是指人之间、事物之间及人与事物之间的相互联系。

在哲学上，关系是事物及其特性之间的相互联系，是不同事物、特性的一种统一形式。不同事物及其不同特性，按着各种不同类型的关系而彼此联系在一起。

各岗位的相互关系是指各岗位之间相互作用、相互影响的状态，是指各岗位之间的相互联系。

构建企业现场管理运行机制，要明确现场的岗位，明确现场各岗位之间、现场岗位与其他岗位之间的相互联系即其相互作用、相互影响的状态。

4. 准则

准则是所遵循的标准或原则，是言行等所依据的原则，或以之为标准或原则。

行为准则是个人、集体或社会的行为所服从的约束条件，分为两大基本类型，即“应该”型行为准则和“不得”型行为准则。“应该”型行为准则是选择和实施能够产生最大正向价值效应的行为准则，是主体行为所必须达到的价值高度；“不得”型行为准则是逃避和拒绝能够产生最大负向价值效应的行为准则，是主体行为所避免超越的价值界限。

基本准则是企业现场管理中与人、财、物相关各项活动必须遵守的基本要求。

5. 运行方式

（1）运行。

运行指沿着一定的轨道行动，在企业管理中指企业组织机构进行行使权力的活动。

（2）方式。

方式是可用以规定或认可的形式和方法，指言行所采用的方法和样式。

运行方式是企业组织机构进行行使权力的活动采用的形式和方法，是管理人、财、物的各项活动的形式和方法。

6. 范围

范围指界限、限制，指周围界限，指一定的时间空间限定。

7. 权责

权责即权力与职责。

（1）权力。

权为衡器。权力，是平衡的力量、平衡的能力，指职责范围内的领导和支配力量，是人与人之间的一种特殊影响力，是一些人对另一些人造成他所希望和预定影响的能力，或者是一个人或许多人的行为使另一个人或其他许多人的行为发生改变的一种关系。

权力有公权（政府）、私权（市场）和共权（社会），相互之间相互制衡。企业的权力属于私权，但受到公权和共权的制约。

（2）职责。

职责指职务应尽的责任；是职位必须承担的工作范围、工作任务和工作责任；是指任职者为履行一定的职能或完成工作使命负责的范围和承担的一系列工作任务，以及完成这些工作任务所需承担的相应责任。

职责是职务与责任的统一，包括授权范围及其相应责任。

职责的作用意义，一是能最大限度实现劳动用工的科学配置；二是有效防止因职务重叠而发生的工作扯皮现象；三是提高内部竞争活力，更好地发现和使用人才；四是作为工作考核的依据；五是提高工作效率和工作质量；六是规范操作行为；七是减少违章行为和违章事故的发生。

工作职责是指在工作中所负责的范围和所承担的相应责任，包括完成效果等；是工作者对具体工作的内容所负的责任。

岗位职责指岗位需要完成的工作内容以及承担的责任范围，是具体的工作描述。

8. 顺序

顺序，一指顺理而有序、和谐而不紊乱，二指次序、次第。

现场管理过程的顺序指其次序。

9. 相互作用

作用一是指对事物产生影响，二是指对人或事物产生的影响、效果。

相互作用是事物之间或事物内部因素之间联系的表现形式。

相互作用是客观世界普遍联系的表现，是事物间或事物内部因素间关系和过程的基本内容；世界上不存在独立的、与其他事物没有任何联系的事物，而相互作用正是事物间联系的表现，没有相互作用也就表明不存在联系。

相互作用使事物的原有性质和状态发生改变，是事物运动、发展的真正原因。事物之间的相互作用，具有非常丰富的内容和形式，使客观世界形成一个有机整体，并处于不断地运动和变化发展中。

构建现场管理运行机制，现场管理过程各项活动顺序和相互作用。

三、建立现场管理授权和激励机制

企业在现场管理中充分应用授权管理，建立激励机制，包括精神激励、薪酬激励、晋升激励，构建良好的员工关系和沟通渠道，激发企业中全体员工参与现场管理的积极性和主动性。

（一）管理授权

1. 授权

授权是主管将职权或职责授给某位部属负担，并责令其负责管理性或事务性工作；是企业领导通过为员工和下属提供更多的自主权，以实现企业目标的过程。

授权是领导者智慧和能力的扩展和延伸，要遵循客观规律和原则。

授权是管理的艺术，充分合理的授权能使领导从烦琐的事务中脱身，把时间和精力放到企业发展及引领下属和员工更好地运营企业上。

2. 授权的特征

授权具有 4 个特征：一是授权的本质是上级对下级的权力下放的过程，也是职责的再分配过程；二是授权的发生要确保授权者与被授权者之间信息和知识共享的畅通，确保权责的对等，确保被授权者得到必要的技术培训；三是授权是一种文化；四是授权是动态变化的。

3. 授权的必要性

企业管理中，授权的必要性体现在 4 个方面：一是授权是完成目标责任的基础，二是授权是调动部属积极性的需要，三是授权是提高部属能力的途径，四是授权是增强应变能力的条件。

4. 授权的意义

授权的意义，一是明确企业组织机构中成员之间的关系；二是使领导者能够腾出时间处理企业及有关活动中最重要的问题；三是为被领导者提供锻炼的机会，有利于不断充实各级领导人员；四是能够提高决策效率；五是能够提高企业员工士气。

5. 授权的原则

授权的基本依据是目标责任，要根据责任者承担的目标责任的大小授予一定的权力，并遵循 4 项原则。一是相近原则，即给直接下级授权和把权力授予最接近做出目标决策人、执行人；二是授要原则，即授给下级的权力是其实现目标最需要的、比较重要的、能够解决实质性问题的权力；三是明责授权，即授权以责任为前提，授权同时要明确其职责，使下级明确自己的责任范围和权限范围；四是动态原则，即针对下级的不同环境条件、不同的目标责任及不同的时间，授予不同的权力，包括单项授权、条件授权、定时授权等。

6. 授权的程序

授权的程序，首先是与部属事前讨论企业的有关目标、工作标准及工作责任；其次是明确规定下属及其他相关人员的工作责任；再次是规定下属向上级报告的次数；第四是明确下属遇到不能处理的问题，要及时请求上级协助；第五是进行奖励与惩罚。

7. 授权的优缺点

（1）授权的优点。

授权的优点有 7 点：一是下属可增加参与解决问题的机会；二是可以减轻领导工作负担；三是领导可以从事重要性管理或例外管理；四是可以训练下属，使其具有独当一面的工作能力；五是授权可以使企业内部形成竞争风气；六是使下属对完成达成任务负责，增强其责任心；七是领导可以增加管理幅度，减少管理层次，提高沟通效率和工作效率。

（2）授权的缺点。

授权的缺点有 3 点：一是通常需要密集且昂贵的管理训练；二是需要较复杂的计划及报告程序；三是某些领导认为授权削减自己的权力及影响力，不能真正放权，流于形式。

8. 授权注意事项

授权需要注意的事项，一是选择合适的授权对象；二是明确授权的目标；三是按程序授权；四是布置合理的授权内容；五是不要重复授权；六是多授权富有挑战力的工作；七是对完成目标进行管理和考核。

（二）激励机制

1. 激励

激励指激发和鼓励。

激励是企业通过设计适当的奖励、处罚和工作环境，以一定的规范和措施激发、引导、保持和规范企业员工的行为及活动，实现企业及个人目标的过程；是调动人的工作积极性，把其潜在的能力充分地发挥出来。

激励是诱导员工从事或不从事某种行为、活动的因素，就是要激发和鼓励员工为企业目标积极主动的、符合要求的工作行为。

激励可以从以下 5 方面理解。

（1）激励的出发点是满足企业员工的各种需要，即通过系统地设计适当的外部奖励形式和工作环境以满足企业员工的外在性需要和内在性需要。

（2）激励需要奖励和惩罚并重，既对员工符合企业要求的行为进行奖励，又对员工不符合企业要求的行为进行惩罚。

（3）激励包括了解员工需要、把握员工个性、控制员工行为过程、评价员工行为结果等，贯穿于企业员工工作的全过程。

（4）贯穿于激励工作始终的是信息沟通，宣传激励制度、了解员工个人、控制员工行为过程、评价员工行为结果等都依赖于一定的信息沟通。

（5）激励的最终目的是实现企业目标的同时，实现员工个人目标，客观上达到企业目标和员工个人目标的统一。

2. 激励机制的含义

激励机制是指通过特定方法和管理体系，把员工对企业及工作的承诺最大化的过程；是在企业组织系统中，激励主体系统运用多种激励手段并使之规范化和相对固定化，而与激励客体相互作用、相互制约的结构、方式、关系及演变规律的总和。

激励机制是企业将远大理想转化为具体事实的连接手段。

3. 激励机制的内容

激励机制包含诱导因素集合、行为导向制度、行为幅度制度、行为时空制度、行为归化制度等内容。这些都是激励机制的构成要素，激励机制是其总和。诱导因素发动行为，行为导向制度、行为幅度制度、行为时空制度、行为归化制度导向、规范和制约行为。

（1）诱导因素。

诱导因素是用于调动员工积极性的各种奖励资源。诱导因素是以员工需要为基础，根据企业拥有的奖励资源设计各种奖励形式，包括福利、奖金、提高基本工资等硬性奖励和培训、休假、旅游、疗养甚至工作环境等软性奖励。

（2）行为导向制度。

行为导向制度是企业对员工的努力方向、行为方式和应遵循的价值观的规定。由诱导因素诱发的员工个体行为不一定都是指向企业目标，员工个人价值观也不一定与企业价值观相一致，企业需要在员工中培养统一的主导价值观。

（3）行为幅度制度。

行为幅度制度是指对诱导因素激发的行为在强度方面的控制规则。对个人行为幅度的控制可通过改变奖励与绩效之间的关联性以及奖励本身的价值实现，通过行为幅度制度将员工的努力水平调整在一定范围之内，防止奖励对员工激励效率的快速下降。

（4）行为时空制度。

行为时空制度是指奖励制度在时间和空间方面的规定，包括特定硬性奖励和特定绩效关联的时间限制、员工与一定的工作相结合的时间限制以及有效行为的空间范围。行为时空制度可防止员工的短期行为和地理无限性，使其受到奖励的行为具有一定的持续性，并保持在一定的时期和空间范围内。

（5）行为归化制度。

行为归化是指对员工进行企业同化、对员工违反行为规范或达不到要求的处罚和教育。

企业同化是指把新员工融入企业的系统过程，包括对新员工在人生观、价值观、工作态度、合乎规范的行为方式、工作关系、特定的工作机能等方面的教育，明确各种处罚制度，使其符合企业风格和习惯，成为合格的员工。

4. 激励机制的作用

科学的激励机制具有吸引人才、留住人才、调动员工积极性、创造良好环境等作用。

（1）吸引人才。

通过丰厚的福利待遇、快捷的晋升途径等激励措施，可以为企业吸引优秀的人才，吸引企业需要的人才。

（2）留住人才。

企业的发展，需要留住优秀人才。

（3）调动员工积极性。

激励机制可开发员工的潜在能力，充分调动员工积极性，激发员工的创造性、革新精神和主动提高自身素质的意愿。

（4）创造良好环境。

科学的激励机制鼓励竞争，能创造良性的竞争环境，形成良性的竞争机制，促使员工将竞争压力转化为努力工作的动力。

5. 激励机制的运行模式

激励机制的运行模式即激励机制运行的过程，亦即激励主体与激励客体之间互动的过程，也就是激励工作的过程。

激励机制运行模式从员工进入工作状态之前开始，贯穿于实现企业目标的全过程，又称为全过程激励模式，在管理实践中可分为5步。

首先是双向交流。管理人员了解员工的个人需要、事业规划、能力和素质等，同时向员工阐明企业目标、企业倡导的价值观、企业的奖惩制度和内容、绩效考核标准和行为规范等，员工展现自己的能力和特长，表达各方面要求和打算，并了解企业对自己的要求。

其次是各自选择。管理人员根据员工的特长、能力、素质和工作意向为其安排适当的岗位，提出适当的努力目标和考核办法，采取适当的管理方式并付诸行动；员工以合适的工作态度、行为方式和努力程度开始工作。

再次是阶段性评价。对员工已经取得的阶段性成果和工作进展及时进行评判，管理者和员工双方再做适应性调整。

第四是年终评价与奖励。年终，员工要配合管理人员对其工作绩效进行评价、考核并据此获得企业的奖惩，管理者要听取员工自己对工作的评价。

第五是比较和再交流。员工对自己获得的奖惩与相应人员、过去所得比较，与管理人员再交流。

6. 激励机制的设计原则

激励机制中，要遵守目标结合原则、多种方式原则、惩恶扬善原则、公平合理原则、直观公开原则、把握时效原则和按需激励原则。

（1）目标结合原则。

在激励机制中，目标设置要体现企业目标和员工需求。

（2）多种方式原则。

激励有硬性激励和软性激励方式之分，有有形激励和无形激励方式之分；硬性激励和有形激励方式指奖金、福利、物质等经济性激励方式，软性激励和无形激励指地位、权利、成就感、社会认同等非经济性激励；各种激励方式要有机结合。

（3）惩恶扬善原则。

要正激励与负激励相结合，引导被激励者自觉发扬好的行为，放弃不好的行为；奖励员工符合企业目标的行为，惩罚员工违背企业目标的行为。

（4）公平合理原则。

激励措施要公平、合理、适度。

（5）直观公开原则。

直观性和公开性加强激励的心理效应，激励的目的和方法要明确、直观和公开。

（6）把握时效原则。

激励越及时，越有利于将人们的激情推向高潮，使其创造力连续有效地发挥出来。要把握好激励的时机。

（7）按需激励原则。

员工的需求因人而异，随时变化。满足员工最迫切的需求，激励强度最大，激励效用最高。

7. 激励机制的注意事项

激励机制运行中要注意以下事项：一是给员工分配的工作要适合他们的工作能力和工作量；二是论功行赏，按过处罚；三是通过培训，提高员工的工作能力，并从企业内部选拔有资格担任领导工作的人才；四是不断改善工作环境和安全条件；五是尊重员工，公正评价。

（三）薪酬激励

1. 薪酬

薪酬即薪水和酬劳，是指企业员工工作报酬的总和，是企业以法定货币和法定形式定期或不定期支付给员工的一种工作报酬，是企业对员工提供劳务和所做贡献的回报。

薪酬分为直接薪酬和间接薪酬。直接薪酬包括工资、奖金、年薪，间接薪酬可包括福利、红利、股权；福利是对工资或奖金等难以包含、准确反映情况的一种补充性报酬，可以不以货币形式直接支付，如带薪节假日、医疗、安全保护、保险等。

2. 薪酬激励的含义

薪酬激励是指企业运用薪酬的不同，使员工采取某种积极行为，努力实现企业目标分解的岗位目标，提高劳动生产率。

薪酬激励可以有效地提高员工工作的积极性，促进其工作效率的提高，最终促进企业的发展。

3. 薪酬设计原则

薪酬设计要遵循公平原则、竞争性原则、激励性原则和经济性原则。

（1）公平原则。

公平不是平均，包括横向公平和纵向公平。横向公平建立在员工的岗位、级别、能力一致的基础上，纵向公平基于企业发展过程，员工的薪酬随着在企业工作时间的积淀而持续增长。

（2）竞争性原则。

企业的薪酬要与其他企业具有一定的竞争性，才能吸引人才、留住人才，使人才为企业的发展效力。

（3）激励性原则。

高薪要与科学性相结合，才能真正激发员工工作的积极性。科学的薪酬要激发员工能力并与其工作业绩紧密结合。

（4）经济性原则。

薪酬要在企业的承受能力、利润积累、成本控制的范围之内。

4. 薪酬体系

薪酬有 5 种主要依据，相应地形成 5 种薪酬体系，即岗位薪酬体系、绩效薪酬体系、技能薪酬体系、市场薪酬体系、年功薪酬体系和综合薪酬体系。

（1）岗位薪酬体系。

岗位薪酬体系是以岗位价值作为确定工资的基础和依据，即对岗位本身的价值做出客观评价，再根据评价结果赋予岗位工作人员与该岗位价值相当的基本工资。

和传统按资历和行政级别的付酬模式相比，岗位薪酬体系的优点是真正实现了同岗同酬，体现了公平性，薪酬随职位晋升而晋级，使员工努力工作以争取晋升。

岗位薪酬体系的缺点是员工长期得不到晋升时，本岗工作越来越出色，其收入水平却难以大幅度提高，影响其工作的积极性。岗位导向的薪酬制度更看重内部岗位价值的公平性，难以吸引急需的人才。

（2）绩效薪酬体系。

绩效薪酬体系是以员工的工作业绩为基础支付薪酬，其唯一依据或主要依据是工作绩效；把员工的绩效同制定的标准相比较以确定其绩效工资的额度，形式有计件工资制、工时工资佣金、年薪等，适用于生产工人、销售人员等。

绩效薪酬体系的优点是员工收入和工作目标的完成情况直接挂钩，让员工感觉很公平，多劳多得，激励效果明显。通过层层目标分解，员工工作目标具体、明确，企业战略容易实现。企业不用事先支付过高的人工成本，在整体绩效不好时能够节省人工成本。

绩效薪酬体系的不足是员工收入在考虑个人绩效时，会造成部门或者团队内部成员的不良竞争，为取得好的个人绩效，员工可能会减少合作；有些工作绩效评估往往很难做到客观准确；在企业增长缓慢时，员工拿不到高的物质方面的报酬，对员工的激励力度下降；在企业困难时，员工可能会选择离职或消极工作。

（3）技能薪酬体系。

技能薪酬体系是以员工所具备的能力、技能作为工资支付的基础，以人的能力要素作为工资支付的依据；员工获得报酬的差异主要来自员工自身能力水平的差异，而非职位等级、岗位价值。技能薪酬体系适用于企业中的技术工人、技师、研发人员、专业技术人员、专业管理人员等。

技能薪酬体系的优点是员工注重能力的提升，就容易转换岗位，增加了发展机会。行政管理岗位上的员工可以转入技术岗位，在专业领域发展，同样可获得高薪，企业可留住专业技术人才。员工能力不断提升，企业灵活性增强，能够适应多变的环境。

技能薪酬体系的缺点是同样的工作岗位的收入可能不同，容易造成不公平感。

（4）市场薪酬体系。

市场薪酬体系是根据市场价格确定企业薪酬水平，根据区域、行业人才市场的薪酬调查结果确定岗位的具体薪酬水平，适用于企业的核心人员。

市场薪酬体系的优点是企业可以通过薪酬策略吸引和留住关键人才。参照市场定工资，员工容易接受，减少企业内部矛盾。

市场薪酬体系的不足是要求企业具有良好的发展能力和赢利水平，否则难以支付和市场接轨的工资水平；对薪酬市场数据的客观性要求很高，员工要非常了解市场薪酬水平，才能认同市场工资体系；企业内部薪酬差距会很大，会影响内部公平性。

（5）年功薪酬体系。

年功薪酬体系是按照员工为企业服务期的长短而支付或增加薪酬的一种管理制度，往往与终生雇佣制相关联，基本特点是员工的企业工龄越长，工资越高。

年功薪酬体系优点是员工的安全感强、容易提高员工的忠诚度。

年功薪酬体系的缺点是工资刚性太强、弹性太弱、不易调整，容易形成论资排辈的氛围，不利于有才能的人才成长，不利于吸引年轻人。

（6）综合薪酬体系。

综合薪酬体系即综合以上薪酬体系，按岗位、绩效、技能、企业工龄、市场以相应的权重计算工资总额薪酬体系。很多企业采取这种薪酬计算方式。

5. 年薪制

年薪制是对传统分配制度的突破，是对经营者特殊劳动的体现和承认；有利于理顺和明确所有者与经营者之间的责权利关系；有利于确保企业资产的保值和增值；有利于促进企业改制，建立现代企业制度；有利于造就职业经理人队伍。

6. 股权激励

股权激励是通过附条件给予员工部分股东权益，使其具有主人翁意识，与企业形成利益共同体，促进企业与员工共同成长，促进企业稳定发展，实现长期目标。

股权激励是企业为了激励和留住核心人才而推行的一种长期激励机制。

股权激励对防止经理的短期行为，引导其长期行为具有较好的激励和约束作用。

股权激励有利于激发员工的积极性，实现自身价值。由于员工的长期价值可通过股权得以体现，其工作积极性会大幅提高。

股权激励是一种长期激励计划，主要影响员工将来的行为；使员工与企业业绩挂钩，提高员工忠诚度，限制员工跳槽；既可以采用现金支付，又可以采用股票相关方式支付；使员工与企业形成以产权为纽带的利益共同体，共负盈亏。

年薪和股权主要适用于企业高、中层管理者和核心人员，如主要技术人员等，也有企业对全体员工实行股权激励。

（四）精神激励

1. 精神激励的含义

精神激励属于内在激励，是精神方面的无形激励，包括授权给员工，认可员工的工作绩效，公平、公开的晋升制度，提供学习、考察等机会，实行弹性工作时间制度，制定适合个人特点的职业生涯发展道路等。

精神激励是一项深入细致、复杂多变、应用广泛、影响深远的工作，是管理者用思想教育的手段倡导企业精神，是调动员工积极性、主动性和创造性的有效方式。

精神激励是使员工具有优越感和自豪感，是通过非物质手段满足人的社会心理需要，激发人的良好行为的一种方式；以表扬、奖状、勋章、荣誉称号、授权等作为激励手段，主要满足员工对尊重、成就、自我实现等高层次的精神需要。

处于社会中的人，除了生物属性所必需的各种物质需要外，还有各种精神需要。人渴望满足各种精神需要的心理动机，就成为调动人的积极性的精神激励力量。

2. 精神激励的方法

精神激励的方法，一是情感激励法，二是领导行为激励法，三是榜样典型激励法，四是奖励惩罚激励法。

3. 精神激励的法则

精神激励的法则，一是把员工当亲人，关心和重视每个员工，承认其成就、尊严和价值；二是把员工当主人，员工的工作有贡献，其人生有价值，就是企业的主人；三是肯定员工的人格尊严，员工有和谐的工作环境、明确的个人前途、开放的沟通渠道、足够的隐私空间、充分的培训机会及平和的离职安排；四是让员工感受工作乐趣，使其感受工作的满足感；五是采纳员工建议，调动员工的工作热情；六是宽容员工的失误，对犯错误的员工不是一味地严肃处理，而是给他们一个将功抵过的机会；七是鼓励员工创新，员工有权选择设想、有权尝试冒险、有权规划未来、有权获取利益；八是使员工与企业荣辱与共，实行“无缺点管理”；九是与员工交流沟通，问好、谈心、表扬、培训、考核、晋级、换工、进修、定向、统一；十是创造欢乐氛围，对员工露出笑容。

（五）晋升激励

1. 晋升

晋升是指有等级之分的职务、职称等，从低级别向高级别的升迁；是企业领导将员工从低一级的职位提升到新的更高的职务，同时赋予与新职务一致的责、权、利的过程；是员工向比当前工作岗位挑战性更高、所需承担责任更大、享有职权更多的工作岗位流动的过程。

2. 晋升的功能

晋升是企业中一种重要的激励措施。

企业职务晋升制度有两大功能，一是选拔优秀人才，合理配置人力资源，实现能力和职位的匹配；二是激励现有员工的工作积极性，企业从内部选拔优秀员工到更高、更重要的岗位工作，对员工发展有重要意义。

合理的晋升机制为员工创造了追求晋升的氛围，能够为其晋升提供支持和保障。

3. 晋升激励机制原则

企业的晋升激励机制，要遵循一定的原则。一是德才兼备原则。晋升者需要德和才不可偏废；二是机会均等原则，公开招聘、公平竞争、唯才是举、不唯学历、不唯资历；三是阶梯晋升和破格提拔相结合原则，一般阶梯晋升，特殊人才破格提拔。

4. 晋升机制

晋升一般有 3 种机制，即基于资历的晋升机制、基于绩效的晋升机制和基于人际关系的晋升机制。

（1）基于资历的晋升机制。

基于资历的晋升机制以员工工作时间长短和资格深浅为晋升主要标准；员工即使能力、绩效再好，但资历不够或之前还有资历更资深者，也无法获得晋升。

基于资历的晋升机制的理论依据，是员工的业务能力、技术熟练程度、对企业的贡献均与工作年限成正比。

（2）基于绩效的晋升机制。

基于绩效的晋升以员工在当前岗位上的工作表现和工作绩效为晋升主要标准。

基于绩效的晋升机制隐含着一个判断，即在当前的工作岗位上成绩突出的员工，在更高的岗位上一定会有所成就。

（3）基于人际关系的晋升机制。

人际关系是指员工与领导、同事的亲密程度。

基于人际关系的晋升机制以员工与领导和同事的亲密程度为晋升主要标准。

5. 晋升激励需要明确的思路

企业对员工的晋升激励，需要明确相应的思路。一是以资历为依据还是以能力为依据，抑或以人际关系为依据；二是如何对能力进行衡量；三是晋升过程是否正规化，是否有正规化的程序。

（六）积分激励

1. 积分激励的含义

积分激励即企业为提升员工忠诚度、减少员工流失设计实施的一整套涵盖激励原则、激励规则、激励流程、效果评估等在内的体系，按照员工的工作表现、工龄等给予积分，员工积分可以累积，并可兑换，以此激励员工完成企业目标，调动员工积极性，实现企业和员工的共同价值。

积分激励是一种综合激励方式。

积分激励源于一些服务行业如航空公司、银行等对于老顾客的奖励制度或者提高顾客忠诚度的方法。对多次购买某一航空公司的机票、多刷某一银行的信用卡，按其飞行里程、刷卡金额积分，换取奖励，提高顾客忠诚度。积分激励是把顾客忠诚度延伸到员工忠诚度，把对顾客群体的行为进行激励延伸到对员工群体的行为进行激励。

积分激励使员工有一种累积的感知，引导员工持续的优异表现。

2. 积分激励的原则

积分激励要遵守一致性、标准化、激励性的原则。

（1）一致性原则。

一致性原则即确保企业的积分项目和企业目标的一致性，明确积分行为或结果。

（2）标准化原则。

标准化原则即确保企业内使用统一标准化的积分标准，明确各奖项需要的积分。

（3）激励性原则。

激励性原则即确保员工获得奖励积分后，可兑换奖品的多样性和高性价比。

3. 积分项目

积分项目可根据企业阶段性需求的特点来设计，具有较强的灵活性。

积分项目可从企业关键绩效指标中分解、提炼，如鼓励创新的员工创新积分、鼓励销售的销售冠军积分、鼓励吸引人的人员推荐积分及各时段考核结果积分、行为态度积分、能力提升积分、企业工龄积分、出勤积分、特殊贡献积分、荣誉获奖积分、证书专利积分等。

4. 积分项目分值

积分项目分值要依据各个项目的难度以及对企业相对价值的大小确定，设计分值时要考虑各积分项的权重。

5. 积分的奖项

员工的积分逐年积累到一定程度时，可兑现奖励。主要的奖励项目涵盖精神激励项目/薪酬激励项目/晋升激励项目，可包括荣誉称号、转岗、晋升、加薪、带薪假期、工作餐、学历或非学历进修、子女教育补贴、旅游、购物券等，员工可以相应的积分从中选择适合自己的奖励。

6. 积分管理

积分激励机制应建立积分管理制度，包括积分累积、积分消费、员工积分账户管理制度及配套的员工晋升、员工职业发展规则等。

积分项目及其分值可根据企业阶段性需求予以调整和修正。

第四节　员　工

员工是现场管理的基层执行者，员工素质决定着现场管理的效果，决定着现场管理的成败。

员工素质主要包括员工意识和员工技能。

一、基层执行者

（一）基层与基层执行者概述

基层即基础阶层、基础层面，是各种组织中最低的一层，跟群众的联系最直接。

在工业企业中，基层一般为生产中的班组以及采购、销售、售后服务的最小单位。

执行意为承办、经办，贯彻施行、实际履行。

执行者即执行人，指承办人、经办人，指方针的贯彻落实者、职责的实际履行者。

基层执行者即在工业企业生产中实际操作的员工、直接采购物品的员工、直接销售产品的员工和直接进行售后服务的员工。

基层管理者管理的都是基层执行者，现场管理要靠基层员工去执行、去操作。

基层执行者要具有执行力，重点工作是执行上层的决策，完成上级规定的指标，确保整个企业处于一个良性的运转中。

（二）执行力

1. 执行力的含义

执行力是贯彻战略意图、完成预定目标的实际操作能力；是企业竞争力的核心，是把企业战略、规划转化成为效益、成果的关键。

执行力是企业员工贯彻经营者战略思路、方针和方案计划的操作能力和实践能力，是把意图、规划转化为现实的具体执行效果好坏的体现，其强弱程度也直接制约着企业目标的顺利实现。

个人执行力是每一单个的人把上级的命令和想法变成行动，把行动变成结果，按时完成任务的能力；是指一个人获取结果的行动能力。高层管理人员的个人执行力主要表现在组织管控能力；中层管理人员的个人执行力主要表现在工作指标的实现能力；基层执行者的执行力主要表现在完成工作任务的能力。

个人执行力取决于本人是否有良好的工作方式与习惯，是否熟练掌握管人与管事的相关管理工具，是否有正确的工作思路与方法，是否具有执行力的管理风格与性格特质，是否掌握熟练的工作技能等。

2. 执行力的要素

执行力有意愿、环境、能力等三个要素，环境优良、意愿高、能力强，执行力才能强。

（1）意愿。

意愿是最初的愿望，是想要达到某个特定的目标和方向，然后用尽自己的能力去达成那个目标和方向；指个人对事物所产生的看法或想法，并因此而产生的个人主观性思维。

只有想做、愿意做，才能把事情做好；如果不想做、不愿意，事情肯定做不好。

执行的意愿来自目标、利益、危机。

目标是想要的结果，是对活动预期结果的主观设想，是在头脑中形成的一种主观意识形态。有目标才有愿望，目标必须具体、可以衡量、可以达到、有明确的截止期限，才能转化为明确的愿望。

利益是人们受客观规律制约的，为了满足生存和发展而产生的，对于一定对象的各种客观需求；是人类出于满足自身欲望的一系列物质、精神需求的产品，是能满足人类欲望的事物。通俗地说，利益就是好处，就是对人们未来有好处的事物。

个人利益包括个人物质生活和精神生活需要的满足，个人身体的保存和健康，个人才能的利用和发展等；集体利益是集体全体成员的共同利益。

有利益才有动力，受到个人利益和所在集体的利益的吸引，才能产生做事情的动力。

危机是产生危险的祸根，是严重困难的关头，是严重困难的紧要关头，是十分紧要的危险关头，是令人感到危险的时刻，是处于即将发生祸害的特别危险的境地，是有危险又有机会的时刻。

有危机才有压力，危机使利益受到威胁，就会产生一种压力，使人去排除这种威胁，产生做事排除这种威胁、消除危机的意愿。

（2）环境。

环境是周围的情况、影响或势力，是围绕着某一事物并对该事物会产生某些影响的所有外界事物，是相对并相关于某项中心事物的周围事物。

在企业现场管理中，环境指工作环境，狭义上指人的工作地周围的工厂、车间、办公室等物理环境，指工作直接发生作用的办公室或车间的大小、照明、通风、噪声等环境条件；广义上还包括与工作有关的企业经济环境、文化环境和心理环境等社会环境因素。

企业文化环境和心理环境影响行动，要行动就要给自己创造行动的环境。

（3）能力。

能力是生命物体对自然探索、认知、改造水平的度量。

能力是能够顺利完成某些活动所必须具备的个性心理特征，是直接影响活动效率，使活动得以顺利进行的心理特征。

能力是完成一项目标或者任务所体现出来的综合素质。人们在完成活动中表现出来的能力有所不同，能力是直接影响活动效率，并使活动顺利完成的个性心理特征。

能力总是和人完成一定的实践联系在一起的。离开了具体实践既不能表现人的能力，也不能发展人的能力。能力是掌握和运用知识技能所需的心理特征，是达成一个目的所具备的条件和水平。

想做还要会做，就需要能力，需要做事的能力。需要做事的能力，需要提升方法、技能、知识。

能力体现在做事的方法上，体现在做事的技能上；具备做事的能力，首先要懂得做事的方法，就要具备做事的技能。

能力与知识密切相关，但知识的多少并不直接决定着能力的高低，只有把知识应用于实践，应用于做事的过程，知识才能转化为能力。

3.企业执行力

企业的执行力是一个系统、一个团队的执行力，是企业管理成败的关键。

企业的执行力不仅体现在高、中层，更体现在基层，具体的执行都是由基层组织完成的，都是由基层执行者具体操作的。企业执行力的提高，离不开基础执行者执行力的提高，离不开基础每个具体员工执行力的提高。

二、员工意识

工业企业要采用与管理实际相协调的管理方法和形式，增强现场员工的质量意识，激励员工主动参与现场管理工作，实现现场管理的持续改进与创新。

企业采用适当的方法和形式，激发员工主动参与现场管理活动的热情，如合理化建议、质量管理小组（QC 小组）、管理创新等。通过展板、成果发布会等途径，充分展示和分享员工参与现场管理和持续改进与创新的成果，增强员工积极、自主参与现场管理和改进的意识，提升员工发现问题、分析问题和解决问题的能力。

（一）员工意识的含义

1. 意识

意识是对于客观物质世界的反映，是感觉、思维等各种心理过程的总和；是人大脑的一切活动及结果，即作为具有自觉性的思维；是人对信息进行处理后的产物。

2. 员工意识的内容

员工意识包括工作认知、工作态度和工作相关知识。

（1）工作认知。

认知即认识和感知，是人对事物的诠释，是对一类人或事物性质和特征的认识或拥有的信息，也是人脑以感知、记忆、思维等形式反映客观事物特性及其关系的心理过程。

工作认知就是员工对企业、工作和其所从事的具体工作的认识和了解。

（2）工作态度。

态度是个体对人、观念、情感、事件等特定对象所持有的稳定的心理倾向，这种心理倾向蕴含着个体的主观评价以及由此产生的行为倾向性。态度由认知、情感和行为倾向三种成分组成，三种成分相互影响、协调一致，才能形成稳定的心理倾向。

工作态度是员工对工作、企业和其所从事的具体工作所持有的稳定的心理倾向，蕴含着员工对工作的主观评价以及由此产生的行为倾向性。

工作认知是形成工作态度的基础。

（3）工作相关知识。

知识是人在学习、实践、探索过程中所形成的认知、判断和技能，是人认识自然和社会的成果。

工作相关知识包括工作所需要的文化知识、基础理论知识、专业理论知识和操作技能知识。

工作相关知识是员工意识形成的基础和条件。

（二）质量意识

1. 质量

质量是指事物、产品或工作的优劣程度；在质量管理学中，质量是一组固有特性满足明示的、通常隐含的或必须履行的需求或期望的程度。

一般人的意识中的质量为作为商品的产品的质量。

对于工业企业，质量的范围不仅包括产品质量，还包括过程质量；更广义的范围，质量包括产品质量、过程质量、体系质量及其组合的实体质量、组织机构质量、人的质量等。

2. 质量意识的含义

质量意识是企业领导到员工对质量和质量工作的认识和理解，对质量行为起着极其重要的影响和制约作用。

质量意识就是保证产品合格，符合产品的规格、形状、性能等要求，并在整个生产流程严格遵照企业生产流程的管理规定。

质量意识是一种自觉地去保证企业所生产的、交付顾客需求的产品（包括硬件、软件和流程性材料等）质量、工作质量和服务质量的意志力。

3. 质量意识的作用

质量意识是企业生存和发展的思想基础。

质量意识既要体现在企业最高决策层的岗位工作中，也要体现在每一位员工的岗位工作中。

有质量意识的员工和领导层，不仅仅限于被动地接受对产品质量的要求，而是不断地关注产品质量，且提出改善意见，促进质量的提高。

（三）合理化建议

1. 合理化建议的概念

建议是个人或团体对某件事情未来要如何操作提出的解决问题的办法，是企业员工发现现行工作流程、工作方法、索引工具、生产设备等有可改进之处而提出建设性的改进意见或构思。

合理化建议是对改进现行企业运行和管理体制、提高产品质量、简化工艺程序、节约材料和工作时间、提高生产安全、环境保护、劳动保护等的具体、可行的建议；是员工或团队针对企业中的各项工作存在的问题或不足，及时提出的书面的、科学的、合理的、具有可操作性的改进解决方案。

合理化建议是一种创造性思考。

合理化建议一般应向上级书面提出，中肯地提出现行工艺、流程、设备、工具、方法等存在的不足，即可改进之处，并条理清楚地提出建设性的意见或改进的思路。

合理化建议活动是一个多环节的、长期的、经常性的活动，是企业生产经营与发展的重要补充。

2. 合理化建议的特点

合理化建议的特点是文本性、可塑性和不确定性。文本性是指合理化建议是对上级或有关部门提出的一种书面材料，没有公开倡导具体实施的特点，只是作为一种意见、一种思路提出来；可塑性是指合理化建议必须被上级或有关部门批准认可后才能实施，且根据具体情况可以被修改、增删，甚至不被采纳；不确定性是指合理化只是面向上级或有关部门提出建议，是否被采纳不取决于提出者，要由上级领导或有关部门决定。

3. 合理化建议的内容

合理化建议一要指出当前存在的问题或不足，二要提出相应的解决方案。

合理化建议的内容包括但不局限于以下 7 个方面：一是提高生产效率的方法，二是提高产品质量的方法；三是操作方法的改进；四是工艺流程、检验过程、机器配置的改进；五是工位器具的设计和配置改进，六是机器设备的维修、保养方法；七是物料仓储管理和企业内外运输、搬运方法的改进。

4. 合理化建议的注意事项

提出合理化建议要注意的事项，一是要注意建议的客观性及具体性，要把现状真实地反映出来，以事实和数据说话；二是要注意把握问题原因的准确性，找出问题发生的主要原因；三是要注意解决问题的可行性，即针对问题发生的主要原因，提出具体的改进对策，提出解决问题的具体方法，只提问题不提解决办法的建议不属于合理化建议；四是要注意改进的绩效性，以绩效为导向，绩效的判定标准是促使企业发展越来越好。

5. 合理化建议制度的目的

合理化建议制度的目的，一是挖掘职工的智力潜能，促进企业生产经营发展；二是提高员工综合素质，提高企业经济效益和社会效益，提高工作质量，文明安全生产，发挥管理效能，增产节约，增效节支，改进工作。

（四）质量管理小组

1. 质量管理小组

质量管理小组也称“QC 小组”，原指为达到质量要求由作业相关人员组成的小组；现已成为一种改进方式，其活动内容从质量方面扩展到在生产、技术、管理及服务等各种岗位上从事各种工作的员工自愿结合，围绕企业的经营战略、方针目标和现场存在的问题，以改进质量、降低消耗、改善环境、提高员工素质、提高经济效益为目的组织起来，运用质量管理的理论、方法开展活动的小组。

质量管理小组是企业群众性质量管理活动的有效组织形式，是员工参加企业民主管理的经验同现代科学管理方法相结合而产生的。

质量管理小组和行政班组的区别在于组织原则、活动目的和活动方式均不同。

2. 质量管理小组特点

质量管理小组有自主性、群众性、民主性和科学性等 4 个特点。

自主性表现在质量管理小组以员工自愿参加为基础，实行自主管理，自我教育，互相启发，共同提高，充分发挥小组成员的聪明才智和积极性、创造性；群众性表现在质量管理小组是吸引员工积极参与质量管理的有效形式，不但包括领导、技术人员、管理人员，而且更注重吸引在生产第一线的操作人员参加，员工在小组活动中学技术、学管理，群策群力分析问题、解决问题；民主性表现在质量管理小组组长可以民主推选，小组成员可以轮流担任课题组长，人人都有发挥才智和锻炼成长机会；表现在内部讨论问题、解决问题时，小组成员不分职位与技术高低，各抒己见、互相启发、集思广益，高度发扬民主，以保证既定目标的实现；科学性表现在质量管理小组在活动中遵循科学的工作程序，步步深入地分析问题、解决问题；表现在用数据说明事实，用科学的方法来分析与解决问题。

3. 质量管理小组活动宗旨

质量管理小组活动的宗旨，一是提高员工素质，激发员工的积极性和创造性；二是改进质量，降低消耗，保护环境，提高经济效益；三是建立文明、心情舒畅的生产、服务、工作现场。

4. 质量管理小组活动的作用

质量管理小组活动的作用，一是开发智力资源，发挥员工潜能，提高员工素质；二是预防质量问题和改进质量、降低消耗、保护环境，提高经济效益；三是有利于实现全员管理；四是改善员工之间的关系，增强员工的团结协作精神；五是改善和加强管理工作，提高管理水平；六是提高顾客满意度。

5. 质量管理小组常用基本方法

质量管理小组活动课题遵循 PDCA 循环和 SDCA 循环，应用统计方法，以事实为依据用数据说话，在解决质量、成本、产量、效率、污染等问题时，采用基于数据的实证式问题解决方法是十分有效的。

质量管理小组活动使用的最基本方法有调查表、排列图、特性要因图（因果图）、直方图、散布图、控制图、确认表及其他图表，前文已有描述。

6. 质量管理小组组建

根据企业情况、质量管理小组类型、欲选择的活动课题等特点，质量管理小组组建有 3 种途径，即自下而上、自上而下和上下结合。

自下而上的途径是由现场同一班组的员工，根据想要选择的课题内容，邀请几位同事，共同商定是否组成一个质量管理小组、小组名称、初选课题、确认组长等问题，基本取得共识后，由确认组长向所在车间（或部门）申请注册登记，经主管部门审查认为具备建组条件后，小组注册登记和课题注册登记。自下而上的途径适用于由同一班组（或同一科室）成员组成的现场型、服务型及部分小组，所选课题一般都是与其工作过程直接相关、力所能及的较小的问题。

自上而下的途径是企业主管部门根据实际情况，提出企业质量管理小组活动的方案，然后与各车间、各部门协商达成共识，由车间或部门与小组活动主管部门共同确定本车间或本部门应建几个质量管理小组，并提出组长人选，与组长一起物色每个小组的成员并选题，再注册登记小组和注册登记课题。自上而下的途径适用于解决企业或车间（部门）急需解决的、有较大难度、牵涉面较广的技术、设备、工艺问题，需要企业或车间为小组活动提供一定的技术、资金条件。

上下结合的途径是介于自下而上、自上而下两种之间的一种途径，一般是由上级推荐课题范围，经下级讨论认可，上下协商来组建，主要涉及确定组长和成员、初选课题等。

自上而下的途径和上下结合的途径可组建跨车间、跨部门及车间和部门相结合的质量管理小组。

应避免质量管理小组成员构成单一化，活动任务只落在几个成员上；小组成员应形成不同的专业结构和能力结构，如一线员工、技术人员、管理人员、营销人员等合理搭配形成合理的小组结构。

7. 活动课题类型

课题按目标分为问题解决型课题和创新型课题，问题解决型课题又分为现场型、攻关型、管理型和服务型课题。现场型课题小组主要以班组、工序现场职工为主组成，以稳定工序，改进产品质量，降低物质消耗，改善环境为目的；攻关型课题小组一般由干部、工程技术人员和操作工人三者结合组成，以解决有一定难度的质量关键为目的；管理型课题小组以管理人员为主组成，以提高工作质量，改善与解决管理中的问题，提高管理水平为目的；

服务型课题小组由从事服务性工作的职工组成，以提高服务质量，推动服务工作标准化、程序化、科学化、提高经济效益和社会效益为目的。创新型课题是运用新的思维方式、新的手段，开发新产品、新项目、新服务、新工具、新材料、新方法等需要，实现新的目标的活动课题；运用全新的思维和创新的方法研制和开发新产品、工具或服务，以提高企业产品的市场竞争力，并不断满足顾客日益增长的新需求，提高企业经营绩效。

问题解决型课题和创新型课题在立意、过程、结果和使用统计方法等方面均有不同。立意不同表现为创新型课题是研制没有的事物，是研发新技术、新工艺、新材料、新机具等，是打破现有状态，突破传统思想，寻求一种新的方法；问题解决型课题是原有基础上改进或提高、降低；过程不同表现在创新型没有历史可参考，所以没有现状调查、没有原因分析和确定主要原因；问题解决型课题必须调查现状，收集数据资料，并进行综合性分析，找出主要影响因素；结果不同表现为创新型课题是从无到有，创新以前不存在的事件或产品，达到增值、增效的目的，问题解决型课题是在原有的基础上增加或减少；使用统计方法不同表现在创新型课题使用新七种工具非数据分析方法较多，问题解决型课题使用数据分析的统计方法较多。创新型课题与问题解决型的攻关型课题容易混淆。

根据课题来源不同分为指令性课题、指导性课题和自选课题。

指令性课题是由上级主管部门根据企业生产经营活动中迫切需要解决的技术或管理问题，以下达指令或列入考核要求的形式下达给质量管理小组，小组按照课题申报指南规定的目标值及要求完成的课题；指导性课题是由企业主管部门根据企业实现经营战略方针和目标的需要，推荐并公布课题申报指南，每个质量管理小组可以根据自身能力申报并在通过评审后开展活动的课题；自选课题是由质量管理小组根据需要自行选择的选题。

8. 质量管理小组选题

指令性课题和指导性课题按照申报指南规定的范围选题。

自选课题需考虑与企业方针目标相结合，落实企业方针、目标的关键点，选择生产现场、工作现场、管理环节在质量、效率、成本、安全、环保等方面存在的需要优先解决的问题；根据顾客的意见和期望，选择顾客多次提出且给顾客造成不利影响的问题。

课题范围界定要与小组成员的知识结构、能力和活动外延的范围相匹配，并考虑活动的经费、活动的周期以及取得成果的难易性；选题范围要尽量围绕小组成员熟悉的工作现场，课题宜小不宜大，能够解决具体问题。

课题名称通常应以“质量特性”为改善对象，简洁清楚并能直接看出小组要解决的问题，课题紧扣活动内容；选题理由应简明、扼要、充分，应直接给出选此课题的目的和必要性，可用数据表达。

选题原则是可量化、可对比、可实现，可采用具体特性指标、比率指标、效率指标、消耗指标等。

9. 问题解决型课题小组活动程序

质量管理小组组建以后，从选择课题开始开展活动。

问题解决型自定目标课题小组活动的具体程序包括选题、确定目标值、调查现状、分析原因、找出主要原因、制定措施、实施措施、检查效果、制定巩固措施（标准化）、总结成果资料（总结和下一步打算）；指令性目标课题程序没有确定目标值和调查现状，但需要进行目标可行性分析；创新型课题小组活动的具体程序则是选择课题、设定目标及目标可行性分析、提出方案并确定最佳方案、确定对策、实施对策、效果检查、标准化、总结成果资料，效果检查未达到目标时，返回设定目标及目标可行性分析阶段，重新设定目标并进行可行性分析，按程序继续进行。

（五）管理创新

1. 管理创新的内涵

管理创新指企业把新的管理要素（如新的管理方法、新的管理模式等）或要素组合引入企业管理系统以更有效地实现企业目标的创新活动；是企业形成一种创造性思想并将其转换为有用的产品、服务或作业方法的过程，富有创造力的企业能够不断地将创造性思想转变为某种有用的结果。

管理创新是指一种更有效而尚未被企业采用的新的管理方式或方法的引入。管理创新是企业通过实施新的、有效的管理模式、管理方法和手段，变革、替代原有的不适应生产力发展要求的模式（习惯做法），最终达到优化资源配置、提高经济效益、推动企业发展的系统的动态过程。企业管理创新通过引入新的管理要素或管理要素新的组合，对企业各种资源要素整合，使企业管理系统具有更高的管理效能的企业创新活动。

管理创新可分为管理要素创新和结构创新。从管理要素角度又可以把管理创新分为经营管理理念创新、管理组织创新、管理方法创新、管理手段工具创新、经营机制（运行机制、激励机制、约束机制等）创新、管理模式创新等。而营销管理创新、生产管理创新、人力资源管理创新、财务管理创新则只是从企业职能角度对企业管理创新的描述。

管理创新是企业生存和发展的保障，是企业运营的基本活动；技术创新的结果要转化为现实生产力，需要与之相适应的管理创新来协助。

2. 管理创新的内容

管理创新的内容可以界定为5个方面。

一是提出一种新的经营理念及思路并有效实施。新经营思路如果是可行的，就是一种管理创新。这种创新经营思路并非针对一个企业而言，而应对所有的企业来说都是创新。

二是创设一个新的组织结构并使之有效运转。组织机构是企业管理活动及其他活动有序化的支撑体系，一个新的组织机构的诞生是一种创新，但如果不能有效地运转则成为空想，不是实实在在的创新。

三是提出一种更有效的管理方式方法。管理方法创新是指创造更有效的资源配置工具的各种活动，新的管理方式方法能够提高生产效率、使人际关系协调或能更好地激励员工，有助于企业资源的有效整合以达到企业的既定目标和责任。

四是设计一种新的管理模式。管理模式是管理所采用的基本思想和方式，是一种成型的、能供人们直接参考运用的完整的管理体系，通过这套体系可发现和解决管理中的问题，规范管理手段，完善管理机制，实现既定目标；管理模式是企业综合性的管理方式，是企业总体资源有效配置实施的范式；如果对企业的综合管理而言是新的，则自然是一种创新。

五是运行一种新的制度。管理制度是企业资源整合行为的规范，既是企业行为的规范也是员工行为的规范；制度的变革会给企业行为带来变化，进而有助于资源的有效整合。因此，制度创新也是管理创新。有些文献将制度创新与技术创新和管理创新并列，作为一个独立的创新范畴；但制度就是为管理服务的，是管理的基础和保障，制度创新只是管理创新的一个层面，可将其作为管理创新的内容。

3. 管理创新与技术创新的关系

管理创新与技术创新相辅相成，互为促进，互为途径，是创新的两个方面，也是创新不可分割的两个组成部分。

（1）技术创新推动管理创新。

管理的革命总是与技术的革命相伴而生，管理创新与技术创新相互联系、相互促进。技术创新活动是一种有计划、有目的的集体活动，是从研究开发到市场成功再到创新扩散的完整过程，具有很强的不确定性，必然面临着一定的组织管理问题；没有不断的企业管理创新，循序渐进地提高企业管理水平，大规模的技术创新是不可能实现的，企业管理创新为企业技术创新提供了组织管理方面的保证。

技术的进步势必推动管理的进步，管理的变革必须适应技术的进步。技术的变革与创新为管理的变革与创新创造了外部环境和内在驱动力，技术的创新与进步带来管理思想、管理理念、管理方法、管理体制、管理流程、组织模式的变革与创新，为深层次的组织模式变革起着促进和推动作用。技术的发展进步反映了一种新的经济发展模式与社会发展格局，带来新的体制、思想、观念以及新的生产方式、生活方式、思维方式、行为方式；管理的变革和创新必须与技术的变革和创新相匹配才能在信息化、全球化市场的激烈竞争中取得竞争优势。技术创新是管理变革和创新的技术基础与必备的技术支撑，先进的技术为科学的管理和管理的创新提供了科学的、先进的方法、手段。

技术创新的进展必然会产生新的生产系统如集成生产系统，新的生产方式势必促进管理的变革。新的生产系统需要新的管理系统匹配，包括管理思维、组织结构、管理流程、管理技术等方面的匹配，形成集成管理系统；技术创新为管理模式变革、集成管理系统的形成提供支撑和内动力，使技术创新与管理创新的进程实现协同式的跨越，进行更高层次的动态整合，达到更高层次的协调。

（2）管理创新是技术创新的保障。

技术创新的选择，首先要考虑企业发展战略，考虑要素有当前的战略定位、长远战略方向、战略模式选择，竞争战略要求技术创新满足开发市场、降低成本、产品差异化等目标要求；其次要考虑企业自身的管理资源，如人力资源、财力资源、信息资源、知识资源、文化资源等，技术创新的选择在资源要素达到合理高效配置的水平上；再次要结合企业的核心能力与核心竞争力；最后要考虑风险因素，包括技术创新成败风险、市场认同风险、投资风险等因素。这些都给管理创新提出了任务和要求。

技术创新的成果要化为现实生产力，为企业创造经济效益，也必须有相应的管理创新和管理水平相配合。先进的技术创新只有同与之相适应的管理水平相结合才能形成强大的生产力，技术创新为企业管理创新提供了物质技术条件，先进技术为管理创新提供了科学的、先进的方法和手段。如计算机和网络技术的创新与发展，为管理的信息化、电子商务、产供销管理系统、订单管理和合同管理方式的创新提供了技术保障与支持。技术创新达到一定阶段后，又需要甚至迫使管理体制和运作方式发生相应的变化，进而实现整个生产方式的和谐运作与发展。如产品创新、工艺创新等技术创新，使企业组织结构、人员安排、市场营销及管理理念也都要做出相应的变革，以适应技术创新的需要。

（六）展板

展板是用于发布、展示信息和宣传的板状介质，是信息的载体。

展板所用材料有纸质、木质、金属材质、有机化合物和新材料等。

展板是一种宣传工具，是一种展示工具，也是一种传播信息的工具。

企业可以在厂区用展板宣传持续改进和创新成就，充分展示员工参与现场管理和持续改进与创新的成果，鼓励员工积极、自主参与现场管理和改进，营造良好的和谐氛围。

（七）成果发布会

成果指学习、工作、劳动上的成效和成绩，指工作或事业方面的成就。

发布是新闻、思想、观点、文章和意见等通过报纸、书刊、网络或者公众演讲等文字和演讲的形式公之于众，向外界传输消息的一种过程。

成果发布是通过一定的途径把成果公之于众的过程。

成果发布会是向受众公布各种成果的会议。企业管理中，最常见的有新产品发布会、质量管理成果发布会等。

成果发布会的受众一般不仅包括企业内部，而且包括企业外部，可以为企业带来声誉。

成果创造者携成果参加省、市、行业甚至国家级的创新成果发布会，发布自己的发明创造或改进成果，向大家展示发明过程、改进过程及其结果和带来的效益，可以获得各种荣誉和奖励，激励其进一步投入到改进和创新工作之中。

企业应定期举行改进和创新成果发布会，还应选送优秀成果参加社会组织的各种层级的优秀成果发布会，并对获得荣誉的小组给予奖励。

（八）问题

1. 问题的概念

问题是现状与期望的差距，是事物与标准的偏离，是实际情况与现有标准或期望之间的差距。是现有状态与应有状态之间差距的各种影响因素。

问题的严重程度是现状与期望差距的大小，是现实与目标差距的大小，是事物与标准的偏离程度。

问题是相对而言的，期望不同，目标不同，问题就不同，问题的严重程度也就不同。

问题是绝对的，又是相对的。

问题因人而不同，不同的顾客有不同的期望，对于这个人是问题，对于另外一个人可能就不是问题；问题因企业而不同，不同的企业有不同的标准，对于这个企业是很严重的问题，对另外一个企业可能就是个小问题，甚至不是问题。

2. 发现问题

发现问题就是寻找差距，寻找实际情况与现有标准或期望之间的差距。

员工在同一个环境时间长了，会习惯所在的环境，就产生了惰性，形成习惯思维，对很多差距、很多问题就会视而不见。

要敏锐地发现问题，就要从习惯了的环境走出来，打破习惯思维，同时可借助外力。

从顾客的视角去审视自己的工作和工作环境，听取顾客的抱怨，查看顾客的投诉，都是发现问题的渠道；从企业内部和生产过程，可对比产量、产品质量、产品性能、消耗、污染物排放等指标，看清是否达到了要求，是否还有更高的标准等，都是发现问题的方法。

只有发现问题，才能解决问题。为此，发现问题后，要对问题进行恰当的描述。

3. 分析问题

问题发生是实际与预期目标形成了偏差，要纠正偏差、解决问题，必须要找出造成偏差的真实原因，分析问题就是找出问题发生的真正原因的过程。

分析问题的基本方法有系统分析法、解析分析法、问题归类法、比较法、重点分析法和因果分析法等。

（1）系统分析法。

系统分析法把企业或部门看成一个系统，判定系统是否存在问题，是什么原因造成的， 涉及管理的深度和广度的程度，以判断问题的性质，拟定解决问题措施。

系统分析法是在掌握足够数据和对系统运行状态有比较深入的了解情况下可采用的方法，是判定问题的一种方法。

（2）解析分析法。

解析分析法也称 5W1H 法，把分析的对象作为一个整体，然后按构成这个整体的因素进行分解，通过对这些因素的分析来界定问题的性质，从而深入把握问题存在的原因，为采取相应措施提供依据。

（3）问题归类法。

问题归类法是对调查出的问题按一定标准进行分类，按各类问题的特征进行分析的一种方法，有利于找出同类问题的共性和特征，采取相应的对策。

（4）比较法。

比较法又分纵向比较法和横向比较法。

纵向比较法主要把顾客不同时期的标准与实际情况进行比较，了解主要成绩和存在的问题及演变过程，以推测未来趋势。

横向比较法对企业不同时期经营管理状况与同行业平均（或先进）水平、竞争对手的先进水平进行比较，以把握企业在整个行业（或竞争对手中）所处地位及该地位的变化趋势。

（5）重点分析法。

重点分析法是把企业存在的众多问题用排列图的方法，按照影响问题的性质或程度大小组合排列，然后影响程度占总问题比例大的因素即为解决问题的重点，其他占比例小的也会迎刃而解。

（6）因果分析法。

因果分析法是利用因果图（鱼刺图）的方法，把问题直接影响因素称为一级影响因素或问题直接原因，下一级影响因素是上一级影响因素存在的原因，即上一级原因是下一级问题，以此类推，通过层层列示影响因素至最底层不能再分为止，就是问题产生的根本原因。

4. 解决问题

发现问题，分析问题，是为了解决问题，防止问题再次发生。

解决问题就是在对问题详细描述并分析出问题发生的直接原因和根本原因之后，消除这些原因。

解决问题一般分为临时解决和永久解决两步。临时解决是提出并实施消除直接原因的方案，维持生产的正常运转、过程的正常进行；永久解决是消除问题的根本原因。

解决问题首先要提出多个问题解决方案，并对方案进行评估和选择，然后确定一个方案实施，并对其效果进行检验。效果不佳时，重新选择方案实施并检查效果；方案有效时将其以标准化的形式固化，写入操作规程等标准化文件。

三、员工技能

企业应根据现场管理的要求，识别现场员工的能力需求，通过与企业管理实际相协调的方法，提升现场员工的技能。采用系统的方法，有目的地提升现场员工的技能和素质，确保现场管理目标的实现。

（一）技能

1. 技能的概念

技能是技艺才能，是掌握并能运用专门技术的能力；是行为和认知活动的结合，是运用知识和经验执行一定活动的能力；是个体运用已有的知识经验，通过练习而形成的一定的动作方式或智力活动方式。

工作技能是完成工作所需具备的知识、技能、经验等，是员工胜任岗位工作和创造卓越绩效所需的实际操作技能。

2. 技能的特点

技能有后天性和知识性两个特点。

（1）后天性。

技能的后天性表现在技能都是通过一定的方式后天习得的。外显的动作技能和内隐的心智技能都可以用一定的方式表现出来，技能的提高是一个面向目标不断熟练化的过程。技能是可培养的，有些技能还需要终身培养；某些职业具有复杂性、发展性、创造性、挑战性的特征，把职业技能培训贯穿于职业生涯全过程，才能不被淘汰。

（2）知识性。

技能的知识性表现在技能与知识密不可分。知识带有有和无的性质，技能则以熟练和不熟练来衡量。在练习和掌握某种技能时，必须运用某些储存在大脑中的先决知识。有效的知识必须能够指导活动。能力是在运用知识解决问题的过程中表现出来。知识并不直接转化为能力，技能就成为联络知识和能力的桥梁。

3. 技能的种类

员工的技能有两种分类方式，一种方式分为认知技能、人际技能和技术技能，另一种方式分为基本技能、一般性技能和职业技能。

（1）认知技能。

认知技能是指综观全局、把握关键、认真思考、扎实谋事的能力，是洞察企业与环境及其相互影响与复杂性的能力。这种能力包括理解事物的相互关联性，找出关键性影响因素的能力；确定和协调各方面关系的能力；权衡不同方案优劣和内在风险的能力等，是“概念技能”的发展。

（2）人际技能。

人际技能是指把握与处理人际关系的有关技能，是理解、动员、激励他人并与其共事的能力，包括同上级、下属、同行、他人的关系等，即在工作中调节人际关系的艺术，协调同上级的关系、协调同级关系、协调与下属的关系及其他方面的公共关系。

沟通是实现人际技能的重要方式及渠道，在人际交往中起着桥梁与纽带作用。沟通技能是指员工具有收集和发送信息的能力，通过书面、口头与肢体语言等媒介，明确、有效地表达自己的想法、感受与态度，也能正确、较快地解读他人的信息，从而了解他人的想法、感受与态度。良好的沟通技能是优秀人际技能的前提条件。

（3）技术技能。

技术技能是具有具体工作相关的概念、方法与工具应用的能力，是掌握与运用某一专业领域内的知识、技术和方法的能力，是岗位工作所需的基本技术和具体方法，是对某项活动特别是对涉及方法、流程、程序或者技巧的特定活动的理解程度和熟练程度。

技术技能主要是掌握做事的方法，涉及专业知识、专门领域的分析能力及相关工具和规章政策的熟练应用，对员工非常重要。

（4）基本技能。

基本技能是作为发展更深度技能的必要技能，如读写能力、计算能力等。

（5）一般性技能。

一般性技能是生活和工作中需要用到的技能，包括问题解决、团队合作、沟通和增进个人学习、表现的能力等。

（6）职业技能。

职业技能是能够帮助达成某职业任务的技术性技能，即技术技能和工作技能。

4. 管理技能的特征

管理技能是指使用某一专业领域内有关的工作流程、技术和知识完成管理任务的能力，是指管理者行使有效的管理职能所需要的知识、技能、能力、态度和积极性。其特征主要体现在 4 个方面。一是管理技能主要体现在管理者行为方面，不是管理者的人格特质或风格倾向；二是管理技能可控，其表现处于管理者控制之下，可以被管理者有意识地表现、实践、改善或者抑制；

三是管理技能可发展，表现为可以改进，各级管理者可以改善其技能表现，可以从较少的技能进步到较多技能；四是管理技能相互联系、相互重合，把某项管理技能从其他技能中完全分离出来是不可能的，其存在于一个复杂的系统中。

（二）明确能力要求和知识需求

明确现场管理对不同层次人员能力的要求和各层次人员需要具备的现场管理知识，包括作业管理、技术管理、物料管理、设备管理、安全环境管理，质量控制与改进、工业工程等；对现场各操作岗位明确具体的岗位技能、资格要求。

1. 不同层次人员能力要求

层次是系统在结构或功能方面的等级秩序。不同层次具有不同的性质和特征，既有共同的规律，又各有特殊规律。企业中的层次指管理层次，是企业的最高主管到作业人员之间所设置的职位层级数；不同层次人员是指处于不同层级的人员。

能力是能够顺利完成某些活动所必须具备的个性心理特征，是完成一项目标或者任务所体现出来的综合素质，包括工作技能和其他相应的能力。

要求是明示的、通常隐含的或必须履行的需求或期望，是所提出的具体愿望或条件。

企业现场管理应对不同层次人员提出明确的能力要求，即明示的需求或期望，一般采用岗位责任制等明确工作职责，以任职资格明确对岗位能力的要求。在企业招聘员工时，对招聘岗位都会明确具体的任职资格。

企业现场管理中，不同层次的员工对各种能力的要求是不同的。高层管理人员需要制定全局决策，所做的决策影响范围广、影响期限长，需要很强的认知技能，把全局意识、系统思想和创造精神渗透到决策过程中，但其并不从事具体的作业活动，并不需要精通各种具体作业活动的业务能力；基层管理人员的工作主要是与从事具体作业活动的员工打交道，必须具备与所管理范围相关的各种业务能力，也需要一定的认知能力；基层员工即基层执行者从事具体的业务工作，需要具备与岗位相关的业务能力。

各层管理者都应具备良好的沟通能力。

在当代，各层管理者和一些岗位的基础执行者都必须具备数据处理能力，具备熟练应用电子办公软件特别是文档处理软件和电子表格的能力，具备应用直方图、排列图、折线图等工具并使用计算机自动做图的能力；特殊岗位还要精通 ERP 等其他相应的软件。

2. 作业管理知识

（1）作业。

作业是指企业内部为了某一目的而进行的耗费资源的工作。

根据企业业务的层次和范围，作业可分为单位作业、批别作业、产品作业和支持作业等 4 类。

单位作业是使单位产品或服务受益的作业，其对资源的消耗量往往与产品的产量或销量成正比，如加工零件、每件产品进行的检验等；批别作业是使一批产品受益的作业，作业的成本与产品的批次数量成正比，如设备调试、生产准备等；产品作业是使某种产品的每个单位都受益的作业，如零件数控代码编制、产品工艺设计作业等；支持作业是为维持企业正常生产，而使所有产品都受益的作业，作业的成本与产品数量无相关关系，如厂房维修、管理作业等，前三个类别以外的所有作业均属于支持作业。

根据是否增加顾客价值，作业分为可增加价值的作业和不增加价值的作业。

可增加价值的作业是在产品生产中为满足顾客的特定需求所进行的各种作业，不增加价值的作业是指不会使顾客对产品的特定要求造成任何损害的各种作业。

（2）作业管理。

作业管理是以作业作为企业管理的起点和核心的管理方式，比传统的以“产品”作为企业管理的起点和核心管理方式，深化了管理层次，可视为企业管理上一个重大的变革和突破。

作业管理的有效实施，有赖于作业成本计算提供信息支持。

作业管理要求通过不断优化企业的作业链来不断优化企业的价值链，而企业的作业链的优化又要求深入地进行作业分析，作业分析是作业管理的中心环节。

进行作业分析需要明确 3 点。一是通过作业分析，要尽可能消除不增加价值的作业，对可增加价值的作业，也要尽可能减少完成每一作业的资源消耗，同时，要尽可能提高顾客的满意程度，以增加可从顾客收回的价值；二是企业接受顾客新的订货后，要全面分析需要的作业以及实施每一个作业的必要性，应从产品的开发、设计阶段开始进行分析，因产品的开发、设计环节决定了产品生产的作业组成、每一作业预期的资源消耗水平以及预期产品最终可对顾客提供的价值；三是作业管理要充分利用作业成本计算提供的动态信息，促使企业生产经营各个部分的作业紧密地协调、配合，以促进企业全面提高作业完成的效率和质量水平。

（3）作业的基本特征。

作业有 3 个基本特征，一是作业是投入产出因果连动的实体，是一个有资源投入和效果产出的实实在在的过程；二是作业贯穿于企业经营的全过程，构成包容企业内部和连接企业外部的作业链；三是作业是可量化的基准。

（4）作业管理的目标。

作业管理的目标，就是要充分运用作业成本计算提供的动态的、明细化的信息，通过不断改进和优化企业作业链来不断改进和优化企业的价值链，以促进企业经营目标的顺利实现。

作业管理把企业看作是为最终满足顾客需要而设计的一系列作业的集合体，形成一个由此及彼、由内到外的作业链。每完成一项作业要消耗一定的资源，而作业的产出又形成一定的价值，转移到下一个作业，以此类推，直到最终把产品提供给企业外部的顾客，以满足其需要。最终产品作为企业内部一系列作业的集合体，凝聚了各个作业，形成最终转移给顾客的价值。作业链同时也表现为价值链，随着作业的推移，价值在企业内部顾客之间逐步积累与转移，最终形成转移给企业外部顾客的总价值。从顾客那里收回转移给他们的价值，形成企业的收入。收入补偿完成各有关作业所消耗的资源的价值之和后的余额，成为从转移给顾客的价值中赢得的利润。

（5）作业成本管理。

作业成本管理是以提高顾客价值、增加企业利润为目的，基于作业成本法的新型集中化管理方法；通过对作业及作业成本的确认、计量，最终计算产品成本，同时把成本计算深入作业层次，对企业所有作业活动追踪并动态反映，进行成本链分析，包括动因分析、作业分析等，为企业决策提供准确信息；指导企业有效地执行必要的作业，消除和精简不能创造价值的作业，从而达到降低成本、提高效率的目的。

（6）作业成本管理要素。

进行作业成本管理，就要构筑作业成本核算模型，对作业成本进行计算。作业成本管理涉及的四大核算要素是资源、作业、成本对象、成本动因，其中资源、作业和成本对象是成本的承担者，是可分配对象，资源、作业和成本对象往往具有比较复杂的关系；成本动因是导致生产中成本发生变化的因素。

资源涵盖了企业所有价值载体，包括物料、能源、设备、资金和人工等，作业成本管理中的资源，是指为了产出作业或产品而进行的费用支出，是指各项费用总体。作为分配对象的资源就是消耗的费用。资源如果直接面向作业和成本对象分配，就是传统成本法的直接材料。

作业是指在企业内为了某一目的而进行的耗费资源的工作，是作业成本管理的核心要素。

成本对象是企业需要计量成本的对象。成本对象可以分为市场类成本对象和生产类成本对象；市场类成本对象的确定主要是按照不同的市场渠道、不同的顾客确定的成本对象，主要衡量不同渠道和顾客带来的实际收益，核算结果主要用于市场决策，并支持企业的产品决策；生产类成本对象是在企业内部的成本对象，包括各种产品和半成品，用于计量企业内部的生产成果。

成本动因指解释发生成本的作业的特性的计量指标，反映作业所耗用的成本或其他作业所耗用的作业量。成本动因可分为交易性成本动因、延续性成本动因和精确性成本动因三类。交易性成本动因，计量作业发生的频率；延续性成本动因，反映完成某一作业所需要的时间；精确性成本动因，即直接计算每次执行每项作业所消耗资源的成本。

（7）作业成本管理实施步骤。

作业成本管理过程实施步骤有 8 个。

一是作业调研，了解企业的运作过程、收集作业信息，目标是详细了解企业的经营和作业过程，理清企业的成本流动次序和导致成本发生的因素，了解各个部门对成本的责任，便于设计作业以及责任控制体系。

二是作业认定，掌握作业流程并分解归并。采用三种方法，第一种是绘制企业的生产流程图，将企业的各种经营过程以网络的形式表现出来，每一个流程都分解出几项作业，最后将相关或同类作业归并起来，第二种是从企业现有的职能部门出发，通过调查分析，确定各个部门的作业，再加以汇总；第三种是召集全体员工开会，由员工或工作组描述其所完成的工作，再进行汇总。

三是成本归集，汇集和分析相关成本和成本动因。找出与各项作业相关的资源成本，通过现有的计量指标直接进行分配或通过分析某一职能或某一员工的工作时间在不同作业上的分配来估计该职能部门的成本及该员工的工资如何分配到不同的作业上，根据作业的类型和资源成本的性质来确定成本动因。

四是建成本库，按照同质的成本动因将相关的成本入库，有几个成本动因，就建立几个成本库。

五是设计模型，建立作业成本核算模型，确定企业资源、作业和成本对象。

六是应用软件，选择或开发作业成本实施工具系统。

七是运行分析，进行作业成本运行和结果分析。在建立作业成本核算体系的基础上，输入具体的数据，对作业成本的计算结果进行分析与解释，如成本偏高的原因、成本构成的变化等。

八是持续改进，开展相关改进工作以实现增值作业，重塑企业生产经营流程，消除不增值作业，提高增值作业运行效率等。

3. 技术管理知识

（1）技术管理的概念。

技术是根据生产实践经验和自然科学原理总结发展起来的各种工艺操作方法与技能。

技术管理是依据科学技术工作规律，对企业的科学研究和技术活动进行的计划、协调、控制和激励等方面的管理工作。

技术管理是企业管理系统的一个子系统，是对企业的技术开发、产品开发、技术改造、技术合作以及技术转让等进行计划、组织、指挥、协调和控制等一系列管理活动的总称。

技术管理的目的，是按照科学技术工作的规律性，建立科学的工作程序，有计划地、合理地利用企业技术力量和资源，把最新的科技成果尽快地转化为现实的生产力，以推动企业技术进步和经济效益的实现。

（2）技术管理的内容。

技术管理的主要内容，一是进行科学技术预测，制定规划并组织实施；二是改进产品设计，试制新产品；三是制订和执行技术标准，进行产品质量监督检验；四是组织信息交流；五是建立健全技术操作规程；六是技术改造、技术引进和设备更新；七是生产技术准备和日常技术管理；八是技术经济论证。

（3）技术管理的任务。

技术管理的任务主要是推动科学技术进步，不断提高企业的劳动生产力和经济效益，主要包括 5 个方面。一是正确贯彻执行国家的技术政策；二是建立良好的生产技术秩序，保证企业生产的顺利进行；三是提高企业的技术水平；四是保证安全生产；五是广泛开展科学研究活动，努力开发新产品。

4. 物料管理知识

（1）物料。

物料是指最终产品之外的、生产过程中所用的一切材料、燃料、零部件、半成品、外协件以及生产过程中必然产生的边角余料、废料以及各种废物。

狭义的物料是指材料或原料，广义的物料包括与产品生产有关的所有物品，如原材料、辅助用品、半成品、成品等。

（2）物料的分类。

物料可按功用、形态、成本管理和准备方法分类。

1）按功用分类。

物料按功用可分为主要材料与辅助材料。主要材料是构成制成品最主要的部分；辅助材料多半在配合主要材料的加工而附属于制品上。

2）按形态分类。

物料按形态可分为素材与成型材。素材是仍需加工的物料，又细分为料材与粗型材；成型材为已加工的物料，又细分为配件、零件、组合件。

3）按成本管理分类。

物料按成本管理可分为直接物料与间接物料。直接物料是直接用于产品制造、构成产品组成部分的物料，其消耗量与产品产量成正比；间接物料是间接帮助生产产品的物料，其消耗不一定与产品产量成正比，辅助物料有时也包括在间接物料之中。

4）按准备方法分类。

物料按准备方法可分为常备物料和非常备物料。常备物料为利用存货管理的原理，定时购买一定数量以供生产需要的物料；非常备物料是有些不能事先购买储存，按照生产计划随时购买的特殊物料。

（3）物料管理。

物料管理是对企业生产经营活动所需各种物料的采购、验收、供应、保管、发放、合理使用、节约和综合利用等一系列计划、组织、控制等管理活动的总称；是将管理功能导入企业产销活动过程中，希望以经济有效的方法，及时供应企业生产需要的物料的各种活动。

（4）物料管理的特点。

物料管理有相关性、流动性、价值性三个特点。

物料的相关性体现在企业中任何物料的存在都是有某种需求，没有需求的物料就没必要存在；物料的流动性体现在物料总是不断地从供方向需方流动；物料的价值性体现在物料是有价值的，物料需要占用资金，加速资金周转就要加快物料流动，在物料形态变化和流动的过程中，物料的技术含量和附加值会提高。

（5）物料管理的目标。

物料管理的目标：一是物料规格标准化，减少物料种类，有效管理物料规格的新增与变更；二是适时供应生产所需的物料，避免停工待料；三是适当控制采购价格，降低物料成本；四是确保来料质量；五是高效收发物料，提高工作人员效率，避免长期存放和报废；六是维持物料适当库存，减少资金占用；七是可考核物料管理的绩效；八是充分利用仓储空间。

（6）物料管理的原则。

物料管理的原则是物料供应适时、适质、适量、适价、适地，这就是物料管理的“五适”原则，因这五个原则的英文单词都以R开头，也称5R原则。

一是适时，要求供应商在规定的时间准时交货，防止交货延迟和提前交货；二是适质，供应商送来的物料和仓库发到生产现场的物料，质量合格，符合技术要求；三是适量，采购的物料数量应适当，对买方是经济的订货数量，对卖方为经济的受订数量。四是适价，在确保满足其他条件的情况下力争最低的采购价格；五是适地，物料原产地与使用地距离应尽量靠近。

（7）物料管理的主要内容。

物料管理主要包括4项基本活动，一是预测物料用量，编制物料供应计划；二是组织货源，采购或调剂物料；三是物料的验收、储备、领用和配送；四是物料的统计、核算和盘点。

5.设备管理知识

（1）设备管理相关概念。

设备是企业用在生产经营过程中的工业产品，通常是一群大中型的机具器材集合体，包括固定设备和辅助设备等。

设备管理是对设备寿命周期全过程的管理，包括选择设备、正确使用设备、维护修理设备以及更新改造设备全过程的管理工作；是以设备为研究对象，追求设备综合效率，应用一系列理论、方法，通过一系列技术、经济、组织措施，对设备的物质运动和价值运动进行从规划、设计、选型、购置、安装、验收、使用、保养、维修、改造、更新直至报废全过程的科学管理。

设备管理的目标是设备寿命周期费用最经济、设备综合产能最高；基本要求是合理运用设备技术经济方法，综合设备管理、工程技术和财务经营等手段，使设备寿命周期内的费用/效益比（即费效比）达到最佳的程度，即设备资产综合效益最大化。

（2）设备管理的任务。

设备管理是企业内部管理的重点，是企业正常生产的保证，是企业提高效益的基础。设备管理的主要任务，一是提高设备技术素质，二是充分发挥设备效能，三是保障设备完好，四是取得良好设备投资效益。

（3）设备管理的内容。

设备管理包括选择评价、使用、检查保养和修理、改造与更新及日常管理等内容。

设备的选择评价是指企业根据技术先进、经济合理的原则和生产需要，进行技术经济论证和评价，以最佳方案正确地选择设备。

设备使用管理是指针对设备特点，正确合理地使用设备、安排生产任务，减轻设备的磨损、延长使用寿命，防止设备和人身事故的发生，减少和避免设备闲置等。

设备的检查、保养和修理是设备管理的中心环节，企业要制订合理的设备检查、维护保养和修理等方面的计划，并采用先进的检修技术进行定期检修与保养。

设备改造与更新是指企业需根据生产经营的规模、产品的品种与质量及研发生产新产品、升级老产品的需要，有计划、有重点地对现有设备进行改造与更新。

设备的日常管理主要包括设备基础管理工作及设备的封存和迁移、设备的调拨和报废、设备事故的处理、设备管理的评价指标等。

（4）设备基础管理工作内容。

设备基础管理工作内容有凭证管理、数据管理、定额管理、档案资料管理和规章制度管理等。

1）设备凭证管理。

设备管理凭证是用于记录设备管理和技术活动，以及经济核算，并明确管理各方责任的书面证明。凭证随着设备物流和价值流的流向传递。

凭证设定原则是满足需要、简明适用和科学规范。

凭证一般设置成表格形式，在每一联上注明所缴存的部门，格式保持相对的稳定，并明确凭证的传递和保存办法。

设备凭证有设备前期管理凭证和设备使用期管理凭证。设备前期管理凭证包括设备购置（更新）凭证、设备订购凭证、设备安装调试验收凭证和建立（更新）的设备台账；设备使用期管理凭证包括设备状况交接班记录、关键设备点检卡、保养检查记录、精密封点泄漏检查记录、润滑换油记录、设备维修管理凭证、设备事故报告单、特种设备安全鉴定凭证、设备技术改造凭证、设备资产管理凭证等。

2）设备数据管理。

数据管理是指通过对数据收集、处理加工和解释，使其成为对管理决策有用的信息（有的信息仍是以数据表示的），包括对数据进行收集、分类、排序、检索、修改、存储、传输、计算、输出（报表或图形）等整个过程；设备数据主要指设备管理与维修领域内所产生的数据。

设备数据管理的作用一是通过对物质运动形态的管理，保证设备管理与维修工作正常进行，保证设备完好，为企业完成生产经营任务提供可靠保证。二是通过对价值流（设备采购、维修等费用）的数据管理，使各级人员及时了解设备各项费用的发生及流向，进行费用控制；核对凭证数据与实物，避免资产流失。三是通过统计与分析，计算和输出各种数据值与目标值对照，采取措施控制超标指标，并为管理部门制定设备管理工作目标、工作计划、维修决策等提供依据。

确定数据管理内容的方法：一是用系统思想进行数据管理，二是确定数据的管理范围，三是确定输出数据，四是确定数据处理逻辑，五是优化数据管理系统，六是注重数据的收集管理。

数据管理程序是数据收集、数据存储、数据传输、数据处理、数据输出。

数据汇总是指对设备管理环节发生的数据进行分类累加，求其总数的计算。通过数据汇总，建立账、卡、图表、登记册。

3）设备定额管理。

企业定额是指在一定时期内和一定的生产技术组织条件下，为完成单位合格产品或任务所规定的物化劳动和活劳动的消耗量；是产品生产过程中消耗的一种数量标准；有工时定额和产量定额两种基本形式。

企业设备管理与维修中的主要定额内容：一是设备日常维护时间定额，二是设备维修时间定额，三是设备修理停歇时间定额，四是设备维修材料消耗定额，五是设备维修费用定额，六是设备配件储备定额。

4）设备档案与资料管理。

设备技术档案是在设备管理的全过程中形成，并经整理应归档保存的图纸、图表、文字说明、计算资料、照片、录像、录音等科技文件与资料，通过不断收集、整理、鉴定等工作归档建立的设备档案；设备资料是设备选型安装、调试、使用、维护、修理和改造所需的产品样本、图纸、规程、技术标准、技术手册，以及设备管理的法规、办法和工作制度等。

设备档案与资料管理是指设备档案与资料的收集整理、存放保管、供阅传递、修改更新等环节的管理。

设备档案包括设备前期与后期两部分。前期档案包括设备订购、随机供给和安装验收的材料，后期档案包括使用后各种管理与修理的材料。

设备管理资料包括为加强设备管理，各级设备管理部门及企业所制订或编写的法规、制度、规程、标准等资料，包括设备综合管理资料明细和设备资产管理与技术管理资料明细。

5）设备规章制度管理。

设备管理规章制度是指指导、检查有关设备管理工作的各种规定，是设备管理、使用、修理各项工作实施的依据与检查的标准。

设备管理规章制度可分为管理和技术两类，管理类包括管理制度和办法，技术类包括技术标准、工作规程和工作定额。

设备规章制度的管理，是指设备规章制度的制订、修订与贯彻执行。

6. 安全管理知识

（1）安全管理的概念。

企业安全管理是指以法律、法规、规章和技术标准为依据，采取各种手段，对企业生产的安全状况，实施有效制约的一切活动；是为实现安全目标而进行的有关决策、计划、组织和控制等方面的活动；是以安全为目的，合理有效地使用人力、财力、物力、时间和信息，为达到预定的安全防范而进行的各种活动。

安全管理主要运用现代安全管理原理、方法和手段，分析和研究各种不安全因素，从技术上、组织上和管理上采取有力的措施，解决和消除各种不安全因素，防止事故的发生。

安全管理不是处理事故，而是在生产活动中，针对生产的特点，对生产因素采取管理措施，有效地控制不安全因素的发展与扩大，把可能发生的事故，消灭在萌芽状态，以保证生产活动的安全。

（2）安全与危险的关系。

安全与危险在同一事物的运动中是并存和相互对立的。危险存在，才需要进行安全管理，防止危险；安全与危险并非等量并存、平静相处。随着事物的运动变化，安全与危险每时每刻都在变化着，进行着此消彼长的较量，事物的状态将向获胜方倾斜。在事物的运动中，都不会存在绝对安全或绝对危险。

保持生产的安全状态，必须采取多种措施，以预防为主，危险因素是完全可以控制的。

危险因素客观存在于事物运动之中，可知可控。

（3）安全与生产的关系。

生产是企业存在和发展的基础。生产中人、物、环境都处于危险状态，则生产无法顺利进行；生产活动中事故层出不穷，生产势必陷于混乱，甚至瘫痪状态；生产有了安全保障，才能持续、稳定发展。当生产与安全发生矛盾、危及人的生命或企业财产时，停止生产活动，整治、消除危险因素，生产才能得以继续顺利进行。

安全是生产的客观要求，生产完全停止安全也就失去了意义。

安全生产的方针是“安全第一、预防为主”。安全第一是从保护生产力的角度和高度，肯定安全在生产活动中的位置和重要性。

（4）安全管理的对象和内容。

企业安全管理的对象包括生产的人员、生产的设备和环境、生产的动力和能量，以及安全管理的信息和资料。

安全管理的内容是对生产中的人、物、环境因素状态的管理，有效地控制人的不安全行为和物的不安全状态，消除或避免事故，达到保护劳动者的安全与健康的目的。

7. 环境管理知识

（1）企业环境管理的概念。

环境管理是对损害人类自然环境质量的人为活动特别是损害大气、水和陆地外貌质量的人为活动施加影响。

企业环境管理是限制企业的环境因素给环境造成有害变化的活动。环境因素是企业的活动、产品和服务中能与环境发生相互作用的要素。

（2）企业环境管理的内容。

企业环境管理的内容主要是制订企业的环境方针、目标、规划，开展清洁生产和循环经济，建立环境管理体系并高效运行，使各种污染物达标排放，建设绿色工厂，发展企业绿色文化等。

企业作为生产活动的主体，其环境管理行为对政府和公众的环境保护行为有很大影响。企业设计和生产出绿色产品，公众才能使用；只有大量的企业不断开发绿色环保的先进技术和经营方式，才能推动政府在完善环保法律、严格环保标准等方面加强环境管理，从而推动整个社会的进步。企业环境管理既与政府、公众的环境管理行为互动，又发挥着重要和实质性的推动作用。

（3）企业环境管理的对象。

企业环境管理的对象是企业行为，包括3方面：一是从事生产、交换、分配、投资、包括再生产和扩大再生产的生产经营等行为；二是通过向社会提供物质性产品或服务获得利润的行为；三是以追求利润为中心，对外部变化做出自主反应的行为。

企业是资源、能源的主要消耗者，是污染物的产生源、排放源和主要治理者；是经济活动的主体，是保护环境工作的具体承担者。

企业环境管理应从调控自身行为的角度出发，减少资源能源消耗，减少污染物的产生，通过各种途径加强污染源治理，减少污染物排放，推行清洁生产，使用清洁的原材料和能源，尽可能地使用由废弃物转化出的资源，提供绿色产品和服务等。

8. 质量控制与改进知识

质量管理三部曲是质量策划、质量控制和质量改进。

（1）质量策划。

质量策划是质量管理的一部分，是确定质量以及采用质量体系过程和要素的目标和要求的活动，是连接质量方针和具体的质量管理活动的桥梁和纽带,致力于制定质量目标并规定必要的运行过程和相关资源以实现质量目标。

质量策划的过程包括制定质量方针，设定质量目标，确定工作内容（措施）、职责和权限，然后确定程序和要求，最后才付诸实施。

质量策划的范围包括 4 个方面。一是有关质量管理体系的策划，是一种宏观的质量策划，根据质量方针确定的方向，设定质量目标，确定质量管理体系要素，分配质量职能等；在企业尚未建立质量管理体系而需要建立时，或虽已建立却需要进行重大改进时，就需要进行这种质量策划。二是有关质量目标的策划，企业已建立质量管理体系虽不需要进行重大改变，但却需要对中长期、年度或临时性业绩进行控制，或需要对某一特殊的、重大的项目、产品、合同和临时的、阶段性的任务进行控制时，需要进行这种质量策划，其重点在于确定具体的质量目标和强化质量管理体系的某些功能，而不是对质量管理体系本身进行改造。三是有关过程的策划，针对具体的项目、产品、合同进行的质量策划，同样需要设定质量目标，但其重点在于规定必要的过程和相关的资源，既包括对产品实现全过程的策划，也包括对设计和开发、采购、过程运作等某一过程的策划，还包括对具体过程的策划。四是质量改进的策划，一次策划只可能针对一次质量改进课题（项目）。

（2）质量控制。

质量控制是质量管理的一部分，是致力于满足质量要求的活动；是为达到质量要求所采取的作业技术和活动；是通过监视质量形成过程，消除质量环上所有阶段引起不合格或不满意效果的因素，以达到质量要求，获取经济效益，而采用的各种质量作业技术和活动。

企业的质量控制活动主要是企业内部的生产现场管理，是为达到和保持质量而进行控制的技术措施和管理措施方面的活动。质量检验从属于质量控制，是质量控制的重要活动。

质量控制消除的是偶发性问题，以达到质量维持的目的，采用的手段是通过日常检验、试验、调整和配备必要的资源消除异常波动，重点防止差错和问题的发生。

质量控制步骤：一是选择控制对象；二是选择需要监测的质量特性值；三是确定规格标准，详细说明质量特性；四是选定能准确测量该特性值或对应的过程参数的监测仪表，或自制测试手段；五是进行实际测试并做好数据记录；六是分析实际与规格之间存在差异的原因；七是采取相应的纠正措施。

质量控制中最关键的是质量控制系统的设计和质量控制技术的选用。

（3）质量改进。

质量改进也是质量管理的一部分，是致力于增强满足质量要求的能力的活动，是使效果达到前所未有的水平的突破过程。

质量改进活动涉及质量管理的全过程，改进的对象既包括产品的质量，也包括各部门的工作质量。

质量改进消除的是系统性问题，目的是使质量保证能力提高到一个新的水平，采用的手段是预防和纠正措施，重点是增强企业的质量管理水平，提高质量保证能力。

质量改进的意义，一是有很高的投资收益率；二是促进新产品开发，改进产品性能，延长产品的寿命周期；三是通过对产品设计和生产工艺的改进，更加合理、有效地使用资金和技术力量，充分挖掘企业的潜力；四是提高产品的制造质量，减少不合格品的出现，实现增产增效的目的；五是通过提高产品的适应性，从而提高企业产品的市场竞争力；六是有利于发挥各部门的质量职能，提高工作质量，为产品质量提供强有力的保证。

质量改进遵循的基本过程是 PDCA 循环。

（4）质量控制和质量改进的关系。

质量控制是质量改进的基础；没有稳定的质量控制，质量改进的效果无法保持。

9. 资源能源管理知识

工业企业现场管理中的资源是指自然资源，基本以物料的形式存在；能源也是一种资源，但是一种特殊的资源，能源都能转化为能量，有的能源还不以物料的形式存在。

资源管理的很大一部分内容为物料管理，与物料管理的区别，在于其重点是关注生产过程中资源的流动，目的是减少资源消耗，提高资源利用效率。

能源管理是全流程管理，从能源的收入储存，经过加工储存、分配输送，到使用外销的全过程的管理，还包括使用中回收再利用，即二次能源的回收利用和余热余压等余能的回收利用，目的是节约能源，降低单位产品能源消耗。

企业应建立能源管理体系并有效运行，也可和质量、环境、安全健康等建立一个统一的管理体系，或整合成一个管理体系。

资源能源管理方面都有国家标准，特别是能源管理有一系列国家标准，主要有 GB/T 15587《工业企业能源管理导则》、GB/T 27886《工业企业用水管理导则》、GB/T 31341《节能评估技术导则》、GB/T 17166《能源审计技术通则》、GB/T 33231《企业用水审计技术通则》、GB 17167《用能单位能源计量器具配备和管理通则》、GB 24789《用水单位水计量器具配备和管理通则》、GB/T 29115《工业企业节约原材料评价导则》、GB/T 15512《评价企业节约钢铁材料技术导则》等。这些标准在企业资源能源管理中，都要贯彻执行。

10. 工业工程知识

（1）工业工程概念。

工业工程以科学的方法，有效地利用人、财、物、信息、时间等经营资源，优质、廉价并及时地提供市场所需要的商品和服务，同时探求各种方法给从事这些工作的人们带来满足和幸福的活动；是研究由人、物料、信息、设备和能源构成的集成系统的设计、改进和实施，应用数学、物理学和社会科学的知识和技能，结合工程分析和设计的原理与方法，来说明、预测和评价这一集成系统将得到的结果。

工业工程又分传统工业工程和现代工业工程。传统工业工程是通过时间研究与动作研究、工厂布置、物料搬运、生产计划和日程安排等，以提高劳动生产率；现代工业工程以运筹学和系统工程作为理论基础，以计算机为手段，兼容并蕴含了诸多新学科和高新技术。

（2）工业工程的特点。

工业工程的特点，一是以降低成本为核心，提高质量和劳动生产率，把降低成本、提高质量和劳动生产率联系起来综合研究，追求生产系统的最佳整体效益；二是综合性的应用知识体系，集中体现在技术和管理的结合上，从提高生产率的目标出发，研究和发展制造技术、工具和程序，同时提高管理水平，改善各种管理与控制，使人和其他要素（技术、机械、信息等）有机协调，使技术发挥最佳效用；三是注重人的因素，在实现其目标、进行系统设计、实施控制和改善的过程中，都考虑人和其他要素之间的关系和相互作用，以人为中心进行设计；四是面向微观管理，为减少浪费、降低成本，重点面向微观管理，从工作研究、作业分析、动作和微动作分析到研究制定作业标准，确定劳动定额，使从各种现场管理优化到各职能部门之间的协调和管理改善等都能够发挥作用；五是系统优化技术，强调系统整体优化，不只是某个生产要素或某个局部对象的优化，追求系统整体最佳效益。

工业工程的本质是系统整体的合理化、标准化、高效化、程序化、高品质化，追求生产系统的最佳整体效率。

（3）工业工程意识。

工业工程意识是工业工程实践的产物，是对工业工程应有指导作用的思想方法。

一是成本与效率意识，追求最佳整体效益，即以提高生产率为目标；二是问题与改革意识，追求合理性，使各要素达到有效结合，形成一个有机整体系统，包括从工作方法、生产流程直至组织管理各项业务及各个系统的合理化；三是工作简化与标准化意识，追求高效与优质统一，推行简单化、专门化和标准化；四是全局和整体意识，追求系统整体的优化，注重应用综合性与整体性；五是以人为中心的意识，坚持以人为中心来研究生产系统的设计、管理、革新和发展，使每个人都关心和参加改进工作，以提高效率。

（4）工业工程的作用。

工业工程是进行作业标准、时间设定的工具，是工程分析的改善工具。

（5）工业工程的主要范围。

现阶段工业工程的主要工作范围是工程分析、工作标准、方法研究、作业测定、价值分析、工厂布置、搬运设计等。

对制造业来说，工业工程的研究对象是工作系统，工作系统的构成要素包括输入、变换、产出与反馈过程。

（三）配备培训资源

根据现场岗位技能要求，配备必要的培训资源。对员工的技能进行系统的评估，建立员工技能档案，制订员工培训计划，建立企业内部所需的师资队伍；结合企业的实际案例，编写各类、各级的现场管理培训教材。

1. 培训

培训是培养加训练，是通过培养加训练使受训者掌握某种技能的方式。

培训是给有经验或无经验的受训者传授其完成某种行为必需的思维认

知、基本知识和技能的过程，是一种有组织的管理训诫行为。

2. 培训方式

培训从大的方面分为内部培训和外部培训，外部培训是把员工送出去培训。

内部培训有多种培训形式，主要有讲授法、视听技术法、讨论法、案例研讨法、角色扮演法、自学法、互动小组法、网络培训法和其他培训方式。

（1）讲授法。

讲授法是培训师通过语言表达，系统地向受训者传授知识，期望这些受训者能记住其中的重要观念与特定知识的培训方式，属于传统的培训方式。其优点是运用起来方便，便于培训者控制整个过程；其缺点是单向信息传递，反馈效果差；常用于一些理念性知识的培训。

（2）视听技术法。

视听技术法是通过现代视听技术对员工进行培训的方法。其优点是运用视觉与听觉的感知方式，直观鲜明；缺点是学员的反馈与实践较差，且制作和购买的成本高；适用于企业概况、传授技能等培训内容，也可用于概念性知识的培训。

（3）讨论法。

讨论法是小组讨论或一人做专题研究并随时回答学员提问而沟通的培训方式。其优点是信息可以多向传递，与讲授法相比反馈效果较好，小组讨论学员的参与性高；多用于巩固知识，训练学员分析、解决问题的能力与人际交往的能力，对培训教师的要求较高。

（4）案例研讨法。

案例研讨法是通过向培训对象提供相关的背景资料，让其寻找合适的解决方法的培训方式，可以有效训练学员分析解决问题的能力，也可用于知识类的培训。

（5）角色扮演法。

角色扮演法是学员在培训教师设计的工作情况中扮演其中角色，其他学员与培训教师在学员表演后做适当的点评的培训方式。信息多向传递，反馈效果好、实践性强，多用于人际关系能力的训练。

（6）自学法。

自学法是自己学习的培训方式，适用于一般理念性知识的学习。

（7）互动小组法。

互动小组法是让学员在培训活动中的亲身体验来提高他们处理人际关系

的能力的培训方式，也称敏感训练法，主要适用于管理人员的人际关系与沟通训练。

（8）网络培训法。

网络培训法是应用计算机网络（互联网）进行学习的培训方式，使用灵活，不需要集中，任何时段都可以学习，适用于分散式培训。

（9）其他培训方法。

其他培训方法有工作指导法、工作轮换法、操作演示法、师傅带徒弟法、岗位技能比赛等。

2. 培训资源

外部培训把员工送出去培训，除经费外基本不需要其他资源。

内部培训需要资源，包括培训场地、培训师资、培训教材等。

（1）培训场地。

培训场地是培训内容和培训方式高度匹配的场地，是培训基础硬件之一；培训场地的布置要适应于培训的内容和培训方式。

讲授法需要教室或大中型会议室，视听技术法需要电化教室或在会议室配备视听设备，网络培训法需要网络和终端，其他方法也需要中小型会议室等场地，工作指导法、工作轮换法、操作演示法、师徒带徒弟法、岗位技能比赛等一般在工作中进行培训，不需要专门的场地。

（2）培训师资。

培训师资是培训的教师，为学员讲授知识或传授技能。

企业内部应根据工作性质建立培训专职和兼职相结合的师资队伍。

（3）培训经费。

培训经费即用于培训工作的费用。

（4）培训教材。

通用性教材可从外部购买，现场管理培训教材最好由企业结合其实际案例组织编写。

（5）员工技能档案。

记载员工学习、工作、培训经历和持有的职称证书、职业资格证书、专业能力证书等的档案。

（6）员工培训计划。

企业做出的有关员工培训的对培训目标、培训原则、培训宗旨、培训对象、培训师资、培训内容、培训方式、培训时间及组织程序、经费保障、考核方法和要求的方案。

（四）开展培训工作

有计划地开展现场员工的培训工作。建立培训记录，培训效果跟踪评估制度以及培训评价系统。结合培训评价结果和员工业绩提升的需求，不断完善教育培训体系。

1. 培训记录

进行现场员工培训，要做好培训记录。

培训记录应记录培训时间、培训地点、培训对象、培训方式、培训主题、培训内容、培训教师、参加培训学员和培训绩效考核情况，总结培训效果。

2. 培训效果跟踪评估制度

培训效果跟踪评估制度是对员工的培训效果进行跟踪、考察员工对培训内容的掌握情况及培训与提高工作绩效关系的制度，目的是检查员工受训情况，提高培训考核成效，巩固培训成果，加速员工成长。

培训组织者可根据跟踪评估报告中关于培训组织管理的评估结果，对培训场地设施条件、时间安排、培训内容和培训形式选择等项目分类总结，明确培训组织管理中主要的成功经验以及不足之处，在以后的培训工作中改进；可根据跟踪评估报告了解学员对培训内容的总体掌握情况，评价培训师的授课效果，为选拔和培养培训教师提供依据；可通过跟踪评估报告，总体了解和掌握培训投入产出情况，为加强培训规划、控制培训成本、提高培训收益提供依据。

培训教师可根据跟踪评估报告了解学员对培训内容的总体掌握情况，以提高授课水平、改进授课质量。

学员可根据评估报告了解自己通过培训，在知识和技术业务技能方面的掌握情况，总结经验与不足，并比较与全体学员的学习效果的差距，明确改进方向。

企业领导可根据评估报告综合了解和掌握培训对企业发展的贡献情况，明确培训价值，为重大培训决策提供依据。

跟踪评估的内容包括学员培训后回到岗位的工作态度、工作质量改进、工作方式方法改进及所学内容在工作中的应用等情况，并据此做出效果跟踪评估结论。

3. 培训评价

培训评价是对培训学员、培训教师和培训组织等多方面的评价，可结合调查问卷、面谈、跟踪、考核等多种方式进行。

（五）鼓励一专多能

为提高现场作业效能，鼓励员工一专多能，采用交叉培训、定期轮岗等多种方式进行培训。

1. 作业效能

作业的效率和能力。

2. 一专多能

一专多能是指员工具有熟练、精通的某一岗位的专业技能，又具有其他技能并适应其他多个岗位的工作；是指员工既具有专业知识，又具有适应多方面工作的能力。

一专多能的人才是复合型人才，就是在各个方面都有一定能力，在某一个具体的方面能出类拔萃的人，其特点是多才多艺，能够在很多领域大显身手。学科交叉、知识融合、技术集成的社会特征决定着，员工要提高自身的综合素质，既要拓展知识面掌握各种技能，又要不断调整心态，变革自己的思维。

"专"是专业的核心技能，可通过与之对应的职业资格证书予以体现；职业资格证书的层次越高，其专业技能就越深入。多能是指与专业相关或临近领域的复合职业技能和职业基本素质，可通过各种辅助职业资格证书或辅修专业证书予以体现。对应的职业资格证书越多，复合技能就越广泛；当然，某些岗位不需要职业资格证书，但能胜任岗位工作，也是多能的具体体现。

3．交叉培训

交叉培训是一个部门的人员到另一个部门的工作现场接受培训；是一个部门的员工到其他部门学习，培训上岗，在对自己从事的职务操作熟练的基础上，又获得了另外一种职业技能。

4．定期轮岗

定期轮岗是指按规定，在一个岗位上工作一段时间后，要轮到另一岗位上去工作。

（六）员工职业规划

设立员工职业发展通道，为跨序列发展的员工提供机会，鼓励并帮助员工制定和实现个人职业生涯发展规划。

1. 员工职业规划

职业生涯是一个人一生中所有与职业相联系的行为与活动，以及相关的态度、价值观、愿望等的连续性经历的过程，也是一个人一生中职业、职位的变迁及工作理想的实现过程；可以简单地说，职业生涯就是一个人终生的工作经历。

员工职业规划是对员工职业生涯乃至人生进行持续的系统的计划的过程，包括职业定位、目标设定和通道设计三个要素；是指员工与企业相结合，在对员工职业生涯的主客观条件进行测定、分析、总结的基础上，对员工个人的兴趣、爱好、能力、特点进行综合分析与权衡，结合时代特点，根据自己的职业倾向，确定其最佳的职业奋斗目标，并为实现这一目标做出行之有效的安排。员工职业规划也称职业生涯规划，又称职业生涯设计。

2. 职业通道

（1）职业通道的概念。

职业通道是指一个员工的职业发展计划，可以让企业更加了解员工的潜能，可以让员工更加专注于自身未来的发展方向并为之努力。

职业发展计划要求员工、主管以及人力资源部门共同参与制定，员工提出自身的兴趣与倾向，主管评估员工的工作表现，人力资源部门评估其未来的发展可能。

职业通道模式主要分为单通道模式、双通道模式、多通道模式等三种模式，按职业性质又可分为管理性、技术性、技能性职业通道。

（2）职业通道设计。

职业通道设计的方式有横向职业通道、双重职业通道和多重职业通道三种。

横向职业通道模式采取工作轮换的方式，通过横向调动来使工作具有多样性，使员工焕发新的活力、迎接新的挑战；员工横向职业发展通道实现的方式，生产类员工是一专多能，管理类员工岗位轮换。

双重职业通道是为专才设计的职业发展的通道，沿着管理生涯通道可以通达高级管理职位，沿着专业生涯通道可以通达高级技术职位，员工可以自由选择在专业技术通道上或是在管理通道上得到发展，两个通道同一等级的管理人员和技术人员地位平等；双重职业通道设计的基本理念是职业技术人员没有必要因为其专业技能的提升从事管理工作，企业需要并应该承认技术专家的贡献。

多重职业通道是将双重职业通道中对专业技术人员的通道设计分成多个技术通道，如技术人员通道、技术带头人通道、技术管理人员通道，为专业技术人员的职业发展提供了更大的空间。

第四章　现场管理过程

第一节　过程及其相关概念

一、过程

过程是利用输入实现预期结果的相互关联或相互作用的一组活动，是使用资源将输入转化为输出的任何一项或一组活动。

一个过程的输入通常是其他过程的输出，而一个过程的输出又通常是其他过程的输入。

两个或两个以上相互关联和相互作用的连续过程也可作为一个过程。

过程可大可小。大的过程如生产一种产品，维修一台复杂的设备等；小的过程如拧紧一个螺丝，吊运一件物体等。

二、资源

资源是过程中所使用的投入，包括物力、财力、人力等各种物质要素。

三、输入和输出

输入是媒介从外部到内部的传输过程，在工业生产中，主要指物质、能量、信息等进入某种机构或装置。

输出是媒介由内部到外部的传递过程，从内部送到外部；在工业生产中，主要指物质、能量、信号等从某种机构或装置发出。

输出是过程的结果，其称为产品或服务，随着相关语境而定。在工业企业中，最主要的过程是生产过程，其输出一般是产品；当然，有一些过程，也可以称为服务，如售后服务过程等。

四、关键过程和一般过程

关键过程是为企业、顾客和其他相关方创造重要价值或做出重要贡献的过程。在工业企业现场管理中，主要是为企业创造重要价值或做出重要贡献的过程。

一般过程是关键过程以外的过程。

五、过程方法

系统地识别和管理企业所应用的过程，特别是这些过程之间的相互作用，称为“过程方法”。

相互作用是过程之间联系的一种表现形式，包括互相联结、互相促进、互相制约等关系。

六、过程管理

过程管理是在确定过程的输入和输出的基础上，确定所需要的活动和资源，确定对过程和活动的监视和测量的要求；按确定的结果实施监视、测量和控制，对测量、监视和控制的结果进行分析，并识别改进过程的机会。

七、过程策划

策划指积极主动地想办法、定计划，是一种策略、筹划、谋划或者计划、打算；是个人、企业、组织结构为了达到一定的目的，充分调查市场环境及相关联的环境的基础之上，遵循一定的方法或者规则，对未来即将发生的事情进行系统、周密、科学的预测并制订科学的可行性的方案。

策划是一种对未来采取的行为做决定的准备过程，是一种构思或理性思维程序；是一种程序，在本质上是一种运用脑力的理性行为；是通过实践活动获取更佳效果的智慧，是一种智慧创造行为。

在现代生活中，策划常用于形容做一件事的计划。

过程策划是对过程所需要的资源实现输入输出的方法的策划，包括确定过程要求和过程设计。

第二节　过程要求确定

要求是明示的、通常隐含的或必须履行的需求或期望。“通常隐含”是指企业、下道工序和顾客、社会等相关方的惯例和一般做法，所考虑的需求或期望是不言而喻的；“需求”是需要的东西，是购买商品或劳务的愿望和能力；“期望”是对人或事物的未来有所等待，是希望。

要求包括规定要求和特定要求。

规定要求是明示的要求，包括法律要求等；特定要求是对某一方面的具体要求，可使用限定词来表示，如产品要求、质量要求、顾客要求、安全要求、管理要求等。

确定是指固定、明确肯定。

过程要求确定是指明确肯定对过程的要求，即设立过程的目标。包括识别需求和指标转换。

对关键过程的要求来自顾客和其他相关方，包括内部顾客，企业要确定过程的相关方，认识到这些相关方对过程的要求，当要求较多时从中确定出关键要求，必要时，还要关注不同的顾客或其他相关方群体对过程的不同要求。

对关键过程的要求包括质量、生产率、成本、周期、准时率、资源节约、环境、安全要求等，要求要清晰、具体并转化为指标进行测量。

一、识别需求

企业要运用系统和与企业管理实际相协调的管理方法，识别、分析并确定现场管理的要求，这些要求源于顾客、供应商、员工、股东、社会等各相关方，包括产品设计输出，以及相关法律法规和标准，保证与现场管理过程的有效衔接。

系统方法是把对象作为系统进行定量化、模型化和择优化研究的科学方法。

系统方法是一种满足整体、统筹全局、把整体与部分辩证地统一起来的科学方法，将分析和综合有机地结合，并运用数学语言定量地、精确地描述研究对象的运动状态和规律；系统方法是以对系统的基本认识为依据，应用系统科学、系统思维、系统理论、系统工程与系统分析等方法，用以指导人们研究和处理科学技术问题的一种科学方法。

系统运用适宜的方法，充分识别来自顾客和各相关方的需求，分析各类需求与现场各项管理活动之间的关系，将需求转化为现场管理过程相对应的要求和指标，明确各现场管理指标的监控流程，形成系统化的现场管理指标体系。常用的需求识别和指标分析的管理工具包括平衡计分卡、质量功能展开、狩野模型等。

（一）相关方

相关方是与企业业绩或成就有利益关系的个人或团体。识别需求时，相关方是指单向影响的相关方，只能是受企业影响的相关方；不是双向影响、互相影响。

（二）指标体系

指标体系是根据不同研究目的的要求和研究对象的特征，把客观上存在联系的，说明经济、社会现象性质的若干个指标，科学地加以分类和组合形成的体系；是由综合反映企业技术水平、生产水平、经济水平、经营管理水平的一系列相互联系的指标构成的系统；是由可统计的指标组成的体系。

（三）现场管理指标体系

现场管理指标体系是适用于现场管理评价的指标体系。

二、需求识别和指标分析的管理工具

（一）平衡计分卡

平衡计分卡是根据企业的战略要求而精心设计的指标体系，把企业战略目标逐层分解转化为各种具体的相互平衡的绩效考核指标体系，并对这些指标的实现状况进行不同时段的考核，从而为企业战略目标的完成建立起可靠的执行基础。

详见本书第三章第二节。

（二）质量功能展开

质量功能展开把顾客对产品的需求进行多层次的演绎分析，转化为产品的设计要求、零部件特性、工艺要求、生产要求的质量工程工具，用来指导产品的设计和质量保证。

1. 质量功能展开的含义

质量功能展开是将用户的要求变换成代用特性，确定产品的设计质量，分解为各功能部件的质量，直到功能部件各部分的质量和工序要素，对其中的关系进行系统的展开。

质量功能展开最显著的特点是要求企业不断地倾听顾客的意见和需求，

并通过合适的方法、采取适当的措施在产品形成的全过程中予以体现这些需求。

质量功能展开是在实现顾客需求时，帮助在产品形成过程中所涉及的企业各职能部门制订出各自相应的技术要求的实施措施，并使各职能部门协同工作，共同采取措施保证并进一步提高产品质量。

质量功能展开涉及产品形成全过程的各个阶段，特别是产品的设计和生产规划阶段，是一种在产品开发阶段进行质量保证的方法。

质量功能展开从质量的保证和不断提高的角度出发，通过一定的市场调查方法获取顾客需求，并采用矩阵图解法、质量屋等方法将顾客的需求分解到产品开发的各个过程和各个职能部门中去，以实现对各职能部门和各个过程工作的协调和统一部署，使其能够共同努力、一起采取措施，最终保证产品质量，使设计和制造的产品能真正满足顾客的需求。故质量功能展开是一种由顾客需求所驱动的产品开发管理方法。

质量功能展开可以简单地概括为，把顾客的要求转换成相应的技术要求，帮助企业的研究小组系统化地对以下问题达成共识，即要做什么、最好的是什么方法、完成工作的最好指令是什么、对员工与资源的要求是什么。

2. 质量功能展开的主要特点

实施质量功能展开后，企业收到的效益是巨大的。

质量功能展开是一种系统性的决策技术，在设计阶段，可保证将顾客的要求准确无误地转换成产品定义（具有的功能、实现功能的机构和零件的形状、尺寸、公差等）；在生产准备阶段，可保证将反映顾客要求的产品定义准确无误地转换为产品制造工艺过程；在生产加工阶段，可保证制造出的产品完全满足顾客的需求。在正确应用的前提下，质量功能展开可保证在整个产品生命周期中，顾客要求不被曲解，同时避免出现不必要的冗余功能，还可使产品的工程修改减至最少，并减少使用过程中的维修和运行消耗，追求零件的均衡寿命和再生回收。正是由于这些特点，质量功能展开真正可以使制造企业以最短的时间、最低的成本生产出功能上满足顾客要求的高质量产品。

质量功能展开有很多优点，一是其既积极寻求顾客明确告知的需求，又努力发掘没有言明的顾客需求，并尽可能最大化能够为顾客带来价值的“积极的”质量；二是不同于传统的设计流程集中于工程技术性能而较少关注顾客需求，以满足顾客需求为基础，关注产品发展的各个环节；三是使得那些无形需求和企业的战略优势清晰可见，进而使得企业能够对其优先考量；四是减少设计时间；五是减少设计变动；六是减少设计和制造成本；七是提高产品质量；八是提高顾客满意度。

质量功能展开也有其局限性，一是作为一项日本人开发的管理技术，可能有些企业管理者不能适用；二是顾客要求是通过市场调研获得的，一旦市场调研不准，之后的所有分析结果只会给企业带来灾难。因此，质量功能展开作为一项综合管理系统和结构化的质量控制方法，要顺应如此快速的市场变化，比较复杂。

3. 质量功能展开的功效

质量功能展开具有很强的功效性。

首先，功效性体现在有助于企业正确把握顾客的需求。质量功能展开是一种简单、合乎逻辑的方法，包含一套有助于确定顾客的需求特征的矩阵，便于更好地满足和开拓市场，有助于决定企业开拓这些市场、确定最低的标准等。

其次，功效性体现在有助于优选方案。在质量功能展开的整个阶段，人人都能按照顾客的要求评价方案；在第四阶段，包括生产设备的选用，所有的决定都是以最大程度地满足顾客要求为基础的；当做出一个决定后，该决定必须是有利于顾客的，而不是工程技术部门或生产部门，顾客的观点置于各部门的偏爱之上。功能质量展开建立在产品和服务应该按照顾客要求进行设计的观念基础之上，顾客是整个过程中最重要的环节。

再次，功效性体现在有利于打破组织机构中部门间的功能障碍。质量功能展开由不同专业、不同观点的人来实施，是解决复杂、多方面业务问题的最好方法。其实施要求有献身和勤奋精神，要有坚强的领导集体和一心一意的成员，要求并勉励使用具有多种专业的小组，从而为打破功能障碍、改善相互交流提供合理的方法。

第四，功效性体现在容易激发员工们的工作热情。质量功能展开打破了不同部门间的隔阂，使员工在和谐气氛中工作。

第五，功效性体现在能够更有效地开发产品，提高产品质量和可信度，更大地满足顾客。

4. 质量功能展开应用的典型工具

质量功能展开主要应用质量屋和矩阵，还应用到亲和图、关系图、树图、流程决策程序图、层级分析法、蓝图等。

亲和图使具有深层结构特征的顾客需求“浮出水面”，关系图用以发现优先需求、造成产品质量流程问题的根本原因以及沉默顾客的需求，树图用来寻找亲和图和关系图中的缺陷和遗漏，各种矩阵用来表示各指标之间的关系、优先项以及责任等，流程决策程序图用以分析可能造成新产品或服务失败的潜在因素，层级分析法对一系列的顾客需求进行优先排列并选出满足这些需求的设计、生产方案，蓝图对提供产品或服务的整个流程进行分析、描述。

5. 质量功能展开瀑布式分解模型

顾客需求是质量功能展开的最初输入，而产品是最终的输出。其输出由使用产品顾客的满意度确定，并取决于形成产品的过程及支持过程的效果。正确理解顾客需求对于质量功能展开十分重要，顾客需求确定之后，采用科学而实用的工具和方法，把顾客需求一步步分解展开，分别转换成产品的技术需求等，并最终确定出产品质量控制办法。质量屋是质量功能展开的基本工具，瀑布式分解模型是质量功能展开方式和整体实施思想的描述。由 4 个质量屋矩阵组成的典型质量功能展开瀑布式分解模型如图 4–1 所示。

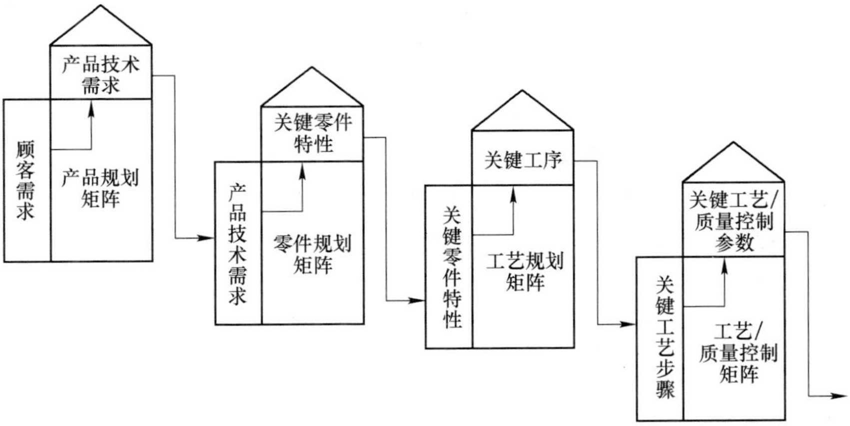

图 4–1 典型质量功能展开瀑布式分解模型

质量功能展开是一种思想，是一种产品开发管理和质量保证与改进的方法论，其关键是获取顾客需求并将顾客需求分解到产品形成的各个过程，将顾客需求转换成产品开发过程具体的技术要求和质量控制要求。通过对这些技术和质量控制要求的实现来满足顾客需求，对于如何将顾客需求一步一步地分解和配置到产品开发的各个过程中，需要采用质量功能展开瀑布式分解模型。但对于具体的产品，没有固定的模式和分解模型，可以根据不同目的按照不同路线、模式和分解模型进行分解和配置。几种典型质量功能展开瀑布式分解模型如下。

（1）按顾客需求→产品技术需求→关键零件特性→关键工序→关键工艺及质量控制参数，将顾客需求分解为4个质量屋矩阵，如图4-1所示；

（2）按顾客需求→供应商详细技术要求→系统详细技术要求→子系统详细技术要求→制造过程详细技术要求→零件详细技术要求，分解为5个质量屋矩阵；

（3）按顾客需求→技术需求→子系统/零部件特性→制造过程需求→统计过程控制，分解为4个质量屋矩阵，每个矩阵均为重要、困难和新的过程控制参数；

（4）按顾客需求→工程技术特性→应用技术→制造过程步骤→制造过程质量控制步骤→在线统计过程控制→成品的技术特性，分解为6个质量屋矩阵。

6. 质量功能展开的分解步骤

顾客需求是质量功能展开最基本的输入，其获取是实施质量功能展开最关键也是最困难的工作，要通过各种先进的方式、方法和渠道搜集、分析和整理顾客的各种需求，采用数学方式进行描述，并进一步采用质量屋矩阵形式把顾客需求逐步展开，分层转换为产品的技术需求、关键零件特性、关键工艺步骤和质量控制方法。展开过程中的上一步输出即为下一步的输入，构成瀑布式分解过程。质量功能展开从顾客需求开始，经过4个阶段即4步分解，用4个质量屋矩阵——产品规划矩阵、零件规划矩阵、工艺规划矩阵和工艺/质量控制矩阵，将顾客的需求配置到产品开发的整个过程。

（1）确定顾客需求。

选择合理的顾客，通过市场调查，利用各种方式、方法和手段，全面收集顾客对产品的各种需求，将其总结、整理并分类，得到正确、全面的顾客需求以及各种需求的权重。在确定顾客需求时要避免主观想象，需求从顾客中来，并关注全面性和真实性。

（2）产品规划。

产品规划矩阵的构造在进行质量功能展开时非常重要，满足顾客需求的第一步是准确地将顾客需求转换成为通过制造能满足这些需求的物理特性。产品规划的主要任务是将顾客需求转换成设计用的技术特性。通过产品规划矩阵，将顾客需求转换为产品的技术需求，亦即产品最终技术性能特征，并根据顾客需求的竞争性评估和技术需求的竞争性评估，确定各个技术需求的目标值。

质量功能展开在产品规划过程要完成6项任务：一是从顾客需求到技术需求的转换，二是从顾客的角度对市场上同类产品进行评估，三是从技术的角度对市场上同类产品进行评估，四是确定顾客需求和技术需求的关系及相关程度，五是分析并确定各技术需求相互之间制约关系，六是确定各技术需求的目标值。

（3）产品设计方案确定。

依据确定的产品技术需求目标值，进行产品的概念设计和初步设计，并优选出一个最佳的产品整体设计方案。设计和优选工作主要由产品设计部门及其工作人员负责，产品生命周期中其他各环节、各部门的人员共同参与，协同工作。

（4）零件规划。

基于优选出的产品整体设计方案，按照产品规划矩阵确定的产品技术需求，确定对产品整体组成有重要影响的关键部件/子系统及零件的特性，利用失效模型及效应分析、故障树分析等方法对产品可能存在的故障及质量问题进行分析，以便采取预防措施。

（5）零件设计及工艺过程设计。

根据确定的关键零件的特性及产品初步设计结果等，进行产品的详细设计，完成产品各部件/子系统及零件的设计工作，选择并确定工艺实施方案，完成产品工艺过程设计，包括制造工艺和装配工艺。

（6）工艺规划。

通过工艺规划矩阵，确定为保证实现产品关键特征和零部件关键特征所必须给以保证的关键工艺步骤及其特征，即从产品及其零部件的全部工序中选择和确定出对实现零部件特征具有重要作用或影响的关键工序，并确定其关键程度。

（7）工艺/质量控制。

通过工艺/质量控制矩阵，把关键零件特性所对应的关键工序及工艺参数转换为具体的工艺/质量控制方法，包括控制参数、控制点、样本容量及检验方法等。

（三）狩野模型

狩野模型是东京理工大学教授狩野纪昭发明的对顾客需求分类和优先排序的工具，以分析顾客需求对顾客满意的影响为基础，体现了产品性能和顾客满意之间的非线性关系。

1. 狩野模型的主要特点

狩野模型的主要特点是把质量分为 3 个不同需求层次，并通过简单的二维坐标轴揭示了顾客满意度与不同质量需求层次的关系。

3 个层次分别是基本型需求、期望型需求和兴奋型需求，这三个层次的需求根据绩效指标分类就是基本因素、绩效因素和激励因素。

（1）基本型需求。

基本型需求是顾客对企业提供的产品因素的基本要求，是顾客心中产品“必须有”的属性或功能。当其特性不充足即不满足顾客需求时，顾客很不满意；当其特性充足即满足顾客需求时，顾客也不会因而表现出满意。对于基本型需求，即使超过了顾客的期望，顾客充其量达到满意，也不会对此表现出更多的好感。只要未达到顾客的期望，顾客满意将显著降低。对于顾客而言，这些需求是理所当然必须满足的。

（2）期望型需求。

期望型需求是指顾客的满意状况与需求的满足程度成比例关系的需求。其没有基本型需求那样苛刻，要求提供的产品比较优秀，但并不是“必须”的产品属性或功能。企业提供的产品水平超出顾客期望越多，顾客的满意度越高，反之亦然。在市场调查中，顾客表达的一般是期望型需求。质量投诉处理服务也可以被视为期望型需求，企业对质量投诉处理得越圆满，顾客就越满意。

（3）魅力型需求。

魅力型需求是指不会被顾客过分期望的需求。其一旦得到满足，顾客满意度非常高。对于魅力型需求，随着满足顾客期望程度的增加，顾客满意度也急剧上升；即使在期望不满足时，顾客也不会因而表现出明显的不满意。顾客对一些产品没有表达出明确的需求，当这些产品提供给顾客时，顾客就会表现出非常满意，从而提高顾客的忠诚度。即使另一些企业未提供这些服务，顾客也不会由此表现出不满意。

另外，还有两种需求分类，即无差异型需求和反向型需求。无差异型需求不论提供与否，对用户体验无影响，是质量中既不好也不坏的方面，不会导致顾客满意或不满意；反向型需求又称逆向型需求，指引起强烈不满的质量特性和导致低水平满意的质量特性，因为并非所有的消费者都有相似的喜好。许多用户根本都没有此需求，提供后用户满意度反而会下降，而且提供的程度与用户满意程度成反比。

2. 顾客满意度二维模式

（1）满意度的概念。

顾客满意度是其对企业所提供的产品事前期待和实际效果即感知效果之间的比较后形成的开心或失望的程度，是顾客的一种感觉。若在实际消费中的实际效果与事前期待相符合，则感到满意；超过事前期待，则很满意；未能达到事前期待，则不满意或很不满意。实际效果与事前期待差距越大，不满意的程度也就越大，反之亦然。顾客满意度就是顾客对所购产品的事前期待与实际评价的关系。

顾客满意度，决定了其是否重复购买这种产品，决定了其今后对这种产品的态度，还会影响到其他人。

（2）二维模式。

在日常满意度应用中，都认为满意度是一维的，即某个产品提供更多功能时顾客就会感到满意，当功能不充足时顾客会感到不满，导致企业可能会不断在产品中增加新功能，通过这种方式提升用户的满意度。但事实上并不是所有新增或优化的功能，都能提升顾客满意度，甚至有一些还会损害顾客体验。

并非所有的因素对顾客满意度产生的影响都是一维的，当提供某些因素时，未必使顾客满意，有时可能会造成不满意；提供或不提供某些因素，顾客有时认为根本无差异，这就是满意度的二维模式。

3. 狩野模型分析方法

狩野模型分析方法是基于狩野模型对顾客需求的细分原理开发的一套结构型问卷和分析方法。狩野模型分析方法主要是通过标准化问卷进行调研，根据调研结果对各因素属性归类，解决产品属性的定位问题，以提高顾客满意度。

（1）基本分析步骤。

首先，从顾客角度认识产品需要；其次，设计问卷调查表；再次，实施有效的问卷调查；第四，分类汇总调查结果，建立质量原型；第五，分析质量原型，识别具体测量指标的敏感性。

（2）明确目的。

要明确调研的目的，狩野模型解决的适用合理性和适用性。

（3）指导工作。

如果产品的某个模块或功能是基本型需求，就要保证基本质量特性符合规格标准，实现满足顾客的基本要求，集中在怎样降低故障出现率上；如果是期望型质量，关心的就是怎样提高规格标准本身，不断提高质量特性，促进顾客满意度的提升；如果是魅力型需求，则需要满足顾客潜在需求，应关注在维持前两个质量的基础上，探究顾客需求，创造新产品和增加意想不到的新功能。

狩野模型是一个定性分析模型，不能直接用来测量顾客满意度，常用于对绩效指标进行分类，帮助企业了解不同层次的顾客需求，找出顾客和企业的接触点，识别使顾客满意的至关重要的因素。

4. 应用狩野模型的注意事项

应用狩野模型时应注意的事项：一是需求会因人而异，要满足目标顾客中多数人的需求；二是需求会因为文化差异而不同；三是需求会随着时间变化，过去的期望型需求甚至魅力型需求，现在可能已变成了基本型需求，需要持续调研需求、产品需要持续迭代，而不是照搬过去的、别人的方法或理论。

三、指标转换

确定过程要求后，应将其转化为明确的现场管理指标，包括质量、效率、成本、员工素质、安全、环保和资源利用等方面的内容。

现场管理的指标体系要涵盖各项现场管理业务流程并协调一致，包括但不限于质量管理、计划管理、设备管理、安全管理、作业人员管理、原材料和在制品管理等。

（一）指标概念

1. 指标

指标是衡量目标的方法；是指预期中打算达到的指数、规格、标准，包括指标名称和指标值、指标单位三部分；有时也引申为计划中规定必须达到的目标。在统计学上，指标有特定的含义。

指标名称是反映一定的目标范畴的词语，指标值是根据指标所要达到的或实际的具体数值。对于产品，指标是指反映其功能和使用效果的某一特征；对于过程，指标是反映过程效果或结果的某一特征或参数。

2. 正向指标和逆向指标

指标分为正向指标和逆向指标。正向指标是代表向上或向前发展、增长的指标，其指标值越大，评价就越好，也称效益型指标；逆向指标是代表向下或阻碍发展的指标，其指标值越小，评价就越好。

3. 指标体系

产品的指标体系是其说明某一性质的若干个指标的组合，如焦炭的强度指标组合、钢材的力学性能指标组合等。统计指标体系则是指若干个相互联系的统计指标所组成的有机体。

4. 现场管理指标的范畴

现场管理指标，包括质量指标和数量指标，反映质量、效率、履约、成本、员工素质、安全、环保和资源利用等情况，涉及产品和过程两个方面。

（二）质量指标

质量指标分为两类，即产品质量和工作质量。两类质量指标都是反映企业生产技术水平和组织管理水平的重要指标，是衡量一个企业科技水平和经济水平的重要标志。

1. 产品质量指标

产品质量反映产品本身质量，是指反映产品本身质量情况的指标和反映产品外观形态的指标，即产品适合一定用途、满足一定需要的特性，反映其使用效能的大小。内在质量表现在产品的化学成分和物理性能上，外观质量表现在产品的美观、色泽等方面。产品质量是企业在计划期内各种产品所应达到或实际达到的质量水平。常用的产品本身质量指标：一是产品的使用寿命、效能，二是产品平均技术性能或有效成分的含量，三是产品的质量等级。企业为反映某一时期或某批产品的总体质量状况，常用产品合格率、废品率、成品返修率等总体指标。有的企业也常用产品品级构成指标来反映产品的总体质量状况。

2. 工作质量指标

工作质量反映工作效率或生产效果，是指反映工作质量好坏、管理水平高低的指标。常用的工作指标一是工作目标实现程度，二是周期即耗费的时间，三是成本费用，四是工作者之间的协调度和满意度等。反映总体工作质量的指标常用劳动生产率、设备完好率、设备利用率、利润率等，通常都用相对数字或平均数字来表示。

（三）数量指标

数量指标指反映企业规模大小和数量多少等数量特征的各种指标，用绝对数表示。如产品产量、总产值、工业增加值、职工人数、生产线数量、设备数量等。

数量指标表明企业生产与工作的总成果，大量用于计划和统计业务，对确定计划中的工作任务、目标及规定各种比例关系等具有重要作用，能反映计划的执行和实现程度，为计算各种有关质量指标提供依据。

（四）效率指标

效率是指有用功率对驱动功率的比值，分为很多种，如机械效率、热效率等。

效率也有很多引申含义，如一是指在给定投入和技术等条件下，最有效地使用资源以满足设定的愿望和需要的评价方式；二是指给定投入和技术等条件下，经济资源没有浪费，或对经济资源做了能带来最大可能性的满足程度的利用；三是指单位时间里实际完成的工作量；四是对于有限资源（如原材料、人力、资金等）的最佳分配方法；五是指达到结果与使用的资源之间的关系，六是指在特定时间内，企业的各种投入与产出之间的比率关系等，表现为如生产效率、工作效率等。

效率指标是描述各种效率的指标。

（五）成本指标

成本指标是指产品生产所需投入的财务指标。

成本指标有生产总成本、单位产品成本等，还可细分为原料成本、人力资源成本、动力成本、财务成本等。

（六）安全指标

安全生产是指在生产经营活动中，为了避免造成人员伤害和财产损失的事故而采取相应的事故预防和控制措施，以保证从业人员的人身安全，保证生产经营活动得以顺利进行的相关活动。

安全指标是衡量和评价企业安全生产状况的指标，三项主要指标分别是生产安全事故起数、死亡人数和直接经济损失。其他指标还有千人负伤率、间接经济损失、连续安全生产时间（天数）等。安全指标绝大多数是逆向指标，个别为正向指标，如连续安全生产时间（天数）。

（七）环境保护指标

环境保护指标是产品生产过程中污染物排放及产品生命周期完成后对环

境影响的指标。

产品不同，其生产过程不同，主要污染物不同，对环境造成的污染程度不同，相应环境保护指标也不同。主要有水污染物排放指标、大气污染物排放指标、固体废弃物排放指标和噪声指标等，污染物排放指标包括浓度指标和总量指标。

固体废弃物综合利用率、废污水处理回用率、产品报废后处理的难易程度等，也属于环境保护指标。

（八）资源利用指标

资源利用指标是表示资源利用效率的指标。资源指自然资源，如矿石、能源、水等。

资源利用指标很多，既有能源利用率、热效率、转换效率等相对指标，也有单位产品能耗、单位产品取水量、单位产品电耗、单位产品原料消耗等绝对指标。

第三节　过程设计

企业应根据确定的现场管理过程要求，识别现场管理要素及资源，采用系统的技术和管理方法，对现场管理过程进行设计，形成管理规范。

根据确定的过程要求，包括产品设计开发的技术参数、图样等输出结果，以及企业现有的资源和技术水平等，对现场过程进行设计。

过程设计包括选择生产组织方式、设计现场管理要素、识别和减少浪费和识别风险等步骤。

一、选择生产组织方式

生产方式一般指企业整体活动方式，包括所有制造过程与经营管理过程。过程设计中，首先要根据市场的需求和产品制造工艺的特点，选择适宜的生产组织方式。

生产过程的空间组织是指在一定的空间内，合理布置企业内部各基本生产单位，如车间、工段、班组等，使生产活动能高效地顺利进行。

生产过程的时间组织是研究产品生产过程各环节在时间上的衔接和结合

的方式。生产过程各环节之间时间衔接越紧密，就越能缩短生产周期，从而提高生产效率，降低生产成本。

生产组织方式是指生产者对所投入的资源要素、生产过程以及产出物的有机、有效结合和运营方式的一种通盘概括，是生产的空间布局、时间安排及流程的综合，如流水线生产、单元化生产和混合式生产等。

（一）流水线生产

流水线生产是指生产对象按照一定的工艺路线顺序通过各个工作地，并按照统一的生产速度完成工业作业的生产过程；是劳动对象按一定的工艺路线和统一的生产速度，连续不断地通过各个工作地，按顺序地进行加工并生产出产品的一种生产组织形式；是对象专业化组织形式的进一步发展，也是劳动分工较细、生产效率较高的一种生产组织形式。

1. 流水线生产的特征

流水线生产具有顺序性、专业化程度高、节奏性、连续性和比例性等基本特征。

（1）顺序性。

流水线上的加工对象是按照工艺加工的顺序从一个工作地传送到另一个工作地，加工对象在流水线上做单向运动。

（2）专业化程度高。

每一条流水线只固定生产一种或少数几种产品或零部件，各个工作地只需完成一种或几种作业。

（3）节奏性。

加工对象在各道工序之间按一定的时间间隔投入或产出，两批相同的制品之间也按一定的时间间隔投入流水线或从流水线产出，保持一定的生产节拍。

（4）连续性。

加工对象在各个工作地之间做平行移动或平行顺序移动，最大限度减少停工等待时间。

（5）比例性。

流水线上各道工序的生产能力是平衡的、成比例的，即各道工序的工作地（设备）数量使各道工序单件制品的加工时间大致相等。

2. 流水线的分类

（1）固定流水线和移动流水线。

流水线按生产对象的移动方式分为固定流水线和移动流水线。

固定流水线是指生产对象位置固定，生产工人携带工具沿着顺序排列的生产对象移动。固定流水线主要用于不便运输的大型制品的生产，如飞机、运载火箭、船舶、重型机械等的装配。

移动流水线是生产对象移动、工人和设备及工具位置固定的流水线，是一般工业企业常用的流水线的组织方式。

（2）单品种流水线和多品种流水线。

流水线按生产对象的数目分为单品种流水线和多品种流水线。

单品种流水线是指流水线上只固定生产一种制品的流水线，又称不变流水线；要求制品的数量足够大，以保证流水线上的设备有足够的负荷。

多品种流水线是把结构、工艺相似的两种以上制品统一组织到一条流水线上生产的流水线。

（3）可变流水线、成组流水线和混合流水线。

流水线按产品的轮换方式分为可变流水线、成组流水线和混合流水线。

可变流水线是指集中轮番地生产固定在流水线上的几个对象，当某一制品的批制造任务完成后，相应地调整设备和工艺装备，然后再开始另一种制品的生产的流水线。

成组流水线是指几种制品在一定时间内同时或顺序进行生产，在变换品种时基本上不需要重新调整设备和工艺装备的流水线。

混合流水线是指在流水线上同时生产多个品种，各品种均匀混合流送，组织相间性的投产的流水线，一般多用于装配阶段生产。

（4）连续流水线和间断流水线。

流水线按连续程度分为连续流水线和间断流水线。

连续流水线是指制品从投入到产出在工序间是连续进行的没有等待和间断时间的流水线。

间断流水线是指由于各道工序的劳动量不等或不成整数倍关系，生产对象在工序间会出现等待停歇现象，生产过程是不完全连续的流水线。

（5）强制节拍流水线、自由节拍流水线和粗略节拍流水线。

流水线按节奏性程度分为强制节拍流水线、自由节拍流水线和粗略节拍流水线。

强制节拍流水线是要求准确地按节拍生产产品的流水线。

自由节拍流水线是指不严格要求按节拍生产产品但要求工作地在规定的时间间隔内的生产率应符合节拍要求的流水线。

粗略节拍流水线是指各个工序的加工时间与节拍相差很大，为充分利用人力、物力，只要求流水线每经过一个合理的时间间隔，生产等量的制品，而每道工序并不按节拍进行生产的生产线。

（6）手工流水线、机械化流水线和自动线。

流水线按机械化程度分为手工流水线、机械化流水线和自动流水线。

3. 流水线生产的组织条件

组织流水线生产，应具备以下7个条件：一是品种稳定单一，产量足够大，长期供货，单位劳动量大，保证设备足够负荷；二是产品结构和工艺相对稳定，具有先进性、良好的工艺性和互换性，标准化程度高；三是工艺过程既可划分为简单的工序，又可以相互合并；四是原材料和协作件的标准化、规格化，且按时供应；五是机器设备始终处于完好状态，严格执行计划维修制度；六是工作必须符合质量标准；七是厂房的高度和面积适合安装流水线。

4. 流水线生产的主要优点

流水线生产的主要优点是能使产品的生产过程较好地符合连续性、平行性、比例性以及均衡性的要求，生产率高，能及时地提供市场大量需求的产品。

流水线生产是专业化生产，采用专用设备和工艺装备以及机械化的运输装置，可提高劳动生产率，缩短生产周期，减少在制品占用量和运输工作量。加速资金周转，降低生产成本；还可简化生产管理工作，促进企业加强生产技术准备工作和生产服务工作。

5. 流水线生产的主要缺点

流水线生产的主要缺点是不够灵活，不能及时适应市场对产品产量和品种需求的变化和技术革新、技术进步。对流水线进行调整和改组需要较大的投资和花费较多的时间。

另外，员工在流水线上工作比较单调、紧张、容易疲劳，不利于提高生产技术水平。

把现代柔性生产技术和信息化管理手段应用于流水线生产，可在很大程度上克服流水线生产存在的上述缺点，做到在一条流水线上同时生产多个品种的产品，这就是混流生产线。利用混流生产线，可以实现大规模定制生产，即按照用户订单，在同一条生产线上连续生产不同顾客订购的不同品种（包括规格、花色、款式等）的产品，既能达到规模经济，又可满足顾客的个性化需要。

（二）单元化生产

单元化生产方式是适合多品种、中小批量生产的先进生产方式，汲取了大批量流水线生产的高效率和机群式生产的高柔性优势，同时避免了大批量生产的过度刚性，能迅速适应产品品种和数量的变化。

1. 单元化生产的定义

单元化生产是一种生产线设置方法，是指生产线按照流程布局成一个完整的作业单元，作业员工在单元内进行一个产品的生产作业。

单元化生产方式是以生产单元为基本组成对人员、设备、物流进行合理配置，作业人员在单元内进行一人多工序每次制造一件产品（进行“一个流”作业）的高柔性生产方式。

2. 单元化生产的目标

单元化生产方式的最终目标是彻底消除浪费，创造价值。

通过在生产计划、多能工培养、设备布局、物料管理等方面的变革，实现真正的制造方式变革，缩短生产周期，提高产品质量，降低库存，实现精益制造。

3. 单元化生产的组成

单元化生产由生产单元和单元运行管理两部分组成。

生产单元以产品为中心，把功能不同的设备按工艺流程集中布局在一起，设备布置紧凑，为实现连续流创造了硬件条件，生产单元一般有直线型、花瓣型、S 型或 U 型等布局方式。

单元运行管理改变传统以管人为中心的管理模式，以缩短产品交付周期和提升生产效率为目标，围绕生产单元的计划管理、人员管理、物料管理、设备管理、质量管理等进行一系列的管理优化或重构，保证生产单元高效运行。

4. 单元化生产的优点

单元化生产方式的优点，一是减少生产过程中颇有耗费的搬运和等待时间；二是缩短产品交期；三是节约工厂的空间，使其能被用于另有附加价值的目的；四是可低库存生产。

（三）混合式生产

混合式生产是既有流水线生产也有单元化生产的生产方式。

二、设计现场管理要素

选择并确定生产组织方式之后，针对现场涉及的各项管理活动，对实现各项现场管理目标所涉及的管理要素和所需资源进行识别。采用适当的方法，设计出完整的现场作业组织结构、管理流程、作业标准、现场布局和信息管理系统，保证过程运行的稳定、高效、协调一致性和灵活性。

（一）现场作业组织结构

现场作业组织结构是指为了实现现场作业的目标，经过设计形成的现场作业内部各个部门、各个层次之间固定的排列方式，即现场作业组织内部的构成方式。

现场作业组织结构是现场作业能否高效运转、能否取得良好效果的先决条件。现场作业组织结构通常表现为现场作业的人力资源、职权、职责、工作内容、目标、工作关系等要素的组合形式，是现场作业在“软层面”的基本形态，其本质是实现现场作业目标的手段。

根据产品的需求、作业的特点和员工的能力，设计合理的现场作业组织结构。如以设备为对象、以零件为对象设置工作中心。现场的组织结构需要有利于人员、设备效能的发挥，能够保证产品质量的稳定性，实现现场管理过程的灵活性。

（二）管理流程

流程是一组将输入转化为输出的相互关联或相互作用的活动。

管理流程是指令传输、转换的路线和结果反馈、汇总的路线和过程。

管理流程是一个管理过程。设计管理流程就是设置现场最高管理者发出指令，经过相应的下属机构分解、转换再向更下一级传输，最终转换成直接执行者（作业者）的操作，并将操作效果逐级上报、汇总、整理后反馈到指令发出者的路径。

针对现场涉及的各项管理活动，均需要制定清晰明确的流程和制度，现场管理流程需要明确各项管理活动的目标、程序、工作方法，并配备需要的资源。例如：生产计划、工艺纪律、质量控制、工装夹具、计量器具等管理流程。

（三）作业标准

标准是指依据或准绳，是一种对过程和结果进行衡量的参数。

作业标准是为了保证在规定的成本和时间内完成规定质量的产品所制定的方法，是指对各项工作制定的统一要求和规范化规定，目的是为了规范员工操作。作业标准是程序和应达到的效果的标准化文件，规定操作的顺序、如何操作和操作要求。

要为现场管理的各项作业制定明确的标准，包括生产工艺、产品图纸、作业方法、设备操作、监控规程、安全环保规程等。

作业标准一般应明确地要求，一是各种材料按时、按质、按量到位，二是装备、设备、工具、模具、夹具等需具有可靠的稳定性，三是明确的工艺流程与布局，四是明确的人员配置要求，五是明确的作业方法与手段，六是明确的工作程序与作业步骤，七是明确的标准工时，八是质量标准及检验方法，九是包装要求，十是规范的作业现场（环境）。

（四）现场布局

现场布局应有利于现场物流的顺畅、生产组织的灵活、人员作业的安全。按照工艺仿真测算的工序及设备节拍和生产线平衡情况，合理配置人力、设备等资源，设计出满足生产节拍需求的工艺和人员布局。

1. 现场布局概述

现场布局指的是对设备、工作台、物料、工装、半成品、水、电、气等的综合配置。现场布局主要研究工序之间、车间之间以及工厂整体的设备、工作台、原材料、成品仓库等配置的合理性，以达到整个生产系统的人流与物流畅通化、搬运最优化、流程最优化、效率最大化的目标。

现场布局包括工厂总平面布置和车间布置。总平面布置解决生产车间、辅助生产车间、仓库、动力站、办公室等各种作业单位和运输线路设施等组成部分的相互关系，解决物料流向和流程、厂内外运输的连接；车间布置解决工作场地、设备、通道、管线之间的相互位置，解决物料搬运的流程及运输方式。

对于大批量规模化生产可采用流水线布局；对于多品种小批量生产可采用柔性生产模式，如U形布局。

在实施过程中，应不断优化现场布局，如进行单元内部生产线及整个生产线平衡计算，调整总体节拍和效率。

2. 现场布局的原则

现场布局的原则有整体综合原则、移动距离最小原则、流动性原则、空间利用原则、柔性原则和安全满意原则。

（1）整体综合原则。

现场布局应考虑现场布局的所有影响因素，充分统一人、机、料、法四要素，以达到整体优化。

（2）移动距离最小原则。

现场布局应使物质搬运总距离最小，距离越小浪费的时间越少。

（3）流动性原则。

现场布局应使在制品在生产过程中流动顺畅，尽量避免倒流和交叉现象，没有无谓停滞，力求生产流程连续化。

（4）空间利用原则。

生产区域或储存区域的空间安排，都应力求充分有效地利用空间，减少空间的浪费。

（5）柔性原则。

现场布局应考虑各种因素变化可能带来的布局变更，以便于以后的扩展和调整；尽量将水、电、气与作业台分离，不要连成一体，以便岗位调整时移动。

（6）安全满意原则。

现场布局必须确保作业人员的作业既安全又轻松。

3. 现场布局的总体要求

根据现场布局的原则，对工厂总平面布置和车间布置提出了如下要求。

（1）工厂总平面布置的要求。

工厂总平面布置的要求，一是满足生产要求，工艺流程合理：二是适应工厂内外运输要求，线路短捷顺直：三是合理用地：四是充分注意防火、防爆、防损与防噪：五是充分利用气候等自然条件，减少环境污染。

（2）车间布置的要求。

车间布置的要求，一是确定设备布置的形式：二是满足工艺流程要求：三是实行定置管理、确保工作环境整洁、安全：四是选择适当的建筑形式。

4. 现场布局的四种形态

现场布局有一字形布局、二字形布局、L 形布局、U 形布局和口字形布局等 5 种形态。

5. 现场布局注意事项

现场布局应注意以下几点，一是入口和出口在一起，正面宽敞，里面可多狭窄一些；二是排除“分离的小岛”“笼子里的小鸟”等现象，集中人的作业范围；三是不可让一台原动机驱动多条生产线运转。

（五）信息管理系统

信息管理系统是组织理论、会计学、统计学、数学模型及经济学的混合物，全面使用计算机技术、网络通信技术、数据库技术等，是多学科交叉的边缘技术。信息管理系统和组织结构之间相互影响。

企业信息管理是指为企业的经营、战略、管理、生产等服务而进行的有关信息的收集、加工、处理、传递、储存、交换、检索、利用、反馈等活动的总称。

现场作业信息管理系统是对现场作业信息获取、传输、存储、处理、应用的信息管理系统。针对现场信息的来源和信息使用的需求，设计完善的现场信息管理系统，实现对现场信息及时准确的采集、传递、统计、分析，为决策提供有效依据。

（六）生产工艺仿真

生产工艺仿真是基于虚拟现实的工艺仿真能够在三维沉浸感的虚拟环境中真实再现一个具体的工艺过程，并且允许用户实时操作工艺设备或改变相关参数。

生产工艺仿真是产品设计和制造过程的得力辅助工具，能在产品开发及生产规划阶段对产品的工艺过程进行仿真和评估，从而检验既定生产工艺和优化生产工艺。

生产工艺仿真基于数据场可视化，主要包括复杂过程的实时可视化、复杂几何模型的实时处理。在不同的工艺过程中，可能产生各类复杂现象，如闪光、爆炸、烟雾、气流、水流等，仿真系统能实时、逼真、可控地显示这些现象，解决各类复杂过程的实时生成和控制技术。

生产工艺仿真中还可能伴随着各种几何模型的生成、消亡、变形、破碎等现象，要求仿真系统能够快速地构造、修改、删除各种类型的几何模型，如锻造过程的毛坯变形、石块破碎过程的石块对象生成和消亡。

（七）生产线平衡

1. 生产线平衡的含义

生产线平衡是对生产线的全部工序进行负荷分析，通过调整工序间的负荷分配使各工序达到能力平衡的技术手段与方法，其效果是消除各种等待浪费现象，提高生产线的整体效率。

生产线平衡是一种按照流水线作业的工作顺序，以生产目标算出周期时间，将作业分割或者结合，使各个工序的负荷均匀，以提高生产效率的方法。

生产线平衡是对生产的全部工序进行平均化，调整各作业负荷，以使各作业时间尽可能相近。

2. 生产线平衡的意义

生产线平衡的意义，一是提高作业员工及设备的工作效率；二是减少工序之间的准备时间，缩短生产周期，降低单件产品的工时消耗，降低人工成本，相当于提高人均产量； 三是减少工序的在制品，减少场地的占用；四是在平衡的生产线基础上实现单元生产，提高生产应变能力，对应市场变化，实现柔性生产系统；五是通过平衡生产线可以综合应用到程序分析、动作分析、规划分析、搬运分析、时间分析等方面，提高全员综合素质。

3. 生产线平衡的方法

一条平衡的生产线所追求的目标，一是减少物质、能源、时间和资金的占用与消耗；二是降低生产成本；三是降低员工的疲劳度，减少遭受损伤和工伤的概率；四是利用有限的资源得到最高的产出，提高生产效率。

没有一个良好的运行方法，就不可能实现这些目标，生产线平衡需要一个良好的方法。

生产线平衡的方法是对现有的或拟议的工作方法进行系统记录和严格的考察，作为开发和应用更容易、更有效的工作方法，以及降低成本的一种手段，包括程序分析、操作分析和动作分析三部分。

（1）程序分析。

程序即完成工作的步骤和路线，程序分析主要以整个生产过程为对象，分析一个完整的工艺流程，看作业是否有多余或重复、工序是否合理、搬运是否太多、等待是否太长，进一步来改善工作程序和工作方法。

（2）操作分析。

操作分析是通过对以人为主工序的详细研究，使操作者、操作对象、操作工具三者有机结合、合理布置和安排，达到工序结构合理、劳动强度较低、作业时间较少而进行的分析，目的是提高产品品质和产量。

（3）动作分析。

动作分析是在程序确定后，研究减少甚至消除人体各种动作的浪费，以寻求省力、省时、安全和最经济的动作的分析。其实质是研究分析人在进行各种操作时的细微动作，消除无效动作，使操作简便有效，提高工作效率。

三、识别浪费

在现场管理过程的设计中，采用适当的方法，识别并减少过程中的各种浪费，包括但不限于使用价值流图等方法。

（一）识别

识别即辨认、鉴别。

识别是指对表征事物或现象的各种形式的（数值的、文字的和逻辑关系的）信息进行处理和分析，以对事物或现象进行描述、辨认、分类和解释的过程。

在这里，识别是鉴别并找出之意。

（二）浪费

浪费的基本含义为不充分利用、不必要地废弃及不合理、不珍惜，引申解释为指对财物、人力、时间、生命等用得不恰当或无节制。

浪费是指在生产和生活中对人力、物力和财力等资源不合理使用的一种行为和现象，表现是由于管理或配置失误，导致消耗的资源超出了完成某项活动本身所需要资源的数量。

在工业生产中，浪费指不能直接创造出价值的一切活动。生产现场工作有 7 种浪费，即库存浪费、过度生产浪费、返工浪费、搬运浪费、过度处理浪费、动作浪费和等待浪费。

1. 库存浪费

库存浪费是指各工序之间存在的成品或半成品对企业而言都是浪费，往往是由于企业在下游工序存放半成品，以缓冲顾客需求在短期内突然增加到超出生产能力，或等待包装，或是不合规格的成品造成的。

库存浪费会导致产生的后果：一是产生不必要的搬运、堆积、放置、防护处理、找寻等浪费；二是使先进先出的作业困难；三是损失利息及管理费用；四是物品的价值会减低，变成呆滞品；五是占用厂房空间、造成多余工场、仓库建设等；六是设备能力及人员需求的误判。

库存量一多，因机械故障、不良产品所带来的不利后果不能马上显现出来，因而也不会产生对策。由于有了充足的库存，出现问题时可以用库存先顶上，问题就可以慢慢解决甚至不用解决，被掩盖住了问题。

2. 过度生产浪费

过度生产浪费就是和顾客需求相比，生产过早、过快或过多而造成的浪费。产生的原因一般是：生产较大批次，以避免转产、换模；生产过多，以应对可能出现的质量问题等。过量生产有很大可能会妨碍其他必要工作。生产过度的产品最终将成为库存或废品，从而造成其他浪费。

过度生产浪费造成的后果，一是提早用掉了材料费、人工费，并不能及时得到回报；二是把“等待浪费”隐藏，使管理人员漠视等待的发生和存在；三是积压在制品，使生产周期无形之间变长，使现场工作空间堆积物所占比例变大；四是产生搬运、堆积浪费，先进先出变得困难。

3. 返工浪费

返工浪费是指由于流程的重复或修改而造成的浪费。如反复调整生产指标或参数直到达标为止，未能满足顾客规格的制成品等。返工违反了“一次做对”的宗旨，其造成的因素可能是在作业方法、材料、机器或人力的不足。

返工会造成需要预备额外的资源，以预防返工而造成生产中断。

4. 搬运浪费

搬运浪费是因为流程间物料和人员的不必要的移动而造成的浪费，包括放置、堆积、移动、整理等动作的浪费，如把半成品卸载放置而不直接送到下一工序等。

现场厂内布局不合理，易造成物料需要多次搬运，可能造成半成品损坏，延误生产，同时还浪费了操作人员和管理人员的时间。

5. 过度处理浪费

过度处理浪费是指在满足顾客需求时任何不需要的活动或流程，是不必要的加工。如生产指标或参数高于顾客需求，执行不必要的质量检查等。

6. 动作浪费

动作浪费是指人员或机器在流程内的不必要动作，如在转产过程中，操作人员走动去拿零件、工具，操作人员在操作机器控制部件中的移动等。

明显的12种动作浪费是两手空闲、单手空闲、不连贯停顿、幅度太大、左右手交换、步行多、转身角度大、移动中变换状态、不明技巧、伸背动作、弯腰动作、重复不必要动作等。

7. 等待浪费

等待浪费是指在生产周期中的人员或机器等待，如等待原材料、等待维修人员、等待流程完成等。浪费在等待上的时间通常可以避免，有些等待时间无法避免，但是效率可以提高如清洗、质量检查、材料接收等。

造成等待浪费可能的原因，一是生产线的品种切换；二是工作量少时无所事事；三是时常缺料，设备闲置；四是上工序延误，下游无事可做；五是设备故障；六是生产线工序不平衡；七是有劳逸不均的现象；八是制造通知或设计图未送达。

一种浪费还会产生另一种新的浪费，造成恶性循环，潜伏在生产现场的各个角落里。

（三）价值流

识别和减少浪费，需要生产过程的价值流分析。

1. 价值

价值是凝结在商品中的无差别的人类劳动或抽象的人类劳动，是构成商品的因素之一，是商品经济特有的范畴。

价值是由最终顾客来确定的，只有由具有特定价格、能在特定时间内满足用户需求的特定产品来表达。

商品是用来交换、能满足人们某种需要的劳动产品，不仅具有使用价值，而且还可以用来交换其他商品而具有交换价值。两种质上不同的使用价值能按一定比例相交换。

劳动产品必须有使用价值，才会有价值，而且只有通过交换供社会使用的劳动产品才有价值。

2. 价值流概念

价值流是指从原材料转变为成品并给它赋予价值的全部活动，包括企业从供应商处购买的原材料并对其进行加工转变为成品再交付顾客的全过程，同时也包括企业内及企业与供应商、顾客之间的信息沟通形成的信息流。

价值流就是将一种产品从原材料状态加工成顾客可以接受的产成品的一整套操作过程。一个完整的价值流既包括增值活动，也包括非增值活动。如供应链成员间的沟通，物料的运输，生产计划的制定和安排，从原材料到产品的物质转换过程等。

3. 价值流的特点

价值流的特点是隐蔽性、连续性和周期性。

隐蔽性表现在价值流是在整个供应链的运作过程中，需要有关人员去挖掘；连续性表现在价值流是在供应链上连续不断地进行的；周期性表现在产品有其生存周期和生命周期，产品的生产、销售随着季节不同有其周期性。

4. 价值流图

（1）价值流图的概念。

价值流图是用一张纸、一支笔顺着物料和信息的流程收集关键数据，表示一件产品从订单到运输的过程，每一个工序的材料流和信息流的图表，并进行分析的工具。

价值流图是用一些简单的符号和流线从头到尾描绘每一个工序状态、工序间的物流、信息流和价值流的当前状态图，找出需要改善的地方后，再描绘一个未来状态图，以显示价值流改善的方向和结果。

（2）价值流图的用途。

价值流图有助于全面观察和理解产品通过价值流过程时的物料流动和信息流动，以及其中的增值状况和非增值活动，从而发现浪费和确定需要改善的地方，更容易找出问题所在，为改善活动定下一个蓝图和方向。同时也便于员工了解企业的状态，提供参与改善的机会。通过绘制现状图，设计理想状态图并尽快付诸实施，可以全面改善价值流，从而为顾客和供应商带来最大的利益。

价值流图是价值流分析的工具。

（3）价值流图的目标。

价值流图是一种强力的可视化工具，其主要目标是确认运营流程中存在的潜在的对顾客不增值的浪费活动，价值流图是企业展开流程分析的有效工具，既可作为企业内部沟通的工具，也可作为企业的战略规划工具，将企业流程所有相关的物流、信息流和现金流以图示的方式加以表达，有利于企业了解目标的经营现况和未来的经营现况。

绘制一幅现有系统的整体价值流程图，可以让所有人一致看出流程中的浪费情形，未来面貌的价值流程图可显示期望实现的未来远景，并有助于识别出价值流程中最能减少浪费情形的机会。借助价值流图，可以找出最明显的产生大量浪费的多个步骤，着手制定消除浪费的计划并加以执行。

价值流程图分析的是两个流程。第一个是信息流程，即从接到顾客订单或预测顾客的需求开始，到使之变成采购计划和生产计划的过程；第二个是实物流程，即从供应商供应原材料入库开始，随后出库制造、成品入库、产品出库，直至产品送达顾客手中的过程，另外包括产品的检验、停放等环节。

5. 价值流分析

价值流分析是针对生产的产品，利用生产作业的文件及采购成本，分析产品的规格与需求。

任何生产过程中均存在着物质流和信息流，价值流分析是建立在价值流图基础之上的有效分析工具。价值流分析从为顾客创造价值的角度，确立增值活动，消除非增值活动，快速增加价值，并建立起物质流和信息流的联系。借助于价值流图的价值流分析，是有效的发现浪费的手段。

价值流分析是识别价值流的方法，先按产品族为单位画出当前的价值流图，再以顾客的观点分析每一个活动的必要性。价值流分析包括从接受订单到执行生产计划发货的信息流，从原材料到转化为产成品的物流，从概念到正式发布的产品设计流程。

价值流分析用于观察和理解流程的现状同时绘制实施精益的未来蓝图。只要一切从顾客的需求出发，积极运用企业内部及外部的各种资源，就能够发现、创造、传递更多的价值。

四、识别风险

在现场管理过程的设计中，采用适当的方法，识别过程存在的潜在风险，并采取相应的措施实现预防性管理，包括但不限于使用防差错方法、失效模式分析等方法。

（一）风险

1. 风险概念

风险是指在某一特定环境下，在某一特定时间段内，某种损失发生的可能性，由风险因素、风险事故和风险损失等要素组成。风险是在某一个特定时间段里，人们所期望达到的目标与实际出现的结果之间产生的距离。

风险是生产目的与劳动成果之间的不确定性。

企业在实现其目标的经营活动中，会遇到各种不确定性事件，这些事件发生的概率及其影响程度是无法事先预知的，这些事件将对经营活动产生影响，从而影响企业目标实现的程度。这种在一定环境下和一定限期内客观存在的、影响企业目标实现的各种不确定性事件就是风险。风险就是指在一个特定的时间内和一定的环境条件下，人们所期望的目标与实际结果之间的差异程度。

风险有两种定义。一种定义强调了风险表现为收益不确定性，风险产生的结果可能带来损失、获利或是无损失也无获利，属于广义风险；另一种定义则强调风险表现为成本或代价的不确定性，风险表现为损失的不确定性，说明风险只能表现出损失，没有从风险中获利的可能性，属于狭义风险。

现场管理中的风险指狭义上的风险。

2. 风险的构成要素

风险的构成要素是风险因素、风险事故和风险损失等。

（1）风险因素。

风险因素是风险事故发生的潜在原因，是造成损失的内在原因或间接原因。

根据性质不同，风险因素可分为实质风险因素、道德风险因素和心理风险因素三种类型，可以归纳为有形风险因素和无形风险因素。

有形风险因素即实质风险因素，是指足以引起风险事故发生或增加损失机会或加重损失程度的因素。如员工的身体状况、厂房所处的地理位置、现场布局、零件材料的性质、地壳的异常变化等都属于实质风险因素。有些有形风险因素可以在一定程度上加以控制，有些则是无能为力。

无形风险因素也称为人为风险因素，是与人的心理或行为有关的风险因素，道德风险因素和心理风险因素即归入此类。道德风险因素是指与人的品德修养有关的无形因素，即由于人们不诚实、不正直或因发泄故意促使风险事故发生，以致引起财产损失和人身伤亡因素；心理风险因素是与人的心理状态有关的无形因素，即由于人的疏忽或过失及不注意、不关心、心存侥幸地等增加风险事故发生的机会和加大损失严重性的因素，如产生物品乱堆放、吸烟后随意抛弃烟蒂等的心理或行为。

（2）风险事故。

风险事故是造成损失的外在原因或直接原因，是损失的媒介物，即风险只有通过风险事故的发生才能导致损失。

某一事件是造成损失的直接原因，就是风险事故，如冰雹直接击伤行人；是造成损失的间接原因，便是风险因素，如下冰雹路滑发生车祸，造成人员伤亡。

（3）风险损失。

损失是指非故意的、非预期的、非计划的经济价值的减少。

损失分为两种形态，即直接损失和间接损失。直接损失是风险事故导致的财产本身损失和人身伤害，又称为实质损失；间接损失是由直接损失引起的其他损失，包括额外费用损失、收入损失和责任损失。

（4）风险构成要素之间的关系。

风险是由风险因素、风险事故和损失三者构成的统一体。

风险因素是引起或增加风险事故发生的机会或扩大损失幅度的条件，是风险事故发生的潜在原因；风险事故是造成生命财产损失的偶发事件，是造成损失的直接的或外在的原因，是损失的媒介；损失是风险事故造成的。简单地说，就是风险因素引起或增加风险事故，风险事故发生可能造成损失。

3. 风险的基本属性

风险的基本属性包括自然属性、社会属性和经济属性。

（1）自然属性。

风险是由客观存在的自然现象所引起的，大自然是人类生存、繁衍生息的基础。自然界通过地震、洪水、雷电、暴风雨、滑坡、泥石流、海啸等造成人身、财产损失，对人类构成风险。

（2）社会属性。

风险在一定社会环境下产生，不同的社会环境，风险的内容不同。风险事故的发生与一定的社会制度、技术条件、经济条件和生产力等都有一定的关系。

（3）经济属性。

风险与经济相关联。事故对人身安全和经济利益造成损失时，才称为风险。

4. 风险的特征

风险具有客观性、损失性、不确定性、普遍性、社会性、可测性和可变性等7个主要特征。

（1）客观性。

风险是客观存在的，是不以人的意志为转移的。只能在一定的范围内改变风险形成和发展的条件，降低风险事故发生的概率，减少损失程度，而不能彻底消除风险。

（2）风险的损失性。

风险发生后必然会造成某种损失，损失是风险的必然结果。

（3）不确定性。

发生某一具体风险损失是不确定的一种随机现象，是不可预知的。

（4）普遍性。

风险在生产生活中无处不在、无时不有，并威胁着人的生命财产安全。社会的不断前进和发展，将面临更多新的风险，风险事故造成的损失也可能越来越大。

（5）社会性。

风险与人类社会的利益密切相关，时刻关系着人类的生存与发展。风险的发生，造成人身伤害和/或经济损失，导致企业产生生产经营损失和财务损失。

（6）可测性。

单一风险的发生具有不确定性，总体风险事故的发生是可测的，即运用概率论和大数法则对总体风险事故的发生是可以进行统计分析的，可以研究出风险的规律性。

（7）可变性。

风险的变化，有量变也有质变，还有旧风险的消失和新风险的产生；科技进步、经济体制与结构的转变、政治与社会结构的改变等引起的风险因素的变化。

5. 风险的分类

风险可以按其性质、人的行为、产生的环境、发生的原因、致损的对象等分类。

（1）按风险的性质分类。

按风险的性质，风险可以分为纯粹风险和投机风险。

纯粹风险是只有损失机会而没有获利可能的风险，就是狭义上的风险；投机风险是既有损失的机会也有获利可能的风险，是广义上的风险。

（2）按人的行为分类。

按人的行为，风险可以分为特定风险和基本风险。

特定风险是与特定的人有因果关系的风险，即由特定的人所引起的，而且损失仅涉及特定个人的风险，如火灾、爆炸、机械伤害及对他人财产损失或人身伤害所负的法律责任等；基本风险是其损害波及社会的风险，起因及影响都不与特定的人有关，至少是个人所不能阻止的风险，包括与社会或政治有关的风险和与自然灾害有关的风险等，如地震、洪水、海啸、经济衰退等。

（3）按产生风险的环境分类。

按产生风险的环境，风险可以分为静态风险和动态风险。

静态风险是自然力的不规则变动或人们的过失行为导致的风险，动态风险是社会、经济、科技或政策变化产生的风险。

（4）按风险发生的原因分类。

按风险发生的原因，风险可以分为自然风险、社会风险、经济风险和技术风险。

自然风险是自然因素和物理化学现象所造成的风险，其特征是不可控性、周期性和后果的广泛性；社会风险是个人或团体在社会上的行为导致的风险；经济风险是经济活动过程中因市场因素影响或管理经营不善导致经济损失的风险；技术风险是伴随着科学技术的发展、生产方式的改变而产生的威胁人们生产与生活的风险。

（5）按风险致损的对象分类。

按风险致损的对象分为财产风险、人身风险和责任风险。财产风险是各种财产损毁、灭失或者贬值的风险；人身风险是个人的疾病、意外伤害等造成残疾、死亡的风险；责任风险是法律或合同规定，因行为人的行为或不作为导致他人财产损失或人身伤亡，行为人所负经济赔偿责任的风险。

6. 风险发生的过程

风险发生的过程有风险形成、风险发生和风险损害 3 个阶段。

（1）风险形成。

风险形成的过程是风险发生的因素不断组合的过程。

（2）风险发生。

风险发生是风险因素不断组合、增加、成长所导致的结果，对于个体具有其偶然性，是不确定的；对于大量同质个体组成的总体又有发生的总体趋势。

（3）风险损害。

风险损害是风险发生导致价值的丧失。损害的内涵很广，包括物质上的损失和精神上的创伤等。

7. 风险识别

风险识别是企业对其现实的和潜在的风险加以判断、归类整理，并对风险的性质进行鉴定的过程，是用感知、判断或归类的方式对现实的和潜在的风险性质进行鉴别的过程。

企业风险识别是指对企业面临的尚未发生的潜在的各种风险进行系统的归类分析，从而加以认识与辨别的过程。

风险识别是风险管理的第一步，也是风险管理的基础。只有正确识别出自身所面临的风险，才能主动选择适当的方法进行有效处理。

（1）风险识别的内容。

风险识别的内容包括环境风险、市场风险、技术风险、生产风险、财务风险和人事风险。

环境风险是由于外部环境意外变化打乱了企业预定的生产经营计划，而产生的经济风险。引起环境风险的主要因素，一是国家宏观经济政策变化，使企业受到意外的风险损失；二是企业的生产经营活动与外部环境的要求相违背而受到的制裁风险；三是社会文化、道德风俗习惯的改变使企业的生产经营活动受阻而导致企业经营困难。

市场风险是市场结构发生意外变化使企业无法按既定策略完成经营目标而带来的经济风险。导致市场风险的主要因素，一是市场需求预测失误，不能准确把握顾客需求的变化；二是竞争格局出现新的变化；三是市场供求关系发生变化。

技术风险是企业在技术创新的过程中，由于遇到技术、商业或者市场等因素的意外变化而导致的创新失败风险。导致技术风险的主要因素，一是技术工艺发生根本性的改进，二是出现了新的替代技术或产品，三是技术无法有效地实施（转化）。

生产风险是企业生产无法按预定成本完成生产计划而产生的风险。导致生产风险的主要因素，一是生产过程发生意外中断；二是生产计划失误，引发生产过程混乱。

财务风险是由于企业收支状况发生意外变动给企业财务造成困难引发的风险。

人事风险是涉及企业人事管理方面的风险。

（2）风险识别的基本原则。

风险识别有全面周详、综合考察、量力而行、科学计算和系统化、制度化、经常化等5个基本原则。

（3）风险识别的方法。

风险识别有以下几种主要方法。

一是生产流程分析法，又称流程图法。生产流程是在生产工艺中，从原料投入到成品产出，通过一定的设备按顺序连续加工的过程。生产流程分析法强调根据不同的流程，对每一阶段和环节，逐个进行调查分析，找出风险存在的原因。

二是风险专家调查列举法。风险管理人员对企业、过程可能面临的风险逐一列出，根据不同的标准进行分类。一般的分类标准为：直接或间接，财务或非财务，政治性或经济性等。专家所涉及的面要尽量广泛，有一定的代表性。

三是资产财务状况分析法。按照企业的资产负债表及损益表、财产目录等的财务资料，风险管理人员经过实际的调查研究，对企业财务状况进行分析，发现其潜在风险。

四是分解分析法。将复杂的事物分解为多个比较简单的事物，将大系统分解为小系统，继续分解直至具体的组成要素，从中分析可能存在的风险及潜在损失的威胁。

五是失误树分析方法。以图解表示的方法来调查损失发生前种种失误事件的情况，或对各种引起事故的原因进行分解分析，具体判断哪些失误最可能导致损失风险发生。

风险识别还有环境分析、事故分析等其他方法。企业在识别风险时，应该交互使用各种方法。

8. 风险管理

（1）风险管理的定义。

风险管理是通过对风险的认识、衡量和分析，选择最有效的方式，主动、有目的、有计划处理风险，以最小成本争取获得最大安全保证的管理方法；

是指企业把风险减至最低的管理过程。

（2）风险管理的目标。

风险管理是一项有目的的管理活动，只有目标明确，才能起到有效的作用。

风险管理的目标就是要以最小的成本获取最大的安全保障。风险管理包括识别风险、评估风险和处理风险，涉及财务、安全、生产、设备、物流、技术等多个方面，是一套完整的方案，也是一个系统工程。

确定风险管理目标的基本要求，一是一致性，即风险管理目标与企业总体目标的一致性；二是现实性，即确定目标要充分考虑其实现的客观可能性；三是明确性，即使用正确选择和实施各种方案，并对其效果进行客观的评价；四是层次性，即从总体目标出发，根据目标的重要程度，区分风险管理目标的主次，以利于提高风险管理的综合效果。

（3）风险管理的意义。

风险管理对企业具有重要的意义。一是风险管理有利于维持企业生产经营的稳定，可使企业充分了解所面临的风险及其性质和严重程度，及时采取措施避免或减少风险损失，当风险损失发生时能够得到及时补偿，从而保证企业生存并迅速恢复正常的生产经营活动；二是风险管理有利于提高企业的经济效益，可以降低企业的费用，从而直接增加企业的经济效益；三是风险管理有利于企业树立良好的社会形象，有助于创造一个安全稳定的生产经营环境，激发劳动者的积极性和创造性，为企业更好地履行社会责任创造条件，帮助企业树立良好的社会形象。

（4）风险管理过程。

风险管理过程包括风险识别、风险分析、风险计划、风险跟踪和风险应对。

（二）预防性管理

预防性管理是针对风险而言的，就是采取各种措施防止风险事件（风险事故）的发生或风险损失的增加。

1. 事故

事故是预期之外的造成人身伤害或财产或经济损失的事件；是发生在生产活动中的意外事件；是在为实现某种意图而进行的活动过程中，突然发生的、违反人的意志的、迫使活动暂时或永久停止，或迫使之前存续的状态发生暂时或永久性改变的事件。

任何生产活动过程中都可能发生事故。

事故的发生具有随机性。导致事故发生的原因非常复杂，包括很多偶然因素；在事故发生之前，无法准确地预测什么时候、什么地方、发生什么样的事故。

人们不希望发生事故。事故中断、终止正常生产的进行，是一种违背人的意志的事件。

2. 生产事故和企业职工伤亡事故

事故有生产事故和企业职工伤亡事故之分。

生产事故是指生产经营活动（包括与生产经营有关的活动）过程中，突然发生的伤害人身安全和健康、损坏设备设施及造成经济损失，并导致原活动暂时中止或永远终止的意外事件。

企业职工伤亡事故是造成企业职工人身伤亡的事故。不仅生产事故能造成职工的人身伤亡，其他事故如交通事故也可能造成职工的人身伤亡。

设备事故是指设备在生产过程中由于设备零部件、构件损坏使生产突然中断或能源供应中断、造成设备损坏使生产中断的意外事件。一般在生产过程中设备的安全保护装置正常动作，安全件损坏使生产中断而未造成其他设备损坏不视为设备事故。

3. 预防性控制

预防性管理的主要内容是预防性控制。

预防性控制是为避免产生错误、避免风险事故的发生或尽量减少今后的更正性活动，防止资金、时间或其他资源的损耗而采取的一种预防保证措施。

预防性控制要求对整个运行活动的关键点有比较深刻的理解，能预见问题。法律法规、规章制度、工作程序、人员训练和培养计划等，在管理活动中一般都起着重要的预防控制的作用。采取预防性措施，并真正落实，是预防性管理的关键。

实施预防性控制，可促使管理者更多地进行自我控制，主动对潜在的问题采取纠正措施，开展定期、经常性的评价和培训，有效地减少生产运行中的种种偏差。

4. 工作之前的预防性管理措施

工作之前采取的预防性措施。一是让员工知道要做什么；二是让员工知道怎么做；三是让员工清楚为什么要做这些事情；四是员工觉得方法行不通时，让其相信方法会奏效；五是如果员工认为自己的方法更好，要令人信服地解释其方法的不足；六是让员工知道工作的优先次序；七是让员工相信负面结果不会发生；八是员工有私人问题要帮助解决或把工作交给别人去做；九是证实工作没有超出员工的个人限制；十是证实工作没有超出员工控制范围。

5. 工作开始之后的预防性管理措施

工作开始之后的预防性管理措施，一是经常向员工的工作提供反馈；二是对于好的工作表现经常进行口头表扬；三是搬开障碍物或为员工提供绕开障碍的策略；四是让员工知道哪些工作需要优先完成；五是排除影响好的工作行为的负面结果或通过加强正面来平衡负面结果；六是否定员工的不好行为但能得到正面结果定论；七是批评一贯表现差的员工。

工作开始之后预防性管理措施是为了保证员工行为的合适性，是后续性的跟踪管理；跟踪管理是管理者在工作开始之后采取的一种预防性管理传递系统，目的是奖励和保持恰当的行为，改善不恰当的行为。

（三）防差错方法

防差错方法是重要的预防性管理措施之一。

1. 防差错方法概念

防差错方法又称防呆法，其义是防止呆笨的人做错事，是连愚笨的人也不会做错事的设计方法，也称为愚巧法。

防差错方法是不需要注意力的方法，具有即使有人为疏忽也不会发生错误的构造；是不需要经验与直觉的方法，具有外行人来做也不会错的构造；是不需要专门知识与高度的技能的方法，具有不管是谁或在何时工作都不会出差错的构造。

2. 防差错方法功用

从积极方面来说，防差错方法使任何的错误，绝不会发生；从消极角度而言，防差错方法使错误发生的机会减到最低程度。

3. 防差错方法应用范围

任何工作均可应用。无论是在机械操作、产品使用，还是文书处理上都可应用。

4. 防差错方法的基本原则

防差错方法设计时，应注意 4 个基本原则。

一是使作业的动作轻松。难于观察、难拿、难动等作业就难做，易疲劳而发生失误。区分颜色使得容易看，或放大标示，或加上把手使其容易拿起，或使用搬运器具使动作轻松。

二是使作业不需要技能与直觉。作业需要高度技能与直觉时，容易发生失误；考虑工具改进，进行机械化，使新进人员或支持人员也能正常作业。

三是使作业不会有危险。因不安全会给人或产品带来危险时，加以改善使之不会有危险。

四是使作业不依赖感官。依赖眼睛、耳朵、感触等感官作业时，容易发生失误；制作工具或使作业机械化，减少用人的感官来判断的作业。一定要依赖感官的作业，增加感觉方式，如报警信号用颜色、闪烁和声音等同时发出。

5. 防差错方法的基本原理

防差错方法的基本原理有消除、替代、简化、检测和减少。

消除是消除剔除会造成错误的要因。

替代是利用更可靠的过程来代替目前的过程以减少失误。

简化是使作业变得更简单、更容易、更合适、更独特。

检测是在已经有不良或错误现象的情况下，在缺陷到下一工序前将之检出，以消除其危害性。

减少是缺陷产生后能把失误影响降低到最低程度。

6. 防差错方法应用的原理

防差错方法应用的原理有断根原理、保险原理、自动原理、相符原理、顺序原理、隔离原理、复制原理、层别原理、警告原理和缓和原理。

（1）断根原理。

断根原理的应用是把会造成错误的原因从根本上排除掉，使绝不发生错误，使用消除的方法来实现。如微波炉打开炉门时加热电源自动断电。

（2）保险原理。

保险原理的应用是必需共同或顺序执行两个以上的动作才能完成工作。如打开银行保险箱时，必须用顾客的钥匙和银行的钥匙同时插入钥匙孔才能打开。

（3）自动原理。

自动原理的应用是以各种光学、电学、力学、机械等原理来限制某些动作的执行或不执行，以避免错误的发生。

（4）相符原理。

相符原理的应用是以检查核验是否相符合的动作，来防止错误的发生，使用不同的形状实现。如个人计算机与外部设备的连接线用不同的形状设计，使其能正确地连接。

（5）顺序原理。

顺序原理的应用是避免工作顺序或流程前后倒置，可按照编号顺序排列，减少或避免错误的发生。

（6）隔离原理。

隔离原理的应用是分隔不同区域来保障不能造成危险或错误的现象发生。如危险物品放入专门的柜子中加锁。

（7）复制原理。

复制原理的应用是同一件工作如需做二次以上，采用复制的方法完成，省时又不出错。

（8）层别原理。

层别原理的应用是以线条的粗细、形状或颜色等加以区别。如用不同的颜色来代表不同的意义或工作的内容。

（9）警告原理。

警告原理的应用是有不正常的现象发生时，能以声光或其他方式显示出各种警告的讯号，以避免错误的发生。

（10）缓和原理。

缓和原理的应用是使用各种方法来减少错误发生后所造成的损害，虽然不能完全避免错误的发生，但是可以降低其损害的程度。如佩戴安全帽，穿劳动保护鞋等。

7. 防差错方法的基本类型

防差错方法可以按照技术和作用方式分类。

（1）按技术分类。

按照所用技术，防差错方法有接触法、定值法和运动步调法 3 类。

接触法根据检测装置是否与产品接触来发现产品形状、尺寸位置是否异常，常见的有限位销、干涉装置、触发开关等，用于防止漏加工和装配的错位或设备动作的失控。

定值法在某操作需要重复一定次数或零件需要累计一定数量时，检查所设定的次数或数量是否得到满足。

运动步调法在操作必须按预定顺序进行时，采用连锁或互锁装置以保证一旦某一动作失误，其后续动作即自动停止。运动步调法在确保安全操作方面广泛应用。

最常见的防差错装置有定位销、出错报警器、限位开关、计救器、检查表等 5 种。

（2）按作用方式分类。

按照作用方式，防差错方法可分限制式、警告式、助记式和安全导向式等4类。

限制式是当差错即将发生时，用停止操作的方式及时制止或用强制导向的方式加以纠正的方式。如定位销、限位开关、异形接口等。

警告式是采用蜂鸣或灯光预报差错，提醒操作者采取措施的方式，如报警器。

助记式使用帮助记忆的方式。如计数器、检查表等。

安全导向式是只要发生故障，系统就自动导向安全状态，确保影响不会延续、损失不会扩大、危害不会升级的方式。如保险丝、安全带等。

8. 使用防差错方法的步骤

使用防差错方法的步骤如下。

第一，发现人为疏忽。平时搜集像异物混入、数量不足等的情况和相关数据，加以整理即可发现问题点，再调查顾客投诉信息、产品检查结果等的数据，掌握发生了什么问题，审视自己的工作，找出疏忽之处。

第二，设定目标，制定实施计划。目标要具体，尽可能以数字表示；计划是谁在什么时间做什么事，怎样做。

第三，调查人为疏忽的原因。尽可能广泛地收集信息数据资料，找出真正的原因。

第四，提出防差错方法的改进方案。知道了原因，使用头脑风暴法、检查表法、5W1H法、KJ法等提出对策将问题消除。

第五，实施改进方案。按改进方案行动，包括与其他部门合作或依赖其他部门进行。

第六，确认目标实现。方案实施后，检查是否实现了目标。

第七，持续改进。持续注意改进现状况，发生新问题时要能立即处理，并贯彻到日常管理之中。

（四）失效模式分析

失效模式分析是一种用来分析当前和以往过程的失效模式数据，以防止这些失效模式将来再发生的正式的结构化的程序。

1. 相关概念

失效模式分析涉及的相关概念有失效、严重度、频度、探测度、风险优先数、顾客等。

（1）失效。

失效是指在规定条件下（环境、操作、时间），不能完成既定功能或产品参数值不能维持在规定的上下限之间，以及在工作范围内导致零组件的破裂卡死等损坏现象。

失效是指物品的功能失去原先设定的运用效果，所以失效的原因可能来自错误、 遗漏、没有或仅部分动作、产生危险、有障碍等与产品或过程设定机能的目标不符的情形。

失效包括但不限于以下表现形式：在规定条件下，不能完成其规定的功能；在规定条件下，一个或几个参数不能达到其规定值；由于环境应力变化，导致功能丧失；即使在规定条件下具有完成规定功能的能力，但因使用者的失误而造成产品功能丧失。

（2）模式。

模式是事物的标准样式，是解决某一类问题的方法论。把解决某类问题的方法总结归纳到理论高度，就是模式。

模式是一种指导，在一个良好的指导下，有助于完成任务，有助于做出一个优良的设计方案，达到事半功倍的效果，而且会得到解决问题的最佳办法。

模式标志事物之间隐藏的规律关系，而这些事物并不必然是图像、图案，也可以是数字、抽象的关系，甚至思维的方式。模式强调的是形式上的规律，而非实质上的规律。

（3）失效模式。

失效模式是一个系统或子系统或零部件没有满足它的设计的目的或功能的状态。

失效模式是指从致使失效的因素、失效的机理、失效发展过程到失效临界状态的到达等整个失效过程的综合术语。

潜在失效模式是指零部件、子系统、系统可能潜在地不能满足或者实现项目栏里描述的预期功能的状态。

（4）失效后果。

失效后果是指由顾客感受到的失效模式对功能的影响。

（5）失效机制。

失效机制是导致零件、元器件和材料失效的物理或化学过程。

（6）严重度。

严重度是指一给定失效模式最严重的影响后果的级别，是单一的失效模式分析范围内的相对定级结果。严重度数值的降低只有通过设计更改或重新设计才能够实现。

（7）频度。

频度是指某一特定的起因 / 机理发生的可能发生，描述出现的可能性的级别数具有相对意义，但不是绝对的。

（8）探测度。

探测度是指在零部件离开制造工序或装配之前，利用第二种现行过程控制方法找出失效起因/机理过程缺陷或后序发生的失效模式的可能性的评价指标，或者用第三种过程控制方法找出后序发生的失效模式的可能性的评价指标。

（9）风险优先数。

风险优先数是指严重度数、频度数和不易探测度数 3 项指标数值的乘积。

2. 失效模式分析的目的

失效模式分析的目的，一是发现评价过程中潜在的失效及后果；二是找到能够避免或减少这些潜在失效发生的措施，能够容易、低成本地对产品或过程进行修改，从而减轻事后修改的危机；三是书面总结上述过程，完善设计过程，确保顾客满意。

3. 失效模式分析的作用

失效模式分析的作用，一是指出设计上可靠性的弱点，提出对策；二是针对要求的规格、环境条件等，利用实验设计或模拟分析，对不适当的设计，实时加以改善，减少无谓的损失；三是有效实施失效模式分析，可缩短开发时间和减少开发费用；四是改进产品的质量、可靠性与安全性；五是可用来检查工程。

4. 失效模式分析的用途

设计管理中失效模式分析的用途，一是与线路应力分析结合起来作为可靠性预测、分配和评定时的一项原始资料，二是评定设计方案的手段；三是设计评审、质量复查、事故预想的依据和证明。

在设计现场管理要素时失效模式分析的用途，一是作为安排测试点、制造和质量控制，制定试验计划的一种依据；二是制定检测程序、设计诊断装置的基础；三是与试验结果和失效分析报告一起进行定性评定；四是作为可靠性维修、后勤保障分析的原始资料。

5. 失效模式分析的适用范围

失效模式分析的适用范围，一是所有新的总成、部件和过程；二是总成、部件和过程的更改；三是应用环境有变化的原有总成、部件和过程。

6. 失效模式分析的程序

失效模式分析的基本程序是：确定失效模式，绘制系统功能图和可靠性框图，确定工作参数和功能，查明所有失效模式、发生原因及后果，按可能的最坏后果评定失效模式的严重性级别，确定失效模式的检测方法及补救预防措施，提出修改方案及其他措施，提交分析报告。

7. 失效分析

失效分析是根据失效模式和现象，通过分析和验证，模拟重现失效的现象，找出失效的原因，挖掘出失效的机理的活动。

在提高产品质量，技术开发、改进，产品修复及仲裁失效事故等方面具有很强的实际意义。其方法分为有损分析、无损分析、物理分析、化学分析等。

与失效模式分析不同，失效分析一般用于事故分析。

第四节　过程实施

企业应根据过程设计的输出结果，配置资源，选择与企业管理实际相协调的管理方法，对现场管理过程中涉及的各要素进行系统管理。运用质量管理方法工具，持续提升产品和服务质量，降低成本，提升效率。确保现场管理过程的质量、效率、成本、安全、环保等方面能够协调一致，实现均衡、灵活、高效的现场管理过程。

企业根据过程设计的结果，从“人、机、料、法、环、信”各方面配置资源，有效实现现场管理过程。在各项现场管理活动中，通过正确地选择和使用管理工具方法，以标准化、精细化、可视化、柔性化、信息化为路径，不断提升现场的作业效率和产品质量，保证过程的稳定性和灵活性。

一、配置资源

（一）配置

配是把缺少的补足，置是设立。

配置就是把缺少的补足并且设置好。

配置是安排，是配备布置。

（二）资源

资源是指企业能够调动的物力、财力、人力等各种物质要素和能够获得的信息。

（三）资源配置

资源配置是企业对各种资源的安排，是对各种资源的配备布置。

配备资源是安排、配备、布置各种资源的活动。

二、系统管理

（一）系统与系统管理

系统在词典上的解释有两个含义，一是同类事物按一定关系组成的整体；二是有条理的，是始终一贯的条理、有条不紊的顺序。

系统由若干要素组成，系统管理就是把现场管理过程中涉及的各个要素作为一个整体管理，使之条理化，使各个要素之间的相互联系和相互作用按照始终一贯的条理、有条不紊地顺序进行。

（二）系统管理与一般管理的区别

系统管理是系统科学包括系统论、控制论、对策论、博弈论等在管理科学中的应用。系统管理的具体形态也叫系统工程，控制论在工程管理中的应用为工程控制论。

系统管理与一般管理不同。

从时间维度上看，一般的管理主要对管理对象的目前状况进行控制，使之与预期目标一致；系统管理不仅注重当前管理，而且注重对管理对象过去行为特征的分析和发展趋势的预测，在时间维度上坚持系统的整体观和联系观，强调任何一个系统都是过去、现在和未来的统一，把系统看成是时间的函数。

从空间维度上看，一般的管理往往只关注某个具体特定的管理对象；系统管理从整体、联系和开放的观点出发，关注具体对象控制的同时，还考虑该对象与其他事物的关联性以及对象与环境的相互作用。

三、现场管理方法

（一）5S 管理

1. 5S 概述

5S 是指整理、整顿、清扫、清洁、素养等 5 个项目，因其日语的罗马拼音分别为 SEIRI、SEITON、SEISO、SEIKETSU 和 SHITSUKE，均为 S 开头，所以简称为 5S。

5S 是指在生产现场对人员、机器、材料、方法等生产要素进行有效管理，是起源于日本企业的一种独特管理办法。

5S 活动是开展以整理、整顿、清扫、清洁和素养为内容的活动，对象是现场环境。

5S 对生产现场环境全局进行综合考虑，制订切实可行的计划和措施，达到规范化管理。5S 的核心和精髓是素养，员工素养通过活动得到真正的提高，5S 才能持续进行。

实施 5S 时，整理的关键在于正确的价值意识，即是“使用价值”而不是“原购买价值”；整顿的关键在于正确的方法，即 3 要素 + 3 定 + 整顿的技术；清扫的关键在于责任化，即明确岗位 5S 责任；清洁的关键在于制度化及考核，即时间、稽查、竞争、奖罚；素养的关键在于长期化，即可通过班前会、班后会、礼仪守则等保持和提高。

建立系统的 5S 活动推进机制，通过规范现场、现物，营造干净、整洁、舒适、有序的工作环境，培养员工良好的工作习惯。

2. 实施 5S 的目的

实施 5S 可以为企业带来巨大的好处，包括改善企业的品质、提高生产力、降低成本、确保准时交货、确保安全生产等。

实施 5S 可以达到以下 8 个目的。

（1）提升企业形象。整齐、整洁的工作环境，容易吸引顾客，让顾客心情舒畅；同时，由于口碑的相传，企业会成为其他企业的学习榜样，从而能大大提高企业的形象。

（2）提高生产效率。良好的工作环境和工作氛围，再加上很有修养的合作伙伴，员工们可以集中精神，认真地干好本职工作，生产效率必然提高。

（3）提高零件在库周转率。需要时能立即取出有用的物品，供需间物流通畅，可极大地减少寻找所需物品时间，有效地提高零件在库房中的周转率。

（4）减少直至消除故障，保障品质。优良的工作环境促进优良的品质。通过经常性的清扫、点检和检查，不断地净化工作环境，能有效地避免污损物品或损坏机械、工具，维持设备的高效运转，提高生产品质。

（5）保障企业安全生产。通过整理、整顿、清扫，储存明确，物品摆在固定位置，工作场所宽敞、明亮，通道畅通，场地有条不紊，就会大大减少意外事件的发生，保障安全生产。

（6）降低生产成本。通过实施5S，能极大地减少人员、设备、场所、时间等方面的浪费，降低生产成本。

（7）改善员工的精神面貌，使企业焕发新的活力。通过实施5S，员工的素质整体提高，明显地改善员工的精神面貌，使企业焕发新的活力。

（8）缩短作业周期，确保交货期。通过实施整理、整顿、清扫、清洁，实现标准管理，使异常现象明显化，人员、设备、时间就不会造成浪费。企业生产能相应地非常顺畅，作业效率必然就会提高，作业周期必然相应地缩短，可以确保交货日期万无一失。

5S通过规范现场，营造清新的工作环境，培养员工良好的工作习惯，最终目的是提升员工的素质，使员工消除马虎之心，养成认真、遵章守纪、自觉维护工作环境整洁、文明礼貌的习惯。

3. 推行5S的作用

推行5S管理的作用，也可以用5个S归纳，即安全、销售、标准化、顾客满意和节约，其英文分别为Safety、Sales、Standardization、Satisfaction和Saving，均为S开头的英文单词。

（1）确保安全。

通过推行5S，企业可以避免因漏油而引起的火灾事故或员工滑倒，因不遵守安全规则导致的各类事故、故障，因灰尘或油污所引起的公害等，能使生产安全得到落实。

（2）扩大销售。

通过推行5S，企业可拥有一个清洁、整齐、安全、舒适的环境和一支良好素养的员工队伍，更能得到顾客的信赖，使顾客更容易购买企业的产品。

（3）标准化。

通过推行5S，在企业内部养成遵守标准的习惯，使各项活动、作业均按标准运行，使实际生产符合生产计划，为提供稳定的质量打下基础。

（4）顾客满意。

通过推行5S，清扫、清洁得到保证，产品在一个卫生状况良好的环境下形成、保管，直至交付顾客，质量得以稳定，顾客满意率提高。

（5）节约。

通过推行5S，减少了生产的辅助时间，提升了工作效率；降低了设备的故障率，提高了设备使用效率，可降低一定的生产成本，节约了资金。

4. 开展 5S 活动的原则

开展 5S 活动的 3 个原则是自我管理、勤俭办厂和持之以恒。

（1）自我管理原则。

良好的工作环境，不能只靠购置设备、建造设施等硬件，也不能指望别人来创造，主要依靠现场员工的主观能动性，由现场的当事员工动手为自己创造一个整齐、清洁、方便、安全的工作环境，使其在改造客观世界的同时改造自己的主观世界，产生“美”的意识，养成现代化大生产所要求的遵章守纪、严格要求的风气和习惯。自己动手创造的成果，更容易保持，活动能够持续开展下去。

（2）勤俭办厂原则。

开展 5S 活动，要从生产现场清理出很多无用之物，其中，有的只是在现场无用，但可用于其他的地方；有的虽然是废物，但应以“废物是放错地方的资源”的观念，能利用的应千方百计地利用，需要报废的也应按报废手续办理并收回其“残值”。

（3）持之以恒原则。

5S 活动比较容易开展，在短时间内取得明显的效果，但贵在坚持，持续开展。为将这项活动坚持下去，企业应将 5S 活动纳入岗位责任制，使各个部门、各个员工都有明确的岗位责任和工作标准；要严格、认真地搞好检查、评比和考核工作，将考核结果同各个部门和各个员工的经济利益挂钩；要坚持 PDCA 循环，不断提高现场 5S 水平，通过检查，不断发现问题，不断解决问题，针对问题，提出改进的措施和计划，使 5S 活动持续不断地开展。

5. 整理

整理是把工作场所所有物品区分为必要的和不必要的，把必要的物品和不必要的物品明确地、严格地区分开来，尽快处理掉不必要的物品。

生产过程中经常有一些残余物料、待修品、报废品等滞留在现场，既占据了地方又阻碍生产，包括一些已无法使用的工具、量具、机器设备，如果不及时清除，会使现场变得凌乱。生产现场摆放不要的物品是一种浪费，即使宽敞的工作场所也会越来越狭窄，棚架、橱柜等被杂物占据而减少使用价值，并增加了寻找工具、零件等物品的困难，浪费时间；物品杂乱无章的摆放，增加盘点的困难，使成本核算失准。

整理的目的，一是腾出空间，用活空间；二是防止误用、误送；三是塑造清爽的工作场所。

实施整理要有决心，不必要的物品应断然地加以处置。

整理的实施要领，一是对属于自己工作范围的场所全面检查，包括看得到和看不到的；二是制定必要和不必要的判断标准；三是把不必要的物品清除出工作场所；四是对需要的物品调查使用频度，决定日常用量及放置位置；五是制订废弃物处理方法；六是每日自我检查。

整理常用的方法有使用频率法、价值分析法、定点拍照法、红牌作战法、看板管理法等。

6. 整顿

整顿是对整理之后留在现场的必要的物品分门别类放置，排列整齐，明确数量，并进行有效的标识。

整顿的目的，一是使工作场所一目了然，二是建立整齐的工作环境，三是消除寻找物品的时间；四是消除过多的积压物品。

整顿的实施要领，一是上一步即整理的工作要落实；二是按流程布置，确定放置场所；三是规定放置方法、明确数量；四是划线定位；五是场所、物品标识。

整顿的三要素是场所、方法、标识。物品的放置场所要全部设定，物品的保管要定点、定容、定量，生产线附近只能放真正需要的物品。物品的放置方法要易取，不超出规定的范围。放置场所和物品要一对一标示，现物的标示和放置场所的标示方法要在整个企业统一。

整顿的三定原则是定点、定容、定量。

定点是确定合适的存放地点，地点要固定，要具备必要的存放条件，方便取用、还原放置；定容是确定存放的容器和颜色，容器类的物品如筐、桶、箱、篓及车、特殊存放平台或一个固定的存储空间等。定量是规定合适的数量，对存储的物件在量上规定上下限，或直接定量。

整顿的常用方法有引线法、形迹法、标识法、固定容器法、红牌作战法、定置管理法、颜色管理法、看板管理法等。

7. 清扫

清扫是把工作场所打扫干净，设备异常时马上修理，使之恢复正常；清除职场内的脏污，并防止污染的发生。

现场在生产过程中会产生灰尘、油污、铁屑、垃圾等，使现场变脏，从而会使设备精度降低，故障多发，影响产品质量，使安全事故防不胜防；更会影响人们的工作情绪，使人不愿久留。通过清扫活动来清除这些脏物，创建一个明快、舒畅的工作环境。

清扫的目的是消除脏污，保持工作场所干净明亮。

清扫活动的实施要领，一是自己使用的物品如设备、工具等，自己清扫而不依赖他人，不增加专门的清扫工；二是对设备的清扫，着眼于对设备的维护保养，清扫设备与设备的点检结合，清扫即点检；清扫设备的同时做设备的润滑工作，清扫亦即保养；三是清扫也是为了改善，清扫时发现有飞屑和油水泄漏时，要查明原因，并采取措施加以改进。

清扫要责任化，明确各岗位的清扫责任。要建立室内、外清扫责任区；执行例行扫除，清理脏污；调查污染源，予以杜绝或隔离；建立清扫基准作为规范。

8. 清洁

清洁是把前面3S实施的做法制度化、规范化，并贯彻执行及维持结果。

清洁的目的是维持前面3S的成果。

清洁不仅要建立健全制度、规范，还要定期检查。

清洁的实施要领：一是落实前面3S工作；二是制订考评方法；三是制订奖惩制度，加强执行；四是主要领导经常带头巡查。

9. 素养

素养是通过班前会、班后会、礼仪守则等手段，提高每个员工的文明礼貌水平，培养其养成良好的习惯，并遵守规则做事。

开展5S容易，但持续开展必须靠员工素质的提高，员工素养的提升。

素养管理的目的：一是培养具有好习惯、遵守规则的员工；二是提高员工文明礼貌水平；三是营造团体氛围，培育团队精神。

长期坚持，才能养成良好的习惯。

素养管理的实施要领：一是制订服装、仪容、牌证标准；二是制订共同遵守的有关规则、规定；三是制定礼仪守则；四是教育培训；五是召开班前会、班后会。

开展5S活动要有耐心，要扎扎实实、步步推进，打牢基础，最终归于素养，即提高员工素质，使5S形成自然的习惯；习惯要靠时间养成，每个S要持续1~2年时间。在条件不具备的情况下，可开展3S活动甚至2S活动；切不可胡乱凑数，增加S，把英文以S开头的都拿过来，有些企业开展所谓6S、7S，甚至到了12S，所用时间还很短，几个月就完成，彻底背离了5S的初衷。实际上，有些S如节约、安全、标准化等，正是5S的效果体现。

（二）目视管理

制定系统的现场目视的内容和标准，确保作业现场的状态和信息能够及时传递。目视包括但不限于规章制度与工作标准公开化，生产任务与完成情况图表化，视觉显示信号标准化，生产作业控制手段的形象直观与使用方便化，物品的码放和运送的数量标准化，人员分类着装与挂牌制度，色彩的标准化管理等，实现现场中的任何异常能够及时被发现并解决。

1. 目视管理的概念

目视管理是利用形象直观而又色彩适宜的各种视觉感知信息来组织现场生产活动，达到提高劳动生产率的一种管理手段，也叫目视化管理。

目视管理是一种以公开化和视觉显示为特征的管理方式。

目视管理是把潜在的信息显现化，使员工能够共享信息，尽快掌握工作要点，明白无误地去理解意图，确保做到位，并一眼就能发现问题，做到任何人来看都能发现是否正常、有无问题、改善之后的效果，逐步减少问题的出现，提高员工的意识和能力。

目视管理的方法其实也是注意式防差错的重要手段，是一种行之有效的科学管理手段。

2. 目视管理的特点

目视管理是一种以公开化和视觉显示为特征的管理方式，是看得见的管理，是一目了然的管理，可以贯穿于各种管理的领域当中。其特点一是以视觉信号显示为基本手段，大家都能够看得见；二是以公开化、透明化的基本原则，尽可能地将管理者的要求和意图让员工看得见，借以推动自主管理或叫自主控制；三是现场的作业人员可以通过目视的方式将自己的建议、成果、感想展示出来，与领导、同事以及工友们进行相互交流。

3. 目视管理的原则

目视管理有 4 项原则，即激励原则、标准化原则、群众性原则和实用性原则。

（1）激励原则。

激励原则指目视管理对员工要起到激励作用，对生产改善要起到推动作用。

（2）标准化原则。

标准化原则指目视管理的工具与使用色彩要规范化、标准化，要统一各种可视化的管理工具，使之便于理解与记忆。

（3）群众性原则。

群众性原则指要得到群众理解与支持，要让群众参与和支持，体现目视管理是让管理能看得见的特点。

（4）实用性原则。

实用性原则指目视管理必须讲究实用，切忌形式主义，要真正起到现场管理的作用。

4. 目视管理的目的

目视管理的目的是以视觉信号为基本手段，以公开化为基本原则，尽可能地将管理者的要求和意图让大家都看得见，借以推动看得见的管理、自主管理、自我控制。

可以概括为“三化”，即视觉化、公开化和普通化。视觉化是大家都看得见，公开化是自主管理、控制，普通化是员工、领导、同事相互交流。

5. 目视管理的作用

目视管理的作用：一是迅速传递信息，二是形象直观地将潜在的问题和浪费现象都显现出来，三是特别强调的是客观、公正、透明，四是促进企业文化的建立和形成。

6. 现场目视管理的对象

企业中的全部构成要素都是目视管理的对象，如制造过程、物料、设备夹具、文件、场所、人、心情等，生产现场的产品、品质、成本、交期、安全、士气、作业管理、排成交期管理、质量管理、模治具管理等。

职能部门的文件管理、行动管理、业务管理、办公设备管理等为支持生产也应导入目视管理。

7. 目视管理的优点

目视管理的优点：一是形象直观，有利于提高工作效率；二是透明度高，便于现场人员互相监督，发挥激励作用；三是有利于产生良好的生理和心理效应。

8. 目视管理的要求

目视管理的要求，一是要按生产的实际需要进行，讲求实效，不搞形式；二是要严格统一标准；三是要做到简单、明了，一看就懂，便于执行；四是要做到清楚、醒目，设置在大家看得到的地方；五是实施时注意节俭办事，不要形成浪费；六是要严格执行，严格遵守，违反管理规定要严肃处理。

9. 目视管理的内容

目视管理的内容包括规章制度与工作标准公开化、生产任务与完成情况图表化、视觉显示资讯标准化、生产作业控制手段的形象化与使用方便化、物品码放和运送数量标准化、现场人员着装统一化与挂牌制度、色彩标准化等。

（1）规章制度与工作标准公开化。

为保持生产所要求的连续性、比例性和节奏性，提高劳动生产率，实现安全生产和文明生产，需要把与现场员工密切相关的规章制度、标准、定额等都公布于众。

与岗位员工直接有关的，应直接展示在岗位上，并要始终保持完整、正确和洁净。这些内容有岗位责任制、操作程序图、工艺卡片等。

（2）生产任务与完成情况图表化。

现场是协作劳动的场所，需要大家共同完成的任务都要公布于众。

计划指标要定期层层分解，落实到车间、班组和每个员工，并列表张贴在墙上；实际完成情况也要相应地按期公布，并用作图法，使每个员工都能看到各项计划指标完成中情况及出现的问题和发展的趋势，促使集体和每个员工都能按质、按量、按期完成其任务。

（3）视觉显示资讯标准化。

在定置管理中，为了消除物品混放和误置，必须有完善而准确的资讯显示，包括标志线、标志牌和标志色等。目视管理在这里便自然而然地与定置管理融为一体，按定置管理的要求，采用清晰的、标准化的资讯显示符号，各种区域、通道及辅助设施（如料架、工具箱、工具、生活柜等）均要运用标准颜色。

（4）生产作业控制手段的形象化与使用方便化。

为了有效地进行生产作业控制，使每个生产环节、每道工序能严格按照期量标准进行生产，杜绝过量生产、过量储备，要采用与现场工作状况相适应的、简便实用的资讯传导信号，以便在后道工序发生故障或由于其他原因停止生产，不需要前道工序供应在制品时，操作人员看到信号，能及时停止投入。

各生产环节和工种之间的联络，也要设立方便实用的资讯传导信号，以尽量减少工时损失，提高生产的连续性。

生产作业控制除生产周期和产量控制外，质量和成本控制也要实行目视管理。各质量控制点要有质量控制图，以便清楚地显示质量波动情况，及时发现异常并处理；车间要有板报将“不良品统计日报”公布于众，当天出现的废品要陈列在展示台上，由有关人员会诊分析，确定改进措施。

（5）物品码放和运送数量标准化。

物品码放和运送标准化，操作、搬运和检验人员点数时既方便又准确。

（6）现场人员着装统一化与挂牌制度。

现场人员的着装起劳动保护作用，可以体现职工队伍的优良素养，显示企业内部不同单位、工种和职务之间的区别，使员工产生归属感、荣誉感、责任心，对组织指挥生产可创造一定的方便条件。

挂牌制度包括单位挂牌和员工佩戴标志。按照企业内部各种检查评比制度，将那些与实现企业战略任务和目标有重要关系的考评专案的结果，以形象、直观的方式给单位挂牌，能够激励先进单位更上一层楼，鞭策后进单位奋起直追。员工佩戴标志，如胸章、胸标、臂章等，其作用同着装类似。

（7）色彩标准化管理。

色彩的运用受技术因素、生理和心理因素、社会因素等多种因素制约，色彩是现场管理中常用的一种视觉信号，目视管理要求科学、合理、巧妙地运用色彩，并实现统一的标准化管理，不允许随意涂抹。

10. 目视管理的主要工具

目视管理的主要工具主要有红标签（红板）、标示板、线条、告示板、信号灯、看板、生产管理板、标准作业图、柏拉图、提醒板等。

（1）红标签（红板）。

红标签（红板）贴在平常生产活动中不需要的物品上，使每个员工看了都能够明白。

（2）标示板。

标示板使用于清楚标示东西放置的场所，让每个员工都知道在那里摆放的是什么物品，摆放着多少数量物品。

（3）线条。

线条是使用油漆画出或胶带贴上的线，不同颜色的线条用于标示半成品放置场所及清楚划分作业场所与通道、物品放置场所里半成品等的最高限或最低限等，分别称为区域线和警示线。

（4）告示板。

告示板为书写或张贴公告之处，是一种及时管理的道具。

（5）信号灯。

信号灯是用于工序内发生异常时，用于通知管理人员的工具。

信号灯的种类：一是发音信号灯，适用于物料请求通知，当工序内物料用完时，扩音器马上通知搬送人员立刻及时地供应；二是异常信号灯，用于产品质量不良及作业异常等异常发生场合，通常安装在大型工厂的较长的生产、装配流水线；三是运转指示灯，检查显示设备状态的运转、机器开动、转换或停止的状况及停止原因；四是进度灯，安装在组装生产线，用于组装节拍的控制，以保证产量；五是警示灯，用于显示现场发生的异常信息，能够立即通知管理、监督者。

（6）看板。

看板用于显示材料领用状况和作业指示。

（7）生产管理板。

生产管理板标示生产预定数量和实绩数量，登记停止原因，运作状况等事项，用于通知生产线上生产状况。

（8）标准作业图。

标准作业图是使工程布置或作业程序一眼看去就能明白的图表，也称步行图。

标准作业组合图是有效地组合人、机器和物品，决定工作进行方法的图表。

（9）柏拉图。

根据计算和数据的品质管理、按照产生质量问题的原因以及发生频数做成不良品柏拉图。如果数字过多，现场人员不能立即了解，可以使用现有的不良品，展示不良品柏拉图。

（10）提醒板。

提醒板用于防止遗漏。

11. 目视管理的方法

目视管理的方法主要有定位法、标示法、分区法、图形法、颜色法、方向法、影绘法、透明法、监察法、地图法和备忘法等。

（1）定位法。

定位法使把需要的物品放在事先规划的固定位置，位置的所在区域或四个角用定位线标示出来。

（2）标示法。

标示法是把区域、场所、物料、设备等用醒目的字体表示出来。

（3）分区法。

分区法是采用划线的方式表示不同性质的区域，如通道、作业区、物品存放区等。

（4）图形法。

图形法是用大众都能识别的图形表示公共设施、允许做或不允许做的事情等。

（5）颜色法。

颜色法是用不同的颜色表示物料、区域、设备等差异或者状态的不同。

（6）方向法。

方向法是用箭头指示行动或前进的方向，标明流体流动的方向等。

（7）影绘法。

影绘法是把物品的形状画在要放的地方，使员工一目了然，不会放错位置。

（8）透明法。

透明法是把部分物品放在透明的容器中，以便让员工直接了解其中的东西或者多少。

（9）监察法。

监察法是用某种标识使员工能够随时注意事务的动向。

（10）地图法。

地图法是把将企业的布置、办公地点等用地图的形式直接表示出来。

（11）备忘法。

备忘法是随时将需要做的事情记录到备忘板或备忘表上，可避免忘掉与他人相关的事情。

12. 目视管理的基本要求

实施目视管理，切忌形式主义，要从企业实际出发，有重点、有计划地逐步展开。实施目视管理的基本要求是统一、简约、鲜明、实用、严格。

统一即目视管理要标准化；简约即各种视觉显示信号应浅显易懂，一目了然；鲜明即各种视觉显示信号要清晰，位置适宜，现场人员都能看得见、看得清；实用即重效果，不搞形式，讲究实效；严格即现场所有员工都必须严格遵守和执行有关规定，有错必纠，赏罚分明。

13. 目视管理的注意事项

目视管理应注意的事项：一是对事不对人；二是要标准化、制度化；三是找到真正的原因，要有有效对策；三是布告、公告要在指定场所张贴，要清楚地区分适用范围，标明有效期。

四、现场管理的内容

现场管理包括各种要素的管理，如现场作业人员管理、现场文件管理、设备管理、过程质量控制、现场原材料和在制品管理、生产计划管理、安全管理、资源及其利用管理、环境管理等。

（一）现场作业人员管理

现场作业人员是指在生产现场岗位上工作的人员。

现场作业人员上岗前要经过系统的培训、实践、考核三个阶段，合格后方可上岗；通过轮岗等方式，增强员工的作业能力，优化现场多能工的比例，为实现现场作业的灵活性奠定基础；现场作业人员要掌握基本的现场管理改进方法，包括但不限于质量管理新老七种工具等分析方法；要建立完善的班组管理机制，提升班组的执行能力和改善能力，营造和谐的班组氛围。

1. 培训

（1）培训的含义。

培训就是培养加训练，是通过培养加训练使受训者掌握某种技能的方式。

培训是给有经验或无经验的受训者传授其完成某种行为必需的思维认知、基本知识和技能的过程，培训是一种有组织的管理训诫行为。

（2）培训的目的。

培训的目的，一是导入和定向，即引导新进员工进入企业，熟悉和了解工作职责、工作环境和工作条件，并适应企业外部环境的发展变化。二是提高员工素质，包括普通员工的素质和高、中层领导的素质；培养员工的竞争性、学习性、创新性、团队精神，使其知识、技能、效果和态度四个方面得到提高，提高员工适应性，为其进一步发展和担负更大的职责创造条件，从而满足员工自我成长的需要，扩展员工价值；使高、中层领导更新观念，改善知识结构，适应企业发展的重要。三是提高绩效，降低员工工作中因失误造成的损失，使员工获得新方法、新技术、新规则，提高员工的技能，提高员工的工作质量和工作效率，从而提高企业效益。四是提高企业素质。

（3）培训的作用。

培训有补偿、保持企业竞争力和提高生产力等三个作用。

补偿作用是培训支持经营机能，技能培训对人力发展极为重要；保持企业竞争力作用是提高员工的知识水平，提高员工的首创精神和创新能力，造就高素质的企业员工队伍；提高生产力作用是员工通过有效的培训，能减少所需工作时间和材料、能源等的消耗，从而降低人力成本和生产成本。

（4）培训的原则。

企业培训主要有前瞻性、长期性、系统性、实用性和效益性等5个原则。

前瞻性原则是指企业应根据自己的战略及同行业发展的趋势安排员工的培训工作，从企业的实际出发，根据不同的部门、不同的岗位、不同的员工确定培训的方式和内容。

长期性原则是指企业对员工的培训应具有长期性、一贯性，只有长期性的培训才能使员工的综合素质得到提高。

系统性原则是指企业对员工应进行有系统、有计划、有步骤的培训。

实用性原则是指企业应有针对性、实践性地对员工开展培训，及时培训企业发展需要的内容和员工缺少的理论、技术。

效益性原则是指企业应注意培训的成本，通过培训能提高企业经济效益，使企业内部形成良好的学习氛围。

（5）培训的方法。

培训的方法有讲授法、角色定位演示法、基本研讨法、视听教育法、角色扮演法和案例研究法、模拟与游戏法等。

各种培训方法具有各自的优缺点，为了提高培训质量，往往配合运用各种方法。

（6）培训的形式。

企业培训的形式主要有在职培训、脱产培训和自我培训等三种形式。根据不同的目的、不同的对象、不同的内容、不同的要求，可以采用不同的培训形式。

在职培训是指员工在不脱离现有岗位的情况下，接受企业的培训，可一边工作一边培训，费用较低。在职培训实际而不抽象，可因材施教，但很难做到工作培训两不误，培训内容无法统一，不利于传授专门的高程度的知识，培训员工的数量少。

脱产培训是指员工离开现任的工作岗位去接受培训，可对大量的员工同时进行培训。员工可在专家指导下专心接受培训并学习高度专业化的知识和技能，可相互学习提高培训效果，容易培养团队意识，但培训费用较高，培训成果无法及时运用，还会影响现实工作。

自我培训是指员工具有强烈的上进心、严格要求自己，根据自己的特点不断地进行自我学习，是员工的一种主动行为。

（7）入职培训。

入职培训是指根据员工将要胜任的岗位要求对员工进行的系统性培训，也被称为入职教育、上岗引导活动或上岗培训。

入职培训对员工起到了明确岗位要求的基础性作用，使员工适应岗位的时间缩短，培训的立足点是岗位要求，而非员工之间的个性化差异，具有非个性化培训的特点。

入职培训可以分为新员工培训、转岗培训和轮岗培训 3 类。

新员工培训是新员工正式进入企业，与企业签订劳动合同后所进行的培训。通过岗位要求的培训，新员工能够很快胜任岗位，提高工作效率，取得较好的工作业绩，起到事半功倍的效果；进一步熟悉和了解企业，缓解其对新环境的陌生感和由此产生的心理压力，适应企业的行为目标和工作方式。新员工培训的内容一般包括企业概况、企业制度、业务知识、员工职业生涯发展规划等。

转岗培训是指对要进行岗位转换的员工进行适应新岗位要求的培训。企业经营规模与方向的变化、生产技术进步、机构调整等因素对现有员工的岗位进行调整，员工不能胜任现在的工作；员工某方面的才能或特长受到重视需要重新安置等情况，需要进行转岗培训。转岗培训的方式有多种，如与新员工一起参加入职培训、现场一对一指导、外出参加培训、集中定向培训等。

轮岗培训是轮岗前关于新岗位要求的培训。

2. 轮岗

（1）轮岗的含义。

轮岗是指在预定的时期内员工相互变换工作岗位，使其获得不同岗位的工作经验。

（2）轮岗的意义。

轮岗有多重意义。

一是培养工作乐趣。在一个固定岗位工作时间长了，会使员工产生厌倦情绪，随之开始产生惰性，失去工作激情和创造精神。轮岗后的新岗位是全新的工作流程和工作内容，都会带来一定的刺激点和乐趣，可有效提升职工的工作积极性，避免工作效率降低。

二是加强工作的系统化和整体性。轮岗需要进行经常性的工作交接，会使每个员工将手头工作进行系统化和整体性处理，在一两天时间内迅速完成交接。

三是增强各岗位员工之间的互相理解和配合，降低内耗。各岗位员工之间的互不理解导致的配合不顺，通过岗位互换，各岗位员工对其他岗位就会有深切的体会与理解，有效地增强员工之间的配合。

四是增强员工的多项工作技能。轮岗可使员工在短时间内学习更多的工作技能，能提升员工的职业素质和职业竞争能力。

（3）轮岗的目的。

新员工的培训式轮岗，使其对企业各个方面有所了解，并且从中判断适合于自己的工作岗位；中层轮岗是为了提升其综合管理能力；高层轮岗锻炼的已经不完全是专业知识，而更多的是为培养其领导能力和战略能力。

在轮岗前，应该对轮岗员工进行充分系统的岗前培训，使其对未来的岗位有清晰的认识和了解，既可降低风险、提高成功率，又能让轮岗员工感到企业对其职业生涯负责任的态度。

（4）轮岗的原则。

企业轮岗有培养人才型、技能提升型以及区域轮换型三种形式。各种形式和目的的轮岗，都需要遵循 3 个原则，即整体安排原则、充分沟通原则和培训交接原则。

整体安排原则指轮岗应制订具体的计划，明确轮岗的时间、轮岗的目标和考核标准，进行轮岗风险评估，建立轮岗工作协调机制。轮岗工作安排要有明确的工作计划和目标，事前对轮岗员工的发展能力进行综合判断，做好人员及岗位匹配安排，保证轮岗员工能力与岗位要求能有效地过渡、结合。

充分沟通原则是因有的员工长期从事一项业务，脑海里只有一种工作模式，很有可能拒绝或抵制轮岗；有的员工不愿意接受挑战，不愿意去更有压力的岗位，如果不在事前做好说服与解释工作，员工容易认为是管理者故意设置障碍。轮岗是识别人才、培养人才工作的一部分，但可能与员工个人职业生涯规划不一致。轮岗需要充分沟通，使员工在新的岗位上安心工作。沟通的内容，一是了解拟轮岗员工对轮岗的意见或建议；二是了解拟轮岗员工的职业生涯规划；三是阐述轮岗工作计划，包括轮岗目的、轮岗的计划安排、新岗位考核计划等；四是此次轮岗的目的。

培训交接原则指轮岗前必须进行轮岗培训，使轮岗员工了解新岗位的工作环境和业务，补充新的知识，学习和掌握新的工作方法和技巧，熟悉新岗位可能出现的问题和解决措施。轮岗时确保各项资源完全移交，确保接收者明白各项工作进展；物品要清点清楚，工作文件要移交完整，目前进展程度、目标结果要交代清楚，相关人员工作分配要合理，技术资源资料也要移交。

3. 质量管理老七种工具

质量管理工具分为老七种和新七种。工具和方法是有区别的，工具是具体的事物，方法是使用工具工作的手段。在质量管理老七种工具中有两个特例是方法，即老七种工具中的分层法和新七种工具中的矩阵数据分析法。

本书在介绍质量管理老七种工具时，也介绍了相应的使用方法。

质量管理老七种工具有调查表、分层法、直方图、散布图、排列图、因果图和控制图，适用于生产现场解决各种问题、改进产品和过程。

（1）调查表。

调查表，是一种为了便于搜集数据而使用简单记号并进行统计整理，做进一步分析而事先设计的一种表格，也可用于核对、检查，称为检查表、核对表。

检查是根据生产工艺流程决定是否可将原材料、产品送往下一道工序或者顾客的活动。

调查表分为点检用查检表与记录用点检表。

点检用查检表在设计时即已定义，使用时只做是非或选择的注记，其主要功用在于确认作业执行、设备仪器保养维护的实施状况或为预防事故发生，以确保使用时安全，主要是确认检核作业过程中的状况，防止作业疏忽或遗漏。

记录用点检表是用来搜集计划资料，应用于不良原因和不良项目的记录，用符号或数字记录的表格或图形把数据分为数个类别。常用于作业缺失和品质记录，也称改善用查检表。

调查表是用于收集数据的规范化表格，即把产品可能出现的情况及其分类预先制成表， 则检查产品时只需在相应分类中进行统计，并可从调查表中进行粗略的整理和简单的原因分析，为下一步的统计分析与判断质量状况创造良好条件。

（2）分层法。

分层是把所收集的数据进行合理的分类，把性质相同、在同一生产条件下收集的数据归在一起，把分的组叫做“层”， 通过数据分层把错综复杂的影响质量因素分析清楚。分层的目的是把杂乱无章和错综复杂的数据，按照不同的目的、性质、来源等加以分类整理，使之系统化、条理化，能更确切地反映数据所代表的客观事实，便于查明产品质量波动的实质性原因和变化规律，以便抓住主要矛盾，找到主要影响因素，采取相应的措施。

分层的原则是使同一层内的数据波动尽可能小，而层与层之间的差别尽可能大。

分层法是将性质相同的并在同一条件下收集的数据归纳在一起，以便进行比较分析。

分层法的一般过程是收集数据，根据不同的目的选择分层的标准，根据不同的分层标志对数据进行分层，按层归纳统计，画出分层统计图表，分层进行统计分析。

（3）直方图。

直方图是由一系列高度不等的纵向条纹或线段表示数据分布情况的一种

统计报告图，是表示数值数据分布的精确图形。

直方图一般用横轴表示数据类型，纵轴表示分布情况，是一种条形图。

直方图是分析数据分布的形态，以便对其总体的分布特征进行推断，对工序或批量产品的质量水平及其均匀程度进行分析的工具。

直方图适用于对大量计量值数据进行整理加工，找出其统计规律。

作直方图的目的是为了研究产品质量的分布状况，据此判断生产过程是否处在正常状态。

作直方图的方法步骤是：首先收集数据，其次找出数据中的最大值、最小值和极差，第三确定组数，第四求出组距，第五确定组界，第六计算各组的组中值，第七统计各组频数，最后画直方图。

在分组时应注意确定好组数。若分组数过多，每组里的数据个数就会减少，甚至为零，做出的直方图就会过于分散或呈现锯齿状；如组数过少，数据会集中在少数组内，掩盖数据的差异。

（4）散布图。

散布图是用非数学即图示的方式来辨认某现象的测量值与可能原因因素之间的关系的图，其特点是快捷、易于交流、易于理解。

收集现象测量值时要排除其他可能影响这一现象的因素。

当不知道两个因素之间的关系或两个因素之间关系在认识上比较模糊而需要对其进行调查和确认时，可以通过散布图来确认两者之间的关系。散布图实际上是一种实验的方法。

在使用散布图调查两个因素之间的关系时，应尽可能固定对这两个因素有影响的其他因素，才能使通过散布图得到的结果比较准确。

（5）排列图。

排列图是由两个纵坐标、一个横坐标、几个按高低顺序依次排列的长方形和一条累计百分比折线所组成的图形，是为寻找主要问题或影响质量的主要原因所使用的图。

排列图是一种区分关键少数与次要多数的方法。

排列图根据“关键的少数和次要的多数”的原理而制作，也就是将影响产品质量的众多影响因素按其对质量影响程度的大小,用直方图形顺序排列，从而找出主要因素。

排列图由两个纵坐标和一个横坐标，若干个直方形和一条折线构成。左侧纵坐标表示不合格品出现的频数（出现次数或金额等），右侧纵坐标表示不合格品出现的累计频率（如百分比），横坐标表示影响质量的各种因素，按影响大小顺序排列，直方形高度表示相应的因素的影响程度（即出现频率为多少），折线表示累计频率（也称帕累托曲线）。

（6）因果图。

因果图是把特性值及其影响因素按相互关联性整理而成的层次分明、条理清楚，并标出重要因素的图形；是一种分析质量特性（结果）和影响质量特性的因素（原因）的图形，又称特性要因图，因其形状又称为鱼刺图。

因果图从产生问题的结果出发，首先找出质量问题的原因，然后再找影响大原因的中原因，并进一步找影响中原因的小原因，以此类推，步步深入，一直找到能采取措施的具体原因，是一种系统分析方法。

因素在层间存在着纵向因果关系时，需要用因果分析图解决。因果分析图形象地表示了探讨问题的思维过程，分析问题能步步深入。

因果图应用的头脑风暴法，是一种通过集思广益、发挥团体智慧，从各种不同角度找出问题所有原因或构成要素的会议方法。

（7）控制图。

控制图是根据假设检验的原理构造的用于监测生产过程是否处于控制状态的一种图形，是根据数理统计原理分析和判断工序是否处于稳定状态所使用的、带有控制界限的一种质量管理图表。

控制图分计量值控制图和计数值控制图两类。计量值控制图包括单值控制图、平均数和极差控制图、中位数和极差控制图等，计数值控制图包括不合格品数控制图、不合格品率控制图、缺陷数控制图、单位缺陷数控制图等。

控制图法是对生产过程的关键质量特性值进行测定、记录、评估并监测过程是否处于控制状态的一种图形方法。

在生产过程中，产品质量由于受随机因素和系统因素的影响而产生变差；随机因素由大量微小的偶然因素叠加而成，系统因素则是由可辨识的、作用明显的原因所引起，经采取适当措施可以发现和排除。

当生产过程仅受随机因素影响，从而产品的质量特征的平均值和变差都基本保持稳定时，称之为处于控制状态，产品的质量特征是服从确定概率分布的随机变量，其分布或其中的未知参数可根据较长时期在稳定状态下取得的观测数据用统计方法进行估计。分布确定以后，质量特征的数学模型随之确定。为检验其后的生产过程是否仍处于控制状态，就需要检验上述质量特征是否符合这种数学模型。

4. 质量管理新七种工具

质量管理新七种工具包括关联图、亲和图、系统图、矩阵图、矩阵数据分析法、PDPC法及网络图，适用于管理人员决策，用于收集数据、明确问题、抓住关键、确定目标和手段、评价方案、制定切实可行的对策计划等。

（1）关联图。

关联图是把现象与问题有关系的各种因素串联起来的图形。

关联图法通过关联图可以找出与此问题有关系的一切要素，进一步抓住重点问题并寻求解决对策。

关联图是原因－结果、目的－手段等，具有缠绕复杂关系的问题，并把所有的要因全部列出，用自由发言的方式表现出简明的要因，把这些因果关系以理论的原理用箭头连接，并将其分门别类，使用关键性的动作或结果成为有效的解决办法的中心。

关联图按照结构可分为中央型、单向汇集和应用型三种，按照目的可分为多目的型和单一目的型。多目的型关联图是有两个以上目的（或结果）的关联图，单一目的型关联图是用于解决单一目的的关联图。

（2）亲和图。

亲和图是分类并综合特定主题的事实、意见或构思语言资料的图形。

亲和图法是把收集到的某一特定主题的大量事实、意见或构思语言资料，根据其相互间的关系分类综合的一种方法，是一种创造性思考问题的方法。

亲和图法是针对某一问题，充分收集各种经验知识、想法和意见等语言、文字资料，通过亲和图进行汇总，并按其相互亲和性归纳整理，使问题明确起来，求得统一认识和协调工作，以利于问题解决的一种方案。

亲和图把人们的不同意见、想法和经验，不加取舍与选择地统统收集起来，并利用这些资料间的相互关系予以归类整理，有利于打破现状，进行创造性思维，从而采取协同行动，求得问题的解决。

亲和图应用的生产管理活动：一是迅速掌握未知领域的实际情况，找出解决问题的途径；二是对于难以理出头绪的事情进行归纳整理，提出明确的方针和见解；三是通过管理者和员工的一起讨论和研究，有效贯彻和落实企业的方针政策：四是员工之间互相启发，相互了解，促进为共同的目的的有效合作。

（3）系统图。

系统图是把要达到的目的所需要的手段逐级深入展开的一种图形。

根据系统图，可以系统地掌握问题。

系统图法是系统寻找达到目的的手段的一种方法，是寻找到实现目的的最佳手段。为了达到某种目的而选择某种手段，为了采取这种手段又必须考虑下一个阶段的水平的手段，上一水平的手段就成为下一水平手段的目的；把达到某一目的所需的手段层层展开为图形，考虑问题的整体，明确问题的重点，合理寻求达到预期目的的最佳手段或策略。

系统图经常的用途：一是开发新产品时，把满足顾客要求的设计质量进行系统的展开；二是目标管理中，把目标层层分解和系统地展开，使之落实到各个单位；三是在建立各种保证体系中，把各部门的职能展开，进一步开展保证活动；四是在处理量、本、利之间的关系及制订相应措施，并找出重点措施；五是在减少不良品方面，找出主要原因，采取有效措施。

（4）矩阵图。

矩阵图是以矩阵形式画出的寻找对应因素之间定性关系的图形。

矩阵图法是从多维问题的事件中，找出成对的因素，排列成矩阵图，然后根据矩阵图来分析问题，确定关键点的方法；是一种通过多因素综合思考、探索问题的好方法。

在复杂的质量问题中，往往存在许多成对的因素，把这些成对因素找出来，分别排列成行和列，其交点就是其相互关联的程度，在此基础上再找出存在的问题及问题的形态，从而找到解决问题的思路。

矩阵图法不是以数据做定量分析，主要用于分析生产工序中各种因素的影响，分析包含大量数据的质量，分析市场调查数据，掌握市场需求状况，对功能特性进行系统分析。

（5）矩阵数据分析法。

矩阵数据分析法是结果以图形表示的利用矩阵数据分析问题的方法，是一种定量分析方法。

矩阵数据分析法的主要方法为主成分分析法，是一种将多个变量化为少数综合变量的一种多元统计方法。

与矩阵图法不同的是矩阵数据分析法是在矩阵图上填数据而不是填符号，形成一个分析数据的矩阵。

矩阵数据分析法主要用于市场调查、新产品设计与开发、复杂工程分析和复杂的质量评价等。

（6）过程决策图。

过程决策图英文缩写为 PDPC，是对过程可能出现的不理想事态或结果的应变计划图，其中的应变计划可以有多个。

过程决策图法（PDPC 法）是一个系统思考问题的方法，为了解决某个任务或达到某个目标，在制订行动计划或进行方案设计时，预测可能出现的不理想事态或结果，相应地提出多种应变计划以最大的可能实现最终目标的一种方法。

过程决策图分为两种思路，即顺向思维法和逆向思维法。顺向思维法是定好一个理想的目标，然后按顺序考虑实现目标的手段和方法；逆向思维法是指从事物的反面去思考问题的思维方法。

过程决策图的用途：一是制定方针目标管理中的实施计划，二是制定科研项目的实施计划，三是对整个系统的重大事故进行预测，四是制定控制工序的措施，五是运用于提高产品或系统的安全性和可靠性的过程。

（7）网络图。

网络图是用箭线和节点将某项工作的流程表示出来的图形，由作业（箭线）、事件（又称节点）和路线三个因素组成，是一种图解模型。

网络图法将计划评审法和关键路径法用于质量管理，用以制定质量管理日程计划、明确质量管理的关键和进行进度控制的方法。

网络图的用途：一是制定详细的计划；二是对计划方案进行仔细研究，保障计划的严密性；三是进入实施计划时，对于情况的变化和计划的变更进行适当的调整；四是具体而迅速了解某工作延期对总体工作的影响。

5. 班组

（1）班组概述。

班组是在劳动分工的基础上，把生产过程中相互协同的同工种工人、相近工种或不同工种工人组织在一起，从事生产活动的一种组织。

班组是基层操作层因管理需要而形成的劳动和管理组织，是企业组织生产经营活动的基本单位，是企业一切工作的立足点。

（2）班组管理机制。

管理机制是指管理系统的结构及其运行机理，本质上是管理系统的内在联系、功能及运行原理，是决定管理功效的核心问题。

企业管理机制是指企业管理活动内在的管理要素有机组合过程中发挥作用的过程和方式。

班组管理机制是班组运行的各个要素有机组合发挥作用的过程和方式，主要包括工作机制、学习机制、分配机制、奖励机制、惩罚机制等。

（3）班组执行能力。

执行是贯彻施行、实际履行；能力是完成一项目标或者任务所体现出来的综合素质，是完成一定活动的本领，是人对自然探索、认知、改造水平的度量，是直接影响活动效率并使活动顺利完成的个性心理特征，是一种力量。

执行能力简称执行力，是指贯彻战略意图并完成预定目标的实际操作能力。

班组执行能力是班组贯彻企业战略意图并完成企业下达的各种任务（包括生产任务和其他任务）的能力，包含完成任务的意愿、完成任务的能力和完成任务的程度 3 部分。

（4）班组改善能力。

改善是改进完善，使原来的状况变得好些，部分地、在某种程度上提到较好、较高水平。工作上的改善，并不是思考新鲜的大规模的创新，而是只要在每日的工作中发现浪费时间、材料、非正常物品、困难作业事项，努力设法消除这些，做到提高质量，节约费用，缩短时间的动作；是为追求更快、更好、更简洁地实现工作目标而通过“手段选择”或“方法变更”，把事情或动作往好的方向修正或调整的过程，就是改变原有情况使其更好一些。

改善主要指小的、细微的、持续的优化；是小幅度的、投入较少的，不需要太多专业的知识含量、技术含量的优化。

班组改善能力是班组协作改进完善生产过程的能力。

（5）班组氛围。

班组氛围是指班组的工作氛围，是班组内逐步形成的、具有一定特色的、可以被班组成员感知和认同的气氛或环境。

班组氛围包括环境氛围和人文氛围。

班组环境氛围是指由班组空间的设计、装饰等营造出来的感受，与不同的岗位有关，不同的原始设计有关，但班组成员可以在不影响生产功能、不影响安全通畅的前提下，进行适当的美化，使其可以达到赏心悦目的气氛。良好的环境氛围有助于增强人际关系的融洽，提高班组内的心理相融程度，从而产生巨大的心理效应，激发班组成员积极工作的热情，提高工作效率。

人文氛围是指班组成员言行举止的传播影响，是班组的人际关系、交流方式和心理相融程度等，是班组的小环境、软环境。和谐的班组氛围是形成共享价值观的基础，是班组高效工作的保障。

班组成员的心理契合度，即班组成员彼此充分信任和合作，是营造和谐工作氛围的关键。

班组工作氛围的营造是班组内部环境建设中最能体现关心人、尊重人、影响人的一项管理工作，和谐的工作氛围可以使班组成员在轻松愉快的环境中工作，班组成员彼此相互信任，有共同的目标，班组长善于运用激励方法，使班组的创造性和潜力得到激发，创造更好的业绩。

（二）现场文件管理

现场文件管理的内容：一是制定系统的现场文件管理流程，包括制定、发布、培训、保存和更新；二是现场的所有岗位和工作流程均需要制定标准作业指导书，其中要体现关键的质量控制点、风险点和经验教训，基本质量要素要包括作业顺序、作业时间、关键质量控制点和安全点等，关键工序的作业指导书要图文并茂；三是作业指导书等文件要持续完善，根据作业实际对相关文件进行适时修订，确保充分、有效、适宜。

1. 现场文件的范围

现场文件包括但不限于生产图样、生产组织文件、工艺标准、作业指导书等。

2. 现场文件管理流程

文件管理流程是文件流转过程中的次序或顺序的布置和安排，是由文件制定、发布、培训、保存和更新组成的一个完整的业务行为的过程。

文件制定是文件的起草、审核、修改、定稿，是经过一定程序定出文件。文件的制定要有一定的程序，要有起草人、审核人。

文件发布是把文件以规定的格式在一定范围内公之于众，是向一定范围传输消息的一种过程。文件发布要由有相应职权的人签发，并加盖发布单位的公章，用邮寄、传真或电子方式送达文件接收者。

培训是宣传、贯彻文件内容的过程。

文件保存是对本单位制定发布的文件和接收的外部文件的保护和存放。文件一般存放于档案室，称为归档。

文件更新是因其部分内容不再适用于当前的情况而进行修订。

现场文件管理流程要明确文件的起草、审核、签发、归档、修订的程序和责任人，对于需要培训的文件，要规定培训的方式、受训人员等。

3. 作业指导书

（1）作业指导书的含义。

作业指导书是针对某个岗位的作业活动的文件，是描述某个具体过程技术性细节的可操作性文件。侧重描述如何进行操作，是对程序文件的补充或具体化。

作业指导书是指为保证过程的质量而制订的程序，针对的对象是具体的作业活动。

作业指导书在现实中有一些其他的名称，如工作指导令、工艺规程、操作规范、操作规程、工作指引等。

（2）作业指导书的作用。

作业指导书的作用：一是指导开展纯技术性活动，保证过程质量；二是支持各种管理体系程序文件。

（3）作业指导书的内容。

作业指导书应描述工作目的、范围及目标，描述操作顺序、要求和相关活动，避免混淆和不确定度。作业指导书可引用质量手册、程序文件和本单位的工作标准，如设计规范、试验规范和工艺规范等适用的内容。

作业指导书的主要内容：一是作业所需的资源条件及工作环境；二是作业应达到的标准，如质量标准及工作质量检查标准等；三是作业的具体步骤与方法；四是作业应注意事项及管理要求；五是作业中的安全提示等。还可包括其他与岗位作业相关的内容。

作业指导书具体内容可以归纳为为什么、干什么、谁来干、什么时间干、在什么地方干和怎样干，怎样干是其重点。作业指导书也可以问答形式编写，解答上述问题。

作业指导书要体现关键的质量控制点、风险点和经验教训，基本要素包括作业顺序、作业时间、关键和安全点等。

（4）质量控制点。

质量控制点是生产过程中需要进行重点控制的对象或实体，是生产现场在一定的期间内、一定的条件下对需要重点控制的质量特性、关键部位、薄弱环节及主导因素等采取特殊的管理措施和方法，实行强化管理，使工序处于良好控制状态，保证达到规定的质量要求。

质量控制点具有动态特性。

质量控制点的设置位置选择：一是对产品的适用性（性能、精度、寿命、可靠性、安全性等）有严重影响的关键特性、关键部件或重要影响因素：二是对工艺上有严格要求，对下工序工作有严重影响的关键质量特性、部件：三是对质量不稳定出现不合格的项目：四是对顾客反馈的重要不良项目：五是对紧缺物资可能对生产安排重大影响的关键项目等。

质量控制点管理的步骤是：首先，结合有关质量体系文件，按质量环节明确关键环节和部位需要特殊的质量特性和主导因素；其次，由设计、工艺和技术等部门确定本部门所负责的必须特殊管理的质量控制点，编制质量控制点明细表，并经批准后纳入质量体系文件中；第三，编制质量控制点流程图，并以此为依据设置质量控制点；第四，编制质量控制点作业指导书，包括工艺操作卡、自检表和操作指导书；第五，编制质量控制点管理办法；第六，正式纳入质量体系控制点，所编制的文件都要和质量体系文件相结合，并经过批准正式纳入质量体系中进行有效运转。

质量控制点落实到具体工作岗位后，操作和检验人员必须明确自己的职责。

（5）风险点。

风险点是现场生产各个环节、部位可能存在的隐患、向坏的方向发展的可能性或危险、容易发生的问题。不同的过程有不同的风险点。

风险点需要关注，及时采取措施消除风险。

（三）设备管理

设备管理要结合现场的作业组织特点，系统地开展设备全员生产维护活动，提升设备综合效率；制定科学的设备分类原则，系统地对作业现场的设备进行分类；制定系统的设备日常维护流程，包括但不限于点检流程、维修流程等；结合作业现场和设备特点，制定设备更新改善计划和设备节能降耗改善方案；建立设备故障分析系统，能够采用科学的方法如故障树分析对设备故障进行深入分析，采取措施，降低设备的故障率，减少故障时间，提高设备可利用率；开展设备预防性维护，使用科学的方法识别设备的潜在风险，并制定相应的控制方案；依据设备的历史数据，制定合理的设备周期性维护计划和备件库存计划。

1. 设备

设备是可供企业在生产中长期使用，并在反复使用中基本保持原有实物形态和功能的劳动资料和物质资料的总称。

广义的设备是有形固定资产的总称，指建筑、机器、装置等在企业内长久使用和提供利益的物件。按用途可分为生产设备、能源设备、研究开发设备、输送设备、销售设备、管理设备等，按功能可分为土地、建筑、机器及装置、车辆、船舶、工具、器具等。

现场管理中的设备是一个狭义概念，是为保证企业正常生产所配置的技术装备、仪器、仪表、试验设施、检测设施、控制设施等的总称，是企业进行生产的主要物质基础，是企业的固定资产之一。

设备有通用设备、专用设备两类。通用设备包括机械设备、电气设备、特种设备、办公设备、运输车辆、仪器仪表、计算机及网络设备等，专用设备包括矿山专用设备、化工专用设备、航空航天专用设备等。

机器设备是工业生产必需的设备，由动力部分、传动部分、工作部分及控制部分组成，运转时能转换能量或产生有用功，减轻人的劳动强度，提高生产率。

设备一般是一群中大型的机具器材集合体，无法拿在手中操作，必须有固定的台座，使用电、柴油等能源运转或由原动机拖动。

设备一般都放置在专属的房间，也有在露天场所运转的。资讯设备输入输出都是无形的信息，其他设备都要输入输出有形的物料，一般需要专门设计的场所才能顺利通畅运转。

2. 设备管理的含义

设备管理指企业灵活使用设备实现提高收益目的的活动，是通过对设备有效使用提高企业生产效率的技术活动。

广义的设备管理，指从设备的调查、研究、设计、制作、安装开始，经过设备运转、保全阶段，最后到设备废弃的整个生命周期的管理，是指提高企业生产性的活动。

狭义的设备管理，指设备安装完毕后的管理。

设备管理的目标在于提高生产效率，消除设备故障，提高设备的正常运转率，以低输入获得高产出。

设备管理的具体工作内容：一是选择和评价设备，二是制定企业设备长期规划与大修计划，三是指导操作人员正确使用设备，四是检查、保养和修理设备，五是改造和更新设备，六是设备的分类、编号和登记，七是设备的封存与迁移，八是设备的调出与报废，九是设备的事故处理，十是设备技术资料的管理。

3. 设备全员生产维护

（1）设备全员生产维护的含义。

设备全员生产维护是以最有效的设备利用为目标，以维修预防、预防维修、改善维修和事后维修综合构成生产维修为总运行体制，由设备的全程管理部门、使用、维修等所有有关人员，从最高经营管理者到第一线作业人员全体参与，以自主的小组活动来推行生产维修，使损失最小化，效益最大化的活动。

设备全员生产维护的要点是效率最大化、全员参与。

设备全员生产维护是全体人员参加的生产维修、维护体制。要求从领导到工人，包括所有部门都参加，并以小组活动为基础的生产维修活动。

设备全员生产维护涉及设备终生、各部位的维护保养及整个工作环境的改善，目的是提高设备的综合效率。

设备全员生产维护由全面预防性维护和全面预测性维护两个部分组成。预防性维护是基于时间和使用计划的设备维护方法，维护行动在计划的时间或使用间隔内实施，以防止机器故障的发生；预测性维护是基于状态的设备维护方法，维护行动在有明显的信号时或采用诊断技术实施，以防故障发生。

（2）设备全员生产维护的目的。

设备全员生产维护的目的有 3 个：一是提高设备的综合效率，二是建立一套严谨、科学、规范化的设备管理模式，三是树立全新的企业形象。

（3）设备全员生产维护的作用。

设备全员生产维护的作用：一是在快速运行的经济环境下避免浪费，二是在不降低产品质量的情况下缩短产品生产周期，三是降低成本，四是用尽可能快的时间进行小批量生产。

（4）设备全员生产维护的目标。

设备全员生产维护的目标是通过活动达到三个改善，即人的改善、设备的改善和环境的改善。

人的改善包括设备操作者具备自主维修能力，设备维修人员具备机、电、热一体化维修能力，维修技术人员具备消除事实故障的预防性维修规划和改进能力。

设备的改善包括改善现有设备状态，降低设备的损耗，达到最高效率；使新增设备生产能力得到最快的提升。

环境的改善包括改善设备运行环境，消除强制劣化；改善人员操作环境和安全条件，实现人机协调和谐。

（5）设备全员生产维护的特点。

设备全员生产维护的特点就是“三全”，即全效率、全系统和全员参加。

全效率是设备的综合效率，追求设备的经济性。设备全员生产维护的目标是使设备处于良好的技术状态，能够最有效地开动，消除因突发故障引起的停机损失或者因设备运行速度降低、精度下降产生的废品，获得最高的设备输出，使设备支出的寿命周期费用最节省。亦即把设备当作经济运营的单元实体管理，用较少的费用获得较好的效果，达到费用与效果比值的优化。

全系统指包括设备设计制造阶段的维修预防和设备投入使用后的预防维修、改善维修，是对设备的一生进行全过程管理。

全员参加指设备管理不仅涉及设备管理和维修部门，也涉及计划、使用等所有部门。设备管理不仅与维修人员有关，从企业领导到一线职工全体都要参加，特别是操作者自主维修更为重要。

全员是基础，全系统是载体，全效率是目标。

（6）影响设备的六大损失。

影响设备的六大损失：一是故障损失，是由于突发性故障或慢性故障所造成的损失，既有产量损失，也有产品损失；二是作业调整损失，是由于工装、模具更换调整而带来的损失；三是停机损失，是由于设备停机、空转甚至闲置带来的损失；四是速度降低损失，是设备的设计速度和实际运行速度之差所造成的损失；五是工序能力不良的损失，是由于加工过程中的缺陷发生废次品及其返修所造成的损失；六是调试产生的损失，即从开始生产到产品稳定生产期间所发生的损失。

（7）设备全员生产维护的三个闭环循环。

设备全员生产维护活动通过对设备现行状态的评估，找出问题不足，制定改善措施，建立标准化体系，从而使设备状态不断改进，形成状态循环图；通过设备综合效率的计算，度量管理的进步，形成度量循环图；分析六大损失的程序和专题技术攻关，以求减少六大损失，达到设备最佳运行状态，形成改善措施循环图。

以上三个循环形成一个闭环，使设备全员生产维护进入一个良性发展，循序渐近。

（8）设备全员生产维护的五步现场管理方法。

五步现场管理方法，第一步是每天都去现场，有问题更是先去现场；第二步是检查现场发生的一切；第三步是当场与现场人员协商改善或处理问题的临时措施；第四步是研究现场不合理的真正原因，并加以排除；第五步是规范作业行为，防止再次发生同样的问题。

（9）设备全员生产维护的八大支柱。

设备全员生产维护的八大支柱是培训、生产、效率、设备、事务、技术、安全和品质。

培训支柱指始于教育、终于教育的教育训练。推进设备全员生产维护必须通过教育和摸索获得，没有教育和训练作为基础，设备全员生产维护很难推进。可以这么认为，教育训练和5S活动是并列的基础支柱。

生产支柱指制造部门的自主管理活动。设备全员生产维护活动的最大成功在于发动全员参与，制造部门员工能在现场进行彻底的自主管理和改善，可以提高自主积极性和创造性，减少管理层级和管理人员，普通员工通过这一活动可以参与企业管理，能提高自身的实力。

效率支柱指全部门主题改善活动和项目活动。全员参与的自主管理活动主要是要消灭影响企业的微缺陷和不合理现象；对于个别突出的问题，需要采用传统的手段，开展课题活动。设备全员生产维护小组活动以主题活动的方式进行，需要跨部门的员工组成项目小组共同参加。

设备支柱指设备部门的专业保全活动。所有的产品都是设备生产出来的，生产离不开设备。把设备管理的职能进行细分，日常设备管理内容移交给生产部门进行设备的自主管理，而专门的设备维修部门则进行专业保全，投入精力进行预防维护和计划维修，并通过诊断技术来提高对设备状态的预知力。

事务支柱指管理间接部门的事务革新活动。设备全员生产维护是全员参与的持久的集体活动，没有管理间接部门的支持，活动不能持续进行。其他部门的强力支援和支持是提高制造部门设备全员生产维护活动成果的可靠保障。

技术支柱指开发技术部门的信息管理活动。实现没有缺点的产品和设备的设计必须掌握产品设计和设备设计必要的信息，获取必要的信息离不开生产现场和品质等部门的支持。

安全支柱指安全部门的安全管理活动。任何活动的前提都要确保安全，设备全员生产维护也要做到安全第一。

质量支柱指品质部门的质量管理活动。设备全员生产维护是事前管理的质量活动，提高产品质量是生产的根本目的。

4. 设备故障分析

（1）设备故障。

设备故障是指设备或系统在使用过程中丧失或降低其规定功能的事件或现象。

设备故障有三种程度：一是引起系统立即丧失其功能的破坏性故障，二是与设备性能降低有关的性能故障，三是操作者有意无意造成设备非正常运转的故障。

事故也是一种故障，是指设备失去安全状态或设备受到非正常损坏等，是侧重安全与费用而定义的术语。

设备故障的发生发展过程都有其客观规律，要研究故障规律、客观地分析故障，查明故障发生原因和机理，采取预防措施，防止故障重复发生。

（2）设备故障类型。

设备故障可以按发生状态、故障性质、影响程度、发生原因、危险性和规律性分类。

按发生状态，设备故障可分为渐发性故障和突发性故障。渐发性故障是由于设备初始参数逐渐劣化而产生的故障，一般与材料的磨损、腐蚀、疲劳及蠕变过程有密切关系；突发性故障是各种不利因素及偶然的外界影响共同发生超出设备所能承受限度的作用而产生的故障，多发生在设备初始试用阶段，往往是由于设计、创造、装配及材料缺陷，或者操作失误、违章作用而造成的。

按故障性质，设备故障可分为间断性故障和永久性故障。间断性故障指设备在短期内丧失某些功能，不需交换零部件，稍加修理调试就能恢复的故障；永久性故障指设备某些零部件已损坏，需要更换或修理才能恢复使用的故障。

按影响程度可分为完全性故障和局部故障。完全性故障指导致设备完全丧失功能的故障，局部故障指导致设备某些功能丧失的故障。

按发生原因，故障可分为磨损性故障、腐蚀性故障、断裂性故障、老化性故障、错用性故障和固有的薄弱性故障。磨损性故障指由于设备正常磨损造成的故障；腐蚀性故障是化学腐蚀、电化学腐蚀和物理腐蚀引起的故障；断裂性故障是脆性断裂、疲劳断裂、应力腐蚀断裂、塑性断裂等造成的故障；老化性故障是各种因素综合作用于设备，使其性能老化所引起的故障；错用性故障指操作错误、维护不当造成的故障；固有的薄弱性故障指设备设计时有薄弱环节，在正常使用时产生的故障。

按危险性，设备故障可分为危险性故障和安全性故障。危险性故障指能够造成人身损害或财产损失的故障；安全性故障指不能造成人身损害或财产损失的故障，如安全防护系统误动作造成设备不能启动等。

按规律性，设备故障可分为随机故障和有规律故障。随机故障指发生时间随机的故障，有规律故障指发生有一定规律的故障。

（3）设备故障分析的内容。

设备故障分析的内容有故障原因分类、典型故障分析和平均故障间隔时间等。

故障原因分类是开展故障原因分析时对故障原因统一划分的种类。把本企业的故障原因种类规范化，明确每种故障所包含的内容；划分故障原因种类时，要结合本企业拥有的设备种类和故障管理的实际需要，根据划分的故障原因种类很容易看出每种故障的主要原因或存在的问题；设备发生故障后进行鉴定时，要按同一规定确定故障的原因种类；每种故障所包含的内容有明确规定，便能根据故障原因的统计资料发现本企业产生设备故障的主要原因或问题。如故障原因分为设计问题、制造问题、安装问题、操作保养不良、超负荷、润滑不良、修理质量问题、自然磨损劣化、自然灾害、操作人员粗心大意、操作人员技术不熟练、违章操作等类别，原因不明的单独列为一类。

由于各种原因造成的故障后果不同，通过故障原因分类来改善管理与提高经济性的效果并不明显。

典型故障分析的内容是从故障造成的后果出发，抓住影响经济效果的主要因素进行分析，并提出针对性的措施。典型故障分析可以有重点地改进管理，取得较好的经济效果。

影响经济性的 3 个主要因素是故障频率、故障停机时间和修理费用。典型故障分析把一个时期内企业或车间所发生的故障情况，根据故障频率、故障停机时间和修理费用 3 个因素的记录数据进行排列，把 3 个因素中前几个数据的原始凭证提取出来，根据记录的情况进一步分析和提出改进措施。

平均故障间隔时间是指相邻两次故障之间的平均工作时间，可以衡量一台设备的可靠性，体现设备在规定时间内保持功能的能力。

分析平均故障间隔时间的目的，一是提出针对高频率故障零件的重点对策，作为零件寿命延长的技术改造依据；二是进行零件寿命周期的推算及最佳维修计划编制；三是有关点检对象、项目的选择与点检基准的设定、改善；四是用于指导内外部维修工作分配；五是设定备品备件基准，使其库存水平达到最经济的状况；六是作为选择维修技术方法，改善重点的参考依据；七是用于为设备设定预估运行时间标准维护时间标准；八是作为图样整理及重新选定重点设备或零件时的参考；九是用于运行操作标准的设定、修订及决定设备维护业务的责任分派。

（4）设备故障分析需要的信息。

设备故障分析需要的信息：一是故障对象的有关数据，包括系统、设备的种类、编号、生产厂家、使用经历等：二是故障类型、工作现场的形体表述和故障时间；三是故障鉴定数据，包括故障现象、故障原因、测试数据等；四是故障设备的历史资料。

故障信息的载体有故障现场调查资料、故障专题分析报告、故障修理单、设备运行日志、定期检查记录、状态监测与故障诊断记录、产品说明书、出厂检验有试验数据、设备安装与调试记录、修理检验记录等。

收集故障数据资料时应注意的事项：一是按规定的程序和方法收集数据；二是对故障要有具体的判断标准；三是各种时间要素的定义要准确，计算各种有关费用的方法和标准要统一；四是数据必须准确、真实、可靠、完整，要对记录人员进行教育、培训，健全责任制；五是收集信息要及时。

（5）设备故障分析的方法。

设备故障分析的方法有统计分析法、分步分析法、故障树分析法等。

统计分析法是通过统计某一设备或同类设备的零部件因某方面技术问题所发生的故障，占该设备或该类设备各种故障的百分比，然后分析设备故障发生的主要问题所在，为修理和经营决策提供依据的一种故障分析方法。

分步分析法是把设备故障的分析范围逐步由大到小、由粗到细，最终找出故障频率最高的设备零部件或主要故障的形成原因并提出对策的故障分析方法。

5. 故障树分析

（1）故障树分析概述。

故障树是一种为研究系统某功能故障而建立的一种倒树状的逻辑因果关系图，是一种描述事故因果关系的有方向的“树”。

故障树分析是在系统设计过程中，通过对可能造成系统失败的各种因素进行分析，画出故障树即逻辑框图，确定系统失效原因的各种可能组合方式或其发生概率，计算系统失效概率，采取相应的措施，提高系统可靠性的一种设计分析方法。

故障树分析是一种逻辑演绎的故障分析方法，用描绘事故发生的有向逻辑树，分析事故的现象、原因及结果，从而找出预防事故的措施，是一种复杂系统可靠性分析方法。

故障树分析具有简明、形象化的特点，能对各种系统的危险性进行识别评价，简明、形象化，既能定性分析，又能定量分析，体现了以系统工程方法研究安全问题的系统性、准确性和预测性。

（2）故障树分析的基本概念。

故障树是演绎地表示事故或故障事件发生原因及其逻辑关系的逻辑树图。故障树的形状像一株倒置的树，其中的事件一般都是故障事件。

事件及事件符号故障树用来表示事件间的因果关系及逻辑关系。在故障树的每个分支中，上层故障事件是下一层故障事件的结果，下层事件是引起上一层故障事件的原因。事件间的逻辑关系用逻辑门表示。把作为结果的上层事件称作逻辑门的输出事件，而把作为原因的下层事件称作输入事件。

顶上事件是位于故障树最上部的事件，一般为造成严重后果的故障事件或事故，是故障树分析、研究的对象，是人们最不希望发生的故障事件或事故，是使系统不能正常工作的故障表现形式，是分析故障发生的原因、发生的概率以及可能产生的影响的最终事件，是失效分析的起点。

基本事件是位于故障树各分支末端的事件，是造成顶上事件发生的最初始的原因，是导致系统或部件发生失效的、最基本的、无须再分解的事件。

中间事件是位于故障树顶上事件与基本事件之间的各个事件，是导致顶上事件发生并需要再分解的因素，既是造成顶上事件发生的原因，也是基本事件造成的结果。包括系统组成部分自身性质的变化以及系统外界因素。

割集是导致顶上事件发生的基本事件的集合，最小割集是引起顶上事件发生的基本事件的最低限度的集合。

径集是使顶上事件不发生的基本事件的集合，是割集的对称；最小径集是使顶上事件不发生的最低限度的基本事件的集合。

（3）故障树分析的作用。

故障树分析的作用：一是可针对某一故障事件，自上而下进行层层追踪分析；二是图形化的方法清楚易懂，对所描述的事件之间的逻辑关系一目了然，便于对各种事件之间复杂的逻辑关系进行深入的定性和定量分析；三是可有效找出系统薄弱环节和系统的故障谱，在系统设计阶段有助于判明系统的隐患和潜在故障，以便提高系统的可靠性；四是可作为管理和维修人员的一个形象的管理、维修指南，可用于使用、维修和管理人员培训，可用来制订维修计划和检修排故方案。

（4）故障树分析的不足。

故障树分析的不足之处：一是无法解决顶上事件和基本事件的发生概率不确定（模糊概率）问题，故障树分析法要求系统的基本事件和顶上事件是一个确定性事件，即发生故障或正常，才能确定顶上事件是否处于正常状态，对于非确定性的模糊事件构成的故障树，传统的故障树分析法无能为力；二是无法解决一个基本事件对应多个故障现象（即故障树之间的交叉）等问题。

故障树的构成是按照一定的人的认识和经验来构造的，如果知识不完全或不准确，对故障系统的诊断就往往会有纰漏。故障树分析是一种系统化的演绎方法，分析过程比较烦琐，计算量很大，需要借助于计算机完成，在分析过程中稍有疏忽，就有可能漏过某一个后果严重的故障模式。

（5）故障树分析的基本程序。

故障树分析步骤如下。首先，确定所要分析的设备，确定设备包含的内容及其边界范围，明确影响设备安全的主要因素；其次，熟悉设备，详细了解设备状态及各种参数，绘出设备原理图或布置图；第三，调查设备发生的事故，收集事故案例，包括所要分析的设备发生过的各类事故和国内外同类设备曾发生过的所有事故，进行事故统计，找出设备事故发生的规律，设想设备可能要发生的事故；第四，确定顶上事件，要以易于发生且后果严重的事故作为顶上事件；第五，调查原因事件，从人、机、环境出发调查与事故有关的所有原因事件和各种因素；第六，绘制事故树图，采用规定的符号，从顶上事件起，逐级找出直接原因事件，按其逻辑关系绘制出事故树图；第七，进行定性分析，按事故树结构，利用布尔代数化简事故树，求取事故树最小割集或最小径集，分析基本事件的结构重要度，根据定性分析的结论，确定预防事故发生的措施；第八，进行定量分析，确定各基本事件发生的失误率，计算其发生的概率，标在事故树上，求出顶上事件发生的概率，分析各基本事件的概率重要度；第九，进行比较重要度，可维修系统对比基本事件的重要度，不可维修系统求出顶上事件发生概率即可。

（6）建立故障树。

常用的建立故障树的方法为演绎法，从顶上事件开始，由上而下，逐级进行分析。

分析顶上事件发生的直接原因，把顶上事件作为逻辑门的输出事件，把所有引起顶上事件发生的直接原因作为输入事件，根据其逻辑关系用适当的逻辑门连接起来；然后依此方法再对每个中间事件进行分析，找出导致其发生的直接原因，逐级向下演绎，直到不能分析的基本事件为止。

（7）故障树定性分析。

故障树定性分析包括 3 个方面的内容：一是查明造成系统故障或事故的全部初始原因，以便针对初始原因采取改进措施；二是找出最容易引起系统故障或事故发生的初始原因集合；三是考察哪些初始原因对系统故障或事故发生影响更大。

通过建立故障树，获得了引起顶上事件发生的全部初始原因，定性分析的结果是找出基本事件的最小割集合与最小径集合，比较基本事件的重要度。

（8）故障树定量分析。

根据各基本事件发生概率求解顶事件发生概率，从而为概率危险性评价提供依据。对于简单的故障树，根据概率论中事件逻辑积与事件逻辑和的概率计算公式，把故障树布尔表达式转变为由基本事件发生概率计算顶上事件发生概率的公式。代入基本事件发生概率后，即可算出顶事件发生概率。对于复杂的故障树，人力解算较为困难，一般利用计算机求解。

故障树定量分析涉及一些特殊的理论和方法，本书不再介绍。

（四）过程质量控制

过程质量控制，要制定产品质量检查方案和过程质量控制方案，系统地使用统计过程控制方法，通过信息技术手段，建立实时的过程质量监控系统，收集完整的过程质量数据。通过及时的数据分析处理，评估过程能力，对过程进行持续改进。

产品质量检查方案包括产品和中间产品的质量检查方案、不合格品处理方案、部件监控方案等；过程质量控制方案包括定义关键工序和质量监控参数、建立关键质量数据收集系统、建立过程异常处理方案及预防机制。

1. 产品和中间产品

产品是以使用为目的有价值物品。

工业企业产品是生产过程的结果，是一组将输入转化为输出的相互关联或相互作用的生产活动的结果。

工业企业产品是被生产出的物品；是工业企业向市场提供的能满足顾客某种需求的任何有形物品；是指工业企业作为商品提供给市场，被顾客使用和消费，并能满足顾客某种需求的任何物品。

中间产品是为再加工生产使用的物品，是在一种产品从初级产品加工到提供最终消费经过一系列生产过程中没有成为最终产品之前处于加工过程的产品的统称。

中间产品的多少，主要取决于工业生产规模和产品生产周期。工业生产规模越大，产品生产周期越长，中间产品越多。

在供应链上，上游企业的产品是下游企业工厂的生产原料或耗材。如铁精粉是矿山企业的产品，是钢铁企业的原料；煤炭是煤矿企业的产品，是焦化企业的原料。

2. 质量检查方案

方案是具体、周密部署目的、要求、方式、方法、进度等并有很强可操作性的计划。

质量检查方案是质量检查的行动计划，包括产品概述、质量方针和质量目标、检查目的、检查依据、检查机构、检查时间和检查频率、检查方式、检查方法、问题的处理方式等内容。

3. 不合格品处理方案

（1）不合格品及其管理。

不合格品是指工业企业生产的产品中不符合质量标准的产品，包括废品、返修品和超差利用品三类产品。

不合格品管理是质量检验的主要问题，也是整个质量管理工作中一个十分重要的问题。不合格品管理的目的是对不合格品做出及时的处置，如返工、返修、降级或报废，更重要的是及时了解生产过程中产生不合格品的系统因素，对症下药，使生产过程恢复受控状态。

不合格品管理的关键在于严格检查已完工的产品，防止漏检和错检；严格管理并及时处理查出的不合格品，以防乱用和错用；及时分析和查清不合格的原因，防止重复发生。

（2）不合格品的处理方案。

不合格品处理是不合格品管理的主要内容，不合格品处理方案是预先制定的不合格产品的处理权限、处理时限、处理流程、处理方式、记录等的方案。

不合格品处理程序应包括的：一是规定对不合格品的判定和处置的职责和权限；二是对不合格品要用色标、标签、文字、印记等及时做出标识，以便识别；三是做好不合格的记录，确定不合格的范围；四是评定不合格品，提出对不合格品的处置方式，决定返工、返修、让步、降级、报废等处置，并做好记录；五是对不合格品要及时隔离存放，严防误用或误装；六是根据不合格品的处置方式，对不合格品做出处理并监督实施；七是通报与不合格品有关的职能部门，必要时也应通知顾客。

（3）不合格品判定。

不合格品判定属于产品质量判定，有两种方法。一种是符合性判定，判定产品是否符合技术标准，做出合格或不合格的结论；另一种是处置方法的判定，是判定产品是否还具有某种使用价值，对不合格品做出返工、返修、让步、降级改作他用、拒收报废的处置过程。

检验人员的职责是判定产品的符合性质量，正确做出合格与不合格的结论，没有相应的权限处置不合格品，不承担处置不合格品的责任。

不合格品的适应性判定是一项技术性很强的工作，应根据产品未满足规定的质量特性重要性、质量特性偏离规定要求的程度和对产品质量影响的程度制定分级处置程序，规定有关评审和处置部门的职责及权限。

（4）不合格品的隔离。

隔离是把不合格品单独存放。

产品生产过程中出现不合格品时，要及时做出标识和决定处置，要及时隔离存放不合格品，以防误用不合格的产品直接影响产品质量，影响人身健康安全和社会环境，造成产品生产的声誉的不良影响。

工业企业应根据生产规模和产品特点，在检验系统内设置不合格品隔离区。

（5）不合格品处理方式。

不合格品处理方式有纠正、报废和让步三种。

纠正是为消除已发现的不合格品所采取的措施，主要包括返工、返修、降级三种措施。返工是为使不合格产品符合要求而对其采取的措施，可影响或改变产品的某些部分；返修是为使不合格产品满足预期用途而对其采取的措施，可影响或改变产品的某些部分，但未必能使产品符合要求；降级是为使不合格产品符合不同于原有的要求而对其等级的改变。

报废是为避免不合格产品原有的预期使用而对其采取的措施。不合格品经确认无法返工和让步接收，或虽可返工但返工费用过大、不经济的均应按废品处理。

让步是对使用或放行不符合规定要求的产品的许可，一般在仅限于规定的时间和数量内及特殊用途交付含有限定的不合格特性的产品。让步接收是指产品不合格，但其不符合的项目和指标对产品的性能、寿命、安全性、可靠性、互换性及产品正常使用均无实质性的影响，也不会引起顾客提出申诉、索赔而准予放行的不合格品，是对一定数量不符合规定要求的材料、产品准予放行的书面认可。

4. 部件监控方案

监控是监视和控制。

部件监控是对部件的状况和参数的监控，包括视频监控和仪器仪表测量监控。

监控是监视和控制，是对监控产品部件、设备部件的具体名称、状态、具体参数、方式、所用监控测量设备及其安装地点、安装方式等的计划和安排。

5. 统计过程控制

（1）统计过程控制概述。

在产品生产过程中，其规格会由于某些原因会发生一定的波动，对产品的质量影响很多，但是完全可以通过采取措施来避免和消除这种波动所造成的影响，这种措施就是过程控制。

统计过程控制是应用统计技术对过程中的各个阶段进行评估和监控，建立并保持过程处于可接受并稳定的水平，从而保证产品符合规定的要求的一种质量管理技术。

统计过程控制是过程控制的一部分，内容主要有两个：一是利用控制图分析过程的稳定性，对过程存在的异常因素进行预警；二是计算过程能力指数分析稳定的过程能力满足技术要求的程度，对过程质量进行评价。

（2）统计过程控制的特点。

统计过程控制有 4 个特点：一是全员参与；二是强调使用统计学的方法来保证预防原则的实现；三是强调从整个过程、整个体系出发来解决问题；四是能判断整个过程的异常，及时报警。

（3）统计过程控制的作用。

统计过程控制的作用：一是确保工艺持续稳定、可预测；二是提高产品质量和生产能力，降低成本；三是为工艺分析提供依据；四是区分变差的特殊原因和普通原因，作为采取局部措施或对系统采取措施的指南。

（4）统计过程控制的技术原理。

统计过程控制是一种借助数理统计方法的过程控制工具。

统计过程控制对生产过程进行分析评价，根据反馈信息及时发现系统性因素出现的征兆，并采取措施消除其影响，使过程维持在仅受随机性因素影响的受控状态，以达到控制质量的目的。

当过程仅受随机因素影响时，过程处于统计控制状态（简称受控状态）；当过程中存在系统因素的影响时，过程处于统计失控状态（简称失控状态）。由于过程波动具有统计规律性，过程受控时过程特性一般服从稳定的随机分布，过程失控时过程特性分布将发生改变。

统计过程控制利用过程波动的统计规律性对过程进行分析控制，强调过程在受控和有能力的状态下运行，使生产的产品稳定地满足顾客要求。

（5）实施统计过程控制的两个阶段。

统计过程控制分两个阶段：一是分析阶段，二是监控阶段。

分析阶段首先进行生产准备，即把生产过程所需的原料、人员、设备、测量系统等按照标准要求进行准备好，即可进行生产，此时要确保生产在影响生产的各要素无异常的情况下进行；然后用生产过程收集的数据计算控制界限，做成分析用控制图、直方图或进行过程能力分析，检验生产过程是否处于统计稳态及过程能力是否足够。如果不处于统计稳态或过程能力不够，则必须寻找原因，进行改进，并重新准备生产及分析。分析阶段的两个目的是使过程处于统计稳态和使过程能力足够，达到目的后进入统计过程控制监控阶段。

监控阶段主要是使用控制图进行监控。此时根据分析阶段的结果确定的控制图的控制界限，生产过程的数据及时绘制到控制图中，并密切观察控制图，控制图中点的波动情况可以显示出过程受控或失控，如果发现失控，必须寻找原因并尽快消除其影响。监控可以充分体现出统计过程控制预防控制的作用。

企业的每个控制项目，都必须经过分析阶段和监控阶段，并在必要时会重复从分析到监控的过程。

（6）统计过程控制所用的分析工具。

统计过程控制所用的分析工具：一是控制图，用于对过程状态进行监控，度量、诊断和改进过程状态；二是直方图，能够直观地显示出数据的分布情况；三是排列图，用于区分影响产品质量的主要问题、次要问题、一般问题，找出影响产品质量的主要因素，识别进行质量改进的机会；四是散布图，用于发现和显示两组数据之间相关关系的类型和程度或确认其预期关系；五是工序能力指数，用于分析工序能力满足质量标准、工艺规范的程度；六是频数分析，形成观测量中变量不同水平的分布情况表；七是统计量分析，用于了解过程的一些总体特征；八是相关分析，用于研究变量之间关系的密切程度；九是回归分析，用于分析变量之间的相互关系。

6. 过程能力

过程能力是过程处于稳定状态下的实际加工能力，是衡量过程质量的一种标志。

过程能力指一个过程在正常状态下能稳定地生产合格品的实际加工能力，取决于机器设备、材料、工艺、工艺装备的精度、工人的工作质量以及其他技术条件。

对加工过程的过程能力进行分析，可随时掌握产品制造过程中各过程质量的保证能力，从而为保证和提高产品质量提供必要的信息和依据。

（五）现场原材料和在制品管理

现场原材料和在制品管理，主要是建立作业现场原材料和在制品的管理机制，包括原材料和在制品的库存控制原则、原材料的领用程序、危险原材料控制程序等，确保现场的库存合理；优化作业现场的物流路线，减少搬运；能够通过系统的方法对作业现场的原材料和在制品的库存及流转进行监控；通过现场准时化物流配送等方式，减少库存资金占用；做好存储过程的养护，减少浪费，提高原材料的利用率；对原材料供应体系进行系统的管理，确保与现场作业协调匹配。

1. 原材料

原材料即原料和材料。原料一般指来自矿业和农业、林业、牧业、渔业的产品，材料一般指经过一些加工的原料。

原材料是企业用于制造产品并构成产品实体的购入物品和购入的用于产品生产但不构成产品实体的辅助性物资等。

原材料是生产某种产品的基本原料，是用于生产过程起点的物品。

原材料按用途可分为主要材料、辅助材料、外购半成品、修理用备件、包装材料、燃料；按其存放地点可分在途物资、库存材料、委托加工物资三类。

2. 在制品

在制品是工业企业正在加工生产但尚未制造完成的产品。

在制品有广义和狭义两个含义。广义的在制品，就车间来讲，属于车间的尚未制成的产品，就企业来讲，指从原材料投入生产起到制成成品前的需要继续加工的一切在产品，包括各生产阶段加工中的产品和准备在本企业中进一步加工的半成品。狭义的在制品则指介于原材料与半成品之间和半成品与成品之间的产品，即处于正在各生产阶段加工中的产品，或已加工完毕尚未检验或已经检验尚未入库的半成品。

3. 库存控制

（1）库存和库存控制。

库存是处于储存状态的物品，是某段时间内持有的存货，是指供应链中所有的原材料、流程中的半成品和制成品。

安全库存是指在给定时期，为了满足需求而保有的超过预测数量的库存量，是防止由不确定因素的作用而使订货需求加大而准备的缓冲库存。

库存的作用：一是使企业能够实现规模经济，获得大量购买的价格折扣，降低运输成本；二是平衡供应与需求，避免紧急情况发生时停产或供应中断；三是预防不确定性的、随机的需求变动以及订货周期的不确定性；四是在供应链中起缓冲器的作用；五是能消除供需双方在地理上的差异。

库存的弊端是产生库存成本、占用大量资金和库存会掩盖管理过程中的不足和差错。

（2）库存控制的含义。

库存控制是根据生产对库存的要求和企业采购的特点，预测、计划和执行一种补充库存并进行控制的行为，是对企业生产、经营全过程的各种物品的管理和控制，使其储备保持在经济合理的水平上。

广义上，库存控制是为达到企业的财务运营目标，特别是现金流运营，通过优化整个需求与供应链管理流程，合理设置企业资源计划控制策略，并辅之以相应的信息处理手段、工具，从而实现在保证及时交货的前提下，尽可能降低库存水平，减少库存积压与报废、贬值的风险。实物库存控制是实现企业财务目标的一种手段。

（3）库存控制的作用。

库存控制的主要作用：一是在保证企业生产、经营需求的前提下，使库存量经常保持在合理的水平上；二是掌握库存量动态，适时、适量提出订货，避免超储或缺货；三是减少库存空间占用，降低库存费用；四是控制库存资金占用，加速资金周转。

（4）库存控制的功能。

库存控制的主要功能就是在供应和需求之间进行时间调整，主要表现在5个方面。一是储备；二是防止断货；三是保证适当的库存量，节约库存费用；四是确保生产的计划性、平稳性，以消除或避免销售波动的影响；五是降低物流成本。

（5）库存控制的基本方法。

库存控制的基本方法有定量订货法和定期订货法。

定量订货方式是指当库存量下降到预定的最低库存数量（订货点）时，按规定数量（一般以经济批量为标准）进行订货补充的一种库存控制方法。每次都按固定的经济批量订货，每次的订货数量不变，但由于不同时期的商品的需求可能不同，库存量降到再订购点的时间可能不同，两次订货之间的时间间隔可能是变化的。

定期订货法是按预先确定的订货时间间隔进行订货补充库存的一种控制方法。预先确定一个订货周期和最高库存量，定期检查库存状况，当库存一下降就再次订货，从而将库存水平提高到指定的初始水平，订货间隔时间固定，而没有固定的再订货点，每次订货的数量也不相同，以每次实际盘存的库存量与预定的最高库存量之差作为每次的订货量。

（六）生产计划管理

根据市场需求的特点、生产能力、供应商的供给能力和企业内部的需求，确定生产计划制定的原则，并制定均衡的生产计划；通过信息技术的手段，准确地向现场传递生产计划指令；在作业现场，能够采取适当的方法，监控生产计划的完成情况，对异常进行及时的处理。

1. 生产计划

生产计划是企业对生产任务的统筹安排，是具体拟定生产产品的品种、数量、质量和进度的计划，是企业进行生产管理的重要依据，是组织和指导企业生产活动有计划进行的依据。

生产计划应是综合考虑各有关因素的结果，必须是有能力基础的计划；计划的粗细必须符合活动的内容，计划的下达必须在必要的时期。

生产计划的任务，一是要保证交货日期与生产量；二是使企业维持同其生产能力相称的工作量（负荷）及适当开工率；三是作为物料采购的基准依据；四是将重要的产品或物料的库存量维持在适当水平；五是进行长期的增产计划人员、机械设备与原材料补充的安排。

生产计划一方面要满足顾客要求的三要素“交期、品质、成本”；一方面使企业获得适当利益，满足生产的三要素“材料、人员、机器设备”的确切准备、分配及使用。

生产计划是物料需求计划的依据，是产能需求计划的依据，是其他相关计划的制定依据。

2. 生产计划管理的含义

生产计划管理是指企业对生产活动的计划、组织和控制工作，是利用有计划的生产方式控制工厂的生产管理流程，是计划调动一切资源，快速、准确、高质量、低成本完成生产任务。

狭义的生产计划管理是指以产品的基本生产过程为对象所进行的管理，包括生产过程组织、生产能力核定、生产计划与生产作业计划的制定执行以及生产调度工作。

广义的生产计划管理指以企业的生产系统为对象，包括所有与产品的制造密切有关的各方面工作的管理，也就是从原材料设备、人力、资金等的输入开始，经过生产转换系统，直到产品输出为止的一系列管理工作。

3. 生产计划管理的主要工作内容

生产计划管理的主要工作内容：一是准备编制生产计划，二是确定生产计划指标，三是综合平衡生产计划，四是正式编制生产计划，五是优化生产计划。

编制生产计划准备，主要是预测生产计划期内的市场需求，核算自身的生产能力，为确定生产计划提供外部需要和内部可能的依据；需要确定市场对产品的需要，预测外部的环境条件，分析内部的生产条件，对各种资料和信息进行汇总、整理和综合分析。

确定生产计划指标，是必须根据满足市场需要、充分利用各种资源和提高经济效益的原则，综合平衡地确定和优化。生产计划指标主要有产品品种等4类指标：一是产品品种指标，即在一定时期内规定生产产品的名称、型号、规格和种类，反映满足社会需求的能力，还反映企业的生产专业化水平、生产管理水平；二是产品产量指标，即在一定时期内生产的、符合产品质量要求的实物数量，反映生产的发展水平，是制定和检查产量完成情况、分析各种产品之间的比例关系并进行产品平衡分配、计算实物量生产指数的依据；三是产品质量指标，其一是反映产品本身内在质量的指标（产品平均技术性能、产品质量分等），其二是反映产品生产过程中工作质量的指标（质量损失率、废品率、成品返修率等）；四是产品产值指标，包括工业总产值、销售产值、工业增加值等。

综合平衡生产计划是平衡生产计划与各种影响生产的因素的关系。一是生产任务与生产能力的平衡，需要测算企业设备、生产场地、生产面积对生产任务的保证程度；二是生产任务与劳动力的平衡，需要测算劳动力的工种、等级、数量、劳动生产率水平与生产任务的适应程度；三是生产任务与物资供应的平衡，需要测算原材料、燃料、动力、外协件、外购件及工具等的供应数量、质量、品种、供应时间对生产任务的保证程度，以及生产任务同材料消耗水平的适应程度；四是生产任务与生产技术准备的平衡，需要测算设计、工艺、工艺装备、设备维修、技术措施等与生产任务的适应和衔接程度；五是生产任务与资金占用的平衡。

正式编制生产计划是形成生产计划，制订的生产计划必须包括的内容：一是编制生产计划的指导思想和主要依据；二是预计年度生产计划完成情况；三是计划年度产量、产值增长水平及生产进度安排；四是实现计划的有利条件和不利因素，存在的问题及解决措施；五是对各单位、各部门的要求。

优化生产计划是对编制的生产计划的优化，形成正式的生产计划。生产计划管理的最终目的是通过一系列综合平衡工作，为生产系统的运行提供一个优化的生产计划。优化的生产计划，必须具备3个特征：一是有利于充分利用销售机会，满足市场需求；二是有利于充分利用盈利机会，并实现生产成本最低化；三是有利于充分利用生产资源，最大限度地减少生产资源闲置和浪费。

4. 均衡生产

均衡生产是指在完成计划的前提下，在相等的时间内生产的产品的实物数量基本相等或稳定递增。

均衡生产是指企业的各个生产环节，包括车间、小组、工地，都按照预先制定的计划进度，完成大致相等的或稳步递增的产量或工作量，并达到充分的工作负荷，没有时紧时松、赶工突击的现象，从而按品种、质量、数量和期限均衡地完成生产任务。

均衡生产能建立正常的生产秩序，使生产能力得到充分利用，保证产品质量稳定。

（七）安全与环境管理

建立健全的职业健康安全管理体系和环境管理体系并有效运行；创造符合人体工学要求的作业条件，能够通过各种方法，不断减少员工的劳动强度、提高劳动效率、减少安全隐患，包括但不限于工装的“小改小革”、调整工作台高度、减少动作浪费的设计等；投入必要的资源，不断优化工艺，减少生产过程中的污染物排放和能源消耗；建立激励制度，对改善环境及技改项目给予鼓励，创造良好的工作环境。

1. 管理体系

体系是相互关联或相互作用的一组要素。

管理体系是企业建立方针和目标以及实现这些目标的过程的相互关联或相互作用的一组要素。方针是由企业最高管理者正式发布的企业的宗旨和方向，目标是企业要实现的结果，目标应与方针保持一致，以实现特定的结果。

管理体系要素规定了企业的结构、岗位和职责、策划、运行、方针、惯例、规则、理念、目标，以及实现这些目标的过程。

一个管理体系可以针对单一的领域或几个领域，如质量管理、财务管理或环境管理。

管理体系的范围包括整个企业中可被明确识别的职能或可被明确识别的部门。

2. 职业健康安全管理体系

职业健康安全是影响或可能影响工作场所内的员工或其他工作人员（包括临时工和承包方员工）、访问者或其他人员的健康安全的条件和因素。企业必须遵守关于工作场所附近或暴露于工作场所活动的人员的健康安全方面的法律法规要求。

职业健康安全管理体系是企业管理体系的一部分，用于制定和实施企业的职业健康安全方针并管理其职业健康安全风险。职业健康安全方针是最高管理者就企业的职业健康安全绩效正式表述的总体意图和方向，为采取措施和设定职业健康安全目标提供框架。

职业健康安全管理体系包括企业职业健康安全组织结构、风险评价和目标建立等策划活动、职责、惯例、程序、过程和资源。风险评价是对危险源导致的风险进行评估、对现有控制措施的充分性加以考虑以及对风险是否可接受予以确定的过程；程序是为进行职业健康安全管理活动或过程所规定的途径。

职业健康安全绩效是企业对其职业健康安全风险进行管理所取得的可测量的结果，职业健康安全目标是企业设定的在职业健康安全绩效方面要达到的职业健康安全目的。

3. 环境管理体系

环境是企业运行活动的外部存在，包括空气、水、土地、自然资源、植物、动物、人，以及它们之间的相互关系。

环境管理体系是企业管理体系的一部分，用来制定和实施其环境方针，并管理其环境因素。

环境方针是由最高管理者就企业的环境绩效正式表述的总体意图和方向；环境因素是企业的生产经营活动、产品中能与环境发生相互作用的要素，重要环境因素是指具有或能够产生重大环境影响的环境因素；环境目标是企业依据其环境方针规定的自己所要实现的总体环境目的；环境指标是由环境目标产生，为实现环境目标所须规定并满足的具体的绩效要求，可适用于整个企业或其局部；环境绩效是企业对其环境因素进行管理所取得的可测量结果。

在环境管理体系条件下，可对照企业的环境方针、环境目标、环境指标及其他环境绩效要求对结果进行测量。

4. 管理体系整合

职业健康安全管理体系、环境管理体系可以整合成一个管理体系，甚至可以和质量管理体系、能源管理体系等整合为集约型一体化管理体系。在集约型一体化管理体系中，职业健康安全管理体系、环境管理体系分别只是管理体系中的一个重要组成部分。

集约型一体化管理体系是企业为充分发挥自身整体效能，满足相关的法律法规、国家标准和相关方等要求，履行应尽的经济责任、社会责任，实现企业目标，以企业为整体，将企业所有资源和活动按照过程方法重新整合成一体的一种管理体系模式。

集约型一体化管理体系要求覆盖企业内部管理各个方面，用一套制度支持全方位管理，既能满足多个体系标准要求，又能促进各项管理职能有机融合，形成集合协同优势，充分利用有限资源，建立自我完善的运行机制，有利于提高企业整体管理的效率和效果，实现企业的方针和目标。

5. 人体工学

（1）人体工学科学。

人体工学是研究工作环境中人的解剖学、生理学和心理学等方面的各种因素，研究人和机器及环境的相互作用，研究人在工作中综合考虑工作效率、人的健康、安全和舒适等问题的科学；是探知人体的工作能力及其极限，从而使人们所从事的工作趋向适应人体解剖学、生理学、心理学的各种特征的科学；是研究人—机—环境系统中人、机、环境三大要素之间的关系，为解决其中人的效能、健康问题提供理论与方法的科学。

人体工学也称人体工程学、人机工程学、人类工程学、人间工学或人类工效学，在本质上是让使用工具的方式尽量适合人体的自然形态，让使用工具的人在工作时，身体和精神不需要任何主动适应，从而尽量减少使用工具造成的疲劳。

（2）人体工学研究的问题。

人体工学研究的问题：一是测量人体各部分静态和动态数据；二是调查、询问或直接观察人在作业时的行为和反应特征；三是分析研究时间和动作；四是测量作业前后以及作业过程中人的心理状态和各种生理指标的动态变化；五是观察和分析作业过程和工艺流程中存在的问题；六是分析差错和意外事故的原因；七是进行模型实验或用电子计算机进行模拟实验；八是运用数学和统计学的方法找出各变量之间的相互关系，以便从中得出正确的结论或发展成有关理论。

（3）人体工学的研究方法。

人体工学的研究广泛采用了人体科学和生物科学等相关学科的研究方法及手段，也采用了系统工程、控制理论、统计学等其他学科的一些研究方法，并建立了一些独特的新方法。

人体工学常用的研究方法有观察法、实测法、实验法、模拟和模型实验法、计算机数值仿真法和分析法等多种。

其中分析法是各种方法获得了一定的资料和数据后采用的一种研究方法，常采用的分析方法：一是瞬间操作分析法，二是知觉与运动信息分析法，三是动作负荷分析法，四是频率分析法，五是危象分析法，六是相关分析法，七是调查研究法。

6. 安全隐患

隐是潜藏、隐蔽；患是担心、提心吊胆，是不好的状况；隐患是在某种条件、事物及事件中所存在的不稳定并影响到人的利益的因素，是一种潜藏着的因素。

安全隐患是指在生产经营活动中存在的可能导致不安全事件或事故发生的物的危险状态、人的不安全行为和管理的缺陷；是在生产过程中，由于人的因素、物的变化以及环境的影响等会产生各种各样的问题、缺陷、故障、苗头等不安全因素。

安全隐患既有普遍性，又有特殊性，是引发安全事故的直接原因。

由于人、机、料、法、环的本质安全水平不同，安全隐患的属性、特征不尽相同。安全隐患的特征主要有隐蔽性、危险性、突发性、因果性、连续性、重复性、意外性、时效性、特殊性、季节性等。

7. 污染物

（1）污染物的概念。

污染物是指进入环境后能够直接或间接危害人类健康和生存的物质；是指进入环境后使环境的正常组成发生变化,直接或者间接有害于人类的物质;是指进入环境后使环境的正常组成发生变化,直接或者间接损害于生物生长、发育和繁殖的物质。

污染物的作用对象是包括人在内的所有生物。

环境污染物是指由于人类的活动进入环境，使环境正常组成和性质发生改变，直接或者间接有害于生物和人类或造成自然生态环境衰退的物质。

（2）污染物的分类。

污染物可按污染物的来源、污染物污染的环境、污染物的形态、污染物在环境中性状的变化等多种方法分类。

按污染物的来源可分为自然来源的污染物和人为来源的污染物，有些污染物（如二氧化硫）既有自然来源的又有人为来源的；按受污染物污染的环境分为大气污染物、水体污染物、土壤污染物等；按污染物的形态可分为气体污染物、液体污染物和固体废物；按污染物的性质可分为化学污染物、物理污染物和生物污染物，化学污染物又可分为无机污染物和有机污染物，物理污染物又可分为噪声、微波辐射、放射性污染物、光污染、热污染，生物污染物又可分为病原体、变应原污染物等；按污染物在环境中物理、化学性状的变化可分为一次污染物和二次污染物。

为了强调污染物对人体的某些有害作用，还可划分出致畸物、致突变物和致癌物、可吸入的颗粒物以及恶臭物质等。

（3）污染物的性质。

污染物质的种类繁多，性质各异，污染物质的性质可归纳为自然性、毒性、时空分布性、活性和持久性、生物累积性和对生物体作用的加和性等7个。

一是自然性。长期生活在自然环境中的人类，对于自然物质有较强的适应能力，但对人工合成的化学物质，其耐受力则要小得多。区别污染物的自然或人工属性，有助于估计其对人类的危害程度。

二是毒性。污染物中的氰化物、砷及其化合物、汞、铍、铅、有机磷和有机氯等的毒性都很强。

三是时空分布性。污染物进入环境后，随着水和空气的流动被稀释扩散，可能造成由点到面的污染，污染物的浓度和强度分布在不同的空间位置上随着时间变化。

四是活性和持久性。它们表明污染物在环境中的稳定程度。活性高的污染物质，在环境中或在处理过程中易发生化学反应生成比原来毒性更强的污染物，构成二次污染，严重危害人体及生物。

五是生物可分解性。有些污染物能被生物所吸收、利用并分解，最后生成无害的稳定物质，大多数有机物都有被生物分解的可能性。

六是生物累积性。有些污染物可在人类或生物体内逐渐积累、富集，尤其在内脏器官中长期积累，由量变到质变引起病变发生，危及人类和动植物健康。

七是对生物体作用的加和性。环境中多种污染物质同时存在，对生物体作用产生综合效应。

（八）资源利用

生产都需要利用资源，资源利用管理是现场管理的重要内容。

企业要结合作业过程的特点，不断对生产工艺、流程进行优化，以减少资源损耗；建立能源消耗控制流程，结合现场的特点，开发能源循环使用的方法；针对废弃的设备和材料，设计循环再利用的方案；将能源损耗纳入现场的绩效管理体系，提出明确的节能降耗的目标。

1. 资源

资源利用管理中的资源主要是生产过程的输入，包括原材料、能源、水等。

能源是能够转化为能量的资源，如煤炭、石油及其制品、电等，分为一次能源和二次能源、可再生能源和非再生能源等；需要消耗能源制成用于生产过程的物体称为载能介质或耗能介质，一般按能源管理。

水、空气都是资源，但水资源是有限资源，空气资源是无限的。

2. 资源损耗

损耗是指损失、受损失或耗费；损耗在过程中产生，需要通过特别的管理工具予以识别和改善。

资源损耗是资源利用中的损失和耗费，是没有有效利用的部分。

3. 生产工艺优化

生产工艺是利用生产工具对各种原材料、半成品进行增值加工或处理，最终使之成为制成品的方法与过程；是生产工人利用生产工具和设备，对各种原料、材料、半成品进行加工或处理，最后使之成为成品的工作方法和技术。

由于不同的工厂的设备生产能力、精度以及工人熟练程度等因素都大不相同，所以对于同一种产品而言，不同的企业使用的生产工艺可能是不同的，甚至同一企业在不同的时期使用的生产工艺也可能不同。

生产工艺是在劳动中积累起来并经总结的操作技术经验，是生产工人和有关工程技术人员应遵守的技术规程。

选择生产工艺的主要依据有原材料的特点、产品的用途以及质量和精度要求、经济效果情况及现有技术与装备水平等。

同一种产品的工艺并不唯一，也没有好坏之分，但各种生产工艺的原材料消耗、能源消耗、水的消耗和产品质量、污染物排放等不尽相同。

好的生产工艺是生产低成本、高质量产品的前提和保证。生产工艺优化是对原有的生产工艺进行重组或改进，以达到提高运行效率、降低生产成本、严格控制工艺纪律的目的，即优于现行工艺的一种生产方法。

减少资源损耗是工艺优化的一个重要目的。

4. 生产流程优化

流程是指为完成某项任务而进行的一系列逻辑相关活动的有序集合。

生产流程亦称工艺流程、加工流程，是指通过一定的生产设备或管道，从原材料投入到成品产出，按顺序连续进行加工的全过程；是指在生产过程中，劳动者利用生产工具将各种原材料、半成品通过一定的设备、按照一定的顺序连续进行加工，最终使之成为成品的过程；是指依靠机器生产，对原材料进行物理加工，并把最终产品交付顾客的过程。

生产流程由工业企业的生产技术条件和产品的生产技术特点决定，一个完整的工艺流程，一般包括若干道工序。

生产流程的组织包括以下几个基本要求：一是能满足产品的质量和数量指标，二是具有经济性，三是具有合理性，四是符合环保要求，五是过程可操作，六是过程可控制。

生产流程优化是对原有的生产流程进行重组或改进，以达到相应的目的。

生产工艺流程并不是稳定不变的，随着技术的不断变化，人员的能动性能相应给流程的改进提出更合理的建议，每一个细节的变更都可能对整个生产流程的优化产生良好的效果。企业应创建相应的生产工艺流程优化机制。

5. 生产工艺和生产流程的区别

生产工艺和生产流程都和产品的生产有关，但生产工艺侧重生产的方法和技术，生产流程侧重生产的过程和顺序。生产工艺和生产流程有着密不可分的关系，确定了生产工艺，必须有相应的流程配套；生产工艺不同，生产流程肯定不同；生产工艺相同，生产流程也可能不同。

很多时候，生产工艺和生产流程并不严格区分，经常共同称为生产工艺流程。现在生产工艺流程设计越来越注重的几个方面，一是尽量采用成熟的、先进的技术和设备；二是尽量减少污染物排放量，有完善的污染物治理措施，减少或消除对环境的污染，并做好余热余能、废弃物的回收和综合利用；三是确保安全生产，以保证人身和设备的安全；四是尽量实现机械化、自动化和信息化，实现稳产、高产。

优化现有生产工艺流程，目标基本也是如此，不过更注重第二到第四方面。

6. 能源消耗控制流程

能源消耗控制流程是能源管理的主要内容，是能源管理体系的一种程序文件，也称能源消耗控制程序。

能源消耗控制流程主要内容是明确各部门的职责，规定能源目标的指导、记录和统计程序，规定不同种类能源的收入储存、分配输送、加工转换、使用、回收再利用的流程，能源消耗记录的方式，对低效设备和过程的技术改造流程，巡检程序，超标处理程序等。

回收再利用指生产过程中产生的余热、余压等的回收利用，包括有效能量的再利用和回收利用。

工业企业应建立能源管理体系，能源消耗量多、工艺较复杂的企业应建设能源管理中心，采用信息化系统管理能源消耗。

7. 循环再利用

循环再利用是将废弃物变为可再利用材料的过程，如钢铁企业的高炉渣磨成超细粉与水泥、石料等一起制成混凝土，烧结烟气脱硫产物压制成不烧砖，废旧纸张化为纸浆造纸等。

循环再利用与重复利用不同，重复利用指再次使用某件产品。

第五节　过程测量与监控

企业通过完善的信息采集、统计和分析系统，对现场管理过程进行有效测量与监控，并及时纠偏，确保过程信息有效应用于管理决策，实现现场管理过程稳定、高效运行。

一、过程测量和监控

企业采用适宜的方法对现场管理整体过程进行监控，并在适当时进行测量，确保过程实现所策划的结果，实现有效的过程控制；识别需要监视和测量的过程，规定各部门在过程监视和测量中的职责，制定完整的现场过程监控流程图，并对监控点的分布进行规划设计；根据实际情况，考虑监视和测量的类型与程度；确定监视和测量的项目、方法、频次和判定准则，在每一监控点上制定把监控的质量特性和监控项目以图文和数值的形式表现出来的作业指导书；保持过程监视和测量的记录以及采取措施的记录；确保过程信息得到传递，传递能满足相关方要求。

（一）信息采集

信息采集是指对生产过程相关参数和图像等信息的收集和处理。

作为保证信息采集质量最基本的要求，信息采集有可靠性、完整性、实时性、准确性、易用性、计划性和预见性 7 个原则。

可靠性原则是指采集的信息必须是真实对象或环境所产生的，必须保证信息来源是可靠的，必须保证采集的信息能反映真实的状况，可靠性原则是信息采集的基础。完整性原则是指采集的信息在内容上必须完整无缺，信息采集必须按照一定的标准要求，采集反映事物全貌的信息。实时性原则是指能及时获取所需的信息，一般有 3 层含义：一是指信息自发生到被采集的时间间隔，间隔越短就越及时，最快的是信息采集与信息发生同步；二是指在企业执行某一任务急需某一信息时能够很快采集到该信息；三是指采集某一任务所需的全部信息所花去的时间，花的时间越少谓之越快。实时性原则保证信息采集的时效。准确性原则是指采集到的信息与应用目标和工作需求的关联程度比较高，采集到信息的表达无误，属于采集目的范畴之内，对企业适用、有价值，关联程度高，适应性强。易用性原则是指采集到的信息按照一定的表示形式，便于使用。计划性原则指采集的信息既要满足当前需要，又要照顾未来的发展；既要广辟信息来源，又要持之以恒，日积月累。预见性原则指信息采集人员采集的信息既要着眼于现实需求，又要有一定的超前性，要善于抓苗头、抓动向；随时了解未来，采集那些对将来发展有指导作用的预测性信息。

（二）统计分析

统计指对某一现象有关的数据的搜集、整理、计算、分析、解释、表述等的活动。

分析是把事物或对象由整体分解成各个部分或属性，是把信息分门别类。

（三）过程监控

对过程状态、设备状态、物流状态的视频监视和过程参数的测量监视和调整。

监视是从旁监察注视，是监督视察，是严密注意。

（四）测量

1. 测量的定义

测量是按照某种规律，用数据来描述观察到的现象，即对事物做出量化描述；是对非量化实物的量化过程。

2. 测量的 4 个要素

测量的 4 个要素：测量客体、计量单位、测量方法和测量的准确度。

测量客体即测量对象。

计量单位是指为定量表示同种量的大小而约定地定义和采用的特定量；是指根据约定定义和采用的标量，任何其他同类量可与其比较使两个量之比用一个数表示。计量单位具有根据约定赋予的名称和符号，我国的法定计量单位以国际单位制为基础，同时选定了一些非国际单位制单位，包括国际单位制的基本单位、国际单位制辅助单位、国际单位制中具有专门名称的导出单位、可与国际单位制单位并用的中国法定计量单位、由以上单位构成的组合形式的单位、由词头和以上单位构成的十进倍数和分数单位。

测量方法是在进行测量时所用的按类叙述的一组操作逻辑次序，是测量时所采用的测量原理、计量器具和测量条件的综合，是获得测量结果的方式。

测量方法可按多种方法分类。按是否直接测量被测参数，可分为直接测量和间接测量；按被测表面与测量仪器仪表的测量头是否接触，分为接触测量和非接触测量；按一次测量参数的多少，分为单项测量和综合测量；按测量在加工过程中所起的作用，分为主动测量和被动测量；按被测零件在测量过程中所处的状态，分为静态测量和动态测量。

测量的准确度指测量结果与真值的一致程度。由于任何测量过程总不可避免地会出现测量误差，误差大说明测量结果离真值远，准确度低。准确度和误差是两个相对的概念。由于存在测量误差，任何测量结果都以一近似值来表示。

3. 测量误差

测量误差是测得值与被测量的真值之差。

测量误差的表示方法有绝对误差、相对误差、引用误差、基本误差、附加误差等。

测量误差的性质有随机误差、系统误差和粗大误差等。

（五）纠偏

纠偏是改正偏向或偏差，是更正错误。

（六）过程信息传递

过程信息传递是过程形成的信息被采集后通过声音、文字、图像和电子信号传输到信息使用者的过程。信息传递是企业现代化管理的基本要求，所有信息处理都是信息在企业内部的传递，是信息在物理位置上的移动。

信息传递通过文字、语言、电码、图像、色彩、光、气味等传播渠道进行，信息传送方式有单向传送、双向传送、半双向传送、多道传送等。

二、过程异常处理

建立异常处理程序，规定异常情况控制以及处置的有关职责和权限，确保过程异常情况得到及时有效的控制和处理，以防止其非预期的发生。

（一）异常

异常指非正常的、不同于平常的。

（二）过程异常

过程异常是过程因某种因素不能正常进行。

生产过程异常主要是由于作业异常、工艺/设计异常、设备异常、材料异常和能源异常之一或其他偶发原因临时导致的生产过程不能正常进行。

作业异常是作业过程中发生的不正常现象，如物料不能顺行、高炉炉体结瘤等引起生产过程不能正常进行下去；工艺/设计异常是选择生产工艺和设计生产工艺流程时，现场的实际因素考虑不够，或现场因素发生了变化；设备异常是设备在某种因素作用下发生故障；材料异常是作为构成产品一部分的原料及辅助材料的品质异常，如有效含量低等因素使生产过程生产的产品不能到达质量要求等；能源异常是为生产过程提供运转能量的能源质量不正常，如煤的发热量过低、煤气压力过低使炉膛温度达不到工艺要求等。

（三）过程异常的处理

过程异常首先要分析影响因素，寻找引起过程异常的原因，由相关部门确认原因，并针对具体原因采取纠偏措施，进行效果验证，确实有效即生产过程恢复正常时由责任部门制定出长期纠正措施。

作业异常首先由生产部门确认，工艺/设计异常由技术部门确认，设备异常由设备部门确认，材料异常由质量主管部门确认，能源异常由能源部门或动力部门确认；主管部门责任主管提出临时解决方案并现场指导，生产部门按临时解决方案处理异常，并记录生产损失情况；进行效果验收后，确实有效的，由责任部门给出长期纠正措施。无效或效果不明显的，上报企业组织团队分析原因，确定对策；最后由质量工程师及巡检人员监督实施，并确认效果，处理完毕。

第六节　过程改进与创新

企业应建立系统的现场管理过程改进机制，运用与企业管理实际相协调的技术和方法，对现场管理过程的效率和效能进行评价、分析与改进，确保过程持续优化；企业应识别现场管理创新机会，确定创新目标，实施创新活动，评价和固化创新成果。

过程改进和创新活动及其相应环节，应充分利用PDCA循环、SDCA循环、ADLI循环、LTCI循环、DTPS循环和方案循环。

一、过程改进

通过现场管理过程产品质量、成本、交期、人员技能、设备、效率、过程能力等结果评价现场的适宜性和有效性，制订改进计划并组织实施。可以采用合理化建议、对标、质量管理小组、六西格玛、8D等方法，并将改进结果及时纳入相应的现场管理体系。

合理化建议和质量管理小组详见本书第三章第四节。

（一）改进

1. 改进的概念

改进是改变原有状况，使其有所进步，使其得到提高；是提高价值或质量使之更有利可图、更优良、更受人欢迎。

改进是一种以单元分析法为基本方法的有效降低成本、提高质量、增进效益、提高效率的系统理论。

单元分析法是以某一事物构成要素为基础，为了达到增进效率，改善异常的目的，对构成要素逐渐深入检讨，从而发现异常项、关键点即细节问题，然后对其追根究底地深入了解，通过分析发现问题的根本原因进而解决问题的一种经营改进方法；可发现问题的根本，予以彻底解决。

2. 改进与改善、改变的区别

改进、改善、改变的语义侧重点不同。改善是有所改变、使更趋良善，是向好的方面变化，着重于一个较大范围；改变是事物变得和原来不一样，有了质的区别，可以是向好的方面变化，也可以是向不好的方面变化；改进是改变旧有情况，着重于使某方面有所进步。

改进、改善、改变词语结构不同。改进、改善是后补型的词，“改”表示动作，“进”“善”补充说明动作的结果；改变是并列型的词，由意义相同、相近、相关的“改”和“变”并列组合而成，属于“同义复用”。

改进、改善、改变的搭配对象不同。改善经常与形象、关系、条件等搭配，改进经常与工艺、技术、流程、系统等搭配；改变经常与作风、态度等搭配。

（二）对标

1. 对标的概念

对标就是对比标杆找差距；对标是通过比较，不断发现企业内外、行业内外的最佳理念或实践，不断解析卓越绩效产生的重要因子，将本企业结果指标、过程指标，与最佳部门、竞争对手或者行业内外的一流企业，持续进行对照分析、寻找差距、改进提高的过程；是通过行业比对、标杆学习、寻找差距、追赶目标、对标伙伴、追求卓越，以帮助企业适应迅速变化的环境，建立全新的竞争优势的工作方法；是指一个企业瞄准一个比其绩效更高的企业进行比较，以便取得更好的绩效，不断超越自己，超越标杆，追求卓越，进行组织创新和流程再造的过程；是寻找和学习最佳过程案例和运行方式的一种方法。

对标又称标杆管理，也称基准管理，其本质是不断寻找最佳实践，以此为基准不断地测量分析与持续改进。

2. 标杆

标杆是样板，是学习的榜样，是科学合理的参照物。

标杆与对标种类有关，有企业内部标杆，有竞争性标杆，有行业标杆。

标杆是对比范围内用统一尺度衡量的某一企业某一项目的最好值。无论是综合指标、经济技术指标还是运营指标，无论是定性指标还是定量指标，无论是结果指标还是过程指标，都要具有可比性，都要有统一的计算方法和统计范围。

标杆没有最好的，只有最适合的，最适合的标杆用于对标最好。

3. 对标的分类

对标分为内部对标、竞争性对标、行业或功能对标及类属或程序对标。

内部对标是在企业内部开展对比。企业各部门有相似的功能，通过比较这些部门，有助于找出内部业务的运行标准，是最简单的对标。内部对标的优点是分享的信息量大，内部知识能立即运用，但同时可能造成封闭、忽视其他企业的信息。

竞争性对标是与竞争对手的对标。企业最明显的对标对象是有相似的产品和市场的直接竞争对手，与其对标能够看到对标的结果，但竞争对手一般不会透露最佳案例信息，能找到的指标都是对方公开披露的，过程指标很难得到，使能够对比的指标有限。

行业或功能对标是与处于同一行业但不在一个市场的企业对标。因为彼此不是直接竞争对手，很容易找到愿意分享信息的对标对象。

类属或程序对标是与不相关的公司就某个工作程序对标。

4. 对标的基本思路

对标的基本思路是由建标、立标、对标、达标、创标五个环节构成“标杆环”，前后衔接，形成持续改进、围绕“创建规则”和“标准本身”的不断超越、螺旋上升的良性循环。

建标是选择企业内外最佳的实践方法作为基准、作为学习对象；立标是在企业内部培养、塑造最佳学习样板，可以是具体方法、某一流程、某一管理模式，成为企业内部其他部门或个人的榜样，即试点工作；对标是对照标杆测量分析，发现自身的短板、寻找差距，并分析与尝试自身的改进方法，探索达到或超越标杆水平的方法与途径；达标是改进落实，在实践中达到标杆水平或实现改进成效；创标是运用标杆四法创新并实施知识沉淀，形成超越最初选定的标杆对象，形成新的、更先进的实践方法，直至成为行业标杆。

5. 标杆四法

标杆四法是剪刀思维法、责任层级法、要素建模法和协同创标法。

剪刀思维法是指将发散思维、逻辑思维、交叉思维汇合而成的思维方式，有一张一合的工作路径，可以把事物进行发散的创想，然后有逻辑、有目的地交叉，不断地沿着一条主线延伸，把复杂的事物形成其逻辑结构，不断提出最行之有效的解决方案。剪刀思维法的工作路径在对标管理中的具体应用，在于把任何复杂的管理工作及技术研发工作有效地梳理清楚。

责任层级法也称为“一域多层分析法”，是一种按企业各层级人员的职能来分析问题和解决问题的工作方法和工作路径，即应用剪刀思维法把企业中所有相关的、类似的问题聚焦成一个典型的“工作案例”，把其作为“交叉点”发散出去，分析案例中各层级的人员职能不足和应完善之处，寻找出系统的解决思路，使相关的、类似的问题从此得以解决。

要素建模法是将过程各模块按层级分解，直至围绕过程各环节背后的关键要素来进行创标建模，使过程显性化，使之全面全环节管控到位。

协同创标法是把管理体系和日常工作中所有的、非独立环节的问题创建数据化的标准，进行量化管理，尽可能把协调转化为协同，减少过程中的协调，保障协作效能，避免内耗并实现低成本高效益的方法。

6. 开展对标的步骤

对标的开展包括制定对标计划、建立对标团队、收集对标数据、分析对标数据和持续开展对标等五步。

首先是制定对标计划，对标计划要确保与企业的战略一致；其次是建立对标团队，对团队人员进行对标程序、分析工具和技术、交流能力、企业背景和系统培训，对标团队应具备分析、程序处理和图书馆、电脑搜索等技能，结构取决于对标范围、企业规模、对标预算、对标程序和环境等要素；第三是收集对标数据，要收集本企业的流程表、顾客反馈、程序手册等信息进行自我分析，找到适合自己的对标对象，收集对标对象数据信息资料；第四是分析业绩差距数据，在理解对标对象最佳的方法基础上，衡量本企业与对比对象指标的差距，企业要根据数据设计行动计划、实施办法以及监督衡量标准；第五是持续开展对标，企业在减少与最佳案例的差距时，需时常用衡量标准来监测实施的有效性，并关注对标对象和其他企业的发展，使对标持续不断地开展下去。

7. 对标的关键

对标的关键在于选择和确定对标对象和指标，要求达到最优模式和标准，对标对象不只是选择竞争对手，还要选择行业领先水平的企业。

8. 对标的注意事项

企业“对标”要注意分清主次、分步骤进行，对标的目的是使企业工作全面争创一流，但这并不意味着任何方方面面都要进行对标，要在全面把握提升企业竞争力要素的基础上，抓住影响企业经济效益和企业竞争力的关键过程和关键指标设定对标指标，注意区分主次，重点突出。

要持续不断地开展对标，才能发挥出对标的真正作用，提高企业竞争力。

（三）6σ（六西格玛）法

1. 6σ 法概念

6σ 法是获得和保持企业在经营上的成功并将其经营业绩最大化的综合管理体系和发展战略，是使企业获得快速增长的经营方式，是寻求同时增加顾客满意和企业经济增长的经营战略途径，是使企业获得快速增长和竞争力的经营方式。

6σ 法是以追求零缺陷生产，防范产品责任风险，降低成本，提高生产率和市场占有率，提高顾客满意度和忠诚度核心，既着眼于产品、服务质量，又关注过程的改进的一种统计评估法。

6σ 法是一项以数据为基础，追求几乎完美无瑕的质量管理方法。

6σ 法是一种质量尺度和追求的目标，是一套科学的工具和管理方法，运用五步循环改进法（DMAIC）或 6σ 设计（DFSS）的过程进行流程的设计和改善；是一种经营管理策略。

6σ 法是在提高顾客满意度的同时降低经营成本和周期的过程革新方法，不是单纯技术方法的引用，而是全新的模式。

在统计学上 σ 是一个反映数据特征的希腊字母，表示数据的标准差，用以描述总体中的个体与均值的偏离程度，用于描述各种可能的结果相对于期望值的波动程度；测量出的 σ 表征着诸如单位缺陷、百万缺陷或错误的概率性，σ 值越大，缺陷或错误就越少。

在 6σ 法中，σ 被赋予了更新的内容，成为一种过程质量的衡量标准，6σ 水平意味着差错率仅为百万分之三点四，是一种度量的标准，可以通过样本的散布情况来衡量系统的稳定性；是一个标杆；是一种是以提高企业收益为目的的基于事实和数据的分析改进方法，是一个几乎包括了所有的统计和质量管理方法的工具系统。

2.6σ 法的特点

6σ 法的最大特点就是一切基于事实，一切用数据说话。无论是说明差错程度，还是分析原因，以及检验改进措施的成效，都用事实和数据说话，而非基于主观想象；依据数据进行决策，强调改进一个过程所需要的所有信息都包含在数据中。

6σ 法的其他特点还有高度关注顾客需求、重视改善业务流程、积极开展主动改进、倡导无界限合作、以项目为驱动力、追求完美同时容忍失误。

6σ 法把重点放在产生缺陷的根本原因上，认为质量是靠优化流程而不是通过严格检验最终产品实现的，企业应该把资源放在认识、改善和控制原因上而不是放在质量检查、售后服务等活动上。

3.6σ 法的实施条件

6σ 法的实施条件，必须具备相应的前提条件：一是企业有参与竞争的长远发展规划，二是企业有一个比较扎实的管理基础，三是企业拥有一支素质比较高的员工队伍，四是得到企业最高管理者的大力支持。

4.6σ 法的作用

6σ 法的作用：一是能够提升企业管理的能力；二是能够节约企业运营成本；三是能够增加顾客价值，提高顾客满意度；四是能够改善产品品质，改进服务水平；五是能够形成积极向上的企业文化。

5.6σ 法的人员组织结构

6σ 法需要一套合理、高效的人员组织结构来保证，包括 6σ 委员会、执行负责人、黑带、黑带大师和绿带。

6σ 委员会是企业实施 6σ 法的最高领导机构，主要成员由企业领导层成员担任。其主要职责是设立 6σ 初始阶段的各种职位；确定具体的改进项目及改进次序，分配资源；定期评估各项目的进展情况，并对其进行指导；当项目小组遇到困难或障碍时，帮助其解决等。

执行负责人由一位副总及以上的高层领导担任，要求具有较强的综合协调能力，职责是为项目设定目标、方向和范围；协调项目所需资源；处理各项目小组之间的重叠和纠纷，加强项目小组之间的沟通等。

黑带是由企业内部选拔出来的一些具有精湛技艺和本领的人，是 6σ 变革的中坚力量，全职实施 6σ 管理，担任项目小组负责人，领导项目小组实施流程变革，同时负责培训绿带。黑带候选人应具备大学数学和定量分析方面的知识，需要具有较为丰富的工作经验，并经过 160h 的理论培训，由黑带大师一对一地进行项目训练和指导。

黑带大师是 6σ 专家的最高级别，一般是统计方面的专家，负责在 6σ 管理中提供技术指导。其熟悉所有黑带所掌握的知识，深刻理解以统计学方法为基础的管理理论和数学计算方法，能够确保黑带在实施应用过程中的正确性。统计学方面的培训必须由黑带大师来主持。

绿带是经过培训的工作兼职人员，负责一些难度较小项目小组，成为其他项目小组的成员。

6. 6σ 法的实施程序

6σ 法的实施程序，首先是辨别核心流程和关键顾客；其次是定义顾客需求；第三是针对顾客需求评估当前行为绩效；第四是辨别优先次序，实施流程改进；第五是扩展、整合 6σ 系统。

辨别核心流程和关键顾客，包括辨别和绘制流程图。核心流程是对创造顾客价值最为重要的部门或者作业环节，直接关系顾客满意度，通过确定向顾客提供产品和服务的主要活动、流程的内容、评价这些流程绩效或性能的主要输出结果进行辨别核心流程；界定业务流程的关键输出物和顾客对象，关键顾客并不一定是企业外部顾客，对于某一流程来说，其关键顾客可能是下一个流程；在辨明核心流程的主要活动的基础上，将核心流程的主要活动绘制成流程图。

定义顾客需求包括收集顾客数据，制定顾客反馈战略；制定绩效指标及需求说明,需求说明是对某一流程中产品和服务绩效标准简洁而全面的描述;分析顾客各种不同的需求并对其进行排序。

针对顾客需求评估当前行为绩效包括选择评估指标，这些评估指标数据要可获得，要有价值并为顾客所关心；对评估指标进行可操作性的界定；确定评估指标的资料来源；准备收集资料，制订样本抽取方案；实施绩效评估，并检测评估结果的准确性，确认其是否有价值；通过对评估结果所反映出来的误差，进行数量和原因方面的分析，识别可能的改进机会。

辨别优先次序，实施流程改进。对需要改进的流程进行区分，找到高潜力的改进机会，优先对其实施改进，业务流程改进遵循五步循环改进法，即DMAIC 模式。

扩展、整合 6σ 系统 包括提供连续的评估以支持改进；定义流程负责人及其相应的管理责任；实施闭环管理，不断向 6σ 绩效水平推进。

7. 五步循环改进法

五步循环改进法，包括定义、评估、分析、改进、控制 5 个阶段，其英文单词首字母组成的缩略语，称为 DMAIC。

定义阶段主要是明确问题、目标和流程，需要确定应该重点关注的问题或机会，应该达到的结果及达到的时间，正在调查的流程及其主要服务和影响的顾客。

评估阶段主要是分析问题的焦点，借助关键数据缩小问题的范围，找到导致问题产生的关键原因，明确问题的核心所在。

分析阶段采用逻辑分析法、观察法、访谈法等方法，对已评估出来的导致问题产生的原因进行进一步分析，确认其间是否存在因果关系。

改进阶段拟订几个可供选择的改进方案，通过讨论并多方面征求意见，从中挑选出最理想的改进方案付诸实施。可对原有流程进行局部的改进；在原有流程问题较多或惰性较大时，也可重新进行流程设计，推出新的业务流程。

控制阶段根据改进方案中预先确定的控制标准，在改进过程中，及时解决出现的各种问题，使改进过程不至于偏离预先确定的轨道，发生较大的失误。

（四）8D 法

1. 8D 法概述

8D 法是 8 步骤问题解决法，是改进产品和流程的工具。

8D 法也称为团队导向问题解决方法或 8D 报告，是一个处理及解决问题的方法。

8D 法是识别出一再出现的问题并纠正、消除的方法，有助于产品及工艺流程的提升。8D 法根据问题的统计分析产生问题的永久对策，用确认根本原因的方式寻找出问题的根源，提供了一套符合逻辑的解决问题的方法。

8D 法是利用团队方式结构性彻底解决问题的标准做法，适用于解决工艺流程能力指数低于其设计值的有关问题、不合格产品问题、顾客投诉问题、反复频发问题以及需要团队作业问题的。

8D 法强调团队合作，要求建立一个体系，让整个团队共享信息，努力实现目标。

8D 法理念是一个团队比个体的总和更优秀更快捷。

2. 8D 法的目标

8D 法的目标，一是提高解决问题的效率，积累解决问题的经验；二是提供找出现存的与质量相关的框架；三是杜绝或尽量减少重复问题出现；四是找出出现的问题产生的根本原因，提出短期、中期和长期对策并采取相应行动措施；五是可跨部门建立小组来加强部门间的协调，推进问题有效解决，从而改进整个过程的质量，防止相同或类似问题的再发生，以保证产品质量。

3. 8D 法的特点

8D 法的特点：一是先找到根本原因、采取行动消除根本原因，并实施永久对策；二是可以找出系统会允许此错误出现的原因；三是漏失点研究能提升系统侦测错误的能力，即使再度发生错误，也有能力可以检测出来；四是最后预防措施可以找出在管理系统中出现已发现错误的原因，避免再度发生；五是需要的知识较多，除需掌握 8D 法之外，还需要熟悉其他资料整理或分析的工具，如数据挖掘、排列图、鱼骨图、流程图等。

4. 8D 法的步骤

8D 法的步骤在 8 个步骤之前增加了 1 个步骤，实为 9 个步骤，即征兆紧急反应措施、小组成立、明确问题说明、实施并验证临时措施、确定并验证根本原因、选择并验证永久纠正措施、实施永久纠正措施、预防再发生、小组祝贺。

第 0 步征兆紧急反应措施，是针对问题发生时候的紧急反应，确认此类问题用 8D 来解决的适合性；关键要点是判断问题的类型、大小、范畴等。与第 3 步的不同在于这一步是针对问题发生的反应，而第 3 步是针对产品或服务问题本身的暂时应对措施。

第 1 步小组成立，确定指导和小组长，小组成员要求具备工艺、产品的知识，有配给的时间并授予了权限，应具有所要求的能解决问题和实施纠正措施的技术素质；关键要点是小组建设，是成员资格。

第 2 步明确问题，用量化的术语详细说明与该问题有关的内、外部顾客抱怨。关键要点：一是收集和企业所有有关数据以说明问题；二是所描述问题的特别有用的数据的总结；三是审核现有数据，识别问题、确定范围；四是细分问题，将复杂问题细分为单个问题；五是问题定义，找到和顾客所确认问题一致的说明。

第 3 步实施并验证临时措施，保证在永久纠正措施实施前，将问题与内外部顾客隔离。关键要点是评价紧急响应措施、找出和选择最佳“临时抑制措施”、决策、实施、记录和验证。

第 4 步确定并验证根本原因，用统计工具列出可以用来解释问题起因的所有潜在原因，把问题说明中提到的造成偏差的一系列事件、环境或原因相互隔离测试并确定产生问题的根本原因。关键要点：一是评估可能原因列表中的每一个原因，二是原因可否使问题排除，三是验证，四是控制计划。

第 5 步选择并验证永久纠正措施，在生产前测试方案，并对方案进行评审以确定所选的纠正措施能够解决顾客问题，同时对其他过程不会有不良影响。关键要点：一是重新审视小组成员资格；二是决策，选择最佳措施；三是重新评估临时措施，如必要重新选择；四是验证；五是管理层承诺执行永久纠正措施；六是控制计划。

第 6 步实施永久纠正措施，制定一个实施永久措施的计划，确定过程控制方法并纳入文件，以确保消除根本原因；在生产中应用该措施时应监督其长期效果。关键要点：一是重新审视小组成员；二是执行永久纠正措施，废除临时措施；三是利用故障的可测量性确认故障已经排除；四是修改控制计划、工艺文件。

第 7 步预防再发生，修改现有的管理系统、操作系统、工作惯例、设计与规程以防止这一问题与所有类似问题重复发生。关键要点是选择预防措施、验证有效性、决策及重新确定组织、人员、设备、环境、材料、文件。

第 8 步小组祝贺，承认小组的集体努力，对小组工作进行总结并祝贺。关键要点：一是有选择地保留重要文档；二是总结小组工作，将心得形成文件；三是了解小组对解决问题的集体力量及对解决问题做出的贡献；四是必要的物质、精神奖励。

二、过程创新

根据产品的发展趋势和顾客需求变化等，识别现场管理变革性的创新机会。确定创新目标，利用 TRIZ 理论或采取头脑风暴、创新提案等活动方式，激发现场员工的创新能力和热情，实施创新活动。对创新成果进行评价，将可为现场带来收益的创新成果固化并应用到现场管理中。

（一）创新

1. 创新概述

创新是把感悟和技术转化为能够创造新价值、驱动经济增长、促进社会进步和提高生活标准的过程及其结果，包括新理论、新模式、新方法、新产品、新服务、新流程等。

客体是可感知的或可想象到的事务，如产品、服务、过程、人员、组织、体系、资源等，创新是实现或重新分配价值的、新的或变化的客体。

创新是以现有的知识和物质，在特定的环境中，创造新的事物（包括但不限于各种方法、元素、路径、环境等），并能获得一定有益效果的行为。

创新即创造新的事物，有 3 层含义。一是更新，就是对原有的东西进行替换；二是创造新的东西，是创造出原来没有的东西；三是改变，是对原有的东西进行发展和改造。

创新是以新思维、新发明和新描述为特征的一种概念化过程。

创新是以现有的思维模式提出有别于常规或常人思路的见解为导向，利用现有的知识和物质，在特定的环境中，本着理想化需要或为满足社会需求，创造新的事物、方法、元素、路径、环境，并能获得一定有益效果的行为。

创新是人类为了满足自身需要，不断拓展对客观世界及其自身的认知与行为的过程和结果的活动；是为了一定的目的，遵循事物发展的规律，对事物的整体或其中的某些部分进行变革，从而使其得以更新与发展的活动。

在哲学内涵上，创新是一种人的创造性实践行为，这种实践为的是增加利益总量，需要对事物和发现的利用和再创造，特别是对物质世界矛盾的利用和再创造。人类通过对物质世界的利用和再创造，制造新的矛盾关系，形成新的物质形态。

创新的关键是改变，是向新的方向、有效的方面进行量变和质变。

2. 创新思维

思维就是思索、思考，是理性的各种认识活动，是人用头脑进行逻辑推导的属性、能力和过程，是人接受信息、存储信息、加工信息以及输出信息的活动过程，是概括地反映客观现实的过程，是人类认知世界的一种复杂的精神活动。

创新思维是以新颖独创的方法解决问题的思维过程，是把过去的经验和知识综合组织而形成全新的东西的思维过程，是人类思维不断向有益于人类发展的方向动态化的改变。

创新思维能突破常规思维的界限，以超常规甚至反常规的方法、视角去思考问题，提出与众不同的解决方案，从而产生新颖的、独到的、有社会意义的思维成果；其本质在于用新的角度、新的思考方法来解决现有的问题。

创新思维具有思维的能动性、思维的变通性、思维的独特性和思维的敏感性等特征。

创新是创新思维蓝图的外化、物化、形式化。

3. 创新的内容

创新包括观念创新、理论创新、制度创新、科技创新、管理创新、文化创新及其他创新。

4. 创新的特征

创新有价值取向性、明确目的性、综合新颖性、主观能动性、高风险高回报性等特征。

价值取向性是指创新活动必然有自己的价值取向。价值是客体满足主体需要的属性，是主体根据自身需要对客体所做的评价；创新活动的成果满足主体需要的程度越大，其价值越大。

明确目的性是指创新活动是一种有特定目的的生产实践。

综合新颖性有两个含义：一是指能产生出前所未有的成果，二是指能产生出新思想。

高风险高回报性是指任何一项创新都具有很大的风险性，创新成功则具有高的社会回报性。

5. 创新的作用

创新有 3 个作用：一是满足人类生存与发展的客观需要，二是深化人类对客观世界的认知，三是提高人类对客观世界的驾驭能力。

6. 创新原则

创新原则是开展创新活动所依据的法则和判断创新构思所凭借的标准，主要有遵守科学原理原则、市场评价原则、相对较优原则、机理简单原则、构思独特原则和不简单随意原则。

遵守科学原理原则是指创新必须遵循科学技术原理，不得有违科学发展规律。在进行创新构思时，要对发明创造设想进行科学原理相容性检查，对发明创新设想进行技术方法可行性检查，对创新设想进行功能方案合理性检查。

市场评价原则是指创新必须经受走向市场的严峻考验。从市场寿命、市场定位、市场特色、市场容量、市场价格和市场风险等方面入手，对创新所解决问题的迫切程度、功能结构的优化程度、使用操作的可靠程度、维修保养的方便程度和美化生活的美学程度等进行市场化的思考和调查评价。

相对较优原则是指创新不可盲目追求最优、最佳、最美、最先进，创新产物不可能十全十美。在创新过程中，可比较创新技术先进性、创新经济合理性、创新整体效果性，对创新设想进行判断选择。

机理简单原则是指创新只要效果好，机理越简单越好。可从 3 个方面检查：一是新事物所依据的原理是否重叠，超出应有范围；二是新事物所拥有的结构是否复杂，超出应有程度；三是新事物所具备的功能是否冗余，超出应有数量。

构思独特原则是指创新构思的新颖性、开创性和特色性。

不简单随意原则是指不轻易否定、不简单比较，不要轻易否定各种创新方案，不要随意在两个事物之间进行简单比较。

7. 创新原理

原理是具有普遍意义的最基本的规律，创新原理是创新应遵循的基本规律。

创新原理是运用创造性思维，分析问题和解决问题的出发点，是人们使用创造方法、采用创造手段的凭据。掌握创新原理，是取得创新成果的先决条件。

创新原理有综合原理、组合原理、分离原理、还原原理、移植原理、换元原理、迂回原理、逆反原理、强化原理和群体原理等。

综合原理表现在一种分析、归纳创造性过程，在分析各个构成要素基本性质的基础上，综合其可取的部分，使综合后所形成的整体具有优化的特点和创新的特征；综合不是简单的叠加，而是在将研究对象进行分析的基础上有选择地进行综合。

组合原理是把两种及其以上的产品、技术等全部或部分进行适当叠加和组合，用以形成新产品、新技术等的创新原理。

分离原理是把某一创新对象进行科学的分解和离散，使主要问题从复杂现象中暴露出来，从而理清创造者的思路，便于抓住主要矛盾；在发明创新过程中，冲破事物原有面貌的限制，把研究对象予以分离，创造出全新的概念和全新的产品。

还原原理是在创新过程中，能回到设计对象的起点，抓住问题的原点，把最主要的功能抽取出来并集中精力研究其实现的手段和方法，以取得创新的最佳成果。还原原理的精髓在于确认创新的原点是唯一的，寻根溯源找到创新原点，再从创新原点出发去寻找各种解决问题的途径，用新的思想、新的技术、新的方法重新创造该事物，从本原上解决问题。

移植原理是把一个研究对象的概念、原理和方法运用于另一个研究对象并取得创新成果，实质是借用已有的创新成果进行创新目标的再创造。移植可沿着不同物质层次的“纵向移植”，也可在同一物质层次内不同形态间的“横向移植”，还可把多种物质层次的概念、原理和方法综合引入同一创新领域中“综合移植”。

换元原理是指创造者在创新过程中采用替换或代换的思想或手法，使创新活动内容不断展开、研究不断深入；在发明创新过程中，设计者可以有目的、有意义地去寻找替代物，如果能找到性能更好、价格更低的替代品，就是一种创新。

迂回原理是指通过解决侧面问题或外围问题以及后继问题，解决原来的未知问题。

逆反原理是指对已有的理论方法、科学技术、产品实物持怀疑态度，从相反的思维方向去分析、去思索，去探求新的发明创造。

强化原理是指在创新活动中，通过各种强化手段，使创新对象提高质量、改善性能、延长寿命、增加用途，如产品体积的缩小、质量的减轻、功能的强化等。

群体原理是指创新越来越需要发挥群体智慧，才能成功。

8. 创新过程

创新过程包括信息搜集与整理、制定创新方案、实施创新、补充修改完善和再创新 5 个阶段。

信息搜集与整理阶段，管理者要从管理目标与需要出发，大量搜集与整理信息资料。分析过程中存在的不协调，界定所要解决的问题，确定任务要求，明确客观环境与主观条件，初步理顺创新思路。

制定创新方案阶段，企业根据实际情况，结合企业整体发展战略和业务特点，制定适合本企业的创新方案。

实施创新阶段，把创新方案迅速付诸实施，不能指望其绝对完善和十全十美。

补充修改和完善阶段，在开始行动以后要不断研讨，集思广益，对原有方案进行补充修改和完善。

再创新阶段，在创新成功或失败的基础上，开展新的创新，实施再创新、持续创新。

（二）TRIZ（萃思）理论

1. TRIZ 理论概述

TRIZ 理论是发明问题解决理论，是基于知识、面向发明问题解决的系统化方法学。

TRIZ 是基于知识的方法：一是体现在发明问题解决启发式方法的知识，这些知识是从全世界范围内的专利中抽象出来的，仅采用为数不多的基于产品进化趋势的客观启发式方法；二是体现在大量采用自然科学及工程中的效应知识；三是体现在利用出现问题领域的知识，这些知识包括技术本身、相似或相反的技术或过程、环境、发展及进化；四是体现在是面向人的方法，启发式方法是面向设计者的，不是面向机器的。

TRIZ 是系统化的方法：一是体现在分析问题采用通用及详细的模型，该模型中问题的系统化知识是重要的；二是体现在解决问题的过程系统化，以方便地应用已有的知识。

TRIZ 是发明问题解决理论：一是体现在为了取得创新解，需要解决设计中的冲突，但解决冲突的某些步骤是不知道的；二是体现在未知的解往往可以被虚构的理想解代替；三是体现在理想解通常可通过环境或系统本身的资源获得；四是体现在理想解通常可通过已知的系统进化趋势推断。

技术冲突是指一个作用同时导致有用及有害两种结果，也指有用作用的引入或有害效应的消除导致一个或几个系统或子系统变坏；经常表现为一个系统中两个子系统之间的冲突。

现实中的冲突多种多样、千差万别，不加以归纳就无法建立稳定的解决途径。TRIZ 理论归纳出 48 个通用工程参数和 31 个商用参数描述冲突，实际应用中，首先要把组成冲突的双方内部性能用其中至少 2 个工程参数来表示，然后在冲突矩阵中找出解决冲突的发明原理。

各种产品设计中普遍存在着技术冲突。传统设计中的折中法，并没有彻底解决冲突，而是对冲突双方折中，降低冲突的程度。TRIZ 理论认为，产品创新的标志是解决或移走设计中的冲突，而产生新的有竞争力的解。设计人员在设计过程中不断地发现并解决冲突是推动产品进化的动力。

TRIZ 理论成功地揭示了创造发明的内在规律和原理，着力于澄清和强调系统中存在的矛盾，其目标是完全解决矛盾，获得最终的理想解；不折中或妥协，而是基于技术的发展演化规律研究整个设计与开发过程，不再是随机行为。

2. TRIZ 理论核心思想

TRIZ 理论的核心思想主要体现在 3 点：一是无论是一个简单产品还是复杂的技术系统，其核心技术的发展都是遵循着客观的规律发展演变的，即具有客观的进化规律和模式；二是各种技术难题、冲突和矛盾的不断解决是推动这种进化过程的动力；三是技术系统发展的理想状态是用尽量少的资源实现尽量多的功能。

3. TRIZ 理论的基本哲理

TRIZ 理论有 6 条基本哲理：一是所有的工程系统服从相同的发展规则，这一规则可用来研究创造发明问题的有效解，也可用来评价和预测如何求解一个工程系统（包括新产品与新服务系统）的解决方案；二是像社会系统一样，工程系统可以通过解决冲突得到发展；三是任何一个发明或创新的问题都可以表示为需求和不能（或不再能）满足这些需求的原型系统之间的冲突，求解发明问题或寻找发明问题的解决方案就意味着在对冲突的求解；四是为探索冲突问题的解决方案，要利用专业工程师不了解或不熟悉的科学和工程技术知识、技术功能和可能实现该功能的分类知识库；五是存在评价每项发明创造的可靠判据，这些判据是大量专利信息基础、发明问题的级别、大量高水平试验提炼的结论或建议；六是理论的寿命大多数情况与机器的发展规律一致。

4. TRIZ 理论主要内容

现代 TRIZ 理论体系主要包括 6 个方面的内容。

一是创新思维方法与问题分析方法。提供了如何系统分析问题的科学方法，如多屏幕法等；而对于复杂问题的分析，则包含了科学的问题分析建模方法——物-场分析法，可以帮助快速确认核心问题，发现根本矛盾所在。

二是技术系统进化法则。针对技术系统进化演变规律，在大量专利分析的基础上总结提炼出 8 个基本进化法则。利用这些进化法则，可以分析确认当前产品的技术状态，并预测未来发展趋势，开发富有竞争力的新产品。

三是技术矛盾解决原理。把不同的发明创造往往遵循共同的规律归纳成 40 个创新原理，针对具体的技术矛盾，可以基于这些创新原理、结合工程实际寻求具体的解决方案。

四是创新问题标准解法。针对具体问题的物-场模型的不同特征，分别对应有标准的模型处理方法，包括模型的修整、转换、物质与场的添加等。

五是发明问题解决算法（ARIZ）。主要针对问题情境复杂，矛盾及其相关部件不明确的技术系统，是一个对初始问题进行一系列变形及再定义等非计算性的逻辑过程，实现对问题的逐步深入分析、转化，直至解决问题。

六是基于物理、化学、几何学等工程学原理而构建的知识库。基于物理、化学、几何学等领域的数百万项发明专利的分析结果而构建的知识库可以为技术创新提供丰富的方案来源。

5. 解决问题的一般过程

解决问题的一般过程包括分析、原理、预测、效应和评价。

分析是一个重要工具，是解决问题的一个重要阶段。功能分析的目的是从完成功能的角度而不是从技术的角度分析系统、子系统、部件。理想解是采用和技术及实现无关的语言对需要创新的原因进行描述，在该阶段对问题深入的理解往往取得创新的重要进展。确认使系统不能处于理想化的元件是创新成功的关键。设计过程中从一起点向理想解过渡的过程称为理想化过程。可用资源分析是要确定可用物品、能源、信息、功能等，这些可用资源与系统中的某些元件组合将改善系统的性能。冲突区域的确定是要理解出现冲突的原因，区域既可指时间，又可指空间。如果在分析阶段问题的解已经找到，可以移到实现阶段；若没有找到问题的解，而该问题的解需要最大限度的创新，则可采用原理、预测、效应等三种基于知识的工具。

原理是获得冲突解的方法，有技术与物理两种冲突解决原理。设计者按标准参数确定冲突，从 40 条原理中挑选能解决特定冲突的原理。

预测又称为技术预报。确定采用 8 种技术系统进化的模式中的一种，随后系统、子系统及部件的设计应向高一级的方向发展。

效应指不仅可应用本领域，特别是可应用其他领域的有关定律解决设计中的问题，如采用数学、化学、生物等领域中的原理，解决设计中的创新问题。

评价阶段比较所求出的解和理想解，确信所做的改进不仅满足了技术需求而且推进了技术创新。TRIZ 中的特性传递法可用于多个解进行组合以改进系统的品质。

6. TRIZ 理论的 40 种基本措施

TRIZ 理论的 40 种基本措施是分割、拆出、局部性质、不对称、联合原则、多功能原则、套装、反重量、预先反作用、预先作用、预补偿、等势、相反、曲面化、动态、局部作用或过量作用、维数变化、机械振动、周期作用、连续有效作用、跃过、变害为利、反馈、中介物、自我服务、复制、用廉价的不持久性代替昂贵的持久性、机械系统的替代、气动和液压结构、软壳和薄膜、多孔材料、改变颜色、同质性、抛弃和再生、参数变化、相变、热膨胀、强氧化、惰性介质、复合材料。

（三）头脑风暴法

1. 头脑风暴法的概念

头脑风暴指无限制的自由联想和讨论，一群人围绕一个特定的兴趣领域产生新观点。

头脑风暴法指一群人（或小组）围绕一个特定的兴趣或领域，进行创新或改善，产生新点子，提出新办法的方法，是一种激发集体智慧产生和提出创新设想的思维方法。

头脑风暴法是鼓励在小组中进行创造性思维的最常用方法。

2. 头脑风暴法的激发机理

头脑风暴能激发创新思维，主要有联想反应、热情感染、竞争意识和个人欲望等几个因素。

联想是产生新观念的基本过程。联想反应体现在集体讨论问题过程中，每提出一个新观念，都能引发其他人的联想，相继产生几个甚至几十个新观念，产生连锁反应，形成新观念堆，为创造性地解决问题提供了更多的可能性。

热情感染体现在不受任何限制时，集体讨论问题能激发人的热情，自由发言、相互影响、相互感染，能形成热潮，突破固有观念的束缚，最大限度地发挥创造性的思维能力。

竞争意识体现在人人争先恐后，竞相发言，不断地开动思维机器，力求有独到见解，新奇观念。

个人欲望体现在集体讨论解决问题过程中，个人的欲望自由不受任何干扰和控制，不批评仓促的发言，没有任何怀疑的表情、动作、神色，能使每个人畅所欲言，提出大量的新观念。

3. 头脑风暴法的作用

头脑风暴法的作用：一是产生大量观点或可选方案，激发更多的观点和更好的建议；二是充分运用员工的创造力；三是产生思维共振；四是打破群体思维，突破创造性思维受到的限制；五是保证群体决策创造性；六是提高决策质量。

4. 头脑风暴法的原则

头脑风暴法应遵守的原则：一是庭外判决原则或称延迟评判原则，对各种意见、方案的评判必须放到最后阶段，此前不能对别人的意见提出批评和评价，认真对待任何一种设想，无论其是否适当和可行；二是自由畅想原则，各抒己见，自由鸣放，创造一种自由、活跃的气氛，激发参加者提出一些荒诞的想法，使与会者思想放松；三是以量求质原则，追求数量，意见越多，产生好意见的可能性越大；四是综合改善原则，除提出自己的意见外，鼓励参加者对他人已经提出的设想进行补充、改进和综合，强调相互启发、相互补充和相互完善，探索取长补短和改进办法；五是求异创新原则；六是限时限人原则。

5. 头脑风暴会议类型

头脑风暴会议有设想开发型和设想论证型两种。

设想开发型会议是为获取大量的设想、为课题寻找多种解题思路而召开的会议，要求参与者要善于想象，语言表达能力要强，属于直接头脑风暴法；设想论证型会议是为把众多的设想归纳转换成实用型方案召开的会议，要求与会者善于归纳、善于分析判断，属于质疑头脑风暴法。

6. 头脑风暴法基本程序

头脑风暴法基本程序是确定议题、会前准备、确定人选、开会、会后整理。

确定议题是在会前确定一个目标，使与会者明确通过这次会议需要解决什么问题，但不要限制可能的解决方案的范围。一般而言，比较具体的议题能使与会者较快产生设想，主持人也较容易掌握；比较抽象和宏观的议题引发设想的时间较长，但设想的创造性也可能较强。

会前准备是收集与议题有关的背景材料和外界动态，使参与者会前了解待解决的问题；布置会场，形成有利于畅所欲言的环境；确定会议主持人，安排会议秘书（负责会议记录）。

确定人选是确定会议参加人，一般为 10 ~ 15 人，会议参加人都应具备较高的联想思维能力。选取的原则：一是参加者相互认识时，从同一职位（职称或级别）的人员中选取，领导人员不应参加；二是参加者互不认识，可从不同职位（职称或级别）的人员中选取，开会时不宣布参加人员职务职称，同等对待；三是参加者的专业应力求与所论及的决策问题相一致，最好包括一些学识渊博、对所论及问题有较深理解的其他领域的专家。小组活动运营头脑风暴法时，小组成员全部参加会议。

开会时要规定会议纪律，由主持人公布会议主题并介绍与主题相关的参考情况；会议参加人突破思维惯性，大胆进行联想；主持人会掌握会议节奏，会议时间控制在 1h 左右，秘书进行会议记录。

会后整理包括合并同类方案和设想、对方案和设想进行排序、组合方案和设想、评估方案和设想。评估可以邀请 5 位左右专家进行，也可第二天由会议原班参加人员进行质疑头脑风暴。

7. 质疑头脑风暴法阶段

对直接头脑风暴法提出的系统化的方案和设想，可采用质疑头脑风暴法进行质疑和完善。这是头脑风暴法中对设想或方案的现实可行性进行估价的一个专门程序。

第一阶段要求参加者对每一个提出的设想都要提出质疑，并进行全面评论，重点是研究有碍设想实现的所有限制性因素，包括对设想无法实现的原因的论证、存在的限制因素、排除限制因素的建议等。

第二阶段是对每一组或每一个设想，编制一个评论意见一览表及可行设想一览表。质疑头脑风暴法禁止对已有的设想提出肯定意见，鼓励提出批评和新的可行设想；质疑过程一直进行到没有问题可以质疑为止。质疑中抽出的所有评价意见和可行设想，都要专门记录。

第三阶段是对质疑过程中提出的评价意见进行估价，以便形成一个对解决所讨论问题实际可行的最终设想一览表。

分析组要吸收一些有能力对设想实施做出较准确判断的专家，负责处理和分析质疑结果。

8. 主持人

头脑风暴法的主持人，应了解所决策问题的背景，熟悉头脑风暴法处理程序和处理方法，主持词应能激起参加人的思维灵感，促使其感到急需回答会议提出的问题，创造出自由交换意见的气氛，激起参加人踊跃发言，并根据头脑风暴的原则适当引导。

主持人应懂得各种创造思维和技法，会议开始宣布会议纪律和原则，善于激发参加人思考，使场面轻松活跃而又不失头脑风暴法规则；采用轮流发言方式，每轮每人简明扼要地说清楚一个创意设想，避免形成辩论会和发言不均；鼓励与会者多出设想，不使用有碍于参加人畅所欲言的词语；冷场时要调节气氛，可采取散步、唱歌、喝水、临时休息等措施，然后继续进行，引导参加人掀起一次次头脑风暴。主持人要控制时间，使会议持续 1h 左右，形成的设想应不少于 100 种。到预定结束的时间后，可根据情况再延长 5min，1min 内再没有出现新主意、新观点时，头脑风暴会议结束。

（四）创新提案活动

1. 创新提案有关概念

提案是员工向企业提交的意见和建议。

创新提案是员工在做好本身岗位的同时，积极发现问题、发挥独创，提出的创新性方法、意见和建议。

创新提案活动是为持续提升或突破关键绩效，鼓励员工在做好本身岗位工作的同时，对工作中所存在的问题，发挥独创主观能动性，提出创新性方法、意见和建议，组织团队资源实施创新，并验证、评估创新过程及结果的活动。

创新提案活动中，创新提案是指创新方案、持续改进方案、合理化建议、技术和管理提案的总称。

2. 创新提案活动的目的

创新提案活动的目的是让员工参与，让需要经过训练、有专业知识、需要诀窍的、辛苦、困难工作，变成简单的、员工都能做、都能做好的工作，从而进一步提升效率、成本、产量、质量、安全和士气等关键绩效指标水平，更快、更好、更安全地生产，提高企业竞争力。

3. 创新提案活动的作用

创新提案活动的作用：一是让企业树立危机意识和风险意识；二是解决生产或工作中的相关问题，稳定产品质量，提升市场品牌形象；三是使作业流程更优化、效率更高、成本更低；四是有利于强化员工岗位工作能力；五是培养员工创新意识，提高员工创新能力；六是为员工提供发挥智慧、发挥创造力的平台，激发员工创新热情和进取心；七是有利于协助员工建立问题意识；八是有利于创造安全舒适的工作环境，提高员工工作意愿；九是营造创新的企业文化氛围。

4. 创新提案评审小组

企业开展创新提案活动，要成立创新提案评审小组，一般由各相关职能部门负责人、管理技术专长人员组成，直接隶属于企业总经理。

创新提案评审小组的工作职能：一是研究创新提案制度的改进，二是制定提案评审标准，三是评审员工创新提案，四是向企业提出实施通过评审的提案，五是监督重大提案的实施，六是确认提案实施成效，七是研究创新提案的奖励，八是总结、评估提案活动。

第五章　现场管理结果

结果是成就、成果，也是在一定阶段，人或事物发展所达到的最后状态。

现场管理结果是现场管理在一定阶段、一定时期所达到的最后状态。这个时期根据现场管理的对象和周期确定，有些结果可以按日甚至更短的时间得出，有些结果需要月、季度、年甚至更长的时间得出。

现场管理结果包括质量、效率、成本、交付等方面指标的内容，包括质量、效率与效能、履约、员工素质、成本、安全、环境、资源利用等方面的结果数据，但具体的指标要依据现场实际的特点设定，以证实现场管理的适宜性和有效性，并确定在何处可以持续改进现场管理。在适当时，提供近几年的数据，用以分析指标的趋势；提供与竞争对手或标杆、行业平均水平、先进水平、领先水平的对比数据，用以反映企业在相关方面的行业地位、竞争优势和存在的差距。

第一节　质量结果

质量结果包括过程质量结果和产品质量结果。

企业应描述现场输出的质量满足过程要求的结果，包括内外部顾客满意程度和投诉情况等相关结果。

一、过程质量

过程质量是指过程满足明确规定需要和隐含需要的能力的特性的总和，是过程的条件与活动满足要求的程度，是产品质量的决定性因素。

过程质量一方面可以通过构成过程的要素（如投入的资源）和相关活动满足明确规定需要和隐含需要的程度来考虑，另一方面也可以通过过程输出（如产品等有形产品）的质量好坏来间接地反映。

工业企业现场管理的主要是生产（制造）过程，其过程质量取决于生产（制造）过程中一系列工序的质量，又称之为工序质量。生产过程中，人、原材料、设备、制造方法、环境、检测等六个因素同时对产品质量起控制作用，过程质量的高低决定着产品质量的高端。生产过程质量管理的重点是在生产（制造）过程中及时预防和控制出现不合格产品。

过程质量结果的指标主要有过程能力指数、返工率、产品直通率、产品一次交验合格率、原材料合格率等。

（一）过程能力指数

过程能力是过程处于统计控制状态下时加工产品质量正常波动的经济幅度，是稳态下所能达到的最小变差，是过程的加工质量满足技术标准的能力，衡量过程加工内在的一致性。

为了能够对各个过程的过程能力统一进行比较，一般取稳定状态下的过程作为比较的标准，此时过程中只有偶因没有异因。

过程能力指数是过程能力所能满足产品质量标准要求的程度，是过程在一定时间里处于控制状态（稳定状态）下的实际加工能力，是过程保证质量的能力。

（二）返工率

返工是返回来重做，是因质量不合要求而重新加工，是为使不合格产品符合要求而对其采取的措施。

返工处理后得到的产品可能是合格品、次品或者废品；返工后的产品可以消除不合格，使原不合格产品经采取措施后，可以成为合格产品。

直接劳动工人的偶尔检查不应认为是返工，任何再进入生产过程的产品应被认为返工。

工时是一种表示工作时间的计量单位，1 个工人劳动 1h 称 1 个工时。工时包括 3 个方面时间：一是过程时间，如测试、加固等；二是基本时间，即手工工作的时间；三是个人因素产生的时间，如心理疲劳，个人生理疲劳等。

工时是企业计算工人劳动时间、制定劳动定额、编制各项计划、衡量劳动生产率发展水平的重要的计量单位。

返工工时是指再次加工、分拣、修复那些否则将成为废品的工件所花费的时间，包括诸如修复、重新包装、再分拣和附加的检查活动等，包括内部的或外部的活动，包括直接时间加上加班时间中的直接时间部分。

生产劳动工时是直接生产劳动工人工作时间总和，包括直接时间加上加班时间中的直接时间部分。

返工率是指花费在返工活动中时间的比例，用作结果度量，强调在生产质量中需要改进的操作工位。

（三）产品直通率

要提高产品质量，必须提高过程质量，必须测量过程，了解过程。

过程的产出有通过率、直通率和名义通过率三个指标。

通过率是测量过程产出的指标，表明产品可以无缺损通过某一个作业的概率。

直通率是测量产品可以无缺损通过整个流程的概率，是产出率的指标之一。

名义通过率是要达到直通率的目标，每个作业的直通率应当不低于的一个百分比。

产品直通率是产品从第一道工序到最后一道工序每一道工序都一次性合格的百分比。

直通率能够反映产品生产过程中通过所有工序产品直达到成品的能力，是反映企业质量控制能力的一个参数，体现企业在满足顾客产品要求的一种能力，是衡量生产线出产品质水准的一项指标，用以描述生产质量、工作质量或测试质量的某种状况。

（四）产品一次交验合格率

产品一次交验合格是产品提交检验时，按验收检查作业要求正常操作第一遍检验结果就能合格，即未经处理或修理即能一次检验合格。一次检验时没有合格通过，经适当调整或简单修理后合格的产品，可作为合格品入库，但不统计在一次检验合格数量内。

产品一次交验合格率是指报告期内第一次提交检验的合格品数量占报告期内全部交验的产品总量的百分比。产品一次检查合格率，低于产品合格率。

产品一次交验合格率是反映企业质量保证能力及对产品质量控制有效性的重要质量指标，可以审核评价操作者的自控水平及不良品统计管理的准确性、有效性和认真程度。如果一次交检合格率高，或不断提高稳步上升，说明不良品统计管理是有效的，操作者是认真的。

（五）原材料合格率

原材料合格率是全部符合物理性能、化学成分和表面质量等要求的原材料数量占全部原材料数量的比例。

二、产品质量

产品质量是指产品满足规定需要和潜在需要的特征和特性的总和，任何产品都是为满足顾客的使用需要而制造的；是指商品经济范畴内，企业根据特定的标准，对产品进行规划、设计、制造、检测、计量、运输、储存、销售、售后服务、生态回收等全程的必要的信息披露。

产品质量的概念有 3 种含义：一是符合性质量概念，以符合现行标准的程度作为衡量依据；二是适用性质量概念，以适合顾客需要的程度作为衡量依据；三是广义质量概念，质量是一组固有特性满足要求的程度，指有形制成品（如笔、水杯等）、服务（如快递、旅游活动等）、软件（如电子游戏、字典等）、流程性材料（如食用油、煤炭等）产品的质量，工业企业的产品一般为有形制品和流程性材料。

对于产品质量来说，不论是简单产品还是复杂产品，都应当用产品质量特性或特征去描述。产品质量特性随着产品的特点而不同，表现质量特性的参数和指标也多种多样，反映顾客使用需要的质量特性归纳起来有 6 个方面，即使用性能、寿命（耐用性）、可靠性与维修性、安全性、适应性、经济性。

产品的使用性能是指产品在一定条件下，实现预定目的或者规定用途的能力。任何产品都具有其特定的使用目的或者用途。

产品的安全性是指产品在使用、储运、销售等过程中，保障人体健康和人身、财产安全免受危害的能力；产品的可靠性是指产品在规定条件和规定的时间内，完成规定功能的程度和能力，一般可用功能效率、平均寿命、失效率、平均故障时间、平均无故障工作时间等参量进行评定；产品的可维修性是指产品在发生故障以后，能迅速维修恢复其功能的能力，通常采用平均修复时间等参量表示；产品的经济性是指产品的设计、制造、使用等各方面所付出或所消耗成本的程度，亦包含其可获得经济利益的程度，即投入与产出的效益能力。

现场管理中，产品质量结果不是具体的产品在质量特性方面的质量参数指标，是指一些能够评价产品总体质量高低情况的指标，主要有产品合格率、顾客退货率、产品早期故障率、产品返修率、内外部顾客满意度、顾客投诉率等。

（一）产品合格率

合格是符合要求、满足要求；产品合格是指产品符合产品标准要求。

合格品是指符合产品品质标准或订货合同规定的技术要求的产品，又称正品；次品是指外观或某些次要质量特性低于标准，但仍可按原定用途使用的产品；废品是指由于生产原因而造成的不符合规定的技术标准，不能按原定用途使用产品。废品技术上已不存在修复的可能性，或技术上可以修复但所需支付的修复费用在经济上不合算，只能被废弃或作为残料出售，又可称其为不可修复废品。

不合格品是指企业生产的产品中不符合质量标准的产品，包括废品、返修品和超差利用品三类产品。

产品合格率是指符合质量标准的产品数量在合格品、次品、废品总数中所占的百分比，简称合格率，是反映产品生产质量的重要指标。

生产线上的每一个工序都可能产生缺陷，一些缺陷可以通过返工修复，使产品合格，最终的合格率不能反映中间工序返工所造成的损失。

（二）顾客退货率

顾客退货是指顾客把不满意的产品退还给供应者的过程。

对于企业及最后一个生产过程，顾客指外部顾客；对于其他生产过程，顾客指内部顾客，即下一个生产过程。

顾客退货率是指被退回的产品数量占供应给顾客的全部产品的百分比。

（三）产品早期故障率

早期指产品刚投入使用的一段时间。

故障是产品不能执行规定功能的状态，一般是产品中部分元器件功能失效而导致整件产品功能恶化的事件。

产品早期故障率是在产品刚投入使用的一段时间内产品发生故障的百分比。

（四）产品返修率

返修是为使不合格产品满足预期用途而对其采取的措施。不合格产品的成功返修未必能使产品符合要求，可影响或改变不合格产品的某些部分；返修包括对以前是合格的产品或服务，为重新使用所采取的修复措施，如作为维修的一部分。

产品返修率是产品出厂使用后，在规定时间内出现有需要维修的产品占所出厂所有产品的比例，是评价企业产品质量的一个指标。

（五）内外部顾客满意度

1. 内外部顾客

企业的外部顾客是产品的最终使用者。

在企业内部存在着内部供方和内部顾客；企业内部某个过程是其后一个过程的供方，是其前一个过程的顾客。

2. 顾客满意

满意是对需求是否满足的一种界定尺度；当顾客需求被满足时，顾客便体验到一种积极的情绪反映，称为满意；否则即体验到一种消极的情绪反映，称为不满意。

顾客满意是顾客对其明示的、通常隐含的或必须履行的需求或期望已被满足程度的感受；是对一个产品可感知的效果（或结果）与期望值相比较后，顾客形成的愉悦或失望的感觉状态。

顾客满意是顾客对某一事项已满足其需求和期望的程度的意见，也是顾客在消费后感受到满足的一种心理体验。

顾客满意是顾客的感觉状况水平，这种水平是顾客对企业的产品和服务所预期的绩效和顾客的期望进行比较的结果。如果所预期的绩效不及期望，那么顾客就不满意；如果所预期的绩效与期望相称，那么顾客就满意；如果所预期的绩效超过期望，那么顾客就十分满意。

在产品交付之前，企业有可能不了解顾客的期望，甚至顾客也在考虑之中。为了实现较高的顾客满意，可能有必要满足那些顾客既没有明示，也不是通常隐含或必须履行的期望。

即使规定的顾客要求符合顾客的愿望并得到满足，也不一定确保顾客很满意。

3. 顾客满意的基本特性

顾客满意具有主观性、层次性、相对性和阶段性 4 个基本特性。

主观性体现在顾客的满意程度是建立在其对产品的使用体验上，与顾客的知识和经验、收入状况、生活习惯、价值观念等自身条件有关，还与媒体传闻等有关，感受的对象是客观的，而结论是主观的；层次性体现在需求的不同层次使人对产品的评价标准不同，不同地区、不同阶层的人或同一个人在不同条件下对某个产品的评价可能不尽相同；相对性体现在顾客对产品的技术指标和成本等经济指标通常不熟悉，习惯于把购买的产品和同类型的其他产品及以前的消费经验进行比较，得到的满意或不满意具有相对性；阶段性体现在任何产品都具有寿命周期，顾客对产品的满意程度来自于过去的使用体验，是在过去多次购买中逐渐形成的，不同阶段可能满意程度不同。

4. 顾客满意度

顾客满意度是顾客满足情况的反馈，是对产品及其性能的评价；是一个与消费的满足感有关的快乐水平，包括低于或者超过满足感的水平，是一种心理体验，是一种心理状态，是一种自我体验。

5. 顾客满意级度

顾客满意级度指顾客在消费相应的产品或服务之后，所产生的满足状态等次。

顾客满意度是一种心理状态，是一种自我体验。心理状态的界定，可以对顾客满意度进行评价。情感体验可以按梯级理论划分为若干层次，相应可以把顾客满意程度分成 7 个级度或 5 个级度。

顾客满意从低到高，7 个级度为很不满意、不满意、不太满意、一般、较满意、满意和很满意，5 个级度为：很不满意、不满意、一般、满意和很满意。

7 个级度指标的表现内容如下。

很不满意状态是指顾客在消费了某种商品后感到愤慨、恼羞成怒难以容忍，不仅企图找机会投诉，而且还会利用一切机会进行反宣传以发泄心中的不快。其特征是愤慨、恼怒、投诉、反宣传。

不满意状态是指顾客在购买或消费某种产品后所产生的尚可勉强忍受的气愤、烦恼状态，希望通过一定方式进行弥补，适当时也会进行反宣传，提醒自己的亲朋不要去购买同样的产品。其指征是气愤、烦恼。

不太满意状态是指顾客在购买或消费某种产品后所产生的抱怨、遗憾状态，虽心存不满，但接受了现实。其指征是抱怨、遗憾 。

一般状态是指顾客在消费某种产品过程中所形成的没有明显情绪的状态，既说不上好，也说不上差，还算过得去；其指征是无明显正、负情绪。

较满意状态是指顾客在消费某种产品时所形成的内心还算满意的好感、肯定和赞许状态，按更高要求还差之甚远，与一些更差的情况相比又令人安慰。其指征是好感、肯定、赞许。

满意状态是指顾客在消费了某种产品时产生的称心、赞扬和愉快状态，不仅对自己的选择予以肯定，还会乐于向亲朋推荐，自己的期望与现实基本相符，找不出大的遗憾所在。其指征是称心、赞扬、愉快。

很满意状态是指顾客在消费某种产品后形成的激动、满足、感谢状态，自己的期望完全达到甚至大大超出，没有任何遗憾，为自己的选择而自豪，还会利用一切机会向亲朋宣传、介绍推荐，希望他人都来购买。其指征是激动、满足、感谢。

5个级度指标表现类同顾客满意级度的界定是相对的，满意虽有层次之分，层次界限却模糊不清，从一个层次到另一个层次并没有明显的界限。顾客满意级度划分的目的是供企业进行顾客满意程度的评价之用。

6. 顾客满意度调查

（1）顾客满意度调查的概念。

顾客满意度调查是测量顾客满意度的过程，也称顾客满意度测评；可以找出那些与顾客满意或不满意直接有关的关键因素，根据顾客对这些因素的看法而测量出统计数据，进而得到综合的顾客满意度指标；用来测量企业在满足或超过顾客购买产品的期望方面所达到的程度。

关键因素用统计指标来反映，有时称之为绩效指标。

（2）顾客满意度调查内容。

顾客满意度调查内容可分为顾客感受调查和市场地位调查。顾客感受调查只针对企业自身的顾客，主要测量顾客对产品的满意程度，比较企业表现与顾客预期之间的差距，为基本措施的改善提供依据；市场地位调查涉及产品的所有消费者，不仅是顾客对企业的看法，还包括对同行业竞争对手的看法。与顾客感受调查相比，市场地位调查能确定整体经营状况的排名，还能考察顾客满意的每一个因素，确定企业和竞争对手间的优劣，以采取措施提高市场份额。

（3）顾客满意度调查流程。

顾客满意度调查流程包括确定调查的内容、量化顾客满意度指标及其权重、明确调查的方法、选择调查的对象、顾客满意度数据的收集、科学分析及改进计划和执行。

顾客满意度指标的确定和分析应用过程，应始终围绕和体现顾客满意度调查的目标和内容要求进行。

（4）顾客满意信息的收集与分析。

收集顾客满意信息的方式多种多样，企业应根据信息收集的目的、信息的性质和资金等来确定收集信息的最佳方法。收集顾客满意信息有 7 个渠道：一是顾客投诉，二是与顾客的直接沟通，三是问卷和调查，四是密切关注的团体，五是消费者组织的报告，六是各种媒体的报告，七是行业研究的结果。

企业应对顾客满意信息的收集进行策划，确定责任部门，对收集方式、频次、分析、对策及跟踪验证等做出规定。

现在国家已发布了 GB/T 19010《质量管理　顾客满意　组织行为规范指南》、GB/T 19012《质量管理　顾客满意　组织处理投诉指南》、GB/T 19013《质量管理　顾客满意　组织外部争议解决指南》、GB/T 19014—2019《质量管理　顾客满意　监视和测量指南》等多个标准，供企业开展顾客满意工作使用。

（六）顾客投诉率

投诉是顾客就产品或投诉处理过程表达对企业的不满，无论是否明确地期望得到答复或解决问题；是指顾客对企业产品质量不满意而提出的书面或口头上的异议、抗议、索赔和要求解决问题等行为，是顾客对企业产品不满的表达方式。

投诉是一种满意程度低的最常见的表达方式，但没有投诉并不一定表明顾客很满意。

顾客投诉率是顾客投诉次数与产品数量之比。

第二节　效率与效能结果

企业应描述现场涉及的流程、设备、材料、人员作业等方面的管理效率和效能结果，包括外包过程、供应链衔接等结果。

流程、设备、材料、人员作业等方面的管理效率和效能结果指标包括生产周期、生产线平衡率、原材料供应及时率、配套计划按时完成率、设备综合效率、平均故障间隔时间、平均故障修复时间、工时效率、劳动生产率、工序流转周期等。

工业企业因其所属行业不同、产品不同、生产的组织方式不同，各有其特点，适用的管理效率和效能结果指标也不尽相同，应根据企业自身的实际情况确定。

一、生产周期

周期是物体做往复运动或物理量做周而复始的变化时，重复一次所经历的时间；是事物在运动、变化过程中，某些特征多次重复出现，其连续两次出现所经过的时间。

生产周期是产品从开始投产至产出的全部时间。

工业企业的生产周期是产品从原材料投入生产开始，经过加工，到产品制造完成、验收入库为止的全部时间，由生产准备时间、工艺加工时间、生产时间、检查质量时间、搬运及入库时间、劳动过程中断时间等构成。

劳动中断包括技术性中断和组织性中断。技术性中断是生产过程中必不可少的等待时间，如按生产要求劳动对象需自然干燥或冷却；组织性中断是由生产过程组织条件影响和组织工作不周引起的中断，如等待加工、等待装配、等待运输等。

生产周期分为计划生产周期和实际生产周期。计划生产周期为允许期限，实际生产周期为通过周期。

现场管理结果的生产周期是指实际生产周期及其与计划生产周期的偏差，是提前了还是延误了，提前或延误的具体时间。

二、生产线平衡率

生产线平衡即是对生产的全部工序进行平均化，调整作业负荷，以使各作业时间尽可能相近的技术手段与方法。目的是消除作业间不平衡的效率损失以及生产过剩。

生产线平衡率是单件产品加工总工时与单件产品实际投入总工时的百分比。

三、原材料供应及时率

供应是供给所需的财物，亦指满足需要的物资。

原材料供应指把生产过程所需的原材料提供给企业中需要原材料的部门。

及时即适时，原材料供应及时是指按规定的时间把原材料送到其使用的地点。

原材料供应及时率是按规定的时间把原材料送到其使用地点的次数与原材料送货总次数的百分比。

四、配套计划按时完成率

配套是指把若干相关的事物组合成一整体，也指与一件事物相关的设施。

配套计划是把各种零部件组装成一个产品的方案，只有按时完成各个零部件的生产，才能保证产品的生产。

配套计划按时完成率是按时完成的配套计划数量与实施的配套计划总数的百分比。

五、设备综合效率

设备综合效率是设备实际的生产能力与理论产能的百分比，其本质就是实际合格产量与负荷时间内理论产量的百分比。

设备综合效率用来评价设备效率状况以及测量设备运转损失，是一个独立的测量工具。

设备综合效率由可用率（时间利用率）、表现性和质量指数（合格率）3个关键要素组成，是可用率、表现指数和质量指数之积。

可用率用来评价停工所带来的损失，包括引起计划生产发生停工的任何事件，如设备故障、原材料短缺以及生产方法的改变等；表现指数是用来评价生产速度上的损失，包括任何导致生产不能以最大速度运行的因素，如设备磨损、材料不合格以及操作人员的失误等；质量指数用来评价质量的损失，反映没有满足质量要求的产品（包括返工的产品）。

六、平均故障间隔时间

平均故障间隔时间又称平均无故障时间，指可修复产品两次相邻故障之间的平均时间，是衡量一个产品（尤其是电器产品）可靠性的指标，单位为“小时”，反映了产品的时间质量，是体现产品在规定时间内保持功能的一种能力，仅适用于可维修产品。

平均故障间隔时间是产品在总的使用阶段累计工作时间与故障次数的比值。

七、平均故障修复时间

平均故障修复时间是指设备出现故障后到恢复正常工作时平均所需要的时间，是排除故障所需实际维修时间的平均值。

平均故障修复时间包括确认失效发生所需的时间和维护、维修所需要的时间。

八、工时效率

工时效率是实际的产品产出所需要花费的时间与实际人事考勤时间的百分比。

工时效率由实际产品产出数量、标准工时和人事考勤时间等三项指标计算。

实际产品产出数量包括所有在制品、入库成品和出货成品数量。

标准工时是在标准工作环境下，进行一道加工工序所需的人工时间，是由工艺过程决定的标准作业时间和辅助时间之和，主要为直接增加产品价值的人工 / 机器时间消耗；标准工时等于正常工时与（1+ 宽放率）之积，宽放率包括 3 部分，即管理宽放率、生理宽放率和疲劳宽放率，管理宽放率一般取 3%~10%，生理宽放率一般取 2%~5%，疲劳宽放率一般取 5%~20% 。

人事考勤时间是指直接人员主（直接参与生产的人员或直接服务于生产的人员）的考勤时间，不包括间接人员即非直接参与生产的员工或非直接服务于生产的人员（如生产管理、工程技术、设备维护、办公室、物流维护和保障整个工厂生产效率的支持者）的考勤时间。

九、劳动生产率

劳动生产率是劳动者在一定时期内创造的劳动成果与其相适应的劳动消耗量的比值，是劳动者生产某种产品的劳动效率。

劳动生产率水平可以用单位时间内所生产的产品的数量来表示，也可以用生产单位产品所耗费的劳动时间来表示。

十、工序流转周期

工序流转周期是从一个工序开始生产到工序完成加工交付下一道工序的时间。

第三节　履约结果

企业应描述现场计划执行、关键节点、现场输出产品的履约结果，以及对最终产品履约的影响。

企业现场计划执行、关键节点、现场输出产品的履约结果指标有产品准时交付率、生产计划按时完成率、生产时序完成率等。

一、产品准时交付率

产品按时交付率是顾客订单完成的百分比，是交付及时批次数与交付批次总数的百分比。

二、生产计划按时完成率

生产计划按时完成率是生产计划按时完成的百分比。

对于多品种、多批次、合同各异、多为定制的工业企业，生产计划按时完成率可按每个月完成的计划个数与总的计划个数的百分比计算；对于有固定的产品系列和固定顾客、长期交货的工业企业，可按实际产量与计划产量的百分比计算。

三、生产时序完成率

生产时序是生产过程各工序的时间顺序和时间分配。

生产时序完成率是完成按照时序完成生产任务的百分比。

第四节　员工素质结果

企业应描述与现场员工职业生涯发展相协调的现场管理结果，包括员工培训、参与现场管理、技能提升等素质成长结果等方面。

一、培训

员工培训结果指标有培训计划完成率、培训满意度、培训有效性等。

（一）培训计划完成率

培训计划是按照一定的逻辑顺序排列的记录；是从企业战略出发，在全面、客观的培训需求分析基础上做出的对培训内容、培训时间、培训地点、培训者、培训对象、培训方式和培训费用等的预先系统设定。

完成一个培训计划是指全面完成计划的内容，包括培训内容、培训时间、培训地点、培训者、培训对象、培训方式和培训费用等，要全过程完成培训工作。

培训计划完成率是指完成的培训计划占培训计划总数的百分比。

（二）培训满意度

培训满意度是学员对培训的满意程度，包括对培训组织、培训内容、培训方式、培训老师等的满意程度，是学员的感受，是学员的主观判断。

培训满意度可通过调查，通过设置调查细分项并为每项设置权重，可以计算培训满意度。

培训满意度受学员素质、个人偏好等影响。

（三）培训有效性

培训有效性是指员工个人和企业从培训中获得的收益。员工个人的收益是学到新的知识、掌握新的技能，企业的收益是增加销售量、提高顾客满意度等。

培训有效性体现在学员反应、学习效果、行为改变和企业结果四个方面。

可对培训有效性的四个方面分别进行评估，综合确定培训有效性。

学员反应评估是在课程刚结束的时候，了解学员对培训项目的主观感觉和满意程度，是学员评价讲师的授课水平与投入度，一般以学员现场填写满意度调查表的方式进行；学习效果评估主要是评估学员通过培训对所学知识深度与广度的掌握程度，由培训老师对学员的学习掌握情况进行评价，方式有书面考试、口头考试及实际操作考核等；行为改变评估是确定学员在工作中的行为方式有多大程度的改变，主要通过观察、主管评价、顾客评价、同事评价等方式进行，一般培训后 3 个月评估；企业结果评估着眼于由培训项目引起的业务结果的变化情况，最为重要的评估内容是确定投资净收益，包括成本–有效性分析和成本–收益分析，一般培训后半年或 1 年评估。

在培训有效性的指标方面，要关注过程和投入指标，更要关注结果指标，如参加培训的员工与同类员工的绩效表现差异即培训投入超过平均指标的部门的绩效表现与公司整体绩效表现的差异等衡量指标的应用，能够真正反应培训工作的有效性。

二、技能

技能结果指标有技能工比例、多能工比例、人岗匹配率、作业误操作率等。

（一）技能工比例

技能工比例涉及技术工和技能工的概念。

技术工是掌握了一定的技术能力、从事相关技术工作的熟练工人；是在产业领域中具有一定的专业知识，掌握一定的工艺和技术，能够独立使用工具、设备进行操作或生产加工的熟练或比较熟练的工人；是在生产第一线从事操作类、重复性劳动的非管理专业技术人员。技术工分为初级工、中级工、高级工、技师、高级技师 5 个等级。

技能工是在实践中运用知识和经验执行活动方面超过一般水平的、有才识学问的德才兼备的劳动者；是在生产一线从事技术含量大、劳动复杂度高的工作的高级技术工和技师；是生产一线高技术含量工种上工作生产的骨干和身怀绝技、能解决关键技术为企业创造明显经济效益的高级技术工。

技术工与技能工同属于一个职系——工人系列，都是处于生产服务一线的劳动者，两者的概念在内涵上有重叠的地方，主要是在技术、能力、知识、经验等方面存在区别，两者在职业资格（等级）上呈现从低到高的阶梯排列。技术工沿着初级工、中级工、高级工、技师、高级技师的职业资格系列上升，一般把高级工及以下称为技术工，达到技师以上职业资格时称为技能工。技能工是技术工在职等上的最高境界和目标。

技能工比例是技能工占全部工人岗位员工的百分比，不是技能工占技术工的百分比。

（二）多能工比例

多能工是具有操作多种机器设备能力的作业人员，是胜任多个岗位工作的员工。

多能工使弹性增减作业人数成为可能，还可以带来另外的效果。一是有利于调节作业人员的情绪，避免身体的疲劳；二是有利于改善作业人员的人际关系；三是有利于知识与技能的扩大和积累；四是有利于提高作业人员责任感；五是有利于提高作业人员参与改善的积极性。

多能工比例是多能工占作业人员总数的百分比。

（三）人岗匹配率

人岗匹配是指人和岗位的对应关系，是岗得其人、人适其岗，根据人的素质将其安排在各自最合适的岗位上。

每一个工作岗位都对任职者的素质有各方面的要求，只有当任职者具备多于这些要求的素质并达到规定的水平，才能最好地胜任这项工作，获得最大绩效。

人岗匹配是双重匹配，岗位要求与人的知识、技能、能力相匹配，工作报酬与人的工作动机相匹配。

人岗匹配需要清晰界定岗位，基于岗位分析对岗位工作流程和工作内容进行工作描述；定义胜任能力标准，确定员工胜任某一岗位并能够产生高绩效的所需知识、技能、社会角色、自我认知、品质和动机个人特质总和；寻求有效评价方法，综合测定员工能力特征与岗位胜任能力标准的匹配度。

人岗匹配率是人岗匹配的岗位占全部岗位的百分比。

（四）作业误操作率

失误是指出现差错，是疏忽、耽误。

误操作是操作失误，是指本应进行一种操作而实际执行了另一种操作，或不应该操作时进行了操作，或应该操作时未进行操作。

作业误操作率是误操作次数与总操作次数的百分比。

三、改进与创新

改进与创新结果指标有合理化建议参与率、人均合理化建议件数、QC小组活动参与率、创新活动参与率等。

（一）合理化建议参与率

合理化建议参与率是参与合理化建议活动、提出合理化建议的员工数量与员工总数的百分比。

（二）人均合理化建议件数

人均合理化建议件数是每个参与合理化建议活动、提出合理化建议的员工平均提出的合理化建议数量，是合理化建议总数与参与员工人数之比。

（三）QC小组活动参与率

QC小组活动参与率是参加QC小组活动的员工数与员工总数的百分比。

1个员工无论参加了几个QC小组，均按1人计算。

（四）创新活动参与率

创新活动参与率是参加创新活动的员工数与员工总数的百分比。

QC 小组的课题多数并不是创新型课题，而创新活动的形式也有多种，创新活动参与率与 QC 小组活动参与率的内涵不同，是两个不同的结果指标。

四、员工士气

员工士气结果指标有员工满意度、员工离职率等。

（一）员工满意度

员工满意是员工个体对企业所感知的效果与其期望值比较后所形成的感觉状态，是员工对其需要已被满足程度的感受，是员工的一种主观的价值判断，是员工的一种心理感知活动，是员工期望与员工实际感知相比较的结果。

员工满意度是指员工接受企业的实际感受与其期望值比较的程度。

企业的目标是员工满意、顾客满意和股东满意。员工满意是顾客满意和股东满意的基础；员工满意才能在工作中投入更多的热情，使顾客满意；才能保证企业的持续生存和发展，创造企业利润，使股东满意。

员工满意度指标实际上是一个指标体系，包括员工对工作本身、工作报酬、培训发展、工作关系、管理领导、企业文化及其他方面的感受。

工作本身包括工作技能的多样化、工作内容的完整性、工作结果的意义、自主权和反馈，工作报酬包括工资、奖金、福利及其他的奖励政策，培训发展包括职位晋升、职务成长、工作发展、潜力培育提升和事业前程，工作关系包括部门内部的沟通情况、部门之间的沟通情况及与直接主管、同事、部门之间的关系，管理领导包括管理风格与水平、策划组织能力与水平、开拓胆识、创新能力和关爱下属，企业文化包括企业理念、核心价值观、企业经营管理行为模式、员工认同度、企业文化对企业成长的实际效用，其他方面包括顾客满意度、资源运用状态、离职原因、承诺等。

和顾客满意度一样，员工满意度也可进行调查。

（二）员工离职率

离职是员工离开原岗位和原工作单位。

离职有两种情况：其一是离职休养、离职入校学习进修及停薪留职，不终止劳动法律关系；其二是职工本人要求辞职被单位批准离职或被单位辞退离职、自动离职等，终止劳动法律关系。

员工离职率中的离职仅指与企业终止劳动法律关系的第二种情况的离职。

离职率是在一定时期内，离职员工的数量占员工总数的百分比。

员工总数为这一时期期初员工数加上新进员工数，也等于期末员工数加上离职员工数。

第五节　成本结果

企业应描述现场成本控制结果。

现场成本控制结果指标有库存（含半成品、备件）成本、生产成本、服务成本、质量成本等。

一、库存成本

（一）库存成本概念

库存成本指在仓库里的货物所需成本，包括订货费、购买费、保管费等。

库存是供应链环节的重要组成部分，是企业所储备的包括半成品、备件在内的所有物品和资源，库存成本就是这些物品和资源所需成本。

（二）库存成本的构成

库存成本由库存持有成本、库存获得成本和库存缺货成本构成。

1. 库存持有成本

库存持有成本是为保有和管理库存而需承担的费用开支，是和库存数量相关的成本，具体可分为运行成本、机会成本和风险成本 3 个方面。运行成本主要包括仓储成本和仓库中的设备投资成本和水、电、人工等日常运作费用；机会成本主要是库存所占用的资金所能带来的机会成本，库存作为企业的资产是通过占用企业的流动资金而获得的，而企业有其一定的资金投资回报率，即库存占用的资金如果不用于库存而去经营其他投资所能获得的平均收益，通过借款来获得库存时还包括信款的利息支出；风险成本包括保险费用和库存的不合理存放而造成损耗或报废。

2. 库存获得成本

库存获得成本是企业为了得到库存而需承担的费用。抛开库存的本身价值，企业直接通过购买获得库存时，获得成本体现为订货成本；库存由企业自己生产时，获得成本体现为生产准备成本。

3. 库存缺货成本

库存缺货成本是由于库存供应中断而造成的损失，包括原材料供应中断造成的停工损失、产成品库存缺货造成的延迟发货损失和销售机会丧失带来的损失、企业采用紧急采购来解决库存的中断而承担的紧急额外采购成本等。

二、生产成本

（一）生产成本的概念

生产成本是生产活动的成本，是企业为生产产品而发生的成本，是生产过程中各种资源利用情况的货币表示，是衡量企业技术和管理水平的重要指标，也称制造成本。

（二）生产成本的构成

生产成本由直接材料、直接人工和制造费用 3 部分构成。

直接材料是指在生产过程中的劳动对象，通过加工使之成为半成品或成品，其使用价值随之改变；直接人工是指生产过程中所耗费的人力资源，可用工资和福利费等计算；制造费用则是指生产过程中使用的厂房、机器、设备及车辆等设施和机物料、辅料，其耗用一部分是通过折旧方式计入成本，另一部分是通过维修、定额费用、机物料耗用和辅料耗用等方式计入成本。

（三）生产成本的分类

生产成本可按照计入方式和经济内容分类。

1. 按照计入方式分类

生产成本按照计入方式分为直接费用和间接费用。

（1）直接费用。

直接费用是企业在生产产品的过程中所发生的直接材料耗费、直接人工工资和其他直接费用。

直接材料费用指生产产品过程中所消耗的直接用于产品生产并构成产品实体的原料、主要材料、外购半成品及有助于产品形成的辅助材料和其他材料费用；直接人工费用指生产产品过程中直接参加产品生产的工人工资以及按生产工人工资总额和规定的比例计算提取的职工福利费等；其他直接费用指企业发生的除直接材料费用和直接人工费用外与生产产品有直接关系的费用。

（2）间接费用。

间接费用是应有生产成本负担但不能直接计入各产品成本的有关费用，是企业各生产部门为组织和管理生产而发生的各项间接费用，包括工资和福利费、折旧费、修理费、办公费、水电费、物料消耗、劳动保护费以及其他制造费用。

2. 按照经济内容分类

按照生产成本的经济内容分为外购材料费用、外购燃料费用、外购动力费用、工资费用及职工福利费用、折旧费用、利息支出、税金和其他费用。

外购材料费用是企业为生产而耗用的一切从外部购入的原材料、半成品、辅助材料、包装物、修理用备件和低值易耗品等的费用；外购燃料费用是企业为进行生产而耗用的一切从外部购进的燃料的费用；外购动力费用是企业为进行生产而耗用的从外部购进的各种动力的费用；工资费用及职工福利费用是企业应计入生产费用的职工工资以及按照工资总额的一定比例提取的职工福利费；折旧费用是企业所拥有的或控制的固定资产按照使用情况计提的折旧费用；利息支出是企业为筹集生产经营资金而发生的利息支出；税金是企业应计入生产费用的各种税金，如房产税、车船使用税、土地使用税等；其他支出包括不属于以上各项目的费月支出。

三、服务成本

服务成本指售后服务成本，是企业在产品销售后为顾客提供的一定服务而发生的费用，一般包括产品安装费、调试费、顾客培训费及产品售后一定时期的维修费和损失费等。

四、质量成本

质量成本是企业生产总成本的一个组成部分。

质量成本是企业为了保证和提高产品或服务质量而支出的一切费用，以及因未达到产品质量标准，不能满足用户和消费者需要而产生的一切损失。

质量成本一般包括一致成本和不一致成本。一致成本是为确保与要求一致而做的所有工作的成本，包括预防成本和鉴定成本；不一致成本是由于不符合要求而引起的全部工作的成本，包括内部损失成本和外部损失成本，统称为故障成本。

第六节　安全结果

企业应描述现场安全管理结果，包括人身安全、职业健康、设备安全、应急救援等。

现场安全管理结果指标主要是人身安全结果，其指标包括千人死亡率、千人负伤率、现场安全违章率、可记录事故数量和事故征候数量、连续安全生产天数等；职业健康也属于人身安全的一部分，其结果指标包括职业病发病数、职业性有害因素检测点（噪声、粉尘等）达标率等；设备安全结果指标主要是特种设备按期校验率；应急救援结果指标主要是应急预案演练参与率。

一、人身安全结果

（一）千人死亡率

千人死亡率指企业 1000 名员工中因事故而死亡的人数。

千人死亡率用事故死亡人数与企业员工数之比乘以 1000 计算。

另有一个人身安全指标是百万工时死亡率，是指 100 万工时死亡的人数，以死亡人数与实际总工时之比乘以 100 万（1000000）计算，实际总工时等于员工总数乘以工作天数乘以 8。

（二）千人负伤率

千人负伤率指企业 1000 名员工中因事故而负伤的人数。

千人负伤率用事故负伤人数与企业员工数之比乘以 1000 计算。

另有一个涉及人身伤害的指标是百万工时伤害率，是指 100 万工时被伤害即负伤的人数，以负伤人数与实际总工时之比乘以 100 万（1000000）计算，实际总工时等于员工总数乘以工作天数乘以 8。

（三）现场安全违章率

违章是指不符合章程规定、违反规章。

安全违章是指不按照规章制度和安全技术操作规程规定、违反规章制度和安全技术操作规程。

违章作业是指不按照规章制度和安全技术操作规程所规定的操作顺序和方法所进行的作业，是安全违章的主要内容。

现场安全违章率是现场作业中违反规章制度和安全技术操作规程的频率，一般以万工时违章次数作为计量单位，计算方法是违章次数与实际总工时之比乘以 10000。

（四）可记录事故数量和事故征候数量

可记录事故数量即企业记录的事故数量。

事故征候是指不构成事故但影响或可能影响安全的事件，是事故发生的重要前兆，是已经显现的隐患。

事故症候数量也是一个重要的安全结果指标。

（五）连续安全生产天数

连续安全生产天数指连续没有事故伤害的天数。

二、职业健康结果

（一）职业病发病率

职业病是指企业员工在工作中因接触粉尘、放射性物质和其他有毒、有害物质等因素而引起的疾病。

职业病必须具备 4 个条件：一是患病主体是企业员工；二是必须是在从事职业活动的过程中产生的；三是必须是因接触粉尘、放射性物质和其他有毒、有害物质等职业病危害因素引起的；四是必须是国家公布的职业病分类和目录所列的职业病。

职业病发病率是指每 1000 名作业工人中新发现患有某种职业病的病例数，是新发现职业病病例数与作业员工数的千分比，反映一定时期内某种职业病的发病程序。

职业病发病率等于该种职业病新发现的病例数与从事该种职业的员工数之比乘以1000‰。

（二）职业性有害因素检测点达标率

职业性有害因素是在生产过程中存在的对员工健康和劳动能力产生有害作用，并导致疾病的因素，分为粉尘类、放射性物质类（电离辐射）、化学物质类、物理因素、生物因素、导致职业性皮肤病的危害因素、导致职业性眼病的危害因素、导致职业性耳鼻喉口腔疾病的危害因素、职业性肿瘤的职业病危害因素、其他职业病危害因素等10大类115种。

职业性有害因素一般是一定时间范围内的积累作用。

检测是用指定的方法检验测试某种物体（气体、液体、固体）指定的技术性能指标。

职业性有害因素检测包括作业环境中的物理因素检测、作业环境空气中有害物质含量的空气检测及有害物质的生物检测。

检测点是检测采样的地点。

职业性有害因素检测点达标率是指达到国家规定的劳动卫生标准（最高允许浓度或强度）的检测点数占全部检测点数的百分比。

最高允许浓度是指检测点空气中有害物质含量允许值（或物理因素的强度），在长期多次代表性的采样中，均不应超过的数值；其确定的前提是能够保障员工的健康，即在不超过该浓度（或强度）的情况下，员工长期接触亦不致产生用现代检查方法所能发现的任何病理改变。

三、设备安全结果

设备安全结果指标以特种设备按期检验率为代表。

工业企业的特种设备是指涉及员工生命安全、危险性较大的锅炉、压力容器（含气瓶）、压力管道、电梯、起重机械和厂内专用机动车辆。其中锅炉、压力容器（含气瓶）、压力管道为承压类特种设备；电梯、起重机械为机电类特种设备。

检验是检查并验证，是对检验项目中的性能进行测量、检查、试验等，并将结果与标准规定要求进行比较，以确定每项性能是否合格所进行的活动。

按期检验是指在规定的检验周期内检验。

特种设备按期检验率是按期检验的特种设备数量与全部特种设备数量的百分比。

四、应急预案结果

应急预案结果指标主要是应急预案演练参与率。

预案是预备方案，具有方案的专一性、专业性、周密性、时限集中性等要求。

应急预案是根据评估分析或经验，对潜在的或可能发生的突发事件的类别和影响程度而事先制定的应急处置方案，是指面对突发事件如自然灾害、重特大事故、环境公害及人为破坏的应急管理、指挥、救援计划等。

为了保证应急预案能顺利执行，并进一步完善预案，应急预案应定期进行演练。

应急预案演练参与率是实际参与应急预案演练的员工数与应该参与演练的员工数的百分比。

第七节　环境结果

企业应描述现场的环境保护管理结果。

环境保护管理结果指标有废弃物处理结果、污染物综合排放达标率、危险废弃物转移结果等。

一、废弃物处理结果

废弃物是在工业生产过程及检验过程中产生的本企业失去使用价值、无法回收和利用的排放物，按物理形态可分为废气、废液和废渣三种。

目前环境管理中，废弃物主要指固体废弃物和液体废弃物，排入大气的废气，主要控制其污染物浓度。

工业企业的固体废弃物主要是生产过程中产生的废渣和除尘灰，根据其性质的不同，有些可以在本企业生产中循环使用，有些可以送往其他企业作为原料，如高炉渣可以送往水泥厂制水泥，某些烟气脱硫工艺的副产物可以制作不烧砖等。

液体废弃物包括废油、废酸、废水等。废机油应该按照危险废弃物处理，废水经企业污水处理站处理后循环使用或达到排放标准后送往城镇污水处理厂进一步处理。

废弃物处理结果是指废弃物的处理率和处理方式。

二、污染物综合排放达标率

对于水污染物、大气污染物，国家制定了各工业行业的排放标准，没有行业排放标准的执行综合排放标准,各地也发布了很多地方污染物排放标准，直至超低排放标准。标准一般规定了各种污染物的排放浓度上限，有的还规定了排放速率。

达标即达到标准，达标率是达到标准的比率。

污染物综合排放达标率是指达到污染物排放标准的污染源排放点占全部污染源的百分比，可以分成水污染物排放达标率和大气污染物排放达标率。

三、危险废弃物转移结果

危险废弃物要由有相应资质的单位处理，危险废弃物的暂存、转移、接受都有相应的规定和手续。

危险废弃物转移结果包括企业与处理单位的危险废弃物处理合同、转移三联单及对方资质验证等。

第八节　资源利用结果

企业应描述现场管理的资源利用结果，包括资源再利用和节能、节水、节约原材料等结果。

一、资源再利用结果

资源再利用是指已经利用过的资源再次或多次利用，主要指社会废弃物再利用、企业固体废弃物再利用和水的重复利用。

（一）社会废弃物再利用

社会废弃物再利用是企业生产原料利用来自社会的包括社会生活和其他企业的废弃物，如废旧金属、废塑料、废纸、废织物等。

社会废弃物再利用的结果指标是原料废弃物比例，即社会废弃物占企业原料的百分比。

（二）企业固体废弃物再利用

企业固体废弃物再利用指本企业生产过程产生的固体废弃物再回到生产过程利用，如钢铁联合企业中连铸和轧钢氧化铁皮用作烧结工序或球团工序的原料等。

企业固体废弃物再利用结果指标是企业固体废弃物再利用率，即再利用的企业固体废弃物数量占企业产生的固体废弃物数量比例，数量一般以质量单位计量。

（三）水的重复利用

水的重复利用结果指标主要是重复利用率，又可以细化为循环利用率、蒸汽冷凝水回用率、蒸汽冷凝水回收率、漏失率、浓缩倍数、排水率和污水处理回用率等。

重复利用率是生产过程中使用的重复利用水量与用水量的百分比。重复利用水量是在确定的用水单元或系统内，使用的所有未经处理和处理后重复使用的水量的总和，包括循环水量和串联水量。循环水量是确定的用水单元或系统内，生产过程中已用过的水再循环用于同一过程的水量；串联水量是在确定的用水单元或系统，生产过程中产生的或使用后的水再用于另一单元或系统的水量。

循环利用率是生产过程中使用的循环水量与生产过程用水量的百分比。

蒸汽冷凝水回用率是蒸汽冷凝水回用量占锅炉（包括汽化冷却）蒸汽发汽量的百分比。

蒸汽冷凝水回收率是蒸汽冷凝水回收量占锅炉（包括汽化冷却）蒸汽发汽量的百分比。

漏失率是漏失水量与新水量的百分比。

浓缩倍数是在敞开式循环冷却水系统中，由于蒸发使循环水中的盐类不断累积浓缩，循环水的含盐量与补充水的含盐量的比值。

排水率是企业外排水量与新水量的百分比。

污水处理回用率是企业内产生的生产污水和生活污水，经处理再利用的水量与排水量的百分比。

二、节能结果

节能结果指标主要有单位产品能耗、单位产值能耗、单位工业增加值能耗、能量利用率、余能回收率等。

（一）单位产品能耗

单位产品能耗分为单位产品综合能耗、单位产品可比能耗和单位产品单品种能源消耗，包括单位产品电耗、单位产品煤耗、单位产品天然气消耗等。

1. 单位产品综合能耗

综合能耗是企业实际消耗的各种能源实物量，按规定的计算方法和单位分别折算后的总和；企业综合能耗是主要生产系统、辅助生产系统和附属生产系统的综合能耗总和。

单位产品综合能耗是企业生产单位产品所消耗的各种能源折算成标准煤的量，是生产某种产品的综合能耗与同期该合格产品产量的比值。

产品是指合格的最终产品或中间产品；对某些以工作量或原材料加工量为考核能耗对象的企业，其指标分别为单位工作量综合能耗、单位原材料加工量综合能耗。

对于某些行业，由于产品规格繁多，为实现同行业中相同产品能耗可比，对影响产品能耗的各种因素，用折算成标准产品的办法计算产品产量，即产品产量不是实际计量产量，而是计算出来的这个产量。

2. 单位产品可比能耗

单位产品可比能耗是为在同行业中实现相同最终产品能耗可比，对影响产品能耗的各种因素加以修正所计算出来的产品单位产量综合能耗。

3. 单位产品单品种能源消耗

单位产品单品种能源消耗是企业生产单位产品所用的某一能源品种的数量。

单位产品耗电量有两种统计口径，一种是外购电量，一种是包括企业自发电供电在内的全部电量。前者适用于企业最终产品，后者适用于过程产品。

（二）单位产值能耗

单位产值综合能耗是综合能耗与企业同期总产值的比。

总产值的法定计量单位为元、千元等。

（三）单位工业增加值能耗

单位工业增加值综合能耗是综合能耗与企业同期工业增加值的比。

工业增加值的法定计量单位为元、千元等。

（四）能量利用率

能量利用率是企业生产过程的有效能量与输入企业的总能量的百分比。

对于能源转换企业，也可以使用能源转换效率的指标，即输出能量与输入能量的百分比。

（五）能源利用率

能源利用率是企业生产过程的有效能量与输入企业的能源折合成一次能源后的能量总量的百分比。企业外购能源中包括二次能源（主要是电）时，考虑了一次能源转换为电的转换效率，是社会化的能量利用率。

（六）余能回收率

余能回收率是企业回收的余能量与企业的总余能量的百分比。

三、节水结果

节水结果指标主要有单位产品新水量、单位产值新水量、单位工业增加值新水量等。

（一）单位产品新水量

新水指取自任何水源、被本企业第一次利用的水。

单位产品新水量是企业生产单位产品所用的新水量。

（二）单位产值新水量

单位产值新水量是企业生产单位工业产值的产品所用的新水量。

（三）单位工业增加值新水量

单位工业增加值新水量是企业实现单位工业增加值所用的新水量。

四、节约原材料结果

节约原材料是指通过加强管理，采取技术上先进可行、经济上合理的措施，在生产、使用、流通、回收再利用等各个环节，降低原材料消耗。

节约原材料结果指标有单位产品原材料消耗量、单位产值原材料消耗量、原材料利用率、单位产品原材料节约量和成材率（成品率）等。

单位产品原材料消耗量是生产单位合格产品所消耗的某种原材料的数量。

单位产值原材料消耗量是某种产品单位产值所消耗的某种原材料的数量。

原材料利用率是合格产品中所包含的某种原材料量占产品生产所投入的该种原材料量的百分比。

单位产品原材料节约量是统计期内与基准期内单位产品某种原材料消耗量之差。

成材率（成品率）是合格产品数量与投入生产的原材料量计算的理论合格产品数量的百分比。

参考文献

[1] 中国质量协会，等 . 企业现场管理准则 . GB/T 29500—2013[S]. 北京：中国标准出版社，2013.

[2] 中国标准化研究院，等 . 卓越绩效评价准则实施指南 . GB/Z 19579—2012[S]. 北京：中国标准出版社，2012.

[3] 中国标准化研究院，等 . 质量管理体系 基础和术语 . GB/T 19000—2016/ISO 9000:2015[S]. 北京：中国标准出版社，2017.

[4] 李季 . 制造业企业生产现场管理问题刍议 [J]. 厦门大学学报（自然科学版），2013，42（10）：66–71.

[5] 王璐，刘宇 . 现场管理的理解与再认识 [J]. 中国质量，2018，440（2）：16–18.

[6] 张英华，张建宇，侯文剑 . 动态环境下企业现场管理执行力保证体系构建研究 [J]. 现代财经，2005，25（2）：37–40.

[7] 张英华，张建宇 . 动态环境下企业现场管理执行力提升途径研究 [J]. 现代财经，2006，26（6）：31–34.

[8] 刘晓卉，许志沛，薛顺，等 . 工作研究在企业生产现场管理中的应用 [J]. 现代制造工程，2012（2）：57–60.

[9] 张国龙，佟国臣，李颖 . 基于精益生产的车间现场管理综述 [J]. 中国新技术新产品，2018，4（下）：137–138.

[10] 任俊杰 . CA 公司车间现场管理改进研究 [D]. 长春：吉林大学，2017.

[11] 钱宏荣 . D 公司生产线现场管理优化研究 [J]. 改革与开放，2018（3）：159–160.

[12] 王其营 . 轮胎企业现场管理的要点探析 [J]. 橡塑技术与装备（橡胶），2017，43（7）:58–62.

[13] 张建宇 . 基于企业现场管理的执行力概念框架设计 [J]. 商业经济与管理，2010（3）：30–35.

[14] 李冰 . A 机电设备制造企业生产现场管理优化研究 [D]. 长春：吉林大学，2017.

[15] 赵吟 . 5S 现场管理在 B 公司的应用研究 [J]. 企业研究，2014（18）：21–22.

[16] 殷红赟 . Y 电力设备公司生产现场 6S 管理体系构建及评价研究 [D]. 保定：华北电力大学，2017.

[17] 杨镇嘉，徐嫚 ."7S" 管理体系在企业现场安全管理的应用 [J]. 现代商贸工业，2018（23）：142–143.

[18] 陈思 . 某机数字化装配现场管理系统 [D]. 沈阳：沈阳航空航天大学，2018.

[19] 沈辉 . 浅谈现场管理的基本方法 [J]. 中国管理信息化，2018，21（2）：82–83.

[20] 霍保民 . 浅谈真空制盐企业现场管理 [J]. 盐科学与化工，2017，46（2）: 9–12.

[21] 罗丰旭 . 目标管理绩效考核操作方法 [M]. 北京 : 中国经济出版社，2007.

[22] 陈丽 . 谈在中小民营企业中推行“5S”提升及现场管理水平 [J]. 工业技术经济，2011（5）: 92–95.

[23] 孔海花,武志军,于林青 . 制造业现场管理体系的构建及其要点分析研究 [J]. 科技管理研究，2014（12）: 174–179.

[24] 宋协祝 . 印刷企业现场管理存在的问题及应对对策 [J]. 中国管理信息化，2018,21（6）: 98–99.

[25] 王大勇，张雪斌 . 钢铁企业两化融合 [M]. 北京：冶金工业出版社，2018.

[26] 河北省冶金行业协会，等 . 质量管理小组活动指南 . T/HBMIA 4—2019[S]. 北京：冶金工业出版社，2019.

[27] 吴雷振 . 洗煤厂车间机电设备现场管理 [J]. 能源与节能，2018(2）: 160–161.

[28] 刘文昌，石燕峰 . 选煤厂设备管理中存在的问题及其对策 [J]. 煤炭经济研究，2014，1(6): 67–69.

[29] 王晶，贾经冬，周泓 . 生产现场管理综合评价方法研究及软件开发 [J]. 工业工程与管理，2004（3）: 25–31.

[29] 朱春瑞 . 做优秀的设备管理员 [M]. 广州 : 广东经济出版社 ,2008.

[30] 林光 . 企业生产运作管理 [M]. 北京 : 清华大学出版社，2006.

[31] 刘丽文 . 生产与运作管理 [M]. 北京 : 清华大学出版社，2006.

[32] 李景元 . 企业现场管理历史沿革与发展态势 [J]. 中国质量，2007（8）: 8–11.

[33] 王国庆，李建东 . 企业生产管理 [M]. 北京 : 清华大学出版社，2007.

[34] 张喜征 . 目视管理的现场运作 [J]. 现场管理，2001（3）: 28–30.

[35] 刘承元 . 新 TPM 活动 [M]. 深圳：海天出版社，2002.

[36] 韩展初 . 现场管理实务 [M]. 厦门：厦门大学出版社，2002.

[37] 李景元，黄福祥 . 现代企业现场管理行为 [M]. 北京：企业管理出版社 , 1995.

[38] 柯亨胜 . 星级现场管理与企业文化建设融合的探索与实践 [J]. 经济师，2017（5）: 279–280.

[39] 卞葆 . 纺织企业车间管理 [M]. 北京：中国纺织出版社，2008.

[40] 罗丰旭 . 目标管理绩效考核操作方法 [M]. 北京：中国经济出版社，2007.

[41] 刘力卓 . 工业工程在中小企业的应用研究 [J]. 经济纵横，2009（1）: 116–118.

[42] 齐二石，蔺宇，史英杰 . 我国工业工程在制造业中的应用及发展 [J]. 工业工程与管理，2006(6) : 1–5.

[43] 易树平，郭伏 . 基础工业工程 [M]. 北京：机械工业出版社，2009.

[44] 胡查辉 . 基于精益生产的车间现场管理探讨 [J]. 管理观察，2015（13）：87–88.

[45] 甄立波 . 精益 5S 现场管理中“整理”的实施 [J]. 河北企业，2015（7）：15–16.

[46] 张云强 . 基于精益生产的车间现场管理的研究 [D]. 南京：南京理工大学，2011.

[47] 田爱柱 . 基于精益生产 F 公司车间生产现场管理改善研究 [D]. 西安：陕西师范大学，2016.

[48] 陈国华，王良旺，付林 . 基于现场管理的企业安全管理方法及应用 [J]. 中国安全生产科学技术，2013，9（4）：180–185.

[49] 李文生 . 企业生产现场管理优化的研究 [J]. 价值工程，2010，29（29）: 69–70

[50] 杨宏强. 现场管理的常用方法和特点 [J]. 管理工程师，2012（3）: 4–11.

[51] 杜静，赵鹏，韩彬 . 浅谈提高企业生产现场技术管理的方法 [J]. 中国新技术新产品，2018（7 下）：136–137.

[52] 杜梅雅 . 企业现场管理执行力的影响因素 [J]. 企业改革与管理，2012（8）：11–13.

[53] 王晓川 . 企业质量管理防错体系研究 [D]. 北京：中国矿业大学，2013.

[54] 贾利娜 . 制造企业质量管理风险研究 [D]. 西安：西安科技大学，2011.

[55] 王军，张德华 . 现场管理准则在海尔的持续实践 [J]. 中国质量，2013（2）:20–22.

[56] 陈国华 . 现场管理 [M]. 北京：北京大学出版社，2013.

[57] 周明 . 机械加工生产现场质量管理优化策略研究 [J]. 科技与企业，2014（7）：22–23.

[58] 刘胜军，刘海亮 . 制造业目视管理标杆 [M]. 北京：中国社会科学出版社，2008.

[59] 张平亮 . 现代生产现场管理 [M]. 北京：机械工业出版社，2016.

[60] 王兵 . DHJ 公司现场管理改进研究 [D]. 吉林 : 吉林大学，2013.

[61] 魏大鹏，李晓宇 . 准时化生产体系与实践 [M]. 北京：机械工业出版社，2012.

[62] 袁保合 . 论平衡记分卡及其对企业管理的重要作用 [J]. 中国市场，2018（17）：92–93.

[63] 程友宝 . 基于平衡计分卡的公司战略管理评价体系研究 [D]. 杭州 : 浙江师范大学，2013.

[64] 王岩明，周全 . 论企业业绩评价的平衡记分卡法 [J]. 数量经济技术经济研究，2003（2）: 96–99.

[65] 林绚晖，朱睿，车宏生 . 平衡记分卡理论及其发展进程 [J]. 现代管理科学，2007（10）:8–10.

[66] 王长青 . 试论平衡记分卡的应用 [J]. 管理世界，2015（2）：70–71.

[67] 王金兰，刘廷廷 . 平衡记分卡的不足及改进措施 [J]. 会计之友，2010（2 上）：56–58.

[68] 马玉超，徐雪霞 . 平衡记分卡的利弊分析与应用研究 [J]. 沈阳师范大学学报（社会科学版），2004,28（3）：26–29.

[69] 刘波 . 企业构建平衡计分卡存在的问题及对策 [J]. 企业改革与管理，2016（2 上）：72–73.

[70] 马燕 . 大中型工业项目设计策划 [D]. 南京：东南大学，2006.

[71] 王勇 . 制造业中特殊过程与需确认过程识别方法研究 [J]. 标准科学，2016（12）：84–88，93.

[72] 孙黎 . 需确认过程、特殊过程和关键过程的识别与确定 [J]. 认证技术，2013（9）：64–65.

[73] 赵涛 . 谈特殊过程和关键过程的控制 [J]. 质量与可靠性，2011（2）：45–49.

[74] 杨辉 .“过程的监视和测量”的策划与实施 [J]. 中国修船，2018，21（4）：5–8.

[75] 赵天奇，陈禹六 . 企业过程设计和重构的可实施性评价 [J]. 计算机集成制造系统，2001,7(3)：58–62.

[76] 段思成 . 基于风险管理的授权体系研究 [J]. 现代国企研究，2017（6 下）：169.

[77] 杨大川 . 激励员工的原则和对策 [N]. 黑龙江日报，2018–10–29（007）.

[78] 王俊巧，叶勇 . 基于 PDCA 和 SDCA 循环理论的政府应急管理流程优化分析 [J]. 行政与法，2017（1）：8–14.

[79] 戴剑 . 浅析如何有效改进企业知识型员工激励机制 [N]. 山西日报，2018 –10–19（015）.

[80] 王小艳，蒋玉娟，朱丽娜 . 浅析《科学管理原理》[J]. 商场现代化，2013（9）：83.

[81] 李智鹏 . 泰罗科学管理理论的不足及其创新研究 [J]. 商场现代化，2014（23）：293–294.

[82] 何程久丽 . 泰勒科学管理原理的评介 [J]. 边疆经济与文化，2016（1）：135–137.

[83] 唐长福 . 企业有效激励机制构建研究 [J]. 现代经济探讨，2015(7)：72–76.

[84] 张作成，薛玉玲 . 中小企业生产运作管理存在的问题与对策 [J]. 科技创业月刊，2016（9）：119–120.

[85] 李冰 . JCT 公司生产运作管理优化研究 [D]. 西安：西北大学，2012.

[86] 林郁清，史定妹 . SDCA 循环法在品管圈活动效果维持阶段的应用 [J]. 中国医院，2015,19（10）：74–75.

[87] 陈珊，李锐曦，庞燕 . SDCA 循环在品管圈活动效果维持阶段应用的效果研究 [J]. 实用临床护理学杂志，2018,3（8）：

[88] 花万春 . S 公司生产运作管理优化研究 [D]. 苏州：苏州大学，2014.

[89] 中国标准化研究院，等 . GB/T 21534—2008 工业用水节水 术语 [S]. 北京：中国标准出版社，2008.

[90] 中国标准化研究院，等 . GB/T 29115—2012 工业企业节约原材料评价导则 [S]. 北京：中国标准出版社，2013.